Franz Sternbald

Das pyramidale Prinzip

Die Welt
als
Wille zur Macht

Verantwortlich für Lektorat und Inhalt,
sowie Umschlag & Layout: Sternbald

Originalausgabe 2015
1. Auflage März. 15

Herstellung und Verlag:
BoD - Books on Demand, Norderstedt

ISBN 978-3-7386-7848-2

Franz Sternbald

Das pyramidale Prinzip

Die Welt
als
Wille zur Macht

Mein besonderer Dank gilt Vroni für viele interessante Gespräche

Statt eines Vorwortes:

„

Habt ihr nicht von jenem tollen Menschen gehört, der am hellen Vormittage eine Laterne anzündete, auf den Markt lief und unaufhörlich schrie: „Ich suche Gott!" – Da dort gerade Viele von Denen zusammen standen, welche nicht an Gott glaubten, so erregte er ein großes Gelächter. Ist er denn verloren gegangen?, sagte der Eine. Hat er sich verlaufen wie ein Kind?, sagte der Andere. Oder hält er sich versteckt? Fürchtet er sich vor uns? Ist er zu Schiff gegangen? Ausgewandert? – so schrieen und lachten sie durcheinander. Der tolle Mensch sprang mitten unter sie und durchbohrte sie mit seinen Blicken. „Wohin ist Gott?", rief er, „ich will es Euch sagen! *Wir haben ihn getödtet*, - Ihr und Ich! Wir alle sind seine Mörder! Aber wie haben wir das gemacht? Wie vermochten wir das Meer auszutrinken? Wer gab uns den Schwamm, um den ganzen Horizont wegzuwischen? Was thaten wir, als wir diese Erde von ihrer Sonne losketteten? Wohin bewegt sie sich nun? Wohin bewegen wir uns? Fort von allen Sonnen? Stürzen wir nicht fortwährend? Und rückwärts, seitwärts, vorwärts, nach allen Seiten? Gibt es noch ein Oben, und ein Unten? Irren wir nicht durch ein unendliches Nichts? Haucht uns nicht der leere Raum an? Ist es nicht kälter geworden? Kommt nicht immerfort die Nacht und mehr Nacht? Müssen nicht Laternen am Vormittage angezündet werden?....

.... Hier aber schwieg der tolle Mensch und sah wieder seine Zuhörer an; auch sie schwiegen und blickten befremdet auf ihn. Endlich warf er seine Laterne auf den Boden, daß sie in Stücke sprang und erlosch. „Ich komme zu früh", sagte er dann, „ich bin noch nicht an der Zeit". Dieses ungeheuere Ereignis ist noch unterwegs und wandert, - es ist noch nicht bis zu den Ohren der Menschen gedrungen, Blitz und Donner brauchen Zeit, das Licht der Gestirne braucht Zeit, Thaten brauchen Zeit, auch nachdem sie gethan sind, um gesehen und gehört zu werden. Diese That ist ihnen immer noch ferner, als die fernsten Gestirne, - Und doch haben sie dieselbe gethan!

...

"

<Der tolle Mensch>, aus „Die fröhliche Wissenschaft" (1882),
Friedrich Nietzsche

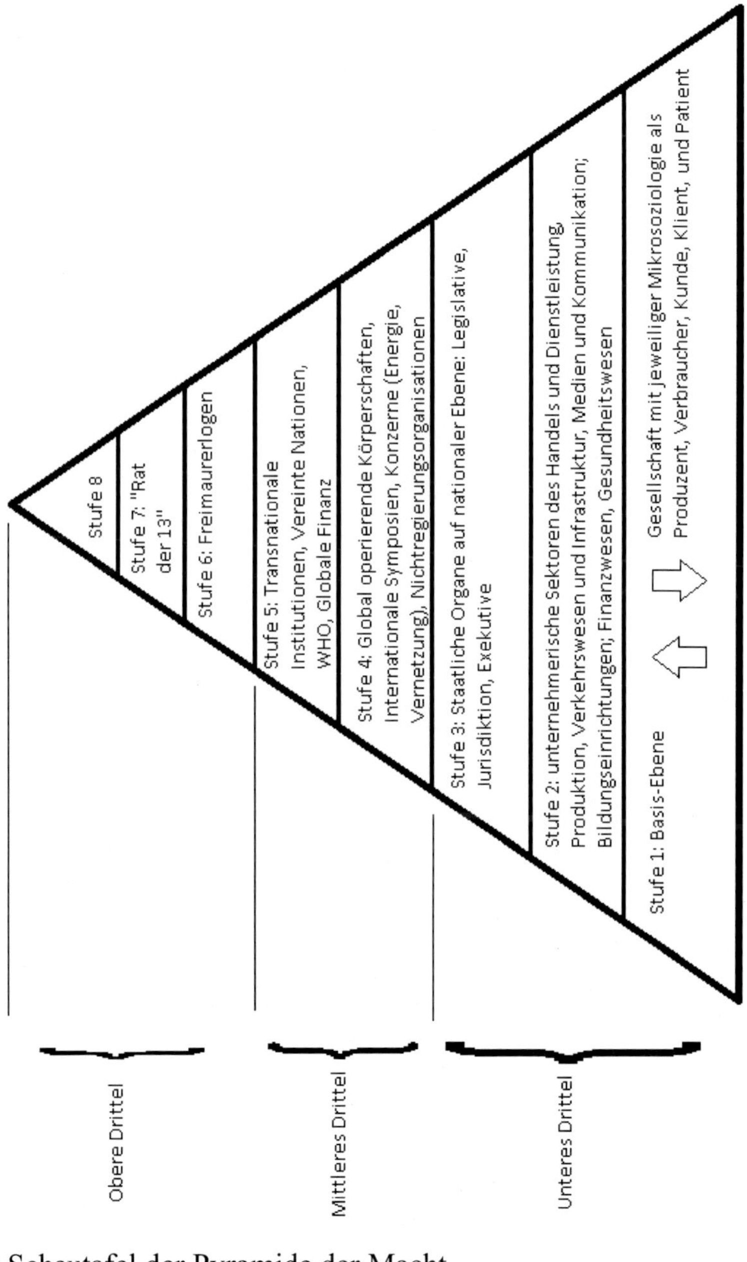

Abb. 1: Schautafel der Pyramide der Macht

Motto: „Den Teufel spürt das Völkchen nie, und wenn er es beim Kragen hätte!"
- aus Faust I, in Auerbachs Keller

Einführung in die Welt der Pyramiden:

Die Welt ist nicht rund, sondern läuft nach oben hin spitz zu, ist also einer Pyramide ähnlicher als einem Globus. Zugegeben, nicht ihrer äußeren Gestalt nach, sondern eher hinsichtlich ihrer Struktur. Daß die Geometrie der Pyramide ein archetypisches Muster zu sein scheint, ist aus Zeugnissen von Kulturen weltweit, aus allen Zeiten nachweisbar. Sie wird, wo sie steht, als Ausdruck der Macht, sowohl raumgreifend in der Ebene, als auch weithin sichtbar himmelstrebend noch heute wahrgenommen. Um wieviel mehr muß die Pyramide als Architektur ihre Wirkung entfaltet haben, in einer Zeit, da das allgemeine Leben auf ebener Erde, von nomadischer Unstetigkeit, und Verweilen in kaum befestigten Siedlungen, bestimmt worden war.

Die sichtbare Pyramide ist stets als Symbol der Hierarchisierung der Macht in der Welt verstanden worden. Sie ist somit keine Erfindung neuzeitlicher Verschwörungstheoretiker, die seit dem Zeitalter der Aufklärung, und spätestens vor dem Hintergrund der amerikanischen und französischen Revolution im 18. Jhrd., einen Generalverdacht in Bezug auf die wahre Verfassung der Macht in der Welt äußerten. Sie glaubten dies an der symbolischen Pyramide der Illuminaten ablesen zu können.

Die Zweifel, daß der vermeintliche Fortschritt nicht zwangsläufig auf eine Verbesserung des Menschen hinausführen muß, wurden schon früh vorwiegend von Kritikern der Aufklärung, und in antirepublikanischen Kreisen gehegt. Das Spektrum der Kritiker reicht von J. J. Rousseau, der mit seinem ‚Emile' einen Entwurf einer natürlichen Erziehung des Menschen vornimmt, bis zu Max Stirner, der mit seinem programmatischen Individual-Anarchismus, „seine Sache auf Nichts gestellt" hatte. Die Phalanx der Kritiker der ‚Pyramide' der Macht, ist demnach fern davon sich über eine gemeinsame Gegenposition zu einigen. An eine Vereinbarkeit vom individualistischen „Einzigen und seinem Eigentum", mit der sozialistischen Gleichheitsutopie, ist vorerst kaum zu denken. Eine

konkrete Kritik des Kapitalismus gibt es in der Bandbreite von linkssozialistisch bis rechtskonservativ, und längst wartet nicht jede mit einem totalitären Gegenentwurf auf. Horkheimer und Adorno wiesen mit der „Dialektik der Aufklärung", die Doppelnatur nach, die in der freiheitlichen Bewegung zugleich das potentiell Totalitäre beinhaltet. Ebenso erhoben sie die Klage darüber, daß auf die Emanzipation des Geschmacks der Masse, die Verflachung der Kultur nach den Kriterien ihrer Vermarktung folgt. In diesem Zusammenhang steht auch die Befürchtung, daß die Zunahme von verfügbarem Wissen, im umgekehrten Verhältnis zur Fähigkeit des kritischen Umgangs m ihm korrespondiert. Daraus würde wiederum die Wendung der ursprünglichen Impulse der Aufklärung, hin zu einer Begründung von autoritärer Herrschaft über eine unmündige Masse, in einer völlig neuen Qualität, begründbar.
Die Massenkultur hat indes aber auch ihre Fürsprecher. Umberto Eco wies in dem Essay, „Apokalyptiker und Integrierte", auf die Tatsache hin, daß eine vormals elitäre Kulturschöpfung, mit der technischen Möglichkeit der massenhaften medialen Verbreitung, auch für eine Demokratisierung der Kultur gesorgt hat. Aus dieser Tatsache heraus ließe sich auch begründen, warum der Ausdruck von ‚Erhabenheit' in der Kunst nicht mehr möglich ist, und eine tragische Tiefe der Existenz des Menschen nicht mehr ausgedrückt werden kann. Während Opernarien als Werbejingles eingesetzt werden, und Klang-Schnipsel aus Symphonien zu Klingeltönen verkürzt, verspüren wir den Verlust der kulturellen Identität noch nicht, denn die Schätze des Abendlandes scheinen noch unerschöpflich, von denen wir zehren.

Die Erhebung der Massen (Levée en masse) und ihre Manipulation durch Parteien und demagogische Führerfiguren, scheinen den Verdacht zu bestätigen, daß die, auf der einen Seite propagierten, Menschenrechte, auf der anderen Seite mit deren Uneinlösbarkeit für das entwurzelte Individuum in der Masse, in einem unheimlichen Zusammenhang stehen. Die Paradoxie besteht nun darin, daß die strenge und gut sichtbare Hierarchie der alten Welt einerseits, dennoch nicht als ‚pyramidale' Zumutung empfunden, sondern als Ausdruck göttlicher Ordnung hingenommen worden ist. Andererseits ist die revolutionäre Auflösung der ständischen Strukturen der Bevormundung, hingegen als verdächtig angesehen worden.

Möglicherweise, weil man darin die Vorbereitung einer subtileren Qualität des ‚pyramidalen' Machtgefüges vermutete. Inwiefern dieser Verdacht nicht völlig unbegründet ist, soll im Folgenden dargestellt werden.

Die Kritiker der Aufklärung haben die modellhafte Vorstellung einer Pyramide der Weltordnung auch nicht selbst konstruiert, sondern eine bereits vorgefundene zum anschaulichen Anlaß genommen, nachdem eine international vernetzte Vereinigung elitär Freisinniger ausgerechnet die Pyramide, von sprechender Symbolik, anführten.

Das Postulat* einer neuen Weltordnung wurde von Freimaurern ausgegeben, die unter der Verkündung der allgemeinen Menschenrechte, die Liberalisierung des bürgerlichen Handels anstrebten. Ursprünglich war der Begriff des Bürgerlichen jedoch an des Besitz von Eigentum und Kapital gebunden, und sollte es noch lange Zeit bleiben. Von nun an, wurde die dynamische Lösung des Menschen aus tradierten Bindungen betrieben, um ihn freizustellen für die bessere ökonomische Verfügbarkeit. Weltläufige Anpassungsfähigkeit und kultureller Relativismus sollten von nun an für eine uneingeschränkte Vernetzung unternehmerischer Interessen gewähren. Mit der Infragestellung von Glaubensgrundsätzen, sollten die Skrupel gegenüber der Freiheit des Handels beseitigt werden. Faktisch konzentriert sich die Freiheit bei den potenten Akteuren auf dem Weltmarkt, sobald diesen die Bündelung der wirtschaftlichen Kräfte auf sich selbst gelingt.

Die ironische Tragik liegt aber gerade darin, daß auf der Seite der Kritiker der ‚Pyramide', ein ebensolches Potential vorhanden ist, um eben gerade die Basis für die Errichtung einer künftigen, weitaus effizienteren, ‚Pyramide' zu liefern. Der Auflösung dieses scheinbaren Widerspruchs wird im Folgenden der Versuch gelten.

Der lange Weg der Emanzipation des Menschen, durch seine Geschichte, mit allen äußeren Formen der sakralen Handlungen zur Vergegenwärtigung göttlicher Beziehung, mündet nun in die Verinnerlichung des autoritären Prinzips zum inneren moralischen Gesetz. Dazu gehörten ebenso die rituellen Ehrbezeugungen gegenüber den gehobenen Ständen, die als Repräsentanten der Entsprechung göttlicher Ordnung in der sichtbaren Welt galten. Im großen deutschen Bauernkrieg wurde Luther der Vorwurf gemacht, er hätte aus der

*Postulat: Gebot in dem von jmd. ein bestimmtes Handeln gefordert wird

Knechtschaft der Devotion eine Knechtschaft der inneren Überzeugung gemacht.

Die existenzielle Grundfrage lautet seit jeher, in welche Bindungen tritt der Mensch, wenn er sich zu befreien vermeint? Ihn lediglich als ein Gefäß zu betrachten, das geleert, gereinigt und mit neuen Inhalten befüllt werden kann, hat den Menschen zum Objekt seiner selbst werden lassen. In unserer Zeit läßt sich die Konsequenz am unausgesprochenen Zwang zur Selbstoptimierung erkennen. Wenn wir von etwas frei gemacht werden sollen, können wir der Beantwortung eines Wozu nicht ausweichen.

Die graphische Darstellung der Illuminaten-Pyramide auf der Dollarnote weist eigentlich 13 Stufen auf. Für die folgende Betrachtung soll modellhaft ein vereinfachtes Schema mit 8 Stufen angenommen werden, wofür den realen Einrichtungen aus Politik und Wirtschaft eine Zuweisung der jeweils ihnen entsprechenden ‚pyramidalen' Instanz erfolgen soll. Eine umfassende Erklärung der Wechselwirkungen zwischen den Ebenen würde aber wohl jeden Angehörigen der *Stufe 1* überfordern, und ist zum Verständnis des funktionalen Aufbaus der Pyramide eigentlich auch nicht erforderlich. Ohnehin muß mit zunehmender Höhe der Stufen mehr der intuitiven Mutmaßung Raum gegeben werden, da die eindeutigen Belege schwerer zu finden sind, und mithin die Ausprägungen der Hierarchie subtiler, und die Mechanismen der Macht abstrakter werden.
In der Hauptsache werden Beispiele aus unserer Lebenswelt, mit ihren Analogien in der Geschichte herangezogen, die Schlaglichter auf die Charakteristik werfen sollen, die für die jeweilig zuzuordnende, Ebene der Pyramide als typisch angenommen werden können.
Bei der Beantwortung der Frage nach den zugrunde liegenden Zwecken und Absichten, bleibt als Resultat ein entschiedenes Unbehagen in Bezug auf den Charakter der ‚Pyramide', wie er sich bereits mit seinen Zumutungen auf persönliche Lebensbereiche auswirkt. Insbesondere lohnt sich ein kritisches Ohr auf die ‚pyramidale' Sprachregelung in den offiziellen Verlautbarungen. Jede Instanz formuliert auf charakteristische Weise die Selbstvergewisserung seiner Existenzberechtigung, sowie die

Begründung für den ausgreifenden Anspruch seiner Deutungsmuster auf alle Lebensbereiche.
Um das Denken innerhalb der Kategorien der ‚Pyramide' zu halten, muß die Anwendung sprachlicher Mittel in allen Stilen, den Geist der ‚Pyramide' transportieren. Im Rahmen des menschlichen Bewußtseins, wird es z.B. immer unnachvollziehbar sein, sich das Bewußtsein einer Fledermaus zu vergegenwärtigen. Bei diesem Versuch käme man nur bis zu dem Ergebnis eines Menschen, der ‚glaubt' eine Fledermaus zu sein, also zu einem lächerlich wirkenden, im Grunde tragischen Wahn von der Möglichkeit, die Grenze des Eigenbewußten überschreiten zu können. Als, in ähnlicher Weise lächerlicher Wahnwitz, wird, im Rahmen der vorherrschenden Verfassung der ‚pyramidalen' Machtverhältnisse, die Frage nach einer Alternative angesehen.
Über die Definition der Sprachregelung kann der Rahmen des Denkens, und damit die Formung des Bewußtseins entsprechend gelenkt werden. Aus der Technik des „Neurolinguistischen Programmierens" (NLP) gelangen die Methoden der Sprachmusterprägung in einflußreiche Kreise, des Managements von Unternehmen, in politische Diskurse, sowie in Forschung und Lehre. Der jeweilige ‚Jargon' weist den kompetenten Fachangehörigen aus. Von hier aus gelangt der ‚pyramidale' Positivismus des Sprachdenkens in den alltäglichen Umgang, wo die Diffamierung von Bedenkenträgern als Fortschrittsbremsen, bereits angekommen ist. In kaum einer Gruppierung, sie sei weltlicher oder geistlicher Natur, ist der Kritiker wohlgelitten.
Der Positivismus der Sprache äußerst sich etwa in Begriffen wie, „Harmonisierung", wo die Vereinheitlichung von Standards vorangetrieben werden soll; Probleme und Risiken, erscheinen weniger besorgniserregend, wenn sie als „Herausforderungen" begriffen werden. In der Dynamik des Fortschritts, ist ein Innehalten nicht vorgesehen, da mit „Stillstand gleich Rückschritt" droht.
Mit dem Verschwinden der kontroversen Debatte aus der Alltagswahrnehmung des Politischen, wird die allgemeine Kultivierung einer weichen Konsensgesellschaft begrüßt. Jede konfrontive Äußerung ist von vorne herein als ‚inkorrekt' disqualifiziert. Es ist aber davon auszugehen, daß der NLP-Sprech nicht der wirkliche Code der Macht ist. Vermutlich dient er lediglich

zur kommunikativen Prägung der ‚pyramidalen' Basis, durch die mittleren Ebenen der ‚Pyramide'
Jeder Kultur wird der Nährboden entzogen, wenn die immunstimulierende Wirkung der Kritik, bis hin zur völligen Infragestellung, als unzulässig gilt, aus Furcht vor einer ‚Anätzung' der Identität. Wo Partei- und Gemeindedisziplin, mit Sprach- und Denkverboten, der wirksame Kitt sind, braucht man sich um deren Identität keine Sorgen zu machen. Sie wäre dann bereits längst nicht mehr am Leben, sondern nur noch eine mumifizierte Hülle.

*

Im Folgenden, soll die Freilegung der Wirkmechanismen des ‚pyramidalen' Prinzips nicht etwa durch Belege von, bislang undurchschaubaren Verflechtungen von geheimen Ritterschaften, verschwiegenen Logen und obskuren Hexenzirkeln geschehen. Ohne Zweifel sind Vereinigungen dieser Art, unter Mitwirkung wirtschaftlich einflußreicher Kreise in höheren Ebenen der Pyramide einbezogen. Eine weitere Beschäftigung mit ihnen mag vermutlich geeignet sein, gewisse schauerromantische Gefühle zu erregen.
Um aber zum Verständnis des Wesentlichen, des eigentlichen ‚pyramidalen' Willens zur Macht durchzudringen, soll im Weiteren vielmehr aufgezeigt werden, inwiefern die kulturelle Basis unseres alltäglichen Lebens gleichzeitig die Basis der ‚Pyramide' ist.

Vielfach ist schon der Versuch unternommen worden, über das innere Wesen der Macht-Struktur in den obersten Ebenen (also ab dem mittleren Teil der Pyramide) zu spekulieren, und Vermutungen darüber anzustellen. Da das, was hinter den Kulissen geschieht, sich dem Licht der offenen Bühne entzieht, entsteht kurzschlüssig die Vermutung, daß diese Schattenexistenz generell das Licht scheut. Oft ist es auch der Beleuchter der Bühne selbst, der im Dunkeln sitzt, als Träger des Lichts gewissermaßen (es ist unschwer zu erraten, wer jener ‚Leuchtentrager' sein mag, der auch an eine Gestalt aus der Erzählung „Ahasver", von Stefan Heym erinnert). So gelenkt, gleiten die meisten Vorstellungen in die Unübersichtlichkeit esoterischer Modelle ab. Leider führen auch Ausführungen, von fundamentalen Christen

unternommen, meist zu nebulösen Annahmen über ein personales antichristliches Wesen, das an der Spitze der Pyramide verortet wird, unter Vernachlässigung einer Analyse der ‚pyramidalen' Stufenordnung. Dies führte bislang auch dazu, daß ebendiese Strukturen zumeist, auch von entschiedenen Christen, mitgetragen werden, da sie sich ja durch das Verorten des ‚absolut Bösen' an einen Ort außerhalb ihres eigenen Wirkungskreises, ihrer Familie, ihrer Gemeinde, selbst gleichsam psychologisch entlastet haben. Somit gedeiht das christliche Unbehagen am Lauf der Welt im Allgemeinen, selten zur Kulturkritik an ihrer eigenen Lebenswirklichkeit, insoweit sie selbst die Prinzipien der ökonomischen Vernunft verinnerlicht haben. Auch hier greift effektiv das Scheinargument von der Alternativlosigkeit, das sich im herrschaftlichen Diskurs häufig glatt von der Zunge löst, und dem Kritiker der ökonomischen Vernunft leider selten etwas entgegenzusetzen haben.
Aufklärung (enlightment !) im besten Sinne hieße, etwas Licht auf jene psychologisch blinden Flecke in der Wahrnehmung von Machtstrukturen zu werfen, und weniger im Trüben des Okkultismus zu fischen.

Allgemein hegt zwar kaum jemand mehr eine Illusion dem Umstand gegenüber, daß hinter offiziellen Verlautbarungen der Volksvertreter in Partei und Parlament, der Vorstehenden und –sitzenden von Kommissionen und Gremien, zumeist die wahren Motive verborgen bleiben. Häufig dienen gezielt lancierte Pressemeldungen, das Spiel mit der medialen Präsenz, zur Beschwichtigungen und Zerstreuung des Verdachts der Eigeninteressen. Eine forcierte Präsenz in den Medien erhöht das Gefühl der Relevanz von Themen und Personen; ein medialer Entzug kühlt die gereizte Stimmungslage ab, oder marginalisiert bestimmte Meinungen. Oft findet gerade über die Instrumentalisierung von Popularität der eigentliche Machtmissbrauch statt. Die Konsumenten der präparierten Nachrichtenlage bleiben in jedem Fall die „Menschen draußen im Lande“, denen nur die höhere Einsicht in die alternativlose Notwendigkeit von Entscheidungen fehlt. Stellvertretende Umfragen, als repräsentativ bezeichnet, dienen zur Bestätigung der bestimmten Richtung, und zur Prägung von Trends, durch die Wiedereinkopplung in die Öffentlichkeit..

So wird etwa der Boden für eine Reform, durch Kampagnen vorbereitet, oder auch das Beharren auf einer praktikablen Regelung von lokaler Relevanz, als kommunaler, oder nationaler, Alleingang abgewertet. Dem gegenüber sind die überbordenden Regulierungen, in jedem Falle gerechtfertigt, wenn sie nur im ‚höheren' europäischen Rahmen geschieht, oder gar mit dem Attribut ‚international' versehen ist.

Im Folgenden wird zu erkennen sein, daß die Individualität gerne gegenüber dem überhöhten Ethos der Gemeinschaft moralisch abqualifiziert wird.

Ebenso allgemein ist die Resignation gegenüber dem anschwellenden Strom von ‚bedeutsamen' Neuigkeiten, und der mangelhaften Möglichkeiten des Einzelnen, sich selbst dazu noch in Beziehung zu setzen. Wir wagen es nicht einmal, zu anderen sprachlichen Mitteln zu greifen, als denen, die dem jeweils zeitgeistlichen Wortschatz entnommen sind. Weil die ‚Dinge im Fluß' sind, muß auch unser Ausdruck für diese fluide sein, alert und glatt. Der Raum für eine differenzierte Diskussion, für weiträumigere Argumentation, ja auch für assoziatives Schweifen der Gedanken, ist leider in der Beschränkung auf die zulässige Zeichenlänge von Twitter-Nachrichten unmöglich. Die Forderung „fasse Dich kurz", ist seit jeher dazu geeignet, die argumentative Kette zu kappen, um das Herauspräparieren von Wesenskernen unmöglich zu machen. Leider muß auch in dieser Darstellung zumeist auf die gebotene Ausführlichkeit verzichtet werden, um den Rahmen, fürs Erste, etwas globaler zu gestalten. Jeder erwähnte Aspekt verdiente eine genauere Betrachtung, und würde dennoch wieder nur als fein ausgearbeitetes Ornament an der Gesamtstruktur erkennbar sein, deren Überblick hier aber immer die Hauptsache bleiben soll.

In den Auswirkungen der Manipulation, die über alle Kanäle auf unsere Wahrnehmung einwirkt, sind die Motive der oberen pyramidalen Ebene mittelbar auch an der Basis spürbar. Es bedarf des Zurechtrückens der Perspektive hin zum selbstbestimmten Blick des freien Auges, um das Ausmaß der Entwurzelung und Entfremdung, sichtbar zu machen. Diese besteht im Verlust von Identität und dem Bewusstsein von Herkunft, sowie dem Verlust von realen Bezügen zu Natur, zum Leben und selbstbestimmtem Tätig-Sein. Für diesen

Zusammenhang muß das ,freie Auge' zurückgewonnen werden. Oft braucht es dazu nur den Aufblick vom Bildschirm, aus dem Fenster hinaus, an den Horizont.

Im Weiteren wird vom ,pyramidalen' Prinzip gesprochen, wo es jeweils um Interessen des Selbsterhaltes des hierarchisch gestaffelten Machtgefüges geht. Zwar ist die Vorstellung eines pyramidal aufgebauten Gefüges mit einem angenommenen Zentrum, des ,Willens zur Macht', leicht als verschwörerisch abzuqualifizieren. Der größte Trick des Teufels ist es seit jeher, von sich glauben zu machen es gäbe ihn nicht, ein weiterer, er säße in jedem Detail.
Dennoch läßt sich wiederum aus der Verbindung vieler Aspekte des modernen Lebens, gleichsam in einem Kräfteparallelogramm aufgetragen, die Gestalt einer pyramidalen Hierarchie modellhaft gewinnen, sowie die Kettenlinie der Indizien gedanklich zu einem Schnittpunkt verlängern, der als ein Schwerefeld-Zentrum angenommen werden kann. Obwohl dieses sich selbst nicht positiv zeigen muß. In der Analogie dazu steht das Postulat von Elementarteilchen, zu denen der Nachweis auf reale Existenz noch geführt werden kann..

Die Genese der Pyramide

Für eine transparente basisdemokratische Organisation, als freie Assoziation freier Individuen, gibt es in der Geschichte, wenn überhaupt, nur kurzzeitige, lokal auftretende Beispiele, die entweder äußeren Einflüssen nicht standzuhalten vermochten, oder, hauptsächlich daran gescheitert sind, daß Gruppen, denen ein spezieller Einfluß auf die Gesetzgebung, das Hüten der Schätze, und Bewahren herrschaftlichen Wissens übertragen wurde, eben die Tendenz haben, sich von den Ebenen des profaneren Lebens abzuheben.
In der kulturellen Entwicklung wuchs dieser Kaste aus ihrer hervorragenden Stellung ein besonderer Nimbus zu, zuerst aus ihren speziellen Fähigkeiten abgeleitet, wie in der Tradition der Kriegerfürsten und deren Familienangehörige, oder den Trägern

geheimen heilkundlichen Wissens. Aus der Annahme sie wären die Garanten und Vollstrecker des Volkesschicksals, gestand man ihnen verschiedentlich die Mittlerrolle zwischen weltlichem Schicksal und göttlichen Willen zu (Gottkaiser, Hohepriester, Orakel).
Die Sichtbarkeit eines handgreiflichen Schatzes, das Vorweisen der auf Tafeln niedergelegten unumstößlichen Gesetze, der Beweis von ‚Wundertätigkeit' war in einem weiteren Abstraktionsschritt künftig nicht mehr notwendig, denn die wahre Geschichte lebte in den Mythen der Völker, die durch Erzählung weitergereicht wurden, weiter. Damit ist auch gleichzeitig das Wesen von Geschichte gegeben, nämlich als willkürliches Residuum in der Erinnerung aus Erlebtem und dessen Deutung in nachhinein. Und, es ist das Vorrecht des Siegers des historischen Prozesses, sie authentisch zu erzählen.

Das Allerheiligste wurde schließlich nur noch symbolisch in Tempelbauten veranschaulicht, wie dies in Hellas und Rom geschah. Es hat sich dort in Kunst und ästhetischen Ritus verwandelt.
Die Dramen und Tragödien der antiken Theaterbühne haben ihre Herkunft in den frühen sakralen Mysterienspielen, in die der Zuschauer mit einbezogen wurde, und wobei er Zeuge des unmittelbaren Wirkens der Götter war.
In einigen Hochkulturen wurde der Blick auf das ‚Heilige' gar vollständig vor dem profanen Blick verschleiert, wie etwa in Alt-Ägypten und Israel. Im verschleierten Bildnis zeigt sich das wahre Gesicht der Wahrheit, das Höchste ist genugsam belegt durch seine Nichtnachweislichkeit; konsequenterweise ist der Raum hinter dem Vorhang – leer!
In vielen Kulturen des Altertums wurde die Praxis der Erhabenheit, des, dem Irdischen enthobenen, Hort der Wahrheit, in der sichtbar anschaulichen Architektur der Pyramide verwirklicht. Diese verweist wie ein dreidimensionaler Zeiger in die entrückte Höhe. Die Pyramide ist, so verstanden, nicht mehr selbst heiliger Sitz der höchsten Macht, sondern fungiert als deren Wegweiser. Der Anspruch der alles überragenden Macht muß, inzwischen von den obersten Zirkeln esoterisch verwaltet, dennoch auch verbindlich auf die Lebenswelt der

Basis verpflichtend wirken. Dies wird erreicht, indem auch alle Schichten des Volkes beim gemeinschaftlichen Bau der Pyramide sich in ihrer jeweiligen Stufe repräsentiert finden, die ihr zugewiesen wurde. Dies gilt für die, zwar von der Teilhabe an der Macht ausgeschlossenen, aber derselben zur Verfügung zu haltende Masse. Die Stellung des Menschen wird in der, als gottgegeben wahrgenommenen, Ordnung schicksalhaft festgelegt, dabei erhält der Mensch aber auch seinen angestammten Platz in eben jener Ordnung der Welt (ordo seclorum)

Die Adresse dieser Schrift ist nicht zuletzt der aufrichtige Christ, als Individuum, die freien Geister unter den Christen und die Unzeitgemäßen, die den Mut haben, „keine Frage auf dem Herzen zu behalten". Diese Stoffsammlung wendet sich sogar speziell an sie, da ihnen die ‚babylonische Hybris' und die katastrophische Perspektive der Apokalypse ein Begriff ist, sie aber auch eine rettende Hoffnung hegen - ihr Glaube möge sie durch die schwere Zeit tragen.

Stufe 1

Im graphischen Modell der Pyramide erscheinen die Ebenen mit gleicher Stärke, tatsächlich ist die Basis-Ebene der ersten Stufe aber so ‚breit', wie es der uns alle betreffenden ökonomischen Wirklichkeit entspricht. Sie umfasst die Lebenswelt der Menschen von der Geburt bis zum Ende, ihr Aufwachsen, Lernen, Tätig Sein ebenso wie ihr Beziehungsnetz, Familienleben, Freundschaften und Nachbarschaft. Die Mechanismen der Konformität und Opportunität sind gleichsam die kohäsiven Kräfte, die diese Ebene als ein schon in sich selbst differenziertes Organ innerhalb des ‚pyramidalen Macht-Körpers' beschreibbar machen. Jede wissenschaftliche Disziplin wird dies mit der ihr eigenen Axiomatik und Sprache tun (Soziologie, Ökonomie, Kulturgeschichte, etc.). Diese Basis wird überwölbt von den Kondensaten des Marktwillens (die sich als *Stufe 2* über der Basis auskristallisiert), die als Bündelung des wirtschaftlichen und gesellschaftlichen Ausdrucks der Gemeinschaft, wiederum zurück wirkend, ihrerseits prägend für unsere Sicht auf die Welt sind. Die darüber liegenden Ebenen sind jeweils von zunehmender Abstraktion, von der Lebenswirklichkeit im Bereich unserer Erfahrung, gekennzeichnet. In dem Maße, wie die Exklusivität der Stufen-Ebenen steigt, wird der Kreis der einbezogenen Personen kleiner, so, daß die oberen Lagen entsprechend dünn beschaffen sind, ihr Einfluß ist von subtiler Art und nur indirekt nachweisbar.

Die unterste Stufe stellt die „Wurzelschicht" dar, sie ist die Substrat-Ebene zur Gewinnung und Abschöpfung von ‚Lebensenergie', quasi durch Abmelken des Mehrwertes aus der dynamischen Produktivität der Wirtschaftskreisläufe zum Erhalt der „pyramidalen Maschine".
Die produktive Dynamik wird erzeugt über die Einpflanzung von Wünschen, Begehren, sowie durch die Befeuerung von Trieben und deren Kanalisierung. In der Gefangenschaft von ‚Teufelskreisen' aus Aufstiegs-Erwartungen und Abstiegsängsten, in hastiger Aufeinanderfolge von Zerstreuung und Erschöpfung, geschieht die Aufrechterhaltung von Illusionen und beständiger Unzufriedenheit.
Identität und Individualität sollen untergraben werden, um das Einschmelzen der Einzelnen in Gruppen und Massenorganisationen zu befördern (gewissermaßen in einem Prozess der Fermentation). Das muß nicht unbedingt bedeuten, daß der Einzelne sich in einer bewußten Wahl zu einem größeren Verband bekennt. Er wird bereits als ökonomisch atomarer Bestandteil einer kalkulierbaren Masse von Produzenten und Konsumenten aufgefaßt. Dieser zermürbende Prozess geht in einer pausenlosen Konvektion von Platzwechsel, Ortswechsel, Standpunktwechsel, mit fluktuierenden Rudimenten von Meinung und Haltungen, vonstatten. Die entkernten ‚Ichs' finden ein neues ‚Über-Ich' in Gruppen und Vereinen, als gläubige Mitglieder, begeisterte Fans, um dort der sozialen Kontrolle unterstellt zu werden. Hier lernt es (das ursprüngliche Ich) auch sich in Hierarchien einzupassen (Hinweis: in repressiven Systemen ist der Druck auf den nicht berechenbaren Einzelnen stets größer gewesen, als der auf Gruppierungen und Vereine, die sich über Satzungen, Finanzrecht, Lokalität, Mitgliederdaten, Anwesenheitszeiten, Protokolle besser überwachen lassen).

Bis in die private Existenz hinein soll sich der Masse-Mensch als Produzent, Konsument, Klient, Kunde und Patient der Verwertbarkeit verfügbar halten. Es ist auffällig, daß Gespräche außerhalb dieser Rollen-Zuweisungen selbst innerhalb der Familien kaum mehr stattfinden.

„Eltern pflanzen ihren Kindern materielle Werte ein, Kinder treten mit ihren materiellen Wünschen an die Eltern heran“, so könnte der Vorwurf an die Familien lauten, die die Kraft nicht haben, den Zumutungen unseres Wirtschaftssystem ein eigenes Wertgefüge entgegen zu setzen. Aber das ist nicht ganz gerecht, denn längst ist die Familie als zellulärer Automat des Wirtschaftssystems den Nachstellungen des Marktes hilflos ausgeliefert. Um sich der Einmischung bis in intimste Lebensbereiche zu entziehen, und bei der Erziehung der Kinder nicht in Konkurrenz mit den Medien treten zu müssen, würde nur das Ziehen aller Stecker bis auf die für die Haushaltsgeräte helfen (solange die noch nicht im Internet der Dinge vernetzt sind).

Da der erzieherische Anteil von wenigstens einem Elternteil, wenn nicht beiden, wegen der übermäßigen Arbeitsbelastung, den eigenen Kindern vorenthalten wird, ist die Ausformung der narzisstischen Störung inzwischen die Regel geworden. Aus dem mangelnden Selbstverständnis der eigenen Persönlichkeit heraus, wird die äußerliche materielle Ausstattung zum Interieur des Ichs umfunktioniert. Das Sehnen und Trachten geht auf den Erwerb von Dingen, und bestätigt fortwährend das ursprüngliche System, indem diese Not erst geschaffen wurde.

Das ‚pyramidale' Etappenziel des selbstinduzierenden Flusses der Dinge, ist vergleichbar mit dem Traum vom widerstandslos supraleitenden Strom, einer Art Wahn vom elektromagnetischen Perpetuum mobile zweiter Ordnung (also eines, wobei nicht nur keine zusätzliche Energie mehr zugeführt werden muß, sondern noch Überschüsse produziert werden). Daher ist die Liquidierung jeder menschlichen Beziehung auch die Schiene, auf der dieser Utopie, übertragen auf das soziale Netzwerk, nachgejagt werden soll.

Der nachfolgenden Generation eine besondere Steigerung der Ich-Bezogenheit vorzuwerfen, ist voreilig. Der vermeintliche

Individualismus der wohlständigen Jugend ist in Wahrheit keiner, denn in Stil und Gebaren wird sie sehr streng durch die vernetzte Medienwelt an die jeweiligen Trends gebunden. Der Anteil derer, denen der Anschluß an die Hipster nicht gelingt, finden in einem randständig radikalisierenden Umfeld die entsprechende Form der Ausrichtung. Richtiger müßte von einer ökonomisch getriebenen Gegenbewegung zum Individualismus gesprochen werden, mit Hinweis auf den Druck einer ganzen Generation zur Einpassung in eine künstlich erzeugte Ego-Konfiguration. Somit ist die Jugend als Beute des kapitalistischen Verwertungsbetriebes tatsächlich nichts weniger als egozentriert, sie ist marktkonform noch in ihren provokantesten Stilausprägungen.

In der christlichen Gemeinde gelten vielfach, Krankheiten, Misserfolge, schwierige Lebensumstände quasi als „Erfolglosigkeit“ im Glaubensleben, oder gar als individuelle Schuld. Auch Christen erliegen in der Konkurrenz untereinander einer hyperaktiven Gier nach äußeren Ereignissen (der spektakuläre Urlaub, der Erwerb prächtiger Dinge, den Kult um den eigenen Körper), als Fluchtpunkte vor der Stille, die als bloße Leere wahrgenommen wird.

Besonders in den freikirchlichen Gemeinden wir ein starker Wert auf die Extroversion des Christen gelegt, und die Innerlichkeit der ‚Stillen im Lande’, inzwischen als eine unbillige Abkehr von den Erfordernissen der Zeit gewertet. Zuweilen wird auch von einem Charisma gesprochen, bzw. charismatischer Bewegung, wobei hier nicht die individuelle Charakterisierung einer Person gemeint ist, sondern die ekstatische Außenwirkung gemeinde-christlicher Performance. Diese wendet sich wiederum an die Gemeinde selbst, innerhalb einer selbstreferenziellen Rückkopplung, die zur positiven Verstärkung der Selbstvergewisserung dient.

Eine kritische Würdigung der Haltung der Christen

Es ist bemerkenswert, daß auch überzeugte Christen, das ‚pyramidale' Primat des Ökonomischen nicht erkennen, oder es einfach unhinterfragt hinnehmen, ja, sogar für die eigene Sache übernehmen. Dies ist etwa im Umfeld christlich freikirchlicher Publizistik zu beobachten, wenn Marketingstrategien und Merchandising-Taktiken, die der Werbebranche entlehnt werden, mit ‚biblischen' Inhalten zum Einsatz kommen (dazu gehören oberflächliche Comics für Kinder, Kaffeetassen, Anhänger, ästhetisch mindestens fragwürdig gestaltete Kalender und seichte Bücher, deren Autoren den Leser massiv zu unterschätzen scheinen – der christliche Buchhandel betreibt diese Art Ausverkauf auf penetrante Weise). Als entschiedener Christ, ist es schwierig, sich dagegen zu verwahren, da rasch der Verdacht besteht, sich gegen den christlichen Missionsauftrag selbst zu stellen. Bei der Umsetzung dieses Auftrages selbst liegt ein kardinales Mißverständnis vor, wie noch zu zeigen sein wird.

Der gleichsam ‚atomisierte' Mensch, entfremdet seiner Kultur, familiär entwurzelt (wegen der Einbindung aller Familienangehörigen in den Verwertungskreislauf, oder infolge dysfunktionaler Gemeinschaft) ist somit so flexibel und ungebunden wie der Geldfluß und die Waren- und Datenströme es sind. Die großen Befreiungs- und Emanzipationsbewegungen haben ihren durchschlagenden Erfolg nicht unmittelbar dem kirchen-christlichen Menschenbild zu verdanken. Dieses war über Jahrhunderte hinweg mit der Rechtlosigkeit von Frauen und Kindern, sowie mit Rassismus und Sklaverei vereinbar.
In den Forderungen fundamentaler christlicher Gemeinden finden sich bis zum heutigen Tag solche Bezüge. Vereinzelt wird auf Züchtigung als legitimes Instrument der Erziehung bestanden, oder auf der Nachordnung der Frau beharrt. Der Impuls zur Reform der Gesellschaft kam vereinzelt von randständigen Persönlichkeiten der Gemeinde, wobei letztendlich der ökonomische Druck des Industriezeitalters diese erzwungen hatte. Die Suffragetten hätten aus dem Eigenimpuls heraus, die Emanzipation nicht mehrheitsfähig machen können. Erst die Weltkriegswirtschaft mit dem Bedarf an Frauen als Arbeitskräfte in der Rüstungsindustrie, popularisierte die

Forderung nach Emanzipation. Die Aufhebung der Sklaverei mußte gegen große Widerstände, ausgehend vom industrialisierten Norden der USA dem hauptsächlich landwirtschaftlich geprägten ‚frommen' Südstaaten aufgezwungen werden. Regional zählen einige der konföderierten Kernstaaten noch heute zum sogenannten *bible-belt*. In christlichen Kreisen ist die Ablehnung des dringend notwendigen Aufbruchs in den 60-er Jahren bis zu heutigen Tage einhellig – soviel zur bedingungslosen Hörigkeit gegenüber Autoritäten, die sich oft genug auch noch selbst dazu ernannt haben, und die als ‚gottgegebene Obrigkeit' nicht infrage gestellt werden darf.
Vom Oberhaupt der katholischen Kirche gar, die den allgemeinen Gültigkeitsanspruch im Namen trägt, eine selbstkritische Einschätzung zu erwarten, zeugt von einiger Naivität. Hätte diese sich nicht auf dem langen Karriereweg durch die Ebenen der geistlichen Pyramide, über Bischofsamt und Kardinalswürde, nicht schon längst zum Tragen kommen müssen?
Im Zuge der Gegenreformation führte die Anerkennung des Jesuitenordens, wegen der Bereicherung durch die gepflegte sophistische Schlagfertigkeit, dazu, daß der kircheninterne Diskurs kanalisiert worden ist, und Kritik von außen per definitionem nicht greift, weil die Kirche kein Außerhalb anerkennt (außerhalb der Kirche ist demnach immer nur das metaphysische *Ganz-Unten*). Dem entsprechend läuft ihr Machtanspruch, durchaus irdisch, parallel zum Konzept der ‚Pyramide'. Tatsächlich liegt hier eine lückenlose Kompatibilität vor.

Die reformatorische Bewegung hat ihren durchschlagenden Impuls weniger von der Flamme des Erweckung, als vielmehr vom wachsenden Unwillen gegenüber der Abhängigkeit einiger Fürstenhäuser von der römischen Bevormundung. Ob Kaiser Maximilian nur unschlüssig, oder uninteressiert daran war, die Reichseinheit zu erhalten, ist schwer nachzuweisen. Tatsache ist, daß die Interessen des Hochadels, etwa der Habsburger, auf die Sicherung der europäischen Vormacht durch Erbfolge, weit außerhalb der deutschen Lande, gerichtet war. Um bei dem Aufbruch in die Zukunft, der seit Einsetzen der Renaissance spürbar gewesen war, sein eigenes Gewicht auch weiterhin mit einzubringen, war die Bereitschaft zum Arrangement mit neuen Koalitionen durchaus vorhanden. Die

Wiedergeburt des Geistes der Antike (Re-Naissance) war dennoch nicht rückwärts gewandt. Entdeckerfreude und Naturphilosophie lieferten dem, nach Ausweitung der Grenzen verlangenden Handel und Wandel, nützliche Impulse. So gesehen kann die Reformation auch als Initiative zur Hinüberrettung der Glaubensfundamente gelten, die in den Händen des rückständigen Rom, nicht mehr gesichert schienen. Die Reformation ist also beides, Erneuerung - zur Erhaltung. Das Motto: „Nur wer sich verändert, kann bleiben wer er ist“, trägt einen tiefen Kern der Wahrheit in sich. Die römisch-christliche Machtpyramide war gezwungen sich, durch eine Transformation in eine neue Qualität, für die künftigen Erfordernisse zu wandeln. Die historischen Verwerfungen jener Epoche, Umsturzversuche, bis zur Plünderung Roms durch deutsche Landknechte, sind die Symptome einer epileptoiden Epochen-Krise zur Einleitung der Genesungsphase der ‚Pyramide' neuer Qualität.

Vor diesem Hintergrund läßt sich an der Wende im Lebenswerk Martin Luthers eine gewisse Rückversicherung gegenüber der Macht erkennen. Es lassen sich zumindest zwei Phasen in der Entwicklung nachweisen: erstens die ursprüngliche Erkenntnis von der individuellen Freiheit eines Christenmenschen, die für die Zukunft eine wirkliche Emanzipationsbewegung ermöglicht hätte, und Zweitens, die Rückbindung an die Schrift, und die Gnade Gottes (sola scriptura, sola gratia), die die Infragestellung der Macht-Pyramide in menschlicher Selbstermächtigung wiederum verbietet. Diese tragische Wendung geschah angesichts der grausam enttäuschenden Erfahrung der Bauernkriege (Luther begrüßte schließlich die Niederschlagung der Bauernrotten der Bundschuh-Bewegung und des ‚Armen Konrad').

Luthers Kritik des päpstlichen Machtanspruches richtete sich letztlich nicht grundsätzlich gegen die ‚pyramidalen' Machtstrukturen. Diese sollten lediglich, ganz im machiavellischen Sinne, für die protestantische Sache adaptiert werden. Da hierbei Luther, mit den politischen Reformkräften im Hintergrund erfolgreicher gewesen war, steht er vor uns auch, durchaus verdienstvoll für die Geburt des modernen Christen, überragend in der kulturellen Erinnerung, während sein Zeitgenosse Thomas Müntzer, der den sozialrevolutionären Aspekt der Christuslehre vertrat, hingegen im Bewußtsein der christlichen Gemeinde weitgehend vergessen ist.

Vom ursprünglichen Impuls der Reformation her betrachtet, hätte diese bereits hundert Jahre zuvor mit der Bewegung des tschechischen Reformators Jan Hus eingeleitet werden können, sowie weitere fünfzig Jahre zuvor, von Britannien ausgehend, durch John Wyclif, wobei deren Kritik an der korrumpierten Kirchen-Christenheit fundamentaler ausfiel, als die von Luther geäußerte. Da die politischen und wirtschaftlichen Gegebenheiten sich weitgehend im Stande noch vor dem Abschluß der Transformation in die neuzeitliche, ökonomisch dominierte, ‚Pyramide' befanden, mußten alle Versuche entsprechend tragisch scheitern. Der neuzeitlich kapitalistische Geist, basierend auf dem internationalen Handel, sollte erst noch seinen passenden Rahmen erhalten, nachdem der bis zum Ende des 15. Jhrd. vorherrschende mittelalterliche Feudalismus an seiner Erstarrung in die Krise geraten war.
Die, zwar vor der Zeit, jedoch weitaus grundstürzender angelegte Reformbewegung der Hussiten wurde in ihrer historischen Bedeutung auf ein lokales tschechisches Nationalphänomen reduziert, und damit auf beinahe ein Jahrhundert hinaus seines fundamentalen Impulses der Kritik der Machtverhältnisse beraubt. Der in seinem Wesen ‚pyramidal' kompatible Protestantismus lutherischer Prägung ist daher im allgemeinen Bewußtsein deutlich stärker präsent, als die vielen anderen Reformbewegungen, die heute weitgehend in Vergessenheit geraten sind.
Vor dem Hintergrund des Aufbruchs des Welthandels formierte sich der merkantile Geist des Puritanismus und Calvinismus, sodaß deren Exponenten bereits den Boden vorbereitet fanden, auf dem die Transformation der geistlichen Pyramide in die merkantile Gestalt, im Projekt der Reformation, vonstatten gehen konnte. Das bedeutete nicht automatisch den Verzicht auf eine *Pax Romana* mit katholischem Weltanspruch. Vielmehr ist mit einer Doppelung desselben Motivs in unterschiedlichem Ausdruck eine wesentliche Voraussetzung für die pyramidale Epochen-Metamorphose gegeben. Eine solche ‚Doppelung' hatte es jeweils an verschiedenen Epochenübergängen gegeben.

Zur Erinnerung sei an dieser Stelle noch einmal vergleichend auf die einige Aufspaltungen in Zwillingsstrukturen der ‚Pyramide' in der Vergangenheit hingewiesen:

- Die mosaische Begründung Israels aus dem Geist der ‚Aton'-Religion Alt-Ägyptens, und dessen gleichzeitige Opposition zu seiner Herkunft
- Die Spaltung des römischen Imperiums, und dessen gleichzeitig umfassender, geistlich begründeter Hegemonialanspruch
- Die bürgerlich emanzipatorischen Revolutionen, mit der gleichzeitigen Unterwerfung unter das Primat des Kapitalismus
- Die bipolare Blockbildung, bei gleichzeitiger Einebnung der nationalen Eigeninteressen.

In dieser reduzierten Aufzählung findet sich als gemeinsames Motiv, jeweils der Versuch, die epochale Transformation des ‚pyramidalen' Willen zur Macht, durch eine Rückbindung an einen göttlichen Auftrag, bzw. ein allerhöchstes Menschheitsideal, zu legitimieren. In den Zwillings-Doppelungen liegen durchaus keine inneren Widersprüche vor, allenfalls in der Wahrnehmung der äußeren Tendenzen. Es handelt sich wesentlich um dialektische Antithesen, die sich in einer synthetischen Transformation auf der historisch nächst höheren Ebene aufheben. Am treffendsten ist der organische Vergleich mit der Zellteilung ein und desselben Wesens, das die Ausweitung der Ermächtigung in seinem Lebensraum zum Ziel hat.

Zurückkehrend ins erste Drittel des 16. Jhrds., stellten sich die damaligen sozialen Unruhen gewissermaßen als eine epileptoide Krise im Konfliktgeschehen der Renaissance dar, worauf die Konsolidierung des Machtanspruches der pyramidalen Ökonomie für die folgenden Jahrhunderte festgeschrieben worden ist. Diese folgende Periode der ökonomischen Prosperität des Welthandels, bereits auch auf der Basis international spekulativer Börsengeschäfte, könnte als die ‚pyramidale' Genesungsphase der neueren Qualität verstanden werden. Im Durchgang durch das krisenhafte Geschehen, streift der pyramidale Wille jeweils seine historische Puppenhülle ab, und vollendet die Metamorphose, bzw. Transformation auf das qualitativ nächst höhere Level. In diesem Falle handelte es sich um die Ausweitung des

ungehinderten globalen Handels, der von den aufsteigenden Bankhäusern mit Krediten befeuert worden ist.
Jedenfalls bis zur nächsten historischen Krisenzeit im ausgehenden 18. Jhrd., während der die Verlagerung des Weltmachtzentrums nach Amerika stattgefunden hat.
Eine würdige Kritik der Macht war von Seiten der gespaltenen christlichen Gemeinde jedoch nicht mehr zu erwarten, allenfalls von den Stimmen der notorischen Einzelgänger unter dem Einfluß der Aufklärung.

Auf die Zumutungen eines kritischen Diskurses reagieren indessen christliche Gemeinden gegebenenfalls mit flammender Entrüstung, zuweilen auch mit ausdrücklich besten Wünschen für die Hölle. Aus dem geringen Vertrauen auf die eigene tragfähige Glaubensbasis heraus, wird die Anforderung an die Kritikfähigkeit, nicht nur als ein Angriff auf die strukturelle Verfassung der Gemeinde aufgefaßt, sondern auf die Autorität Gottes selbst. Hier offenbart sich nicht die Stärke von Heilsgewissheit, sondern die auf den Kritiker projizierte Verlust-Angst, die sich dorthin adressiert, in eine Verlust-Drohung verwandelt. Die Überhöhung der eigenen Position wird durch die grundsätzliche Herabwürdigung der Position des jeweils Anderen bewerkstelligt.
Dabei würde der christliche Glaube aus seinem Wesenskern heraus, eigentlich selbst eben jenen heilsamen Widerspruchsgeist entwickeln, der erforderlich ist, sich gerade nicht zum Handlanger zeitgeistlicher Vereinnahmung machen zu lassen. Nur leider fürchten die meisten Gemeinde-Christen ein vermeintliches Chaos, wenn die Gedanken tatsächlich frei wären, deshalb arrangieren sie sich eher mit der Zensur der Individualität durch Verinnerlichung der ‚pyramidalen' Zumutungen. Daher rührt auch die Furcht davor, die Menschen in ein selbstverantwortliches Denken zu entlassen, will man nicht einen allgemein verbindlichen Ethos unmöglich machen. Ein solcher könnte innerhalb der Pyramide dann auch nur soweit als verbindlich gelten, insoweit er berechenbar, also der ökonomischen Rechtschaffenheit genügt. Es liegt jeweils im vitalen Interesse der um die Vorherrschaft bemühten Macht, ihren Anspruch mit einem Ziel der messianischen Heilserwartung zu versehen. Dieses kann in der Folge als

Rechtfertigung für jede Handlungsweise auf dem Wege zur Schaffung der dafür notwendigen administrativen Weltordnung geltend gemacht werden. Ein etwaiger individueller Verzicht auf vorgegebene Horizonte der Heilserwartung, würde indessen jede Strategie zum Machterhalt der ‚Pyramide' umgehend fragwürdig erscheinen lassen. Das würde zwar noch nicht zwingend die moralische Abwertung sämtlicher ‚pyramidaler' Akteure mit ihren politischen und wirtschaftlichen Interessen bedeuten, jedoch es grundsätzlich ermöglichen, deren Motive einer Infragestellung auszusetzen.
Gerade darin aber besteht die Gefahr für die Legitimität von Macht, eben, daß sie sich von Individuen in Frage stellen lassen müßte. Der Zweifel ist demnach das Element, das in der christlichen Gemeinde der „alten Schlange", als teuflische Einflüsterin, zugerechnet wird. In der Frage allein liegt schon die Lüge verborgen – „Sollte es sich wirklich so oder so verhalten?", „Könnte es sich nicht auch ganz anders verhalten?"
Die Macht scheut den Diskurs über das, ‚was der Fall ist', ja sie versenkt ihn in die tiefsten Abgründe, in dem umgekehrten Grade, wie sie sich selbst moralisch überhöht, z.B. in ihren Bezug auf eine globale Ethik. Eine Macht, sie mag sich politisch oder wirtschaftlich hegemonial verhalten, kann stets auf ihren Anspruch auf Alleinstellung hin überprüft werden. Nämlich, bis zu welcher Höhe sie sich zu ihrer Legitimation aufschwingt. Mit vollem Recht ist an dieser Stelle auf den Staat Israel zu verweisen, dicht gefolgt von den USA, die sich ausdrücklich in ihrer Legitimation auf Gott selbst beziehen. Die islamischen Staaten, die in einem nicht minderen Maße ihr Alleinstellungsmerkmal behaupten, stellen im epochalen Transformationsgeschehen jeweils das krisenhafte Element auf dem Weg zur Genese der Pyramide neuerer Qualität für das 21. Jhrd. dar.

Wegen der bedrohlichen Aussicht auf Rückschritt durch Stillstand im Glaubensleben wird fatalerweise ein Gebot der andauernden Beweglichkeit und Flexibilität für den Lebensalltag abgeleitet, um auch dort tunlichst den Anschluß nicht zu verlieren. Mit dem Argument, daß die Verbreitung des Glaubens auch die Verwendung moderner Kommunikationskanäle nicht ausschließen sollte, wird eben gerade die Transformation der Informationsgesellschaft in eine Überwachungs-

Demokratie unterstützt, dies allerdings zum Preis von Registrierung und Manipulation.
Mit der Haltung, daß der moderne Christ grundsätzlich nur in der Extroversion, der Wendung nach außen, vollmächtig wirken kann, wird gerade das Zeitgeistige assimiliert, das ursprünglich kritisiert wurde. Innerlichkeit, Beschränkung der Ansprüche, Beschaulichkeit waren einmal Tugenden der Weisen; da solche Qualitäten nicht marktkonform sind, haben diese selbst unter Christen einen faden Beigeschmack bekommen. Ursächlich dafür kann die Verknüpfung der protestantischen Ethik mit dem Fortschritt im Wachstums, und der Effizienzideologie des Liberalismus, ausgemacht werden.

Wie zuvor bereits angedeutet, durchlief die alte Welt eine Transformation aus dem Geist der Antike in den des ‚Heiligen Römischen Reiches', vor dem Hintergrund der kompromittierenden Erschlaffung der antiken Kulturen, und der aufkommenden disziplinierenden Effizienz des Christentums. Es erscheint bemerkenswert, wie kompatibel die ‚alte Pyramide' mit der Ausformung der neuen geistlichen ‚Pyramide' war.
Eine Erinnerung an die Befindlichkeit am Ende der Antike, ist im Vergleich mit dem Zeitgeist unserer Tage nicht so abwegig, wie es den Anschein haben mag. In der Analogie stünde die USA als die hegemoniale Macht, in einer gewissen Beziehung zum imperialen Rom. Wohingegen die ‚alte Welt' des niedergehenden Europa sich in der Rolle des späten Hellas wiederfinden könnte. Dieses konnte dem Schicksal des Zerfalls der fragilen Bündnisse der Stadtstaaten, mit ihren zentrifugalen Tendenzen in der Gemeinschaft, auch nicht in der Gestalt des Groß-Kommissars Alexander nicht entgehen. Das mazedonische Großreich brachte denn auch nicht die erhoffte Einheit, sondern besiegelte mit seiner Expansion, tatsächlich das Ende. In einer unheimlichen Parallele anlässlich der europäischen Osterweiterung, bedeuteten die Ambitionen Alexanders d. Großen, die ebenfalls bis an den Hindukusch reichten, die Überdehnung des traditionellen Kulturraumes. Im Gegenzug trat eine zunehmende Orientalisierung Osteuropas unter dem persischen Einfluß ein, die für die längste Zeit die Grenze des byzantinischen, und darauf folgenden osmanischen Einflußes, weit an die Kernlande heranrücken sollte.

Von der speziellen Beziehung Roms zu Ägypten war bereits die Rede. Durch die mosaische Überlieferung ist Israel als der legitime Erbe des alten Ägyptens zu betrachten. Bis zum heutigen Tag ist Israel der ‚Taumelbecher' der Nationen, wie es biblisch verheißen worden war. Der Einfluß der Belange der jüdischen Gemeinde kann, heute wie damals, nicht hoch genug eingeschätzt werden.

Die Spaltung des Reiches in Ost- und Westrom erscheint für diese Darstellung insofern vernachlässigbar, als das konstantinische Byzanz rasch das epochal bestimmende Zentrum wurde, nicht zuletzt wegen der günstigen Einbettung in den, im Religiösen dynamischeren, Orient. Für die Übertragung der römischen Hierarchie (nach Tertullian, im 2. Jhrd. galt die Unterscheidung von *ordo*, der mit vollen Bürgerechten ausgestatteten Klassen, und *plebs*, das unmündige Volk) auf den Umfang eines gewaltigen Raumes fremder Völker mit ‚barbarischen' Einwanderern, wurde ein weltlich agierender Gemeindeorganismus geschaffen. Dieser mußte wiederum entsprechend seine Legitimität aus einer nächst höheren Sphäre ziehen.
Für die Mission in Gebieten großer dynamischen Massen ist die Ausbildung einer christlichen Grundhaltung ein starkes Argument (das übrigens einmal ein früherer Papst im 19. Jhrd. zugunsten der Mission im kaiserlichen China anführte). Demnach würden Christen sich leichter gehorsam führen lassen, als durch den Druck auf ‚Ungläubige' erreicht werden könne, dem sich die Menschen im privaten Rückzug zu entziehen versuchen. Es darf angenommen werden, daß dies im Wesentlichen in Bezug auf die islamische Welt ebenfalls zutreffend ist. Eine Einschränkung dürfte allerdings mit Blick auf die moderne ‚westlich' geprägte Christenheit gelten, bedingt durch den ausgeprägten Individualismus (sic!). Wie im Sozialismus gilt auch in Religionsgemeinschaften allgemein das Private als subversiv und verdächtig. Der Christ verdächtigt sich hingegen effektiv selbst durch Verinnerlichung der Selbstzensur. Das Machtstreben des ‚pyramidalen' Apparates mag selbst keinerlei religiöse Verfassung bedürfen, ist aber selbst wiederum auf die gläubige Opportunität der Masse angewiesen, und greift deshalb auf die Beteuerung universeller Werte in ‚hoher Rede' zurück. Die Offenlegung der Motive jedes Einzelnen gegenüber der Öffentlichkeit, macht es erforderlich, daß dieser nicht außerhalb der Gemeinde steht. An den Einzelnen tritt also die Forderung des

aufrichtigen Bekenntnisses seiner individuellen Mangelhaftigkeit gegenüber der Gemeinde, in Form der Seelsorge. Damit ist eine wirkliche Aufrichtigkeit seines Charakters jedoch nicht vereinbar, er ist letztlich niemals kompetent in eigener Angelegenheit des Gewissens.
Während der Umbruchzeit seit Begründung der christlichen Gemeinde ragen durchaus große einzelne Persönlichkeiten heraus, die vornehme Bildung und christliche Humanität in sich zu vereinigen wussten.
An der Schwelle zum christlichen Mittelalter existierten noch Bekenntnisse von den biographischen Brüchen jener Zeit, zwischen Heidentum und Christentum. Hierfür kann Augustinus als Leitstern benannt werden, der ein lebendiges Zeugnis persönlicher Anfechtung und Glaubensüberzeugung hinterlassen hat. Einige waren Angehöriger längst vergessener Geistesströmungen, auch einige nicht dezidiert Christen, wiewohl sie es ihrem Lebenszeugnis nach auch gewesen sein könnten (z.B. der Stoiker Epiktet). In den ersten Jahrhunderten, und spätestens seit dem konstantinischen Konzil von Nicäa konsolidierte sich die eifersüchtige Kirche, und zwang den freien Christen, die noch Glauben und Denken zu vereinigen wussten, in einen kanonischen Opportunismus. Augustinus gilt selbst als konstituierender Kirchenvater, und der darauf einsetzenden Rechtfertigung des Universalanspruches der Kirchengemeinde. Aus dem Zeugnis Jesu zur Beschränktheit menschlicher Einsichtsfähigkeit in den göttlichen Ratschluß und der Mahnung gegen intellektuelle Eitelkeit, wurde in der gemeinde-christlichen Deutung zu einem dogmatischen Antiintellektualismus verdreht. Dieser wendete sich jedoch in der Hauptsache gegen das kritische Denken, insoweit es zum Schluß der Eigenverantwortlichkeit einer voraussetzungslosen Vernunft kommt (Inwieweit eine Voraussetzungslose Vernunft möglich ist, sollte erst mit Immanuel Kant zur Sprache kommen).
Im Einsatz für die Rechtfertigung der geistlichen Vorherrschaft kirchlicher Dogmen, wurden hingegen sämtliche Methoden der logischen Schlußfolgerung, der Dialektik und Rhetorik herangezogen, die aus den antiken Schriften von Platon und Aristoteles gezogen werden konnten.
Das Ziel lag in besonderer Weise in der Festigung der Gemeindedisziplin, und Ausschluß der Möglichkeit zur Kritik an der Gemeindeführung. Eine religiös motivierte Wissenschaft führt im Zirkelschluß stets zur Apologetik zur Bestätigung der zuvor

getroffenen Grundvorstellungen zurück, ein anderes Motiv ist auch gar nicht in ihr selbst enthalten.
Ein, im bestens Sinne, aufgeklärtes Christentum, konnte nur an den Grenzbereichen ihrer Infragestellung, oder sogar der Verneinung, entstehen. Der Spötter, an dessen Tisch zu sitzen dem Christen nicht geziemt, kann dennoch in der Begegnung mit Jesus als ein Zweifler verstanden werden, der sich selbst im gedanklichen Aufbruch befindlich erfasst. Die Schale behaglicher Selbstzufriedenheit anzuätzen, vermag der Spottgeist nämlich durchaus. Doch selbst an Heines Spott über die ‚Kleriserey' kann man mit feinem Gehör, die resignierte Trauer darüber vernehmen, was die Kirche aus dem Gebot der Liebe gemacht hat

Das Handeln des Christen misst sich an der anspruchsvollen Frage, was wohl Jesus getan hätte. Bedrückend kann die Antwort hingegen auf die Frage ausfallen, was die christliche Gemeinde wohl täte, wenn *Er* wiederkäme. Ein Gedankenexperiment mit düsterem Ausgang hatte Fjodor M. Dostojewskij unternommen. Im Roman „Die Brüder Karamasow“ ist die Legende vom Großinquisitor eingebettet. Sie ist es wert, noch einmal ausführlich nacherzählt zu werden:

In der fiktiven Person ‚Torquemadas', des Großinquisitor von Sevilla sieht sich die christliche Gemeinde in der Position als kirchliche Sachwalterin Gottes auf Erden, bis zur Wiederkunft Christi. Torquemada ist der Auffassung, daß dem Menschen als individueller Christ, mit der Freiheit der Wahl, zwischen Gut und Böse, eine allzu schwere Last aufgebürdet sei. Denn gegenüber der Macht, die dem Bösen verliehen worden ist, sodaß es sich gegen Gott empören konnte, muß der Mensch als zu schwach angenommen werden. Infolgedessen müsse ihm die Freiheit, deren er aus Schwäche nicht würdig sei, weil er das Gute nicht erkennen, und dem Bösen nicht widerstehen könne, abgenommen werden. Die einzige Rettung besteht nun darin, den Menschen aus seiner individuellen Freiheit herabzustufen auf die Ebene eines Wesens, das nur im Kollektiv seine Würde bewahren könne, nämlich als Herde der unfehlbaren Kirche als Stellvertreterin Gottes auf Erden. Dieses Bild ist allein deshalb schon düster genug, als Gott offenbar fern angenommen wird, und der Mensch also gottverlassen auf Erden leben soll.

Nun ereignet es sich, daß Christus tatsächlich zu Lebzeiten des Großinqisitors wiederkehrt. Torquemada läßt ich ihn auf der Stelle verhaften, und bedroht ihn mit dem Tod.
Jesus wird mit dem Vorwurf konfrontiert, dass er das Erlösungswerk am Menschen von der untragbaren Freiheit, zur Unzeit durch sein Erscheinen störe. Weiter wird Jesus vorgeworfen, er hätte die Menschen verlassen, und ihrem Elend zurückgelassen, ohne ihn mit seiner Verheißung auch die Macht zu überlassen. Der Vorwurf lautet weiter, daß als Schluß aus den vorigen Vorwürfen, er offenbar nur für Wenige, und nicht für Viele, oder gar alle Menschen gekommen sei. Aus der existenziellen Verlorenheit hätte nur die Kirche den Menschen heimgeholt. Die Leistung der Kirche wäre demnach, den Menschen durch Gehorsamspflicht, Antiindividualismus und Konformismus, von der Gewissensfreiheit zu befreien. Von nun an könne der Mensch in dem, für den Schulgebrauch vorgefertigten Schema von Gut und Böse, sich einfügen in eine beglückte Herde, bis auf einige Wenige, die um dieses Geheimnis wüßten, und als ‚Übermenschen' nun die Sache Gottes übernehmen würden.
Deshalb müsse Christus aufs Neue beseitigt werden, so Torquemada. Die Menschen, die Christus zwar folgen würden, wenn sie ihn erkennen, würden in ihrer Schwäche auch genau so wieder ihn anklagen und verwerfen, so das Argument Torquemadas.
In Dostojewskijs Legende antwortet Jesus mit einem Kuß auf die ‚leblos blutleeren Lippen' des Großinqisitors. Der hingegen öffnet irritiert den Kerker, und gebietet Jesus zu gehen auf ewig, und niemals wieder zu kommen.

*

In Zusammenfassung stellt die Geschichte der Christenheit, insofern sie weltliche Macht und Deutungshoheit im Geistlichen amalgamierte, eine Tragödie dar, von der auch der Protestantismus nicht freizusprechen ist. Lange mußte auf redliche christliche Denker gewartet werden, die, als Solitäre, ihre Gegner oft genug in den eigenen Glaubensgenossen fanden. Aus der Frömmigkeit des Mittelalter ragt die Unabhängigkeit von Nikolaus von Kues (Cusanus) heraus, im Umfeld des Rationalismus wagt Blaise Pascal die Verbindung von Denken und Glauben, und in der imperialen Epoche des Positivismus versucht Sören Kierkegaard die Rechtfertigung des

Glaubens, wie zuvor Schleiermacher, mit dem Appell an die ‚Gebildeten unter den Verächtern des Christentums'

Die Verbindung von Rechtfertigung und Kapitalismus durch Calvin (Genfer Republik) im 16. Jhrd. fällt indes nicht zufällig in einen zeitgeschichtlichen Zusammenhang mit dem Aufstieg des privaten Bankenwesens, ausgehend von den italienischen Stadtrepubliken, verbunden mit der Verbreitung der entsprechenden sprachlichen Begrifflichkeit (giro, conto, banco). Sie führte zu eben jener Verflachung im Umgang mit dem Metaphysischen, das in die gegenwärtige Tendenz der Virtualisierung ausläuft. Nicht von ungefähr tritt in das metaphysische Vakuum mit Macht eine fanatische Fundamentalbewegungen der Ideologien, mit dem Ziel der Wiedergewinnung höherer Heilsgewissheiten. Nicht immer stehen diese auch im Widerspruch zur globalen Ökonomisierung aller Lebensbereiche, denn ihr Anspruch ist ebenfalls nichts weniger als global. Zudem lassen sich die religiös überhöhten Erweckungen trefflich instrumentalisieren, da sie die Kanäle der modernen sozialen Netzwerke nutzen. Es ist zudem verfehlt, bei den islamistischen Gruppierungen von einem Impuls der Antimoderne anzunehmen. Lediglich in einigen Ausdrucksformen erscheinen sie so, tatsächlich verleiht ihnen gerade der versierte Umgang mit neuen Medien die propagandistische Durchschlagkraft. Sie haben den Effizienzgedanken in der Weise verinnerlicht, der sie als legitime Kinder des ökonomischen Liberalismus ausweist, die sich zeitweilig in der Auflehnung gegenüber der Elternautorität üben.

Noch einmal soll ein Blick in die fernere Vergangenheit getan werden, der, wie ein schweifender Blick in die Weite, die Gegenstände in der Nähe wieder in der Relation vor ihrem Hintergrund klarer wahrnehmbar macht.
Bei aller Genugtuung über die Bekehrung der Heiden zur Abkehr von blutdürstigen Götzendienst, darf nicht verkannt werden, dass die Christianisierung nicht in erster Linie aus reiner Retterliebe in der Glaubensüberzeugung vorangetrieben wurde, sondern als machtvolles Vehikel zur Ausweitung des Machtbereiches des „Heiligen Römischen Reiches". Beispiele aus dem frühen Mittelalter zeigen, daß

die Erschließung der Märkte im hohen Norden und im Baltikum auf erhebliche Widerstände stießen, die mit aller Gewalt überwunden werden mußten. Das ruhmreiche Ergebnis des Hansebundes, und der christlichen Seefahrt, an Nord- u. Ostsee läßt den unrühmlichen Weg dorthin in der nachträglichen Geschichtsschreibung gnädig vergessen. Speziell in der Folge des Rückzuges der römischen Besatzung Britanniens, um das 5. Jhrd., blieben die heterogenen Völkerschaften sich selbst überlassen. Aus dem universellen Machtanspruches des römischen Reiches, nunmehr christlicher Prägung, resultierte hingegen eine offensive Mission in diesen Regionen, die sich bislang der Integration ins ‚Reich' entzogen hatten.

Ein Blick in eine, unserer Zeit fremd anmutenden, Epoche kann durchaus zur Aufdeckung pyramidaler Strategien nützlich sein, die auch heutigen Tags wirksam sind.

Es besteht eine gewisse Analogie zur erhofften Neumissionierung des ‚Alten Europa' durch feurige Prediger aus der ‚Dritten Welt', mit dem Ziel der Konsolidierung der geistlichen ‚Pyramide' in der umgreifenden Säkularisierung in Regionen des gebildeten Wohlstandes, und der kritischen Diskursethik.

Von Rom entsandte Emissäre erfüllten, den Auftrag der Gewinnung lokaler Eliten für die Europäische Union des damals entstehenden römisch-fränkischen Reiches, und erreichten die Gründung von missionarischen Orden in Britannien. Von dort aus sollte die ideologische Offensive wiederum auf die ‚heidnischen' sächsischen Kernländer starten. Den glühend gläubigen Angel-Sachsen der Insel, die sich missionarisch an die alten Siedlungsgebiete wandten, entspricht in Analogie, die evangelikale Bewegung in Amerika Von dieser, ebenso wie von der vitalen katholischen Gemeinde der ‚Dritten Welt', sind die entscheidenden Impulse zur Re-Missionierung der säkularisierten Ursprungsländer zu erwarten. Zudem erweisen sich deren Impulse für eine moralische Überhöhung von ökonomischen Interessen, zur Gestaltung der Pyramide des 21. Jhrd. als nützlich. Vielfach ist im gemeinde-christlichen Umfeld, ebenso wie vom Oberhaupt der katholischen Kirche, die Hoffnung geäußert worden, von den aufstrebenden Bewegungen in der Dritten Welt eine Re-Missionierung Europas ausgehen möge. Hinter dem Argument der vermeintlichen ‚Entchristlichung' des Abendlandes, steht im Grunde das verhohlene Unbehagen dem kritischen Diskurs in unserer Kultur.

Nach den Kriterien der Effizienz ist der Diskurs durchaus als Hemmnis zu betrachten, daher wird die Kritik stets in unredlicher Weise gegen den Glauben ausgespielt, und in einen gepflegten Gegensatz gebracht. Nach Immanuel Kant glaubte man die Polarität von Glaube und Vernunft bereits ausgesöhnt. Inzwischen finden wir uns, in der nachkantianischen Ära, wiederum in der kräftebindenden Zwietracht der Begriffe wieder.
In diesem Zusammenhang läßt sich auch, sowohl die Sozialisierung der aufstrebenden Gemeinde (emerging church) in der Gemengelage von Metropolen der ‚Dritten Welt', als auch das Amtsverständnis des gegenwärtigen Papste Franziskus einordnen. Der Schmelztiegel der Globalisierung ist eine basale Voraussetzung für die Energiefreisetzung auf dem Markt der Kulturen. Sie liefert die Reaktionsenergie für den Vorgang der Fermentation regionaler Kulturen, und aus der Dynamik aus Migration und Konvektion fließt sie in regenerativer Weise wieder ins System ein.

Der als Märtyrer heiliggesprochene Missionar Bonifatius war im 7. Jhrd. in die nördlichen germanischen Provinzen entsandt worden, die bislang außerhalb des römischen Einflußbereiches lagen. Diese noch unerschlossenen Gebiete sollten nunmehr in den römisch-katholischen Einflußbereich gebracht werden. Die Mission schien vorerst zu scheitern, als Bonifatius im Jahre 754 bei Dokkum, wie es hieß, von heidnischen Friesen ermordet wurde. Dennoch sollte, in einer kuriosen Wendung der Geschichte, dem fest an Rom gebundenen Herzogtum Bayern zwischenzeitlich ein Teil der Nordseeküste schließlich als Besitz zugesprochen werden. Auf Baltrum wird zwar mittlerweile längst wieder platt gesprochen, doch den Märkten für Erze und Pelze mußte der Thingplatz weichen, und die ‚heiligen' Haine wurden gerodet für den Schiffbau. Schaurige Moorleichen aus vorchristlicher Zeit lagern im Schatten der Barbarei der ‚geistlichen Pyramide' während der nächsten tausend Jahre. Mit den Seewegen im Norden öffnete sich das Tor zum Handel im Baltikum und im slawischen Raum, unter Umgehung der undurchdringlichen Wälder und Sümpfe. Denn hier lag Rom in Konkurrenz mit Byzanz.

Der tiefere Grund für die historische Festschreibung der überragenden Bedeutung Karls d. Großen als Begründer der europäischen Einigung,

beginnend in den Kernländern des Fränkischen Reiches, liegt in der Kontinuität „Roms" mit seinem Weltmachtanspruch (catholica). Dies nun allerdings nach der gelungenen Transformation der alten ‚Pyramide' in eine neue ‚Pyramide' jüdisch-christlicher Prägung.
Über einen kurzen Moment sollte an dieser Stelle der Konsolidierung der christlichen ‚Pyramide' nach den Wirren der Völkerwanderung verweilt werden. Denn ganz unabhängig von den geschichtlichen Fakten, die für die Zeit der Karolinger auf wackeligen Beinen stehen, überwiegt die Symbolik bei Weitem die Bedeutung von historischen Tatsachen. Die Exponenten der jeweiligen pyramidalen Epochen erfahren in der Geschichtsschreibung eine Reinigung von all ihren zeittypischen Zügen der Rankünе und Grausamkeit, die sie mit den ihnen unterlegenen Gegnern gemein hatten. Aber nur an diesen jedoch blieb der Makel des Schreckens der Zeit gleichzeitig als Makel ihres Volkes haften, wie dies etwa für die, den fränkischen Kaisern unterlegenen Sachsen, und die slawischen Völker zutrifft
(Auf eine nähere Betrachtung der Rolle Byzanz und der Orthodoxie muß an dieser Stelle verzichtet werden, insoweit sie für die östliche Welt einen Sonderweg darstellt).
Mit der Dynastie der Karolinger wurde der Herrschaftsanspruch des päpstlichen Roms für das Mittelalter festgeschrieben. Als Krisenperiode, vor der Transformation des Fränkischen Reiches zur Bedeutung des „Heiligen Römischen Reich" im hohen Mittelalter, kann die Konfrontation mit der Expansion des Islam, im 8. Jhrd. bis weit in den europäischen Raum, betrachtet werden.
Nebenbei bemerkt, erfahren die Normannen nach ihrer Bekehrung zum nützlichen Handelspartner wiederum eine Umwertung zu ‚freundlichen' Eroberern Britanniens, wo sie ihrerseits - schon wieder - auf die Sachsen treffen. Die dynastischen Stammlinien, die auf den Herzog der Normandie, der sie als „Wilhelm der Eroberer" im Jahr 1066 auf der Insel begründete, geben zu allerlei Spekulationen bis in die heutige Zeit Anlaß.
Es wäre überdies interessant, die im geschichtlichen Raum wirksamen Bedingungen für die Entwicklung einer Region genauer zu betrachten. Speziell auf dem Gebiet Sachsen/ Thüringen, wo die karolingische, und in der Folge römisch-katholische Einflußregion lange Zeit ihre östliche Grenze hatte, sollte einst der Keim des Protestantismus um Luther aufgehen. Die sächsische Altmark gilt zudem als das Kernland des

künftigen Brandenburg-Preußens. In der Weimarer Klassik sollte die Aufklärung ihre ästhetische Rechtfertigung erhalten. Aus dem evangelischen Pastorenhaushalt, in Verbindung mit dem humanistischen Bildungsideal, erwächst der Christenheit in Nietzsche schließlich der tiefgründigste Prüfstein.

Zusammengefaßt, ist der, auf die damals bekannte Welt ausgedehnte Geltungsanspruch der *Pax Romana*, in analoger Weise vergleichbar mit den heutigen Beteuerungen der hegemonialen Macht, Kriege zur Durchsetzung eines endgültigen Friedens führen zu müssen. Für den jeweiligen Gegner des eigenen ‚pyramidalen' Anspruches kann es demnach keine Anerkennung von Menschenwürde geben. Der globale Friede wird sich einstellen, wenn die Macht der jeweils epochenbestimmenden ‚Pyramide' unwidersprochen ist – also kurz gesagt, mit dem Kommen dessen, was der vorherrschenden Vorstellung des Reich Gottes entspricht.

In der christlichen Ethik die Bestimmung unseres Handelns auf den Menschen als Zweck zurückzuführen, nachdem über Jahrhunderte hinweg, der Mensch nur als Mittel zur Rechtfertigung vor der jeweiligen Macht, die sich auf Gott beruft, betrachtet wurde, ist das Verdienst der christlichen Aufklärung. Durch die Verwaltung, und auch Vergewaltigung der christlichen Botschaft durch die kirchliche Gemeinde ist die Gottessohnschaft jedes Menschen, insofern er in Christus ist, völlig verschüttet worden.
Nur so ist zu verstehen, daß die christliche Gemeinde den Dienst am Menschen zu einem Verdienst an der Gnade Gottes überhöht. Die mitmenschliche Tat wird infolge dessen nicht um des anderen Menschen willen getan, sondern um der Gewinnmarge willen, die der Handel verspricht. Der überirdische Segen wird aus dem irdischen Werk, als Verdienst gezogen. Die werbende Mission zur Gewinnung von Seelen gerät dann zu einer Aufstockung des eigenen himmlischen Kontos. In einer Art geistlichen Schneeballsystem befindet sich die Gemeindeleitung an der Spitze, die um die Multiplikatoren wirbt, die ihrerseits unermüdlich daran zu arbeiten haben, nicht die letzten in der Hierarchie zu bleiben. Die Triebfeder besteht im fortwährendem Empfinden eines Schuldenkontos, das ausgeglichen werden müsse.

Darin besteht demnach das Hauptinteresse, und nicht primär das Interesse am Wohl des Anderen
Neben dem kategorischen Imperativ Kants, daß das Handelns stets derart sei, daß es als allgemeines Gesetz gelten könnte, tritt der praktische Imperativ: „Handle so, daß der Mensch nie Mittel, sondern Zweck Deines Handelns sei!“. Damit wäre alles zusammengefaßt, was die christliche Lehre im Kern eigentlich beinhaltet. Nun könnte man das Gebot der Caritas, des Kümmerns um die Sorge des Anderen, in diesem Imperativ vermissen. Dieses folgt aber als sekundäre Tugend konsequent aus der Eigenverantwortlichkeit des einsichtigen Menschen. Mit der Sorge um den eigenen vernunftgemäßen Standpunkt, ist die Mitsorge für die mir anvertrauten Menschen inbegriffen. Aber nicht *ex negativo* zur Begleichung eines Defizits, sondern positiv aus der Überfülle eines satten Plus von Grunde auf.

Ein Missetäter ist demnach ein Mensch, der seinen Wert als Mensch nicht richtig zu erfassen in der Lage ist, und infolge dessen im Anderen nur das Mittel des in ihm selbst widerstreitenden Willens sehen kann. Er handelt nicht animalisch, nach sicherem Instinkt eines Tieres, sondern unmenschlich, als unglückliches Wesen, das nicht zurechnungsfähig ist. Die Gesellschaft entzieht ihm zurecht die Freiheit, die er nicht wahrzunehmen versteht. Nach Jesu Worten, müsste der Christ vergeben, denn er weiß nicht was er tut.
Eine pyramidisch organisierte Gesellschaft die nicht weiß auf welchen Menschenbild sie gegründet ist, wird auch nur Menschen heranziehen, die sich ihres menschlichen Wertes nicht selbst gewiss ist. Soweit die fluktuierenden Affekte nicht in einer individuellen Persönlichkeit harmonisch zusammenwirken können, zerstreuen sie sich in äußeren Begehren und Leidenschaften, in Gier nach der Anhäufung von Dingen oder Aufstieg und Geltung in der pyramidalen Hierarchie. Wo dem Masse-Mensch die Befriedigung vorgegaukelter Lebensentwürfe nicht gelingt, lädt sich der ungebundene Trieb im Verborgenen auf, die Zurücksetzung wandelt sich in Zorn, der unbestätigte Materialismus in Habsucht. Sosehr der Aufruhr der Affekte, des Besitzen- und Beherrschen-Wollens, unter der vermeintlich kühlen geglätteten Oberfläche der Geschäftswelt, gewünscht und befeuert wird, denn sie erzeugen die produktive Unruhe in der Basis Ebene der Pyramide. Umso mehr ist sie darauf angewiesen, daß das gezüchtete Raubtier

Mensch unter die disziplinierende Drohung jenseitiger Strafe gestellt wird. Denn es mußte auch der Tatsache begegnet werden, daß sich Menschen nach erfolglosem Streben, in der pyramidalen Wirtschaftsordnung ihren Platz zu erringen, durch Eskapismus der Verwertung zu entziehen trachten, etwa durch Flucht in das kriminelle Milieu oder in Alkohol und Drogen.

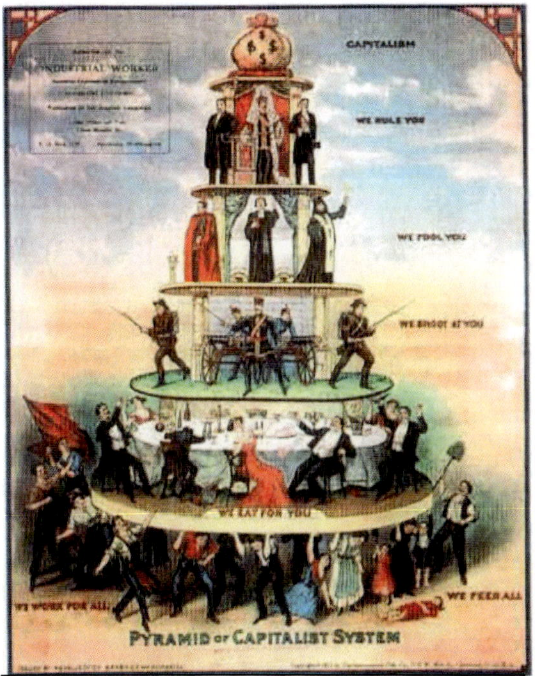

We rule you, we fool you, we shoot you, we eat for you, - and we work for you

Die baptistische Temperenzler-Bewegung im angelsächsischen Raum hat zwar das Problem des verbreiteten Alkoholismus unter den Arbeitern erkannt (wegen der Schwächung der Arbeitskraft), jedoch sich nicht grundsätzlich gegen die elenden Bedingungen der frühkapitalistischen Industrialisierung gewandt. In Versammlungen sollte eine Alternative zum sonntäglichen Kneipengang geboten, mit Blasmusik und Suppe zur Beschwichtigung der sozialen Konflikte geschaffen werden. Einem zeitgenössischen Zeugnis von Dickens zufolge sollen die Predigten ewig gedauert haben, ehe das Essen ausgegeben wurde, damit die Leute nicht schon vorher wieder gingen. Ausbeutung und Charity gingen zur Zeit des Manchester-Kapitalismus Hand in Hand – Die Damen des Hauses gefielen sich in der Speisung der ‚*working poor*', die den Mehrwert in der Fabriken ihres Gatten zum Hungerlohn erwirtschafteten. Das gemeinde-christliche Engagement zielte vielfach sowohl auf die Besänftigung sozialer Unruhen, als auch auf die Disziplinierung der Arbeitskräfte mit der Aussicht, daß der Lohn für die irdische Mühsal dereinst im Reiche Gottes reichlich sein würde. Dennoch sei daran erinnert, daß es philanthropische

Einrichtungen auf der Basis echter Christenliebe gegeben hat, diese gründeten zumeist auf der progressiven Überzeugung eines Einzelnen. Außerhalb des Wahrnehmungsfeldes der christlichen Gemeinde, hat zum Beispiel, John Ruskin grundsätzliche Überlegungen zu einer Überwindung der industriellen Entfremdung des Menschen, vorgenommen. Ein Nachweis für die Möglichkeit eines christlichen Menschenbildes, unter Verzicht auf die disziplinierende Gemeinde. Diese haben in der Regel die hierarchische Pyramidenstruktur eher, in ‚konservativer', konser-vierender Weise gestützt. Dabei muß man nicht in die romantische Abkehr vom Maschinenwesen flüchten, wie die englische *Arts and Craft*-Initiative von William Moore, in den 80-er Jahren des 19. Jhrd., versuchte zu beweisen. Am Beispiel der Druck- und Textilmanufaktur sollte eine Reform zu einem ganzheitlichen Werkbezug zurückgewonnen werden, der den zeitgemäßen Erfordernissen durchaus Rechnung trug. Allein das Ressentiment der evangelischen Gemeinde gegenüber dem ganzheitlichen Konzept der Künstlerexistenz sorgte dafür, daß derartige Initiativen, Experimente im elitären Kreis geblieben sind. Eine stärkere Gewichtung der individuellen Leistung widerspräche der protestantischen Ethik des emsig arbeitsteiligen Ameisen-Staates. Nach der gemeinde-christlichen Lehre ziemt sich der individuelle Werkstolz nicht, vielmehr lernt der Arbeiter beizeiten seine Würde durch die Arbeitsteilung zugunsten eines höheren Zweckes als wohin sein Einfluß reicht, abzugeben. In der virtuellen Wertstellung durch das Geld erhält der gesamte Arbeitsprozeß wiederum erst seine höhere Weihe, wie die Materie durch den Geist. Darin liegt auch die Verehrung des Geldes begründet, und die Unwürdigkeit, dafür zu arbeiten.

An dieser Stelle muß noch einmal deutlich darauf hingewiesen werden, daß im Rahmen dieser Darstellung nicht etwa der Glaube an sich, nach individuellem Bekenntnis, in Kritik gebracht werden soll, sondern die Instrumentalisierung der biblischen Glaubenslehre im Sinne der jeweils vorherrschenden ökonomischen Ideologie.

Es existiert ein Bonmot, eines dem Autor unbekannten Urhebers, wonach dem gläubigen Geschäftsmann am Sonntag die Bibel als Hauptbuch diene, und wochentags das (kaufmännische) Hauptbuch als Bibel.

Die zeitgeistliche Aushöhlung der christlichen Botschaft wurde beantwortet durch die Formulierung sozialistischer Heilsbotschaft. Die potenziell zerstörerische Energie der entwurzelten Masse galt es nun zu kanalisieren. In einer Verbindung von Arbeit und Kampf entstand mit der Gründung der internationalen Arbeiterbewegung (1864), eine Entsprechung der ideologischen Verknüpfung von Kapital und Militarismus. Im Marsch der „Internationale“ wurde der Takt vorgegeben, der sich sowohl für die Demonstration auf der Straße, als auch für die Arbeit am Fließband eignet. Eine Parallele dazu stellte in vorindustrieller Zeit der zornige Gesang der Baumwollpfücker dar, die unter dem mißbilligenden Blick ihrer Herren die Arbeit umso energischer verrichteten. Im kollektiven Aufbegehren liegt stets auch ein disziplinierendes Element, sich als Klasse zu formieren, die ihre Ehre aus dem Fleiß ableitet. Als Widerstand gegen die ausbeuterischen Verhältnisse angelegt, bestätigte die “Internationale“ nichts desto weniger die Zuweisung des künftigen Platzes innerhalb der nunmehr industriellen ‚Pyramide'. Aus dem Haufen, gemäß der Einschätzung nach fabrikmäßigen Effizienzkriterien, undisziplinierter Handwerksgesellen vom Lande wurde die individuell gesichtslose Arbeiterschaft geschmiedet, die Pünktlichkeit und Fleiß als deutsche Tugend etablierte.

Die Rückschau auf Perioden der Dominanz jüdisch-christlicher Herrschaft ist notwendig, um den, nie ausgeträumten Wunschtraum vor Augen zu führen, das Reich Gottes aus eigener Kraft herab zwingen zu wollen, um ihn stets als Albtraum real werden zu lassen.
In gewisser Parallelität zum Bestreben des atheistischen Sozialismus, das vermeintliche ‚Paradies' auf Erden zu schaffen, das einstweilen jede Not und Mangel rechtfertigen würde, steht das gemeinde-christliche Bestreben einen, auf analoge Weise ‚sozialistisch' zu nennenden, Gottesstaat zu errichten. Nachweislich ist an Hand historischer Beispiele, daß in jedem Fall, ein solches Streben jeweils konsequent zur Ausbildung totalitärer Strukturen führen mußte.
Die Ausformung des künftigen Überwachungsstaates wird von Seiten fundamentaler Christen, wie den Evangelikalen in den USA, wohl kaum kritisiert, solange dies unter der vorgeblich christlichen Rhetorik und unter Verwendung christlicher Symbolik geschieht. Mit eben jener Begrifflichkeit lassen sich, und ließen sich schon, die Aufhebung von

Bürgerrechten, Überwachung und Zensur, Folter und Todesstrafe rechtfertigen. Mit moralischer Doppelzüngigkeit wird auf Korruption und Übergriffigkeit in Rußland hingewiesen, während in den USA durch die unkontrollierbare Gewalt vom Staate ausgeht, und von einer unabhängigen Justiz nicht die Rede sein kann.

Für das Gesetz vom Treppenwitz der Geschichte, wonach tragische Ereignisse sich immer als Farce wiederholen, sollte einmal der Versuch der Sammlung von Evidenzbeweisen unternommen werden.
Es ist zu bezweifeln, daß die, unter Anderen von Lothar Gaßmann in den 1990-er Jahren ausgerufene, neue Reformation in der freikirchlichen Bewegung die intellektuelle Redlichkeit, ja auch nur die Kenntnis über ihre kulturgeschichtliche Herkunft besitzt, um wirklich für ihre Inkonsequenz und Widersprüchlichkeit verantwortlich gemacht werden zu können. Die Inkonsequenz besteht im Mangel an Kritik des, von ihnen selbst verinnerlichten, Willens zur Macht, und die Widersprüchlichkeit findet sich im Gegensatz ihrer weltlichen Gesinnung in Bezug auf die Anhäufung von Besitz, ganz im Gegensatz zum Inhalt der tatsächlichen Worte Jesu.
Es ist verfehlt, mit dem Aufbruch der fundamentalen Bewegungen in der christlichen Gemeinde die Hoffnung zu verbinden, daß dadurch eine Wiederbelebung frommer Innerlichkeit ermöglich wird, da die Freikirchen eine verstärkt expansive Ausrichtung, im äußeren Ausdruck der sogenannten Charismatik, besitzen. Mit einer Wiederkehr des Pietismus ist demnach nicht zu rechnen, wenn dies bei einigen Gruppierungen auch zuweilen ausdrücklich beteuert wird. Ebenso muß dem modernen Christen die tiefe Mystik der Vereinigung mit Christus, wie sie einst in der Dichtung von Johannes Tauler, oder dem cherubinischen Wandersmann, Angelus Silesius, während der Gegenreformation zum Ausdruck kam, schließlich fremd bleiben.

„Halt ein, wo laufst Du hin;
der Himmel ist in Dir,
suchst Du ihn anderwärts,
fehlst Du ihn für und für“

<Johann Scheffler 1624 – 1677>

Somit wirkt die zeitgenössische christliche Mission mit an der Rechtfertigung der bestehenden pyramidalen Strukturen der Macht, mit argumentativen Rückgriff auf Aussagen der Bibel, unter Anerkennung des Primat der ökonomischen Vernunft. Die Bibel wird dabei nicht als das vollmächtige Zeugnis des Evangeliums herangezogen, sondern als Deckmantel für die mangelnde Vollmacht derer, die sich ostentativ darauf berufen.
Ein von Evangelikalen vielfach geforderter Gottesbezug im politischen Handeln, ist insofern unredlich, als dadurch jede Bekundung von Eigeninteressen, etwa durch die Formel „So wahr mir Gott helfe", eine illegitime Aufwertung erfahren würde. Auch die folgenreichsten Fehlentscheidungen im Interessenskalkül der Macht, erhielten ihre unwidersprechliche Schicksalshaftigkeit, bemäntelt mit demonstrativer Berufung auf Gottes Führung.

Der *war on terror* der Bush-Regierung, mit allen, nunmehr bekannten Exzessen des CIA-Geheimdienstes, ist von evangelikalen Kreisen als Kampf ‚Gut' versus ‚Böse' rückhaltlos begrüßt worden. Die Verbindung von politischen und wirtschaftlichen Interessen, mit der Überzeugung von einer Idee der Sammlung der christlichen Gemeinde zum letzten Gefecht, ist vollständig gelungen. Fortan wird die politische Rede vom Endzeit-Pathos nicht mehr zu bereinigen sein. Daraus entstand der Wahn der Alternativlosigkeit des globalen Machtanspruches, mit keinem geringeren Argument, als der Rettung der Welt für den Himmel.
Von Seiten der Bewegung der Neu-Reformation ist bislang kein ernstzunehmender Kommentar zur Lage der Zeit, oder gar eine Zurückweisung einer Instrumentalisierung des Religiösen durch das Politische, zu erwarten gewesen. Deren kulturkritischen Einwände erschöpfen sich in der Warnung vor okkulten Einflüssen von Kindern durch die Lektüre von Märchen.
Weil indessen die wesentlich wirksamen ökonomischen Strukturen von einer Grundlagen-Kritik ausgenommen werden, geschieht es, daß die Missions-Initiativen am Rande der industrialisierten Welt, sich widerstandslos für die Expansion wirtschaftsliberaler Interessen einspannen lassen, ohne in deutlicher Sprache auf die Auswirkungen von Konsumwirtschaft, Ressourcenspekulation und Landnahme in

Bezug auf soziale Entwurzelung und Verelendung hinzuweisen. Solange die Entflechtung der christlichen Mission, von den wirtschaftsliberalen Interessen der Erschließung neuer Märkte, stattfindet, leistet sie für diese die ideologische Vorarbeit. Für das klare christliche Bekenntnis, wird die Anbindung an die globale Gemeinde, nicht nur in der geistlichen Ausrichtung erwartet, sondern auch in der Ausrichtung regionaler Strukturen an die global vorherrschenden Standards. Eine große Ausnahme stellen in diesem Zusammenhang die großen Räume der östlichen Orthodoxie dar, die auf ihre Weise eng mit der kulturellen Identität des Slawentums verknüpft ist. Daher wird sie auch nicht, weder von katholischer, noch von evangelischer Seite, als vollwertiges christliches Bekenntnis anerkannt. Denn dazu wäre die bedingungslose Anbindung an die ‚Pyramide' der westlichen Gemeinde unabdingbar.
Die alte Frage, ob jeweils sich die Gesinnung sich wandeln müsse, um die Umstände zu ändern zu können, oder die Umstände geändert werden müßten um einen Gesinnungswandel zu bewirken, kann an dieser Stelle nicht entschieden werden. Eine christliche Ethik hingegen als genügsames Lasttier für die unwidersprochenen Zumutungen des pyramidalen Machtanspruches heran zu bilden, muß indes als ein zynisches Prinzip angesprochen werden.

Verschiedentlich begegnet uns in dieser Darstellung das Paradoxon der, scheinbar mit sich selbst im Widerspruch liegenden „gegenläufigen Tendenz". Beispiele aus der Geschichte zeigen auf, daß eine zeitgeschichtliche Strömung ebenso gleichzeitig in die entgegengesetzte Richtung verweisen kann, vergleichbar einem Doppelpfeil. Die Gesetzmäßigkeit, die der Erscheinung von zeitgenössisch gegenläufigen Tendenzen in der geschichtlichen Entwicklung zugrunde liegt, ist vom Philosophen *G. F. W. Hegel* mit der Formulierung der historischen Dialektik erfaßt worden. Scheinbare Widersprüche im kulturellen Befinden heben sich in einer folgenden Transformation auf eine höhere Ebene synthetisch auf. Die ‚Pyramide' ist demnach im permanenten Werden begriffen, und strebt eine zunehmende Vergeistigung an. Sie leistet dies über den Gang durch krisenhafte Überwindung der jeweils gröberen Form.
Dies kann auch am Beispiel religiöser Überzeugungen nachgewiesen werden.

Gegen die geheimbündlerische Freimaurerei existiert einerseits ein starker Anti-Affekt bei bekennenden Christen, während sie anderseits durch die moralische Aufladung politischer Überzeugungen, zusammen mit dem missionarischen Bestreben die Welt zu bekehren, kurioserweise gleichzeitig das ideologische Feld vorbereiten helfen, auf dem gleichzeitig der globale Anspruch der Freimaurer mit der Parole der höheren Menschenwürde geltend gemacht werden kann.
Das amerikanische Sendungsbewusstsein ist eine günstige Basis, um die freimaurerische Republik mit einem zivilreligiösen Impuls zu verstärken („Gods own country“, „god bless america“, „in god we trust“). Das politische System der USA ist besonders stark durch religiöse Visionen beeinflusst worden. Die ersten Siedler sahen Amerika als leuchtendes Beispiel für die Welt, als die biblische „Stadt auf dem Berge“, also als sprichwörtliches ‚Neues Jerusalem’. Dieses Sendungsbewusstsein ist untrennbar verknüpft mit der Staatsgründung und dem Selbstverständnis der USA. Hinzu kommt, dass die Gründerväter von einem manichäischen Weltbild geprägt waren, in dem also ‚Gut’ und ‚Böse’ in der Welt vermeintlich klar zu trennen sind.
Aus Anlaß der Ereignisse in der Folge der islamistischen Anschläge vom 11.9. wurde der Führungsanspruch vom amerikanischen Präsidenten spontan geäußert, und in der Durchführung weltpolizeilicher Maßnahmen, von da an fraglos und wie selbstverständlich, gerade von konservativen Christen, anerkannt. Der Rest der Welt ist seitdem in eine Koalition der ‚Willigen’, und die der ‚Böswilligen’ eingeteilt worden.

Der Predigt über die Abkehr von der Welt, dem Abtun des falschen Wesens, zum Widerspruch werden auch von entschiedenen Christen die ‚pyramidale’ Strukturen nach Kräften gestützt und mitgetragen. Leider leistet auch die christliche Erziehung ihren Beitrag zur fortschreitenden „Vernutztierung“, bzw. „Verhausschweinung“, des Menschen. Dies geschieht in der zunehmenden Verflachung und Materialisierung kultureller Leistung, der Abwertung des Individuums gegenüber dem Kollektiv, bis hin zur Entfernung vom eigentlichen Ursinn der Lehre Christi.
Eine besonders unter Evangelikalen, im verächtlichen Sinne, beliebte Gleichsetzung von Humanismus (wonach der Mensch das Maß aller

Dinge sei) und Humanität (gemäß der der Mensch gegenüber dem Menschen verantwortlich ist), trägt in Amerika bereits ihre Früchte. Die Abwertung der humanitas wird dadurch begründet, daß der ‚böse Adam' aus seiner Natur heraus nicht seines Gleichen gegenüber verantwortlich sein könne, und schon gar nicht der ‚gefallenen' Natur einer grundbösen Welt gegenüber. Durch diese Entwertung des Lebens wird der Mensch der Natur und sich selber entfremdet, und muß folgerichtig sein Heil außer seiner selbst suchen. Dementsprechend gestaltet sich das Politik- und Justizverständnis in der allerchristlichsten Nation, nämlich, gottesfürchtig und menschenverachtend.
Mit wohligem Schauer wird in christlichen Gemeinden in diesem Zusammenhang über die vermeintlich ‚teuflische' Verwirrtheit der Jugend spekuliert. Dabei ist es gerade jene Doppelmoral, der Verdrängung, das Nicht-zur-Sprache-Bringen, speziell im dediziert frommen Milieu in Verein mit den Waffenlobbyisten, die ihre eigenen Dämonen schafft, wie sich an der Häufung von Amokläufe in Schulen zeigt.

Tatsächlich besteht in christlichen Gemeinden die Neigung, bestehende Machtverhältnisse eher zu stützen als in Frage zu stellen. Das Anliegen der sozialen Befriedung hat ihren Grund weniger in einem Gerechtigkeitsempfinden, als vielmehr den ungestörten Lauf der ‚pyramidalen' Maschinerie nicht zu hemmen. Hierzu ist die eingepflanzte Neigung der christlichen Gemeinde zur loyalen Verpflichtung, den Lauf der großen Maschine dienend zu stützen, besonders günstig. Entgegen des wahren Sinnes von Jesus' Wort „gebt dem Kaiser, was des Kaisers ist“, nämlich sich um die Angelegenheit weltlicher Macht nicht einen Deut zu kümmern, vor allem nicht seinen Symbolen (den Münzen) nachzujagen, wandelte sich die Deutung in der Geschichte der christlichen Gemeinde um in die Aussage „gib dem Kaiser nach Kräften Deinen Einsatz zum Betrieb der Weltmaschine“. Überspitzt ausgedrückt, besteht die Werkgerechtigkeit darin, möglichst viel zu erwerben und zu verdienen, um desto mehr Mittel zur Wohltätigkeit zu besitzen. Diese täuscht mit der Linderung von akuter Not, über die chronische Ungerechtigkeit der Gesellschaftsordnung hinweg, die sie produziert..

Also, um es noch weiter zu verkürzen, gilt die Parole: „Verteile die Ressourcen Deiner Umwelt zunächst möglichst effizient so zu Deinen Gunsten um, daß Du Dir hinterher mit dem Appell um Ausgleich der zuvor geschaffenen Ungerechtigkeit Ansehen verschaffen kannst" – In jedem Fall liegt somit quasi eine klassische *win-win*-Situation vor. Diesen Umstand einmal kritisch zu hinterfragen, ist namentlich unter gemeindlich organisierten Christen nicht gerade mehrheitsfähig.
Es liegt auch eine gewisse Gefahr im christlich sprachlichen Herrschaftsdiskurs, etwa wenn die Aufrichtigkeit der Leidenschaft in der Verkündigung mit der Wahrheit der biblischen Inhalte selbst verwechselt wir. Die ‚Vollmächtigkeit' einer Predigt zeugt aber in erster Linie nur von der Aufrichtigkeit der Überzeugung des Vortragenden, jedoch noch nicht zwingend von der Wahrheit der Botschaft. Die Suggestivität des Vortrags wirkt im Besonderen auf Diejenigen, die sich nach der Multiplikation ihrer eigenen persönlichen Überzeugung innerhalb des Gemeindekollektivs sehnen. Die vielen Beispiele von Proselyten, die sich aus anderen Glaubensbekenntnissen zum Christentum gewandt haben widersprechen der These keineswegs. Der Verlust der vormaligen gemeinschaftlichen Bindungen, etwa infolge Flucht und Vertreibung, wird persönlich als schmerzliches Vakuum empfunden, in das die freundliche Aufnahme in die neue Gemeinde treten kann. Dementsprechend übernehmen gerade dankbare Neubekehrte besonders glühend die neue Überzeugung, die ihnen die neuerliche Multiplikation im Gemeinde-Kollektiv bietet.

Für Gläubige in fundamental christlichen Gemeinden besteht die Selbstvergewisserung des Anspruches auf Deutungshoheit in Glaubensfragen zuweilen in der Anwendung einer speziellen Verschrobenheit der Ausdrucksweise mit frommen Gestus. In der Weise der ‚frommen' Rede, soll der Eindruck eines, im besonderen Maße ergriffenes ‚Überführtsein' durch göttliche Inspiration, vermittelt werden. Einer solcherart ‚über'-irdischen Ausdruckweise, kann nur mit einer gewissen Scheu vor der tiefinneren Ergriffenheit des Gläubigen begegnet werden. Es ist der Respekt vor der aufrichtigen Entäußerung des Gefühls des Anderen. Demgegenüber steht die Scheu des wahrhaft Gläubigen, sich einer solchen demonstrativen Formalisierung des Ausdrucks zu enthalten. Die Restriktion des sprachlichen Codes auf den Umfang der opportunen Korrektheit, ist dazu geeignet, Druck auf

den Einzelnen zur Disziplinierung im Geiste der Gemeinde auszuüben. Es besteht immerhin die Gefahr, daß die Methode der sprachlichen Opportunität auf den allgemeinen gesellschaftlich-politischen Diskurs übertragen wird, in dem Maße, wie die Rückkehr des Relgiösen in die Politik fortschreitet. Ein starkes Indiz hierfür ist die Popularität präsidialer Ansprachen mit moralischen Appellcharakter.
Eine nüchterne Zurückgenommenheit, oder auch die vornehme Scheu vor einer Überhebung der eigenen Überzeugung zum allgemeinen Standard, wird hingegen als Mangel der ‚Überführung', bzw. des ‚Zerbruchs' gewertet. Wo die Unterwerfungsgesten ausbleiben, oder die Behauptung einer eigenen Lebensanschauung aufrecht erhalten werden, wird die ‚geschwisterliche' Mahnung vor der Kritik im Umgang mit ‚heiligen' Texten zur geistlichen Allzweckwaffe.
Unter die sakrosankten Texte fallen nicht nur die Bibel, sondern inzwischen auch in unserem Kulturkreis, der Koran (!), sowie politische Verfassungstexte. Zum Wesen des Sakrosankten, gehört das Tabu vor der Berührung durch das Profane. Auf diese Weise wird der vorgesteckte Rahmen der Diskussion selbst vor der Infragestellung geschützt, inklusive derjenigen Instanzen, die den Rahmen abstecken. Solange jedoch über den Rahmen selbst nicht diskutiert werden darf, findet Zensur statt. Ein solches Diktat des Debattenrahmens findet durchaus auch zu Überlieferung historischer Gegebenheiten statt. Als Stichwort soll hier einmal an die Tabuisierung im Themenumfeld des ‚Holocaust' erinnert werden.
Für den Umgang mit biblischer Überlieferung kann in fundamental-christlicher Gemeinden, fallweise von einem regelrechten Biblizismus gesprochen werden, der das historische Medium des Volkes Israel über den Kern der Botschaft Jesu selbst gestellt hat. Eine persönliche geistliche Verbindung mit Jesus, wird von der Disziplin der Gemeinde verstellt.
Die Richtigkeit einer Behauptung kann nicht aus der Aufstellung der Behauptung selbst geschlossen werden. Bei, in der Deutung zweifelhaften Bibelaussagen, wird wiederum auf Belege in der Bibel selbst verwiesen. Ebenso wird jedweder kulturgeschichtliche Einfluß in den Überlieferungen und Übersetzungen geleugnet, sowie Zitate, die im Zirkelschluß auf sich selbst verweisen, als Bestätigung des Wahrheitsgehaltes überbewertet. Also kurz gesagt, die Richtigkeit einer Überzeugung wird dadurch bewiesen, daß man sie hat.

Eine derartige Schlußlogik aus reiner Wortklauberei würde letztlich auch noch die wahre Aussage der dreistesten Lüge beweisen. Sie entspräche auch ganz der ‚Gelehrsamkeit' der Pharisäer. Als Werk aus den Traditionen der orientalischen Poetik mit der reichhaltigen Ausschmückung, der Aufhebung kausaler Logik, der Kürzung oder Dehnung des Zeitbegriffes, macht sie es. nach unserem Verständnis, schwer, den Wahrheitsgehalt, aus der Mischung von Expressionismus im Ausdruck, und Impressionismus der Auslegung, heraus zu destillieren. Die Wahrheit der biblischen Aussage liegt somit auf einer Metaebene über der wörtlichen Aussage. Sie offenbart sich im gleichnishaftem Analogieschluß, wie sie sich auch in der kraftvollen Gleichnisrede Jesu kundtut.
Es ist offenkundig, daß der Christ in der Gemeinde nicht den Mut und das Selbstvertrauen hat, auf die innere Gewißheit seines Herzens zu verweisen, und die Übereinstimmung mit seiner Lebensführung. Bei Matthias Claudius findet sich in vielen Gedichten und Liedern der Hinweis auf diese Weisheit des Herzens, die sich im Einklang mit der Natur befindet, jenseits der Kirchenfrömmigkeit. Fände der Gläubige in der Bibel nicht sich selbst beschrieben, wäre es unredlich sich trotzdem auf sie zu berufen. Noch weiter verkürzt, müßte die Botschaft lauten, „Erkenne Dich selbst!", und die Bibel kann dabei hilfreich sein.

In der Formulierung von der Herde und dem Hirten spielt hauptsächlich die Selbsteinschätzung der Hirten hinein, die sich einer unmündigen Schar gegenüber sieht. Gleichwohl wird in der Bibel die Begriffswelt der Hirten zu Gleichnissen herangezogen. Daraus wird abgeleitet, daß derjenige, dem es um Aufmerksamkeit und Einfluß zu tun ist (Ausdruck des Willen zur Macht), seine persönliche Überzeugung zum Lehrinhalt für eine Herde macht, die sich wegen der sozialen Wärme und dem Gefühl der Geborgenheit gerne zusammenfindet.
„Wo sich zwei oder drei in meinem Geiste zusammenfinden..." , sollte als eine Verheißung aufgefaßt werden, daß zwei oder drei Individuen zu einer Partnerschaft oder Freundschaft im herrschaftsfreien Diskurs sich austauschen über ihren Glauben, und die Dinge der Welt. Dies sollte jedem freigestellt bleiben; die Seligkeit jedoch hängt nicht davon ab, ob dem regelmäßigen Mikrophon-Predigt-Vortrag im Gemeindesaal beigewohnt werde. Zuweilen ist es empfehlenswert, sich

auch allein in die Umgebung von Gottes Schöpfung zu begeben. Eine ‚stille Zeit' am Tage eingeräumt, zur bewußten Schau und Einkehr, kann ein Gottesdienst sein, bei dem man wieder zu sich selbst finden kann. Wie soll man sich dem Andern zuwenden, wenn man es nicht einmal zu sich selbst kann. Zu einer regelrechte Zumutung im Umgang mit Anderen, wird gar Derjenige, der nicht ganz bei sich selbst sein kann. Als ein Bündel von Erwartungen, Vorbehalten, Rat und Tat, Lob und Tadel, sind wir dem Anderen eine Zumutung, wenn wir alles Mögliche sind, bloß nicht wir selbst. Aus der Erziehung des Menschen zu einem Wesen, das auf alles mögliche verweist, auf Hierarchie, die Spitze der Pyramide, also auf das Über-Ich, resultiert der Mangel an Kraft, –Ich- zu sagen. Wenn Gott sich als der *–Ich bin, der Ich bin-* ausweist, und Jesus als der ‚Menschensohn' an seiner Seite für uns eingetreten ist, ist uns dadurch die Vollmacht auf unser *Ego* ausgestellt worden.

An dieser Stelle soll noch einmal bezweifelt werden, daß künftig ein Widerstand gegen die ‚pyramidale' Zumutungen, von Seiten christlicher Gemeinden als Verbände zu erwarten ist. Mit der Tendenz zur ökumenischen Vereinigung, einhergehend mit einer allgemeinen Liberalisierung, ereignet sich stets gleichlaufend die jeweilige Abspaltung fundamentaler Gruppierungen, mit der Neigung zu dogmatischer Bibelauslegungen. Beide Tendenzen sind gleichermaßen geeignet dem einzelnen Gläubigen die Kompetenz in eigener Angelegenheit, die „Laienpriesterschaft" jedes Einzelnen (nach Luther) abzusprechen. In letzter Konsequenz wird eine konsequente Haltung der Verweigerung ‚pyramidaler' Prinzipien gegenüber, stets nur dem Individualisten im Glauben möglich sein.
Für den wohlverstehenden Christ gibt es keine Verpflichtung zum Herdentier, er darf mit vollen Recht auch ein Sonderling und Außenseiter sein (so hat die Christenheit einmal angefangen, die größten Vertreter waren selbst Einzelne, oft genug auch starke Zweifler, die die Zweifelsfragen nicht verdrängt, sondern ausgehalten haben, mit der Forderung zum Schluß: „Glaube Trotzdem!". Hier soll einmal an Sören Kierkegaard erinnert werden, zur weiteren Lektüre für die unvoreingenommenen freien Geister unter den Christen empfehlen sich, sowie zum Thema Glaube und Natur die Ausführungen von

Teilhard de Chardin, sowie zum Glauben außerhalb der offizinalen Gemeinde die Einsichten des Paracelsus.
In dem Maße, wie der aufrichtige, ja auch furchtlose, Diskurs unterbunden wird, bleiben die realen Strukturen der Macht unaufgedeckt und unhinterfragt. Insoweit die Konzentration von Macht hauptsächlich im christlichen Abendland zu verorten ist, und speziell in den USA, darf man annehmen, daß die Verweigerung von kritischer Auseinandersetzung mit den Grundlagen unserer Überzeugungen, und gewissermaßen der Genealogie unserer Moral, von Seiten der christlichen Elite in gewissen Sinne erwünscht ist. An einer fortgesetzten Sedierung der christlichen Basis, ist ihr sehr gelegen.

Exkurs: „Der Tod des Empedokles“

In der Geschichtsschreibung der Antike herrschte eine, auf widersprüchliche Art, pessimistische Vorstellung vom Fortschritt des Menschen vor. Der Realität ausgreifender Machtansprüche von Gesellschaftsordnungen, die pyramidal hierarchisch verfasst sind, wie das imperiale Rom, oder das grenzenlose Persien ihrer Zeit, stehen dennoch sichtbar gegenüber die noch imposanten Spuren vergangener Kulturen, an den Verfall gemahnend, wie die altägyptischen Pyramiden, die Ruinen von Mykene, das geschleifte Troja. Während der Epoche der ‚eisernen' Reiche, die sich in militärischer Hinsicht im Wortsinne auf Eisen stützten, galt der wehmütige Blick zurück auf ein vermeintlich ‚goldenes' Zeitalter, in dem der Mensch noch im unmittelbaren Einvernehmen mit den Göttern und ihrem Wirkungskreis, der Natur gelebt haben sollen. In der biblischen Überlieferung gibt es das umgekehrte Bild von goldenen und silbernen Köpfen auf bronzenen Körpern, in voller Pracht stehender, Reiche, die mit eisernen Lenden gerüstet, jedoch auf tönernen Füssen stehen. Während dies der Ressentiment geladenen Vorstellung vorwiegend nomadischer Völker gegenüber den monumentalen Stadtkulturen entspricht, kommt im wehmütigen Bild vom ‚goldenen' Zeitalter der empfundene Verlust der natürlichen Unschuld der Angehörigen einer städtischen Zivilisation auf der Spitze ihres Einflusses in der Welt zum Ausdruck. Die Abkehr der Stämme, die unter der Gestalt Abrahams aus Ur im Schatten der Stufenpyramiden Mesopotamiens abgewandt hatten, waren wohl in einem Zwiespalt aufgebrochen, der in der Rivalität von Isaak und Ismail überliefert ist. Ihre gegensätzliche schicksalshafte Führung mochte aus einer enttäuschten Faszination gegenüber der ‚großen Stadt' herrühren, die ihre Verlockungen nur unter der Preisgabe der nomadischen Freiheit bereithielt. Für Ismail sollte dies eine Zukunft in der rauhen Abgeschiedenheit der arabischen Halbinsel bedeuten, in der fundamentalen Opposition zur ‚Welt-Stadt', die bis zum heutigen Tag andauert. Für die Nachkommen Isaaks indes eine Schule der Macht, die im Einflußbereich des aufstrebenden Ägyptens vollendet werden sollte. Die Eroberung Kanaans geschah dann in der Bugwelle der Expansionszüge Pharao Ramses II., die sich über den Sinai bis nach Palästina erstreckten.

In archaischer Zeit, so wurde angenommen, war die Sphäre der Götter und die Menschenwelt noch wechselseitig durchdrungen. Den Opferritualen ist somit eine größere Wirksamkeit und Beeinflussung des göttlichen Willens zugesprochen worden. Mit der Entrückung und Hierarchisierung der Götterwelt, wurde ihr unerfindlicher Ratschluß nur durch das auserwählte priesterliche Fachpersonal vermittelbar, die Gewogenheit privat häuslicher Götzen und der Flurgeistern war nicht mehr maßgeblich.
Während des vermeintlich ‚goldenen' Zeitalters, das die pyramidale Hierarchie noch nicht kannte, war es dem Herrn und Oberhaupt in der bäuerlichen Zivilisation bestimmt, stellvertretend für das Volk, sich selbst als Opfer darzubringen. Wie er als Bauer einst auch selbst die Früchte der Erde wiederum symbolisch zurückgab, durch die Aussaat, so nahm er die Stellung des „heiligen Königs" ein, um schließlich mit dem eigenen Blute die Felder zu düngen. Das, was am sogenannten ‚goldenen' Zeitalter, dem solcherart eigentlich blutigen Zeitalter, als gerecht empfunden worden war, war die Selbstverständlichkeit der Selbstaufopferung des Herrn als Stellvertreter für das Volk, während im ‚eisernen' Zeitalter antiker Gegenwart, die pyramidal entrückte Spitze ungerechterweise die Volkes Basis drückt, ohne für sie bei den Göttern einzustehen. Dieses Gefühl musste natürlich dadurch bestätigt werden, daß die göttlichen Strafen der Nöte oder die Unbill der Naturgewalten auch nur das Volk in voller Härte betrafen, ohne von den Herren der Pyramiden-Hierarchie geteilt zu werden.

Die Opferung eines Teiles seiner selbst, ist ein tiefgründendes Merkmal auf dem Seelengrund der Sippe, des Volkes, um sich vor Gott zu reinigen und zu rechtfertigen.
Die Sendung des Sündenbocks als stellvertretender Träger der Sünden des Volkes setzt voraus, daß er nicht nur für die eigenen Verfehlungen eintritt. Er hat also selbst rein und unschuldig zu sein, um als unbeschriebenes Blatt auch vollkommen die Schuld der Anderen auf sich nehmen zu können. Statt der Genugtuung aus der Bestrafung der Schuldigen wird die Rechtfertigung durch die Bürgschaft des Unbescholtenen als Sühne erlangt.
Die Hoffnung auf den „Einen Gerechten", der für uns eintritt, ist gestützt auf die mythische Erinnerung an eine Zeit, vor dem Verlust der Unschuld, gleichsam der Vertreibung aus dem Paradies. Die Bezeichnung ‚golden' steht für den antiken Menschen in einem umgekehrten Verhältnis zur glänzenden Prachtentfaltung seiner ihm gegenwärtigen Kultur. Man müsste die Befindlichkeit des Menschen der griechischen und römischen Welt gerade auf dem Höhepunkt der kulturellen Vorherrschaft als zutiefst verunsichert vorstellen. Dies ist der Hintergrund für den Selbstwiderspruch des Menschen in der sogenannten Achsenzeit.
In einer Epoche, während der die Einbettung des Einzelnen in die Gemeinschaft eine Haupterfordernis gewesen war, und der aus der Gemeinschaft gefallene, auch gleichsam als von allen guten Geistern verlassen angesehen wurde, bedeutete das Heraustreten der individuellen Persönlichkeit eine Herausforderung der staatlichen Ordnung,
Das Zutrauen, das Sokrates in die individuelle Einsichtsfähigkeit des Menschen setzte, hatte ihm den Prozess mit dem tödlichen Vorwurf der Gotteslästerung eingebracht. Sollte das Gewissen des Einzelnen sich über die staatlich repräsentierte Moral erheben können?
Nach der Rezeption Platons läßt sich das Problem angemessen nur dadurch lösen, indem ein idealer, noch nicht realisierter, Staat diese neu errungene Freiheit in einer höheren Ordnung wieder in sich aufzunehmen vermag.
Die Konsequenz, die Platon zieht, läßt sich mit der von Paulus vergleichen, der die von Jesus propagierte Freiheit eines Christenmenschen, in einer noch zu verwirklichenden Gemeinde-

ordnung, um die hierarchische Ordnung des Weltgefüges wieder herzustellen.
Das von Sokrates geäußerte Wissen um ein letztendliches Nicht-Wissen, findet sich im christlichen Mittelalter bei Nikolaus von Kues (Cusanus) in der ‚gelehrten Unwissenheit' als höchste Weisheit wieder. Einerseits wird dem Menschen damit das Werkzeug der vernünftigen Kriterien und Kategorien zur Erforschung der sogenannten ‚Wahrheit' aus der Hand genommen, da die in unserer Logik auftretende Unvereinbarkeit der Gegensätze, uns keine Einsicht in das göttliche Zusammenfallen aller Gegensätze, *coincidentia oppositorum*, erlauben. Andererseits gibt es aber auch infolge dessen auf Erden niemanden, der uns darin etwas vorausħätte. Allenfalls den Sprung in den Glauben obwohl es absurd erscheint, *credo quia absurdum est.*

Eine pyramidale Machtstruktur läßt sich darauf allerdings erst einmal nicht begründen, weil in unserem Angewiesen-Sein, unserer ‚schlechthinnigen' Abhängigkeit von Gott zunächst alle Menschen gleich sind.
Bei Platon wird die wahrhaftige Unwissenheit wieder der allgemeinen Basis zugewiesen, und nur den eingeweihten Weisen das wahre Wissen in esoterischer Weise zuerkannt. Somit ist die Gliederung der Pyramide aus der Rezeption der platonischen Schriften, wieder gerechtfertigt. Der esoterische Neuplatonismus schaffte die Kompatibilität zur römisch-katholischen Rezeption von Platons elitärem Staatsverständnis. Zunächst könnte man im Neuplatonismus einen Rettungsversuch des antiken Denkens in die neue christlich dominierte Epoche auffassen, tatsächlich ist diese geistige Strömung als ein Ausdruck der Transformation der hierarchischen Pyramide aus dem Verständnis der untergehenden alten Welt zur machtvolleren Ausprägung mit geistlicher Neubegründung zu werten.

Seit der Liaison Marc Antonius mit Cleopatra, wurde speziell Ägypten als direktes Haus-Protektorat des römischen Kaisers aufgewertet. Die zwiespältige Beziehung der römischen Herrschaft zur griechischen Bildungs-Tradition seit der Zeit der Ptolemäer in Ägypten, konnte durch die Vorbehalte der jüdisch-christlichen Gemeinde, der Sophistik generell gegenüber, noch bestärkt werden. Schließlich ist, mit der

Zerstörung der dortigen Bibliothek von Alexandrien durch die Römer, der Bruch mit der antiken Bildungs-Tradition vollzogen (an dieser Stelle sei auch auf das Schicksal der letzten Philosophin, Hypatia, hingewiesen). Der zeitgenössisch fanatische Glaubenseifer der Ägypter im 1. Jhrd. fand immerhin Eingang in die Satiren des Juvenal.
Die jüdisch-christlichen Tugenden der Verinnerlichung des Gehorsams und der undiskutierbare Unterordnung des Individuums innerhalb der Gemeinschaft unter die Obrigkeit als gottgewollt, entschieden den Vorzug gegenüber der persönlichen Stellungnahme nach eigenem Gewissen, gegenüber dem ‚pyramidalen' hierarchischen Staat nach unabhängig kritischer und persönlicher Überzeugung, wie sie noch bei einzelnen Vertretern der Stoa oder erst recht des Kynismus zu finden war. Das Ende der vorsokratischen Einheit der Naturphilosophie war besiegelt worden durch das sokratische Wissen um das Nichtwissenkönnen. Daraus leiteten sowohl die Agnostiker ihre Denktraditon ab, als auch der esoterische Sozialismus aus der Vereinnahmung des Sokrates durch Platon. Diesen stand der radikale Individualismus der kynischen Schule nach Diogenes, dem ‚verrückten Sokrates', gegenüber. Alles in Allem eine Epoche der heillosen Verwirrung, die die Beantwortung der dringendsten Fragen der Zeit schuldig bleiben mußte. Darin liegen wohl, in keinem geringen Maße, auch die Defizite der antiken Philosophie begründet, in Hinsicht auf eine gesellschaftsbegründende Funktion künftig noch relevant zu sein.
Mit der gebotenen Leidenschaftslosigkeit (apathia) gegenüber den öffentlichen Geschäften (res publica) sollte die innere moralische Integrität nicht der äußeren Staatsräson geopfert werden. Soweit die Abwägung der Stoiker zwischen Dienstpflichten und innerer Unabhängigkeit. Über das politische Leben als öffentliche Pflicht, und tragende Basis der antiken Pyramide, sind sich die Schulen der Stoiker durchaus nicht einig. So wird es zuweilen auch mit einer ‚Strafe' verglichen.
In die Regierungszeit des Kaisers Augustus setzte die römische Welt die allergrößten Erwartungen, zumal an der Wende des römischen Großjahres auch himmlische Zeichen als Omen gewertet wurden. Dazu gehörte, zum Beispiel der Eintritt in ein neues Sternbild (das der Jungfrau), und die Sichtung eines Kometen. Selbst noch die Willkürherrschaft Caligulas und Neros konnte anfangs noch von diesem Vertrauensvorschuß profitieren, bevor, gegenüber der

Möglichkeit der weltpolitischen Wiederherstellung eines 'goldenen Zeitalters', endgültig der Pessimismus überwog.
Das Ideal vom klassischen Philosophen, der dem Kaiser als weiser Ratgeber zur Seite steht, fand in der tragischen Gestalt Senecas, als Lehrer Neros, sein Ende in Verbannung und erzwungenem Selbstmord. Die Streitfrage, ob der Weise eine Pflicht darin erkennen sollte, das öffentliche Leben mitzugestalten, oder ob er sich nicht besser durch Rückzug sich im Verzicht allen weltlichen Einflusses enthalten solle, war nun beantwortet. Nach dem populären Mißverständnis hinsichtlich der epikureischen Auffassung von Lebensgenuß, und dem Scheitern der Verantwortungsethik der Stoiker, blieben nur die Kyniker übrig. Die Anhänger der sogenannten ‚Hunde'-Philosophenschule von Diogenes und Antisthenes, befanden sich mit ihrer asketischen Lebensführung in einer gewissen Verwandtschaft mit den weltverneinenden Propheten des Orients. Der Epikureismus war nunmehr dem oberflächlich populären Mißverständnis der bloßen Lustlehre ausgesetzt. Ursprünglich bestand, nach Epikur, das Lebensglück nicht im Streben nach Lust, sondern in der Abwesenheit von Leiden, die durch Leidenschaften geschaffen werden.
In der Folge des doppelten Reviereinbruchs, den der denkende Mensch der Antike zu erleiden hatte, einmal im äußeren Rahmen durch die fortgesetzte Misswirtschaft im römischen Reich, und zum andermal durch innerliche Verunsicherung, nach der Bankrotterklärung antiker Weisheitslehren, konnte die Hoffnung nur noch auf ein direktes Eingreifen Gottes gerichtet werden. Alle Sensorien dieser Zeit waren empfangsbereit für eine neue Botschaft, die die Transformation der antiken Macht-Pyramide auf eine geistige Ebene nach göttlicher Offenbarung ankündigte.
Bereits in archaischen Stammesgesellschaften war das Auftreten eines 'heiligen Königs' verbunden mit der Hoffnung, dieser würde das Volk aus der Verstrickung in Schuld erlösen, indem der ‚heilige Held', sich letztendlich selbst zum Opfer darbringt. Kulturpsychologisch betrachtet, eine Form der Wiedergutmachung für die Ausbeutung der Erde, und zur Tilgung des Unbehagens an der kulturellen Entfremdung von Mutter Natur. In den archaischen Mythen dominieren, bezeichnenderweise, die Mutterkulte, die sich noch in den Götzenbildern der Astarte, Kybele, und der Artemis wiederfinden. Der heilige Held steht mit seiner Person, zur Wiedergutmachung, für das

gesamte Schicksal der Menschheit ein, während der mythische Held, wie Herkules, die persönliche menschliche Größe des Individuums verherrlicht. Wenn er den Augias-Stall der Welt aufräumt, als einer der ihm gestellten Aufgaben, und sich seinem Schicksal stellt, gegen die Willkür der Götter. Er tut dies jedoch, im Gegensatz zum ‚heiligen Held', zur Rechtfertigung der eigenen Ehre (und als Sühne für die Taten im Wahne, mit dem die Götter ihn zuvor schlugen)

In der zeitgenössischen Huldigung des Senators Cato d.J. (zur Zeit Julius Cäsars), pflegten die Römer die Erinnerung an die, in seiner Person vereinten, herkulischen Tugenden, die ihn des Umgangs mit den Göttern würdig macht - durch Selbstermächtigung

Die Korruption der antiken Götterwelt, führte zur Ausbreitung von zahlreichen Mysterienkulten, mit zum Teil ekstatischen Riten, etwa beim Dionysos-Fest, bzw. den Bacchanalen. Die schwärmerischen Bewegungen trachteten nach einer mystischen Vereinigung mit dem göttlichen Urgrund, und der Überwindung der trennenden Ausdifferenzierung der entmachteten Ordnung.

Nicht zuletzt wegen der Ausdehnung des römischen Reiches weit in den Orient, und der besonderen Stellung Ägyptens, als Kornkammer Roms, gewann der Isis-Kult mit Osiris an ihrer Seite Bedeutung. Es herrschte die Vorstellung, daß es sich bei Osiris um ihren Sohn handelt, der schicksalhaft zu leiden hat und stirbt, um in einer Apotheose zur Unsterblichkeit aufzuerstehen und mit Isis wiedervereinigt zu sein.

Es besteht nicht nur ein zeitlicher Zusammenhang zwischen dem, in der römischen Welt erwarteten, Friedensreich unter Kaiser Augustus, und dem Auftreten des Heilands. Unter dem Eindruck der größten Ausdehnung des Reiches herrschte Kriegsmüdigkeit und die Vorstellung, daß künftig in der Welt nichts mehr zu erreichen sein würde. Nach der wiederholten Enttäuschung, daß der ewige Friede, quasi von oben durch eine wohlmeinende herkulische Gestalt aus dem Kreis des Regierungszentrum (des Kaiserhofes ebenso wenig, wie des Senats) nicht zu erwarten war, wurde die breite Hoffnung genährt, daß der Retter des Reiches etwa aus der Provinz des Reiches erstehen würde. Tatsächlich zeigte sich im Zentrum Rom die Korruption der Schwachen, die dem Glanz (und Elend) erliegen, und oft genug die der charakterlich Starken, wenn sie anerkennen mußten, daß die moralische Integrität dem interessegeleiteten Kompromiß geopfert

werden muß. Die Transformation der pyramidalen Verfassung konnte nun einsetzen, allerdings sollte der Prozess der Fermentation an der Basis noch nahezu drei Jahrhunderte währen.
In dieser Epoche, die von allen als eine Endzeit aufgefaßt wurde, konnte die christliche Gemeinde populär werden, da sie dies auch als ein Zeichen für das Kommen ihres Herrn freudig wahrnahmen. Zugleich wurde diese freudige Endzeiterwartung volkstümlich zunächst übel aufgenommen, und dies ist von Nero nach dem Brand von Rom (64 n.Chr.) auch instrumentalisiert worden. In der personifizierten Gestalt des Antichristen findet er schließlich auch Eingang in die Apokalypse des Johannes. Wieso sich der Begriff von Dekadenz und Grausamkeit der römischen Gesellschaft in der historischen Erinnerung gerade auf Nero konzentrierte, während sein Onkel Tiberius ihn an Perversion noch weit in den Schatten stellte, erklärt sich zum Teil aus der Fixierung in der christlichen Überlieferung. Aber es findet sich auch der Versuch, die Exzesse einer krisenhaften Epoche, in einer Person zu konzentrieren, wie auch die Personifizierung des ‚Bösen' stets das kollektive Gewissen entlastet. Anderenfalls wäre an eine politische Kontinuität des römischen Weltherrschaftsanpruches nicht mehr zu denken gewesen. Nicht zuletzt haben sich die Päpste selbst über viele Jahrhunderte hinweg auf das Gott-Kaisertum berufen, dessen Würde von der jeweiligen Verfehlung einzelner Vorgänger unbeschadet bleiben sollte. Das System der Macht selbst ist stets von der Kritik ausgespart worden.
Die ‚böse Person' ist der projektive Brennpunkt zur Befriedigung unserer Angstlust, nicht zum geringen Teil unserer eigenen Sündhaftigkeit gegenüber. Durch solcherart Entlastung wird die Aufarbeitung der eigenen aggressiven, ja auch sexual-aggressiven Impulse umgangen.
Hierbei liegt gewissermaßen ein polares Gegenstück vor, zum schuldlos reinen Opferlamm, das stellvertretend die Sünden der Welt auf sich nimmt. Im elliptischen Gegenbrennpunkt jedoch, statt im hellsten Licht, im tiefsten Dunkel liegend, kultiviert die soziale Seele die absolute Schurkengestalt, sie hieße nun Nero, Cesare Borgia, oder Hitler. Es scheint geradezu, als ob die Intensität des Lichten, durch deren Schattenwurf eine Verstärkung erführe. Auf der Ellipsen-Umlaufbahn der Weltgeschichte bleibt die Kontinuität der hierarchischen Ordnung indessen solange stabil erhalten, als die

grundlegende Auseinandersetzung mit dem Machtbegriff an sich unterbleibt. Die Furcht davor, die Erde möchte losgekettet von ihrem hellen Zentrum, schließlich ins Bodenlose stürzen, ist allzu groß.

In leidenschaftlichem Bekenntnis aber auch im Haß gegen die Christen lag gleichermaßen eine Anerkennung des Stellenwerts des tapferen Leidtragens, eine der letzten Tugenden jener Zeit. Wie nachhaltig sich auf der Basis der Leidtragenden eine künftige Macht-Pyramide würde errichten lassen, sollte sich erst noch erweisen, nachdem die Christianisierung eine Massenbewegung geworden war, und damit ein Machtfaktor. Der Leidensdruck aus der Zeit der Verfolgung wandelte sich in Zorn um, verbunden mit dem Wunsch der rächenden Vergeltung an dem Bösen dieser Welt. Die Vorstellung, daß sich die Seligkeit der Heiligen noch dadurch steigern ließe, wenn sie Zeugen der Qualen der Bösen im Höllenfeuer würden, ist derart weit von der urchristlichen Botschaft entfernt, daß in der Verfassung des Christentums unterschieden werden muß, zwischen den ersten Zeugen Jesu, die in ihrer Lebenshaltung noch, bei fundmentalen Unterschieden, Berührungspunkte mit der Stoa besessen haben muß, wie sie sogar noch durch den Philosophen Boethius (um 500) zum Ausdruck kam, und der Gemeinde nach der Verfolgung, die die Pyramide der Macht vollständig verinnerlicht hatte.
In der katastrophischen Weltsicht der, sich als fundamental gläubig verstehenden christlichen Gemeinde, begegnet uns die gefährliche Situation des tatsächlich ersehnten letzten Gefechts (Armageddon). Aber auch im orthodoxen Judentum, in der Erwartung des dritten Tempelbaus, der natürlich erst möglich wird, wenn die Al-Aksa-Moschee in Jerusalem vom Tempelberg weicht (eine aus islamischer Sicht heraus unerfüllbare Bedingung), äußert sich das krisenhafte Geschichtsbild, das uns auf dem Streifzug durch die Zeiten als periodisch immer wiederkehrendes Phänomen auffällt.

In Ägypten lag, nicht zum ersten Mal, der Keim zum geistlichen Aufbruch in eine neue Epoche, die an dieser Stelle zunächst mit den unterschiedlichsten Sektenbildungen der ‚Wüstenväter' ihren Ausgang nahm. Während sich die Säulenheiligen der ersten Jahrhunderte der Vergesellschaftung eigentlich zu entziehen trachteten, verlief die Entwicklung der Gemeinden mit ihren lokalen Bischöfen hin zur

nützlichen Eingliederung in die byzantinische ‚Pyramide' der Macht als orientalische, und dennoch legitime Erbin Roms. Es liegt eine gewisse historische Ironie in der Tatsache, daß durch die Bedrängnis der arabischen Eroberungen später wiederum das schon untergegangen geglaubte Rom als ‚ewige Stadt' zum neuerlichen Zentrum der Weltpyramide werden sollte.
Erst in der Folge einer weiteren ‚pyramidalen' Transformation werden die, mit geschichtlichem Ballast überladenen, Stadt-Symbole wegen der Virtualisierung der Machtstruktur, die von der Örtlichkeit unabhängig sein wird, schließlich endgültig ihre Bedeutung verlieren.

Die assoziative Pendelbewegung unserer vergleichenden Betrachtungen weit im geschichtlichen Raum, erscheint vordergründig sprunghaft und unschlüssig. Jedoch läßt sich nur so das Muster der pyramidalen Transformation offenlegen, das sich im Teppich der Geschichte aus, periodisch sich über weite Zeiträume verbergenden und an anderer Stelle wieder zutage tretenden, Ober- und Unterfäden ergibt. In der schwingenden Betrachtungsweise folgt der historische Blick gleich einem hin und her eilenden Weberschiffchen dem Teppichmuster der Geschichte.
Wir finden einen augenscheinlichen Bruch in den Übergangsperioden zwischen den, in der folgenden Kurzeinteilung vorgestellten, pyramidalen Phasen, während denen die Transformation der Pyramide qualitativ stattfindet. Tatsächlich erweist sich die Beibehaltung des pyramidalen Prinzips durch sämtliche, sich als Metamorphosen darstellende Gestaltänderungen, die unter Umständen über Jahrhunderte andauerte. Dasselbe Wesen zeigt unterschiedliche Gestalt, jeweils nach dem scheinbaren Untergang der vorangegangenen. Der Wandel ist lediglich Phänomen, der waltende Wille bleibt wesentlich sich stets selber gleich.
Der historische Prozess folgt einem, im wesentlichen zweiphasigen Schema: Nach Setzen eines Konfliktes (Zuspitzung von Mißständen, Formung einer Oppositionsbewegung zum Regimewechsel), erfolgt die konfliktaktive Phase, gekennzeichnet durch Mobilisierung und Aufbruch; Nach dem Greifen von Konfliktlösungsstrategien (Resolutionen, Sanktionen, Machtergreifung, Usurpation) beginnt die Formierung der kesselförmigen Einengung, um konfliktive Masse kritisch zu verdichten; zum festgesetzten Zeitpunkt kann durch eine

Initialzündung (z.B. politischer Mord, Attentat, Revolution) die historisch epileptoide Krise (Kriege) ausgelöst werden, die die schöpferische Zerstörung ermöglicht, auf der die Basis einer Macht-Pyramide neuer Qualität errichtet werden kann. In aller Kürze dürfte das Verfahren auch als Direktive zum imperialen *nation-building* und hybriden *terra-forming* der jeweils hegemonialen Macht verstanden werden.

Ein kurzer Überblick über die epochalen Gestaltwandel des pyramidalen Prinzips, an den Übergängen von der Sippe zur Stadtkultur (vor ca. 10000 Jahren), vom lokalen Zentrum zum expansiven Reich (vor ca. 3000 Jahren), vom territorialen Reich zum geistigen Weltreich (vor 1700 Jahren), vom statisch Kristallinen zum dynamischen Organismus (vor ca. 500 Jahren), und vom Reellen zum Virtuellen (seit ca. 25 Jahren)

1) die archaische Pyramide ist wesentlich mythisch gekennzeichnet durch die sichtbare Anhäufung, sei es der heilige Berg, aus dem natürlichen Umfeld, oder der künstlich angelegte Grabhügel, die Haufen der Waffen der Feinde, oder die Opferstätte, deren Bedeutung in der Erzählung weitergereicht wird
von der Sippe zur Stadtkultur

2) die Pyramide des Altertums ist steinerner Verfassung, wobei das gesellschaftliche Gefüge als architektonisches Monument im Stadtbild, etwa in Ägypten und Mesopotamien seinen Ausdruck findet

vom lokalen Zentrum zum expansiven Reich

3) die antike Pyramide ist von eiserner Konstitution, mit ihrer expansiven und effizienten Hierarchie der Verwaltung im römischen Weltbürgertums, sowie in der radialen Anordnung der Provinzen um die Hauptlande mit ihrer Hauptstadt

vom territorialen Reich zum geistigen Weltreich

4) die christliche Pyramide ist wesentlich geistlich verfasst im ‚heiligen römischen Reich', mit dem globalem Anspruch in der geistlichen Deutungshoheit

vom statisch Kristallinen zum dynamischen Organismus

5) die ökonomische Pyramide ist wesentlich fluide: das Imperium, gestützt auf den Welthandel fließender Warenströme , besitzt sein Zentrum am Börsenumschlagplatz (Venedig – Florenz - London – Amsterdam – New York)

vom Reelen zum Virtuellen

6) die intelligente Pyramide ist wesentlich virtuell: die vernetzte Menschheit koppelt sich ein in den globalen Strom der Dinge und Informationen; virtuelle Knotenpunkte des Informationsflusses erlauben die Konzentration von Macht in der Ortlosigkeit

Die Erkenntnis- und Gewissensfreiheit des Einzelnen gefährdet jedenfalls die gegebene Ordnung, und stellt das pyramidale Gefüge des Staates infrage. Die Lösung kann somit nur in der Errichtung einer Pyramide neuer Qualität liegen, also einer Art ‚upgrade'-Version zur Wiederherstellung des ethischen Monopol des Staates.

Nach Aristoteles wäre der Mensch als gemeinschaftsbildendes Wesen aufzufassen, um die ihm eigentlich bestimmte Ordnung zu schaffen, also die Stadt, die ein Abbild göttlicher Ordnung auf Erden darstellt. Dies wurde wiederum von Diogenes aus der Tonne heraus bestritten. Nach diesem wäre sie ein willkürliches Gebilde aus menschengemachten Bedürfnissen, das wiederum neue Bedürfnisse schafft, und den Menschen seiner göttlichen Bestimmung eher entfremdet. Während nach Plato der Weise in der esoterischen Hierarchie der Pyramide seines idealen Staates, an der Spitze zu finden ist, sollte er sich, nach Epikur, der Staatsgeschäfte besser enthalten, um die philosophische Unerschütterlichkeit nicht einzubüßen.

Die Selbstbewußtwerdung des Menschen geschah in der sogenannten Achsenzeit, der letzten Jahrhunderte vor Christus. Hierein fällt auch die

Erfordernis, die Architektur des pyramidalen Machtgefüges von der vornehmlich anschaulichen Gestalt auf eine geistige, bzw. ideale, Ebene mit transzendentaler Rückbindung zu transformieren, um das Gefüge der weltlichen Macht wieder der philosophischen Kritik zu entrücken.
Dies ist der epochale Hintergrund, vor dem sich die Geburt des göttlichen Menschen vollzieht.

Mit dem Dramenfragment von Hölderlin wird an eine Gestalt erinnert, dem man zu seiner Zeit einen besonders intimen Umgang mit der Gottheit unterstellt hatte, und den Status eines „Sohnes Gottes“ gar selbst von sich behauptete. Nach der Erweckung einer Frau aus dem vermeintlichen ‚Todesschlaf‘ einer länger andauenden komaähnlichen Ohnmacht (berichtet wird von einer Atemlosigkeit) wurde dem Heilkundigen Wundertätigkeit zugesprochen. Das an ihn herangetragene Königsamt lehnte er ab, und zog die Abgeschiedenheit einer Gemeinschaft in seinem Garten vor.
Nach der vorangegangenen Erhöhung folgte der Sturz aus der Gunst des Volkes auf Betreiben der Priesterschaft mit dem Vorwurf der Gotteslästerung. Der Bedrohung durch den Tod soll seine direkte Entrückung in den Himmel erfolgt sein.
Überliefert ist die Legende von Empedokles von Agrigent/ Sizilien aus dem 5. Jhrd. vor Chr. Es ist anzunehmen, daß die zum Mythos gewordenen Berichte erstmals in die, damals am Beginn ihres Aufstiegs befindliche, römische Welt gelangten. Nicht unwesentlich dazu hat sicherlich der angebliche Sturz des Empedokles in den Ätna beigetragen.
Der Keim der Überzeugung, daß es der ‚Eine‘ sein muß, von dem das Heil der Welt ausgeht, oder dem es offenbart wird, liegt sicherlich nicht zufällig in jener Epoche der Achsenzeit, die auch einen Zarathustra oder Buddha hervorgebracht hat.
Das Erscheinen des Jesus von Nazareth stellt gleichzeitig den Gipfelpunkt und den Schlußakkord jener Transformation dar, die die antike Welt seit den mythisch archaischen Anfängen durchmachte. In Christus ist Gott wahrhaftig Mensch geworden, in seiner Einzigartigkeit, und dem Vermögen seines Bewußtseins, an die göttliche Sphäre heranzureichen.

Das Auftreten Jesu geschah gewissermaßen an der Taille der weltgeschichtlichen Sanduhr, an einem Knoten sämtlicher raumgreifender Glauben- und Weisheitslehren. Aus dem Volk Israel heraus noch zudem, mußte es geschehen, da in ihm die Polarität und Zerissenheit des schöpferischen Willens in sich selbst, sich seinen tiefsten Ausdruck gegeben hat. Notwendig mußte die Aufhebung durch eine Synthese, jenseits von Gut und Böse, in der Gestalt des Überwinders, des wahrhaftigen Übermenschen geschehen.

Wiesen einst die Pyramidenbauten mit ihrer zulaufenden Spitze zum entrückten Sitz der Götter, repräsentierte diese eine Spitze den einen ungeteilten Herrscherwillen, der in der Gestalt des Gottkönigs seiner gesellschaftlichen Spitze entsprach. Die Transformation der Antike besteht darin, daß der Repräsentant Gottes auf die Erde herabsteigt, und sich als Einzelner unter Vielen zeigt. Mehr noch, mit Jesus und seiner Jüngerschaft offenbart sich der Höchste gerade in den Geringsten. Darin besteht eben das Moment, wodurch die Pyramide von der Basis auf die Spitze gestellt werden kann! Bei der Umkehrung der Verhältnisse, im Zuge einer Umwertung aller Werte, muß von einer Revolution gesprochen werden.

In der Gestalt Jesus tritt das moralisch emanzipierte Individuum mit der radikalsten Forderung auf, die bislang erhoben wurde, nämlich ‚Gott-Mensch' zu sein, eine Begrifflicheit, die mit der des von Nietzsche postuliert Übermenschen', einmal in einem Zusammenhang betrachtet werden sollte. Der Menschensohn als Gottes Kind weist nun mit eigener Hand zum Sitze Gottes, auf sich selbst.

Dies geschieht nicht zufällig auf dem Boden derjenigen Kultur mit dem am weitesten gehenden Anspruch auf Exklusivität, als Volkskollektiv mit direktem göttlichen Bezug.

Die Heftigkeit, mit der die jüdische Welt reagierte entspricht dem Ressentiment des Kollektivs gegenüber dem Individuum. Damit wurde die göttliche Offenbarung, die von nun an jedem Einzelnen zuteil werden konnte, zum politischen Risiko.

Doch was geschieht nun nach diesem einem magischen Moment der Weltgeschichte? Es entsteht mit dem Streben der Masse der bislang Erniedrigten und Benachteiligten nach der, ihrer quantitativen Größe entsprechenden, qualitativen Macht die dynamische Basis einer neuen Pyramide. Die Impulsumkehr findet statt durch die fatale Wendung der

ursprünglichen Erlösung des Individuum von der pyramidalen Bindung wiederum zur Bindung in einer Pyramide neuer Qualität, im Zuge der jüdisch-römischen Transformation in eine Hierarchie der Gemeinde mit globalem Anspruch. Mit den neu begründeten Werten konnte auch die Basis gestaltet werden für die Errichtung des allumfassenden römisch-katholischen Imperium das der nun folgenden Epoche das Gepräge gab.
Die alte Haut der Beschränkung auf das Volk Gottes konnte abgestreift werden, die Zerstreuung in der Diaspora ist in Wahrheit eine jüdisch-christliche Weltmission unter Aushöhlung der ursprünglich christlichen Botschaft. Dies allerdings ohne die Preisgabe des römisch-katholischen Hegemonialanspruches.
Mit dieser Betrachtung sind wir gewissermaßen durch die Taille der weltgeschichtlichen ‚Sanduhr' hindurchgetreten. Im Fallen der künftigen Zeit weitet sich für uns wieder der Horizont ins Unübersehbare.

Es ist vielleicht nicht ganz unerklärlich, warum gerade Christen sich so wenig kritisch gegenüber der, sich als alternativlos gebärdenden ‚ökonomischen Vernunft' äußern, ja selbst sogar die Dynamik aus Leistung, Anpassung, Umsatz, für sich verinnerlichen und an ihre Kinder weitergeben. Gerne wird ein derartiger Druck in der hergebrachten hierarchischen Abstufung nach untern weitergereicht.
Die Folge der Nachrangigkeit sichert das vertikal autoritäre Kontrollsystem:

Gott => Mann => Frau => Kind => Haustier

Hierbei darf nicht vergessen werden, daß das familiäre Bezugssystem ursprünglich zur Sicherung der Mikro-Ökonomie der Sippe entstammt. Wenn auch die ‚Liebe' als eine späte eine Erfindung aus dem Zeitalter der Romantik angesehen wird, muß bedacht werden, daß die Liebe schon mit der christlichen Lehre, aus der Beschränkung auf den Eros, zu der göttlichen Qualität der ‚Agape' aufgewertet worden ist. Aus dieser Wurzel heraus, ist auch das romantische Freundschaftsideal des ‚Philos' während der Romantik zu verstehen. Ebenso die Erkenntnis der individuellen Vollwertigkeit des Kindes. Ohne die christliche Wurzel ist unsere kulturelle Identität nicht zu verstehen.

Um ein krasses Mißverständnis handelt es sich hingegen, die Würde des Menschen aus seiner erfolgreichen Eingliederung in die hierarchische Kirchen-Gemeinde abzuleiten. Hier schiebt sich die Exegese als Makler zwischen den Adressaten und die Quelle. Der christlichen Gemeinde ist der persönliche Liebesbezug des Menschen stets verdächtig gewesen. Ebenso ist die Kirchengemeinde auf die längste Zeit fern davon gewesen, der Anwalt der Kinderrechte zu sein. An dieser Stelle genügt der Hinweis auf die Rechtfertigung von Züchtigung als legitimes pädagogisches Element. Daß es sich tatsächlich dabei vielmehr um ein Scheitern der elterlichen Autorität handele, ist in aller Deutlichkeit ausnahmslos von kirchenfernen Kreisen der Psychoanalyse festgestellt worden. Die christliche Gemeinde hegt traditionell die größte Abneigung gegenüber jener Disziplin, die in der Lage ist, die Strukturen der Machtausübung, ihrer unaufrichtigen Rechtfertigung, und nicht zuletzt das Urmotiv des Eigennutzes, aufzudecken.
Die Macht hingegen zeigt ihre Bedrohlichkeit stets dann, wenn an ihrem ureigenen Wesen gerührt wird

Um den Drohungen bei unerfüllten Erwartungen und fehlendem Wohlverhalten, entsprechendes Gewicht zu verleihen wird eine, im Grunde ihres Wesens, Ethik der Nützlichkeit, mit der Aussicht auf göttliches Wohlgefallen verknüpft, im Falle des Willfahrens. Den Mühen der Ebene in der Erziehung, wird der Aufbau einer imposanten Pyramide der Macht vorgezogen. Auf diese Weise wird das Element der Dienstbarkeit in seiner Wertigkeit, über den Eigenwert des Individuums gestellt. Insofern also jedermann in einem hierarchischen Angestellten-Dienstverhältnis steht, aus dem er im Übrigen auch ungnädig entlassen werden kann, ist die Gottesvorstellung in der christlichen Gemeinde, die von einem Patri-Archen. Er ist damit gewissermaßen zum väterlichen Vorstand eines ganzheitlichen Großunternehmens umgedeutet worden. Von da an gilt es auch für die Schöpfung, auf ein Ziel in der Ferne hinzuarbeiten. Daher besitzt kein Wesen mehr einen Eigenwert an sich, sondern lediglich einen Nutzwert, für den Ertrag einer künftigen Ernte. Unter der Drohung des Verlustes, bei mangelhaften Fleiß, soll die große Schuldigkeit abgetragen werden, die in der Sündhaftigkeit der Individualität besteht. Mit diesem Generalverdacht gegenüber dem Individuum wird die

Erfordernis zur Eingliederung in eine rechtschaffene Gemeinde begründet. Hier kann die Produktivität von Mehrwert der geschwisterlichen Kontrolle unterstellt werden. Entgegen der Rhetorik der ‚Liebe', wird in der christlichen Gemeinde die geistliche Konkurrenz untereinander begünstigt. Seit der Kaperung der christlichen Botschaft durch die Gemeinde mit mittelständischer Unternehmensstruktur, ist die Botschaft Jesu aus ihrem Urzusammenhang genommen, und in die Methodik zur Führung des christlichen Personals umgedeutet worden.
Nietzsche behauptete einmal pointiert, daß Jesus der einzige Christ gewesen wäre!

Wie der, an Atheismus grenzende, Rationalismus Spinozas einen geistesgeschichtlich extremen Außenposten auf der Landkarte des jüdischen Denkens einnimmt, ist es, analog dazu, den meisten gläubigen Christen eine unheimliche Tatsache, daß die am weitesten gehende Kritik an der christlichen Gemeinde auf ihrem eigenen Boden gedeiht. Es gehört zum Charakter einer gottgegeben reichen Natur, daß sie ebenso den Nachtschatten hervorbringt, den giftigen Pilz und die Solitärstaude, neben der, zur Nutzpflanze kultivierten Kartoffel und Tomate.
Dem unbehaglichen Umstand auch grundsätzlich infrage gestellt werden zu können, muß sich ein ernsthaft denkender Christ stellen. Ja, er wird sich redlich nicht dagegen verwahren dürfen, auf Herz und Nieren geprüft zu werden. Dazu ist ein feines Gehör vonnöten und ein freies Auge, um hinter der kritischen, und bisweilen ironisch formulierten Kritik eines Autor an der Ausrichtung christlicher Gemeinde, oder der jüdischen Gesetzlichkeit, die Motivlage erfassen zu können. Nicht jede Kritik ist eine Abwertung, und gerade provokant formulierte Zuspitzungen sind dazu geeignet, den eigenen Standpunkt zu prüfen, und eine Herausforderung, die Hürden unter Umständen mit unbefangenem großzügigem Herzen zu überwinden, worin wiederum der Glaube eine glänzende Bewährung finden könnte. Gerade hierin könnte das Wesen des geistlichen Wachstums liegen.
Dem Versuch hingegen, den christlichen Glauben wiederum in die jüdisch-orientalische Dogmatik einzubinden, liegt zu Grunde das Streben, die randständigen, solitären Denker unter den westlich aufgeklärten Christen, die in geistlicher Hinsicht unseren Fuß auf

weiten Raum stellen, wieder auszubürgern. Dies zu dem Zweck, die gleichgeschaltete Masse, die zur Herde getriebenen Individuen, dem gemeinschaftlichen Zwecke zuzuführen, nämlich ihren Beitrag am Bau der Pyramide der Machtökonomie zu leisten.
Die Pyramide entstand ursprünglich in der gleichförmigen Ebene, auf dem Boden der massenhaften Wüste, wo alle Menschen gleich sind, und einige gleicher.
Die geistige Wanderung, beispielsweise mit der Lektüre der Werke von Schopenhauer und Nietzsche, auf, im übertragenen Sinne, schroff abweisenden Höhenwegen zu wagen, erfordert Mut und Redlichkeit, daher wird sie gewöhnlich angstbesetzt vermieden. Denn dort begegnet uns eine psychologisch fundierte Analyse des Willens zur Macht, die allerdings zu unterschiedlichen Schlüssen führen kann. Diese Kritik des Willens zur Macht ist auch von Beginn an in der christlichen Botschaft angelegt, und von Jesus selbst, im Wiederspruch zur später sich konstituierenden Gemeinde, zum Ausdruck gebracht worden.
Die Gemeinde bezieht, betroffen und beleidigt weil ertappt, jede Kritik auf die Person Jesus, und verdrängt, daß diese auf sie *selbst* gerichtet ist, wo sie ‚pyramidale' Machtstrukturen verinnerlicht hat, die mit keinem Worte Jesus' gedeckt sind.

Die Verweigerung des kritischen Diskurses und einer philosophisch begründete Methode des Zweifels, im Sinne des Prüfens der Grundlage unserer Vorstellungen, erfolgt nicht aus einer vorgeblichen Position der Stärke, sondern aus Furcht vor dem Schwinden der Glaubensbasis. Der Ausweg, den Immanuel Kant geboten hat, indem der Gegenstand des Glaubens, in der Transzendenz liegend, gar nicht nach vernünftigen Kategorien geprüft werden könne, wird nicht wahrgenommen, daher wird auch der kritische Diskurs als konkurrierend zu einer kreationistischen ‚Wissenschaft' empfunden. Das Bedürfnis der Beweisbarkeit, auch wenn dafür die naturkundlichen Fakten erst in die passende Ordnung sortiert werden müssen, um sich in die, in vorhinein festgelegte, Vorstellung zu fügen, ist selbst schon der stärkte Beleg für die Schwäche des Glaubens. Ein Mensch von tiefer Glaubensstärke bräuchte daher keinen freien Gedanken fürchten, und keine freie Rede.

Sierpinski-Pyramide nach der 4-ten Iteration: mathematisches Modell mit ineinander geschachtelten Pyramiden

Eine große Gefahr für gläubige Christen liegt in dem Umstand, daß gerade in größer werdenden Gemeinschaften (wo der Wachstumsgedanke vorherrscht), die Debattenkultur verflacht, und gleichzeitig der Konformitätsdruck steigt. Damit im Zusammenhang steht die fundamentale Rigidität in der gegenseitigen Bevormundung und die überhebliche Ignoranz in Glaubensdingen gegenüber Allem was nicht sie selbst widerspiegelt. Hier muß schon der Verdacht erlaubt sein, ob nicht selbstreferenzielle ‚Pyramiden' vorliegen, die die globale Pyramide qualitativ im Kleinen abbilden.

Eine kurze Begriffsklärung führt uns zur mathematischen Reihenentwicklung:

Selbstreferenzielle Strukturen ergeben sich nach bestimmten funktionellen Vorschriften, deren Ergebnis wieder als variable Größe rekursiv eingegeben werden. Derartige Rückkoppelungen können je nach dem Ausgangswert, und dessen Verarbeitung innerhalb der Funktionsvorschrift zu durchaus chaotischen Ergebnissen beim Versuch der Abbildung führen, oder auch faszinierend geordnete Strukturen ergeben. Was im mathematischen Modell der ‚Funktion' als Algorithmus vorgegeben wird, entspricht in der Analogie der ‚pyramidalen' Verfassung der Machtstruktur. Dessen Algorithmus ist derart verfasst, daß er bei stetiger Rückführung seiner produktiven Ergebnisse, immer sich selbst reproduziert, bis in die elementar zelluläre Einheit hinein.

In der Anwendung auf den Wirtschaftsliberalismus ist demnach davon auszugehen, daß der Algorithmus der Macht fortwirkt, bis in die persönlichste zwischenmenschliche Beziehung in den Familien, die in der Folge ebenfalls die pyramidale Verfassung repräsentieren.

Gerade die gläubigen Kritiker der ‚Pyramide' sollten beachten, daß fundamentale Gemeinden in ihrer inneren Verfassung selbst ‚pyramidal' organisiert sind. Die Sektenstrukturen sind oft sehr effektiv funktionierende Pyramiden schon auf lokaler Ebene. Im Charakter einer rekursiven Menge stellen sie sich gleichsam als eingeschachtelte Abbildungen der ‚Großen Pyramide' dar, in einer Art von endloser Selbstreferenz repräsentiert sich die globale Struktur daher auch noch in der kleinsten Zelle. Deren Vereinnahmung durch die ‚große Pyramide' würde dabei keinerlei Verdauungsprobleme verursachen, da sich bereits im Kleinen die Strukturen des Großen wiederfinden. Interessanterweise besteht eine besonders hohe Affinität zur Macht bei Baptisten und Evangelikalen – die in der Gestalt als Körperschaften mit eigenem Firmengeflecht aufgestellt sind. Auch hier ist Amerika in einer Vorreiterrolle als Trendsetzer führend. Daher haben Berichte über Massenveranstaltungen, Heilungskongresse, Mega-Churches, vermeintliche Groß-Erweckungen, das Auftreten von „Fürsten des Glaubens" (z.B. Billy Graham, Walter Bonnke, Ulrich Parzany, u.a.) auch stets etwas Beunruhigendes.

In der Leitung freikirchlicher Gemeinden dominiert der Unternehmertypus, der sich zumeist gleichzeitig erfolgreich an gehobener Position in der feien Wirtschaft befindet. Vor einem anderen Hintergrund ist die erforderliche rhetorische Präsenz am Mikrophon vor der Versammlung schwerlich gegeben. Die, wie selbstverständliche, Übertragung weltlichen Einflusses auf herausragende geistliche Vollmacht entspricht dem pyramidalen Prinzip, und wird oft wechselseitig auseinander abgeleitet. Im Gespräch mit Freikirchlern kann zuweilen die Äußerung vernommen werden, daß Dieser oder Jener als Leiter einer ‚christlichen' Schuhfabrik, oder ‚christlichen' Brauerei, auch als großzügiger Spender seinen Einfluß geltend mache. Anders herum betrachtet, wird mit einem solcherart moralisch überhöhten ökonomischen Kalküle, der Druck nach ‚Unten' gleichzeitig moralisch aufgeladen. Die kann sich in der Tatsache zeigen, daß der Bewerber um eine Stelle in einem Unternehmen aus dem gemeinde-christlichen Umfeld, sich bei etwaigen Gehaltsforderungen zurückhalten sollte, da hier die Arbeit gleichsam dem Gottesdienst gleichgestellt sei. In kirchlichen Einrichtungen war zu früherer Zeit lange die Beschäftigung zu Gottes

Lohn, also ohne Bezahlung, verbreitet. Der Dienst erhält neben dem Aspekt der Notwendigkeit des Lebensunterhaltes auch den moralischen Aspekt eines Geboten-Seins, aus dem tunlichst keine irdischen Ansprüche abzuleiten seien (die ehemals handgreifliche Peitsche wurde sinnigerweise verinnerlicht, und peitscht nun das Gewissen – zugunsten der pyramidalen Maschine).
Die Verquickung von Glaube und Ökonomie wird ermöglicht durch eine Verbindung von Glaube und Pädagogik.

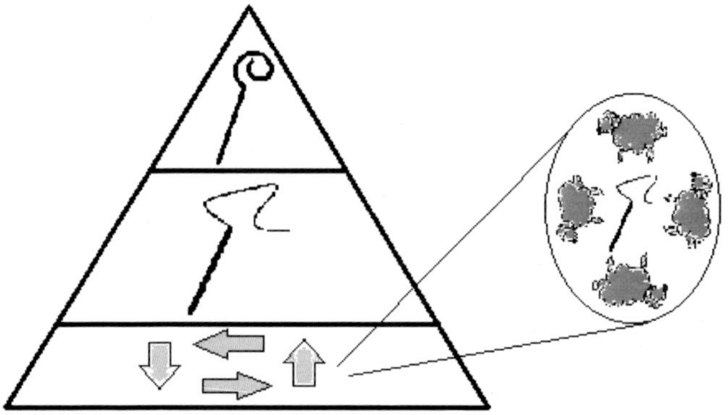

Die Verinnerlichung der ‚Peitsche' hält die Basis in produktiver Bewegung, gefangen in Konvektion (Aufstieg und Abstieg) und Migration (Hin und Her)

Damit der erzieherische Aspekt auf der Basis wirksam wird, gestaltet sich die Staffelung der Machtpyramide jeweils in ein oberes Drittel, als Hüter der Glaubensidee, bzw. des höchsten Menschheitswertes, sowie ein mittleres Drittel mit den Mechanismen von Anreiz und Drohung, die auf das untere Drittel der Basis wirksam sind. Dorthin schlagen die überhöhten Glaubensideale als Erwartungshaltung an den Lebensalltag durch. Etwa bei der, gar nicht selten verbreiteten Annahme, der Lehrer einer Bekenntnisschule, müsse, z.B., auch eine ‚christliche Mathematik' lehren – diese Vorstellungen existieren leider tatsächlich, vor allem in evangelikalen Kreisen. Bedenklich wird es erst dann, wenn der Deutschlehrer die bereichernde Lektüre Rilkes ablehnt, weil dessen Frömmigkeit nicht gemeindekompatibel sei, vom völligen Unverständnis gegenüber der Innerlichkeit Herrmann Hesses ganz zu schweigen; die Lektüre von Goethe und Heine verbieten sich natürlich selbstredend. Durch Goethes kosmogonischen Pantheismus überfordert, und von Heine verschreckt, der den Himmel den Spatzen überlassen wollte, verarmt die ästhetische Erziehung des

Christenmenschen letztlich zur Erzeugung nützlicher Kräfte für den pyramidalen Betrieb.
Besonders im Umfeld neu-reformatorischer Bewegungen und in evangelikalen Kreisen, herrscht die Überzeugung vor, daß jede Literatur, die nicht als zulässiger Kommentar zur Bibel anzusehen ist, quasi von ‚ganz unten' motiviert ist. Aus diesem Grunde werden Kinder aus gläubigen Elternhäusern häufig in ausdrücklich freikirchlichen Bekenntnisschulen unterrichtet.
Die bewahrende, konservierende, Wertehaltung ist ein gewichtiges Motiv, das zu dem Irrtum verleitet, darin eine fundamentale Kritik an der ‚pyramidalen' Struktur anzuerkennen. Tatsächlich ist die disziplinierende Effizienz in der Beschränkung auf eine rein ökonomische Lebensführung unter Vernachlässigung der ästhetischen Aspekte des Daseins, ein starker Hinweis darauf, daß der Aufbruch der Neu-Reformation seit den 1990-er Jahren vielmehr ein legitimes Kind des fluiden Finanzkapitalismus ist. Gerade die freikirchliche Initiative erzeugt den Druck auf die erstarrte christliche Gemeinde, sich den, an den Erfordernissen von Mobilität und Flexibilität, als evolutionär erfolgreiche Faktoren unserer Epoche, auszurichten. Den Vorbehalten gegenüber evolutionären Strategien zum Trotz, verinnerlicht die moderne evangelikale Gemeinde eben gerade diese, durch fortgesetzte Mutation und Selektion in effektiver Weise.
In der Verbindung von ethisch-moralischer Gesetzlichkeit mit wirtschaftsliberaler Ideologie erwächst die Gefahr der Herausbildung einer Führungselite, die dem pyramidalen Machtgefüge das nützliche Personal mit Alleinstellungsanspruch bereitstellt, das im kulturellen Bewußtsein der Gesellschaft für die ausschließliche Gültigkeit des vorgegebenen Wirtschaftsmodells sorgt.
In der Tendenz könnte künftig eine Aufspaltung der Bildung und Erziehung des Menschen in zwei Sphären zu erwarten sein. Einmal, abzielend auf die Heranbildung von, auf effiziente Nutzanwendung gedrilltem Personal, das mit frommen Hintergrund gleichsam die moralisch überhöhte *Corporate-Identity* verinnerlicht hat; und, auf pyramidal höher liegender Ebene, die Schaffung einer Elite der Grundlagenforschung, mit gleichsam unhinterfragbaren priesterlichem Status.

Im 18. u. 19. Jhrd. versuchte man in der Erziehung der Töchter die Lektüre von Romanen aus der Periode der Empfindsamkeit, Sturm und Drang und Romantik zu verbieten, da dies sich auf die Ehefähigkeit auswirken würde (Denn welches Mädchen würde sich noch mit einem stumpfsinnigen Gatten vermählen lassen, wenn ihr das natürliche Recht auf die freie Wahl eines gefühlvoll verständigen Partners dämmerte).
Demselben Muster entspricht auch die, in Gemeinden tatsächlich ebenfalls übliche Empfehlung eines gläubigen Zahnarztes, wobei es nachrangig scheint, ob er sein Handwerk versteht, und daß auch er nicht zuletzt einem ökonomischen Kalküle folgen muß. Die Bereitschaft eines ‚gläubigen' Patienten, die Kompetenz eines ebenfalls ‚gläubigen' Arztes unhinterfragt anzuerkennen, und von seinen eigenen Interessen abzusehen, sowie ein ärztliches Eigeninteresse gar nicht erst für möglich zu halten, stellt die ‚pyramidale' Ordnung wieder her.
Sollte man in der Zukunft damit zu rechnen haben, daß die Verflechtung von Gemeindeordnung und (durchaus legitimen) unternehmerischer Interessen fortschreitet, wird künftig Seelenheil und Kommerz mehr denn je gekoppelt sein; somit schleicht sich das ‚pyramidale' Prinzip unter Verschleierung seiner Absichten mit frommer Rede auch in christliche Kreise ein (es würden dann auch Parolen möglich, wie: „mit Jesus zum Erfolg", „die Paulus-Verhandlungstaktik").
Christen sollten sich aufrichtig fragen, welchen ursprünglichen Gehalt die Nützlichkeit in ‚Gottes Weinberg' biblisch fundiert besitzt. Eine christlich basierte Naturkunde würde in der Aussage gipfeln: „die Biene ist nützlicher als die Hummel, weil ihr Staat effizienter organisiert ist, und die Hummel sowieso träge ist, und Honig nur für den Eigenbedarf macht". Aber wie steht es mit dem blauen Enzian in unzugänglicher Bergeshöhe, nach seinem eigenem Zweck geschaffen, auch wenn er verblüht, ohne je von einem Wanderer gesehen und bewundert zu werden – wem nützt der. Wo die Schöpfung sich unserer Nutzenökonomie entzieht, oder uns gar mit Grauen daran gemahnt, wie eng wir einst selbst in die Nahrungskette integriert waren, wird auf den Fall der Schöpfung hingewiesen. Einmal in solcher Weise abqualifiziert, ist sie moralisch wahlweise für die Vernutzung, oder die Vernichtung freigegeben.

Unsere Zwecke, und Begriffe von Nützlichkeit sind im Grunde daher keine christlichen Kategorie im ursprünglichen Sinne, sondern nur christlich verbrämt, in einer ‚pyramidalen' Adaption, um die Leute auf Trab zu halten („mach es wie die Ameise...")

Während der Katholizismus eifrig dafür sorgte, die *vita contemplativa*, durch schwere Krisen des Ordenslebens dauerhaft in Mißkredit zu bringen, ist dem Protestantismus die Kontemplation reiner Müßiggang. Das mögliche Gleichgewicht von *vita contemplativa* und *vita activa* ist unwiederbringlich dahin, infolgedessen gerät die *vita activa* zum manisch merkantilen Motor des ‚pyramidalen' Wirtschaften, bis zum burn-out, während die *vita contemplativa* als eine unstatthafte, wenn nicht, gemäß der protestantischen Ethik als moralisch verwerflich geltende, Flucht aus der Realität verachtet wird (Eskapismus als Desertion aus der ‚pyramidalen' Zumutung der Pflicht)

Hinweise zur Rolle des Islam in unserer Zeit:

„*Er wird ein wilder Mensch sein; seine Hand wider jedermann und jedermanns Hand wider ihn; und er wird gegen seine Brüder wohnen, ihnen zum Trotz*" (1. Mose 16)

Augenscheinlich gebärdet sich die islamische Welt gegenüber dem, aus ihrer Sicht dekadenten Westen kritisch bis feindlich. Hier könnte aber eine veränderte Optik einen anderen noch unheimlicheren Aspekt zutage führen. Hauptsächlich islamisch geprägte Länder sind nämlich demographisch ‚jugendlicher' als die überalterten Gesellschaften der, nicht deshalb so genannten, ‚Alten Welt', damit sind sie als zukünftige Weltmärkte durchaus attraktiv.
Wenn auch das Erscheinungsbild der radikalen Dschihadisten, mit ¾-langer Pluderhose, dem weiten Hemd, das nicht in den Hosenbund gesteckt werden soll, sowie dem vollem Bart, im äußeren Anschein eine Reminiszenz auf die Zeit des Propheten im 7. Jhrd. darstellt, sollte man sich nicht darüber täuschen lassen, daß die Ideologie etwa durchwegs nur rückwärts gewandt wäre. Dem ist in der Tat nicht so!

Mit dem Impuls einer vermeintlichen Antimoderne, formiert sich in schrecklich effizienter Weise der ‚Islamische Staat' über die sozialen Netzwerke, die den propagandistischen Effekt überhaupt erst ermöglicht haben. Damit konstituiert sich derzeit der erste virtuelle Staat im digitalen Raum, der sich die Wirklichkeit nach seinen Bildnachrichten formt. Der Islamismus ist demnach nichts weniger als reaktionär, er ist vielmehr auf die Gestaltung der Zukunft gerichtet.
Es ist immerhin interessant zu bemerken, das die islamische „Mode" in einigen Bereichen geradezu ‚camp' ist, um einmal diesen, von Susan Sontag geprägten Begriff zu gebrauchen. Als Detail betrachtet, besitzt die Vollbarttracht in der städtischen Jugendszene aktuell Hip-Status.
An dieser Stelle soll auch an die schwarze Bürgerrechtsbewegung in den USA erinnert werden, die von Agitatoren der *black-muslim*, auch als ideologische Opposition gegen die weiße christliche Dominanz angelegt war. Die Hip-Hop-Kultur hat diese Impulse aufgenommen, und in die Sprache der neuen Medien übertragen.
Der Dschihadismus ist die Jugendbewegung der 10er-Jahre, nach der angepassten Stagnation der Generationen XY und Praktikum. In ihrem regressiv revolutionären Auftreten, stellt sie eine unheimliche Parallele zur Hippie-Bewegung der 1970-er Jahre dar. Dort befreite sich in ähnlicher Weise der Ausdruck libertärer Pädosexualität und eine Ästhetik des Horrors und der Gewalt. Die monströse Ideologie des „Ultrabrutalen" (mit Bezug auf Kubricks Film „Clockwork Orange"), und des, von den Beatles besungenen „Helter Skelter", das zum Schlachtruf der Mordsekte um Charles Manson wurde, wurzelt im gleichen Urgrund des verdrängten Unbewußten der Kultur, aus dem die Pop Art und die Friedensbewegung erwachsen konnte. Eine Rückkehr zur Natur bei gleichzeitiger Automobilität stand für die Hippie-Bewegung nicht im Widerspruch.
Der Vergleich des Islamismus mit der Hippie-Bewegung liegt näher als bislang gedacht. Hier finden sich eine ähnlich geartete Gleichzeitigkeit der Freilegung von verdrängten Triebimpulsen und düsterer Retroromantik bei maximaler Unbefangenheit im Umgang mit moderner Technik. Im radikalen Islam sehen wir uns wiederum konfrontiert, mit dem organisierten Mißbrauch von Kindern, und Gewaltpornographie nach dem Scharia-Recht. Gleichfalls erleben wir eine aktuelle Auflage des praktizierenden Satanismus. Es schwächer auszudrücken, hieße unter dem Niveau der Fakten zu bleiben.

Wer sich zu den Fundamenten des Religiösen begibt, gräbt an den menschheitgeschichtlichen Wurzeln von Schuld und Sühne. Das sollte jedem klar sein, der meint, sich auf einen fundamentalen Glauben berufen zu müssen.

Die Leistung jedweder Religion in ihren frühzeitlichen Anfängen der menschlichen Zivilisation, lag in der Ritualisierung von Gewalt. Der individuell unkontrollierbare Aggressionstrieb mußte kollektiv eingehegt und kanalisiert werden. Dies geschah zunächst durch Stellvertretermorde, in Zeremonien mit Menschenopfern, und später in der Übertagung auf Tierschlachtungen (Hinweis: die einst enge symbolische Verbindung von Mensch und Tier findet sich in nahezu allen alten Kulturen wieder, wie an den zahlreich überlieferten Darstellung von Misch- und Halbwesen erkennbar ist). Mit der Entledigung des ‚Sündenbocks' entlastete sich die Gemeinschaft.

Auf der hohen Stufe der Sublimation, wird das Blutopfer zum symbolischen Akt vergeistigt, dessen Bezüge sich auch in der christlichen Gemeinde noch heute in der Abendmahlzeremonie finden.

Im Buddhismus liegt gewissermaßen die allerhöchste Potenz der Verdünnung vor, in der auf das Opfer verzichtet wird. Allenfalls in der Verneinung der Individuation des Willens an sich, läßt sich in Spuren die Herkunft noch nachweisen.

Die mörderischen Aktionen des radikalen Islam hingegen, rufen auf drastische Weise jene, ursprünglich realen Bezüge ritualisierter Gewalt im Wesenskern des Religiösen wieder in Erinnerung.

Es bleibt zu hoffen, daß für die Zukunft des Islam eine Entwicklung hin zu einer ‚morgenländischen Aufklärung' möglich sein könnte. Eine Voraussetzung hierfür wäre die schonungslose Bloßlegung der eigenen, bislang verleugneten Gewaltpotentiale im Rahmen einer tiefenpsychologischen Selbstanalyse. Anderenfalls werden diese auch künftig aus dem dunklen Innenraum der Verdrängung in mörderischer Weise unkontrolliert herausbrechen.

Über die Ästhetisierung der Gewalt hinaus zu einer Sublimierung aggressiver Impulse zu gelangen, wie es in ähnlicher Weise auch die christliche Kultur zu bewältigen hatte, ist ein möglicher Weg, zur Reifung einer aufgeklärten Abgeklärtheit. Innerhalb eben jener Verfassung des Über-Bewußtseins von sich selbst, ist auch ein zwangloser Umgang bei der Konfrontation mit Karikaturen möglich. Humor und Selbstironie sind unabdingbare Eigenschaften eines

Überwinder-Bewußtseins, das letztlich auch dem, von Nietzsche beschriebenen, Übermenschen eigen ist.
In Anwendung auf den Islam in seiner gegenwärtigen Verfassung, kann eine Berufung auf das Toleranzgebot, auch in der besten Tradition der Aufklärung, nicht gelten. Gerne wird von Wohlgesinnten (den Eumeniden, als den Rechtfertigern des Schreckens) Voltaire zitiert, wonach das Recht auf die Äußerung einer Meinung im Widerspruch zu verteidigen sei, ohne dieser dabei zustimmen zu müssen. Dem muß jedoch zur Sicherung als Vorbehalt hinzugefügt werden, was eine freie Meinung denn eigentlich sei. Insofern es sich um ideologische Äußerungen handelt, die den Auschluß ebenjener Toleranz zum Inhalt haben, kann und darf hierbei nicht mehr von einer verteidigenswerten Meinung gesprochen werden. Auch in diesem Zusammenhang läßt sich trefflich Voltaire zitieren: „*ecrasez l'infame*"

Würde der islamische Aufbruch nicht im Zusammenhang mit künftig zu erschließenden wirtschaftlichen Potentialen stehen, würde der Widerstand der ‚freien Welt' mit größerer Entschiedenheit ausfallen. In der Tat sind Menschen des arabischen Kulturkreises, denen die ökonomischen Mittel zur Verfügung stehen, geradezu versessen auf Konsum, sie haben das Kaufen und Verkaufen, als alte Kultur des Handels gewissermaßen im Blut.
Mit dem Argument der rassischen Diffamierung sollen zwar die Evidenzen nationaler Eigenheiten für indiskutabel erklärt werden. Nichtsdestotrotz, kann es von klärendem Nutzen sein, hypothetisch auf solche hinzuweisen. Der Nutzen läge weniger in der Abwertung von Völkern, als vielmehr in der Aufdeckung der differenzierten Zuweisung ökonomischer Potentiale, auf der Basis kultureller Vorbedingungen. Wie so oft, ist dem Einzelnen nicht gestattet, was im großen Zirkel der Macht pauschal Gang und Gäbe ist, nämlich die gruppenspezifische Zuweisung von Eigenschaften zur globalen Marktanalyse.
Schon jetzt stellen die Staaten, die im ‚pyramidalen' Sinne kompatibel sind, wie die Wüstenstaaten Quatar, Kuweit und die Emirate, nennenswerte Investoren dar, wiewohl dort die so hochgepriesenen Menschenrechte mit Füßen getreten werden. Restriktive Staatsformen sind kein Hindernis für ökonomische Partnerschaft, sie scheinen im Gegenteil sogar Garanten der Verläßlichkeit und Stabilität für den

Zugang zu Rohstoffen und Anbahnung von Großinvestitionen. Ein bemerkenswertes Beispiel hierfür stellt der Kleinstwüstenstaat Quatar dar, der bei der Deutschen Bank immerhin Hauptanteilnehmer ist, und sich die Ausrichtung der nächsten Weltmeisterschaft gekauft hat. Während der Iran jahrzehntelang auf der Achse des ‚Bösen' lag, gilt bislang uneingeschränkt Saudi Arabien als der verlässlichste Partner des Westen, während es sich in der restriktiven Auslegung des Islam kaum unterscheidet. Es besteht ein merkwürdiger Umstand der Schizophrenie, in der sich das saudische Königshaus selbst befindet, und dabei gleichzeitig in der Beziehung zum Westen, auf dessen traditionelle Doppelbödigkeit seiner Diplomatie trifft. Als Hüter der heiligen Stätten des Islam, Mekka und Medina, bleibt Arabien der ideologische Kern des Islamismus, und erfährt dadurch einesteils eine überhöhte Bedeutung für den fundamentalen Wahabismus, auf den sich das Königshaus stützt. Andererseits erwächst diesem gerade aus den Islamismus eine ebenso große Bedrohung, wie aus der kritischen Infragestellung des islamisch begründeten Herrschaftsanspruch. Die unverhohlene Unterstützung des weltweiten islamisch motivierten Terrors, steht der autoritären Garantie der Stabilität in der Region gegenüber. Gegenwärtig läßt man aus geostrategischen Gründen diesen gefährlichen Zwiespalt, über die Ventilfunktion des Konfliktes zwischen Sunniten und Schiiten, auf den Territorien außerhalb der Sphären der relevanten Bündnispartner ausagieren. Die Doppelbödigkeit westlicher Demokratie besteht nun darin, zwar die allgemeinen Menschenrechte im offiziellen Jargon zu führen, tatsächlich jedoch den willkommenen Schwellbrand der lokalen Bürgerkriege beständig aktiv zu erhalten. Dadurch wird sowohl den fundamentalen Kräften des Islam ein Tummelplatz jungmännlicher Aggression geboten, und gleichzeitig die grundsätzliche Kritik an den wirksamen Machtstrukturen abgeschwächt. In einem tatsächlich gelingenden „arabischen Frühling“, würde dem ‚pyramidalen' Machtgefüge eine größere Umwägbarkeit erwachsen, als aus der Verunsicherung durch die globale Terrorgefahr. Zugespitzt, ist diese gerade von größerem Nutzen, als Schaden. Es sei etwa nur auf die ‚Alternativlosigkeit' der Geostrategie der USA verwiesen, mit dem Anspruch auf Alleinstellung in der Kommentierung der Tatsachen, wodurch eben diese berufenen Tatsachen geschaffen werden.

In Erwartung einer ‚Islamisierung' der Welt, als Symptom einer eigentlichen Rückkehr des Religiös-Politischen insgesamt, ist die Strategie verborgen, die die Dramaturgie der ‚pyramidalen' Verfassung enthält. Die dafür notwendige Sicherheitsarchitektur auf der Basis der weltweiten Vernetzung von Materie (Waren und Dienstleistungen) und Geist (aus dem Fluß von Buchgeld und Information), wird in der Konsequenz zu einem machtvollen Organismus der künftigen ‚Weltmaschine' reifen.

Wohlgesinnte weisen gerne auf Goethes „West-Östlichen Diwan“ hin, wenn eine romantische Verklärung der Berührung des Okzident mit dem Orient beschworen werden soll. Der „Diwan“ nimmt eigentlich Bezug auf die sinnliche Poetik des trunkenen persischen Dichter Hafis. Also ausgerechnet eine lyrische Tradition, die bis zu Salman Rushdie führt, und im Islam die größte Verachtung genießt. Somit würde auch über dem „Diwan“ noch rückwirkend die Fatwa ausgesprochen, dem Aufruf an alle rechtgläubigen Muslime, die Ungläubigen zu töten.
Die Wohlgesinnten verhüllen allzu oft den Schrecken, der schon in der ursprünglichen Doppelbedeutung der ‚Wohlgesinnten' (Eumeniden) als rächende Furien liegt. Denn häufig wird das Toleranzgebot als eine Taktik herangezogen, um wesentlich intolerante Strukturen folkloristisch zu beschönigen. Mit einer leichtfertigen Ignoranz gegenüber dem militanten Wesenskern im Islam korrespondiert, bei aller Beschwörung einer bunten Gesellschaft, eine Verweigerung der Vertreter des Multikulturalismus, konsequent, auch die kritische Kultur der Bedenkenträger zu tolerieren.
Der Islam zeigt uns auf der einen Seite das verwahrloste Gesicht einer verrohten Kultur, auf der anderen Seite haben die entsprechenden Instanzen der höheren Pyramidenstufen bereits das künftige Potential erkannt, das der, im Niedergang befindlichen christlichen Welt, ermangelt. Man könnte versucht sein zu glauben, daß eine Islamisierung der Welt nicht unerwünscht ist. Es finden sich die dort die nötige Skrupellosigkeit, Durchsetzungskraft (wegen der Schlichtheit der Parolen), der typischen Tendenz zur Masse, die Geringschätzung des menschlichen Individuums, die nützliche Verachtung der Natur (gegenüber Tieren und Pflanzen). Dies sind durchweg Qualitäten, die zur Errichtung der ‚Pyramide' günstig sind. Zudem erhält der politische Gestaltungswille allgemein in

zunehmenden Maße eine religiöse Aufladung, wodurch die Möglichkeit der Mobilisierung von leidenschaftlichen Massen wieder möglich scheint, wo bislang die breite Abwendung einer politikverdrossenen Jugend zu befürchten stand.
In der christlichen Mission, ist die Botschaft Jesu inzwischen auf eine marktkonforme Vermittlung umgedeutet worden ist, die sich auf fortschrittlichen Positivismus geeinigt hat. Indessen droht durch die Säkularisierung des Westens gleichzeitig die Gefahr der individuellen Divergenz der Persönlichkeitsbildung. Das ursprüngliche sozialistische Element der christlichen Lehre wird dadurch geschwächt, und die sozialpolitische Gestaltung der Marktgesellschaft zunehmend erschwert. Durch die Konfrontation mit dem fundamentalem Eifer islamischer Gesellschaften, erhält das religiöse Moment, im Sinne der Rückbindung des Individuums an einen Wertekanon, wieder eine deutliche Aufwertung, von der sich auch die fundamental ausgerichtete christliche Gemeinde eine Impulsauffrischung versprechen.

Vielleicht findet sich in der Nähe dieser Annahme auch der Grund, warum ein Protest gegen die Übergriffe des Islamismus bislang auch aus dem jüdischen Kulturkreis vergleichsweise gering ist. Eigentlich müßte gerade aus der jüdischen Tradition der europäischen Aufklärung heraus, von einem Verständnis für die Befürchtungen einer drohenden „Islamisierung" des Abendlandes ausgegangen werden.
Letztlich erweist sich in den Fundamenten des orthodoxen Judentum ebenso wie des Islam, die gemeinsame Wurzel, und der gemeinsame Wunsch einer Rückbindung (religio) an die hierarchische Verfassung der Pyramide der Macht. Aus der intimen Kenntnis der Macht, und gleichzeitig berufenen Kritik derselben, unterliegt das Judentum nicht zum ersten Mal in der Geschichte einer tiefgreifenden Spaltung, ja Schizophrenie. Einst geschah in der mosaischen Dissidenz, die Transformation der alt-ägyptischen, pyramidalen Verfassung. Mit der brüderlichen Diaspora auf der arabischen Halbinsel formierte sich der innere Widerspruch gegen die gleichzeitige Affinität zum römischen Imperium. In den Wurzeln des Zionismus und Islamismus liegt verborgen, das Urmotiv der Gesetzlichkeit weltlicher Ordnung mit göttlichem Vorrecht, und gleichzeitig dessen leidenschaftlicher Widerspruch.

Das Gesetz über das Leben zu stellen, und in der Übertretung die Ursünde zu sehen, heißt, das Leben zu verachten, das im Wahrheit die Erfüllung des Gesetzes ist. Unter der vielfältigen Deutung der christlichen Gemeinden verschüttet, liegt die Botschaft Jesu, der eben dies von seinem Weg behauptet, nämlich die Gesetztheit des Lebens zu überwinden, und das Leben gerade darin zu finden, und dabei das Gesetz zu erfüllen.
Deshalb ist jedweder Fundamentalismus ein Rückschritt vor dieser heilsamen Synthese, und in seiner Lebensfeindlichkeit eine Rückkehr zum Totenkult. Damit ist auch die kulturgeschichtliche Wurzel im alten Ägypten nachweisbar. Der Wille zur Macht, der zur Pyramide kristallisiert, und in seiner Funktionalität eine Gegenschöpfung darstellt, muß dem Leben selbst gegenüber, das nur als Abfall von Gott begriffen wird, schließlich feindlich gestimmt sein.
Der rechnerischen Gesetzlichkeit des Logos, erwuchs im Schwert des Islam, sein eigenes Exekutivorgan gegen das Leben.
Wo die lebendigen Impulse bewußt verleugnet und verdrängt wurden, wie es in den fundamentalen Gesetzesreligionen geschehen ist, braut sich die kritische Masse der Triebenergie im Unbewußten zusammen, und bricht sich im Ventil der Exekutive Bahn. Ihnen ist denn auch der, zuvor eifrig verdrängte Rausch nicht fremd. Wie aber konnte denn die uralte Weisheit von der Verwandtschaft von Eros und Thanatos vergessen worden sein, die früher im Tanz des Dionysos und des Shiva symbolisiert worden war?
Ohne die ästhetische Rechtfertigung in der Sublimation, keimt der Mord als logisches und legitimes Mittel der fundamentalen Ordnung wieder. So kehrt im rationalen Kalkül, die Folter und die Tötung in den Bereich der zynischen Vernunft, die sich in ihrer Triebverdrängung überlegen gewähnt hatte.

In der Unterwerfung findet die ‚alte Welt' ihre späte Lust. Mit den halb abgewehrten, halb erwünschten Effekten einer drohenden Islamisierung, erhofft sie sich eine kulturelle Verjüngung. Ein Wiederaufleben der verlorenen Impulse aus der Quelle der Autorität, die sich aus einer patriarchalischen und chauvinistischen Verfassung der Gesellschaft speist
Das Prinzip der Unterwerfung ist allen fundamentalen Strömungen, sowohl in der islamischen, als auch der christlichen Gemeinde,

gemeinsam. Im Übrigen könnte sich noch erweisen, daß auch die europäische Wertegemeinschaft nicht notwendig zentral christlich ausgelegt werden kann. In der Zukunft ist, bislang von offizieller Seite zwar noch nicht offen eingestanden, durchaus auch das islamische Scharia-Recht im Rahmen einer gleichberechtigten Regelung denkbar. Und dies befindet sich nicht grundsätzlich im Widerspruch zu einer kapitalistischen Gesellschaftsordnung (man betrachte hierzu die Verfassung der arabischen Golfstaaten).

Der vielfache Wunsch nach Vereinfachung und dem direkten Durchgriff politischer und wirtschaftlicher Entscheidungen, die ideologisch festgelegten Maßgaben folgen, ist weltweit populär. Dies trifft im Besonderen auf Regionen zu, in denen die Gesellschaft stark von einer religiösen Verfassung geprägt ist. In dem Maße, wie die islamistische Weltanschauung auf der Bühne der Weltpolitik die säkularen Akteure herausfordert, steigt bei diesen der Druck, auf ebenjener schlichten Weise zu reagieren. Eine in hohem Grad ausdifferenzierte Diplomatie, kann mit der Schlichtheit manichäischer Weltbilder nicht mithalten. Das Geschick der Welt im Spannungsfeld von ‚Gut' und ‚Böse' zu betrachten, ist das Kennzeichen des politischen Manichäismus. Möglicherweise ist der Schmerz über den Verlust von politischer Vernunft gar nicht so groß, wenn man den wahren politischen Anspruch der evangelikalen Rechten in den USA betrachtet.

Die starke Ausdifferenzierung pyramidaler Hierarchie ist zwar der historischen Entwicklung geschuldet, aber durchaus nicht als Ziel, sondern als Durchgangsphase. Gerne würde man die damit einhergehenden Wirkungsverluste ausräumen, durch Verzicht auf eine mehrstufige Komplexität der Pyramide. Ein gewagter Ausblick auf die Zukunft könnte zeigen, daß dann einst einige Stufen der Illusionierung der Bürger, hinsichtlich ihrer Möglichkeit zu politischer Teilhabe, überflüssig sein werden, infolge einer Reduktion auf letztlich nur zwei erforderliche Stufen, nämlich die Spitze als Herrschaft über einer amorphe Masse ohne Identität, kritiklos gläubig, gleichgeschaltet. Denn mit dem Einschmelzen von Stufen der mittleren Ebene, heben sich auch alle hemmenden Einflüsse auf, womit also ein Maximum an Effizienz gegeben wäre. Die Pyramide besitzt zwar augenblicklich noch eine komplexe vielschichtige Ordnung, aber man darf annehmen, daß einst eine flachere Hierarchie angestrebt werden wird.

Aber noch muß debattiert, überzeugt, überredet, manipuliert werden, und das auf einem Niveau, wie es für die ausgefeilte Subtilität einer späten Kultur wie der unseren angemessen ist (vergleichbar dem alten Hellas, wo es sophistisch war, und dem späten Rom, wo es überästhetisiert war, bzw. in gebildeten Kreisen stoisch gesinnt?).
Eine große Rolle spielt die Migration vor dem Hintergrund der Krisenherde dieser Welt, um den gewünschten Druck zum Abbau kultureller Hemmnisse gegen den freien Markt zu erzeugen. Die Beharrungstendenz in der Gestaltung regionaler Eigentümlichkeit entspricht eben dem Grad von Homogenität von Volksgruppen. Mit der gezielten Überfremdung soll die Identität einer Nationalität verdünnt werden, gleichzeitig wird durch die Verschärfung sozialer Spannungen das Gefühl der Bedrohung und das Sicherheitsbedürfnis erzeugt, das die Akzeptanz globaler Überwachungstechniken schafft.
Die aktuellen Geschehnisse stehen in einer gewissen Analogie zur Völkerwanderung, unter deren Druck die alte Welt bemerkenswert wenig Widerstand geleistet hat. Möglicherweise war das im Niedergang begriffene Rom aber versucht, durch eine Durchmischung und Auffrischung, quasi eine Erneuerung des globalen Herrschaftsanspruches zu erreichen. Tatsächlich glückte die Transformation letztlich, indem das Kaiseramt zunehmend auch Fremden – beispielsweise Kroaten, Spaniern, Afrikanern – zufiel. Dadurch gelang es, nach Überwindung des engen antiken Bezuges, während einer epileptoiden Krise innerhalb des geschichtlichen Konfliktgeschehens – die Spaltung in Ost und West – schließlich die Ausweitung der Macht unter christlicher Symbolik fortzuführen – *divide et impera*

Pyramide der Maya in Peru

Es liegt im Wesen des pyramidalen Prinzip des Willen zur Macht, daß es sich wahlweise moralischer Grundsätze bedient, solange sie der ‚großen Sache' dienen. Anschaulich wurde uns die Bedeutung der vorgeblichen ‚Bekehrung'

Kaiser Konstantins, als konstituierend für den Aufstiegs Byzanz, als östliches Rom, überliefert.
Allein, die alte Schlange muß sich von Zeit zu Zeit häuten um wachsen zu können.

Eine Auflösung der offenen Widersprüche dieser Darstellung soll im Folgenden versucht werden:
So wie mit der Berufung auf die Bibel ebenso ein Handeln ganz im Gegensatz zur ursprünglichen Botschaft von Jesus zu rechtfertigen ist (Jesus wird als ‚Marke' weitergeführt, wie etwa Kaiser Konstantin v. Byzanz sein eigenes Antlitz mit dem Anschein einer heiligen Ikone verschmolzen darstellen ließ, um das eigene Macht-Streben mit einem göttlichen Auftrag zu verklären, als „Sieg im Zeichen des Kreuzes").
Über die Instrumentalisierung von Glaubensströmungen, die auch dialektisch gegeneinander ausgespielt werden, gelingt schließlich die Synthese zu einer ‚höheren' Machtbasis:
Die These, die im Postulat einer westlichen Wertegemeinschaft besteht, steht der Antithese der islamischen Welt gegenüber. Eine Synthese könnte in der Konsolidierung messianischen Willens zur Macht bestehen.

Die Instrumentalisierung religiöser Strömungen ist keine neue Erscheinung in der Geschichte, wie noch an anderer Stelle, am Beispiel des Übergangs der alten Welt in die christlich dominierte Spätantike während der Zeit der Völkerwanderung zu zeigen sein wird.
Von einem politischen Islam muß bereits von Anfang an mit den Eroberungszügen zur Zeit Mohameds gesprochen werden, nach dessen Tod die augenblickliche Zersplitterung in heillos verfeindete Sekten eintrat. Seither ist ein durchdringendes Verständnis der Unterschiede islamischer Traditionen für Außenstehende unmöglich. Die Einteilung in Bewegungen die sich in Konkurrenz gegenüberstehen, etwa in Schia und Sunna, ist eine ziemliche Vergröberung der Tatsachenlage.
Splittergruppen lokaler islamischer Bewegungen wurden zum Zwecke der Instrumentalisierung in geostrategischen Erwägungen gerne zu gröberen Blöcken zusammengefaßt, und ein übergreifender arabischer Nationalismus nach Kräften gefördert.
Diese Strategie ist durchaus keine ausschließliche neuzeitliche Entwicklung: Die Ausdehnung des römischen Imperiums in den Nahen

Osten war, bedingt durch die unzureichende Infrastruktur zur effektiven Verwaltung, stets eine Quelle von Aufruhr und Widerstand. Verschiedene Versuche jüdischen Widerstandes endeten katastrophal (die Niederschlagung des Bar Kochba-Aufstandes unter Kaiser Hadrian, die Erstürmung der Festung Masada). Außerdem war die politische Orientierung des jüdischen Volkes nicht einhellig. Während bereits seit Herodes Antipas' Zeit die einträgliche Kollaboration zu erfolgreichen Karrieren in der römischen Verwaltung geführt hatte, entschied sich die Widerstandsgruppe, die ohne ausreichenden Rückhalt im Volk geblieben war, dazu in die Weiten der arabischen Halbinsel auszuweichen. Somit liegt hier das Urbild der jüdischen Diaspora vor uns. Gebildet, und militärisch versiert, gelang es den Diaspora-Juden den nomadischen Stämme Arabiens zu einer nationalen Identität zu verhelfen. Es sollten indessen noch einige Jahrhunderte vergehen, bis sich das mittlerweile christliche römisch-byzantinische Doppelreich, ab dem 7. Jhrd., einer entschlossenen Bedrängnis aus dem arabischen Raum gegenübersah, die unter der grünen Fahne des Propheten, inzwischen unter dem Begriff des Islam auf den historischen Plan trat. Zudem hatte sich bis dahin die Schlagkraft mittlerweile durch die Hinzugewinnung asiatischer Volkschaften um ein Deutliches vervielfacht.

Als Konstantinopel im 15. Jhrd. von den Osmanen erobert wurde, war dessen Bedeutung längst verblasst, und deren Reliquien nach Rom und Köln verbracht.

Sumerischer Zikkurat (Irak)

Die Dynamik des osmanischen Reiches wurde wahlweise, gelenkt von Frankreich, zur Bedrängnis an den östlichen Grenzen des Habsburgerreiches. In wechselnden Bündnissen ist die Türkei jeweils gegen den imperialen Gegner eingebunden worden, von England gegen Rußland im Krimkrieg, vom Deutschen Reich wiederum gegen die Briten.

Während der konfliktaktiven imperialen Phase vor dem ersten Weltkrieg lag es speziell im Interesse des Deutsches Reiches, bzw. des

Kaisers, der einen symbolträchtigen persönlichen Besuch Palästinas vornahm, eine arabische Dschihad-Bewegung ins Leben zu rufen, die sich gegen die kolonialen Mächte Frankreichs und England richten sollte. Tatsächlich erwies sich die britische Gegenstrategie unter der Führung Lawrence v. Arabiens aber als erfolgreicher, jedoch mit einer fatalen Hypothek auf die Zukunft der Region (Nebenbemerkung: ein vormaliger britischer Minister hieß, in sprechender Programmatik, ausgerechnet Disraeli !).

Wie sich eine ungehindert fortschreitende Islamisierung mit einem freimaurerisch gesteuerten Weltgeschehen, unter Berufung auf christliche Tugenden vereinbaren läßt ist zunächst schwer einzusehen. Vorderhand muß der Islam als ein Antipode zur, dekadent westlichen Welt aufgebaut werden, um die inneren Reihen der Macht durch ein Bedrohungsszenario zur Geschlossenheit zu zwingen. Weiter soll die Durchmischung die Identität der Völker verwischen, um die Neuordnung einer kulturell amorphen Welt auf einer neuen Basis vornehmen zu können. Der freie Handel hat die Einschmelzung der kulturellen Hemmnisse der identitären Differenz, zur Voraussetzung. In seinem globalen Wirkungsanspruch, kann der Islam mit einer autoritär fundierten Glaubensstärke wiederum als perverses Beispiel gegen die „laue“ Christenheit herangezogen werden, um die Auf- u. Abgeklärtheit, Emanzipation und subtile Definition von Menschenwürde der Wohlstandschristen abzuqualifizieren. Er weist somit alle Qualitäten zum Antrieb der Vereinheitlichung der vielfältig zersplitterten religiösen Landschaft auf, sowie den belebenden Impuls zur Überwindung diskursiver Schwerfälligkeit der christlichen Kultur. Neidvoll ist zuweilen der Blick fundamentaler Christen auf den Islam gerichtet („seht mal wie schlicht der Moslem glaubt, wär’ das nicht auch besser für uns?“ – denn, Not macht Glauben). In der Tat ist der Widerspruch gegen eine drohende „Islamisierung“ Europas, besonders unter Christen ziemlich schwach vertreten. Die Gründe mögen unter anderem darin zu finden sein, daß die Säkularen gegenüber den Gläubigen, den Freiheitsverlust des offenen Diskurses stärker zu fürchten haben.

Zuguterletzt werden die, wieder an die Kandare genommenen, Christen und die instrumentalisierten Muslime als nützliche Knechte für das

‚pyramidale Upgrade' auf das nächst höhere Level herangezogen. Über die vorangegangene Disziplinierung und allgemeine Akzeptanz von Überwachung und Fremdbestimmung stellt sich die Gewöhnung gegenüber dem Zentralanspruch einer Weltpolizei dann auch widerstandslos ein. Zur Erlangung einer neuen Weltfriedensordnung ergibt sich ‚alternativlos' die unzweifelhafte Notwendigkeit der Hegemonie eines Imperiums, das seine Legitimation aus der höchsten Sphäre bezieht, sich also gleichsam als von Gott dazu bestimmt sieht („gods own country".

Zur Wesen der Entwurzelung, die Bewohner ganzer Stadtbezirke mit einem Übergewicht an Migranten aus dem arabischen Raum empfinden müssen, muß folgendes bemerkt werden: Diese erfahren sich nicht als frei selbstverantwortliche Individuum, sondern als seiner individuellen Würde beraubte, Massenmenschen. Seines Selbstverständnisses beraubt, aus seinem traditionellen Bindungsgeflecht gerissen, steht der Entwurzelte, den an ihn herangetragenen Ansprüchen des Marktes unbeschränkt zur Verfügung. Er soll seine Lebensführung, den Ansprüchen abstrakter Behörden gegenüber, verantworten, und delegiert seine Eigenzweckmäßigkeit an die funktionale Zweckmäßigkeit der ‚pyramidalen' Struktur. Der Masse-Mensch kann unter dem Druck der entfremdeten Verantwortlichkeit, keinen Begriff von Selbstverantwortlichkeit entwickeln.. Seine aufgenötigte Beschäftigung und Zerstreuung in der Wüste der Unterhaltungsindustrie läßt auch keinen Spielraum dafür. Die Transformation der Gesellschaft zur Dienstleistungsgesellschaft kommt in den Randsiedlungen der Großstädte zu ihrem Ziel, nämlich zu der Sammlung eines Pools an Human-Ressourcen für den beliebigen Einsatz; wahlweise als billige Diener der Leistungsträger, oder als kritische Masse mit Drohpotential, zur Rechtfertigung umfassender Überwachung und Kontrolle.

Die Verminderung der menschlichen Würde des Einzelnen ist das Ergebnis der forcierten Verschmelzung des Individuums in der Masse, die wiederum dem Entwurzelten eine Art höheren Sinn zu geben imstande ist. Der Dynamik von bewegten Massen liegt stets eine verlockende Verheißung zugrunde, auf Zuwachs an Macht für den ansonsten entmachteten Einzelnen, zu dem Preis, daß er selbstvergessen in der Masse aufgeht. Das berauschende Gefühl, Teil einer Massenveranstaltung zu sein, resultiert aus dem Spannungsbogen zwischen dem selbstunsicheren Ich, auf der einen Seite, und der potenziert überhöhten Stimme und Kraft des Gruppen-Organismus auf der anderen. So schwankend zwischen Minderwertigkeit und Selbstüberschätzung, entspricht dies der bipolaren Befindlichkeitsschwankung bei der narzißtischen Störung.

Liegt innerhalb der Gesellschaft ein Übergewicht an dieser Art psychischer Konstellation vor, besteht ein erhöhtes Risiko für die Anfälligkeit von Verführungen der Massendynamik.

Es besteht ein unheimlicher Zusammenhang zwischen Massenproduktion und Massenvernichtung. Dies bezieht sich nicht nur auf den Umsatz von Rohstoffen zu Produkten und der darauffolgenden Vermüllung, sondern auch auf den Umgang mit der Natur im Allgemeinen und, nach leidvoller Erfahrung, auch auf den Menschen selbst.

Mit der Erhebung der Masse zur gestaltenden Kraft der Geschichte, hebt die Dimension von Gewalt an, die von der Masse ausgeübt wird, wie auch die, die ihr angetan wird. Die Erhebung der Masse ist gleichzeitig deren Erniedrigung. Der Massenmensch fühlt seine individuelle Erniedrigung aber als Erhabenheit, insofern er im Strom der Masse als atomares Teilchen mit fortgerissen wird.

Es ist kein Zufall, daß das Erscheinen von monumentalen Massenszenarien im Kino mit der Entwicklung und Anwendung von Massenvernichtungswaffen in einem epochalen Zusammenhang steht. Die Gesinnung, die das fabrikmäßige Töten rational begründen kann, und quasi als spröden Verwaltungsakt abstrakt betrachten, sowie die Planung, den Bau und die Anwendung von Nuklearwaffen als einen technischen Fortschritt erklären kann, entstammt dem selben Geist der liberalen Ideologie der ökonomischen Vernunft.

Die Vernichtung ist die letzte Konsequenz derjenigen Verwertungsideologie, in die der Mensch zuletzt sich selbst integriert. In der fordistisch geprägten Fabrik, der Rationalisierung und Automation, ist der Mensch ein Teil der Maschine, das System der Taktung und Zergliederung in rationalisierbare Teilschritte ist eine Voraussetzung, ohne die die Versorgung der Materialschlachten des 20. Jahrhunderts nicht möglich gewesen wären.

Im Holocaust ein außerhalb der Historie liegendes Ereignis sehen zu wollen, ist ganz klar ein Ausdruck jüdischen Anspruches auf Alleinstellung. Dieses Verbrechen als Katastrophe ist vielmehr als eine epileptoide Krise zu betrachten, im Verlauf einer krisenhaft zugespitzten ‚Krankheitsgeschichte', die die Geschichte der Menschwerdung darstellt. Unter dem Begriff der ‚Katastrophe' ist durchaus wörtlich die krisenhafte „Wende" im konfliktiven historischen Geschehen zu verstehen, die zur Transformation des pyramidalen Willens zur Macht führt. Es handelt sich innerhalb des historischen ‚Krankheitsgeschehen', in dieser Phase, somit gewissermaßen um den Eintritt in die ‚Genesung' der neuen Weltordnung. Wie bei der Geburt, tritt sie unter krisenhaften Wehen in die Welt. Der Preis dafür, war zu allen Zeiten des Epochenwandels hoch, und seit der Neuzeit in zynischer Weise, auf der Ebene der Machteliten, derart rational kalkuliert, wie vermutlich nie zuvor in der Menschheitsgeschichte. Daher der Eindruck des Novum der Dimension im 20. Jhrd..

Nachdem der Charakter des ‚Willens zur Macht' in der Neuzeit, der liberalen Wirtschaftsordnung entspricht, muß nicht zuletzt die Verwertung des Menschen in diesem Sinne auch als eine Konsequenz des wirtschaftsliberalen Zeitgeistes der Neuzeit betrachtet werden. Um das ‚dämonische' Muster der Objektdegradierung des Menschen, innerhalb einer ideologisch begründeten Abwägung von ‚nützlichem' und ‚unnützem' Leben offen zu legen, müssen die Tabus der Exklusivität aufgebrochen werden. Die systematische Vernichtung des Menschen, zur Eroberung von Wirtschaftsräumen, bei der Entscheidung zur Selektion von Ungeborenen, medizynisch oder rassisch motiviert, ist in ihrem Schrecken keine Einzigartigkeit. Allein den Schrecken beziffern zu wollen, entwertet das Einzelschicksal. Es ist daher gleich gültig in seiner Abgründigkeit, ganz unabhängig von der Algebra der Opferzahlen. Im Gegenteil, bestätigt die Argumentation mit der zahlenmäßigen Gewichtung, eben jenen Geist der Rechenhaftigkeit, der bei der Vernichtung von Leben auch für die entsprechende Effizienz gesorgt hat. Die Zahlen der Opfer des Nationalsozialismus, wie des Bolschewismus, der französischen Revolution, der Glaubenskriege, der Inquisition und Reformation, sind jeweils Äquivalente der technologischen Zivilisationsstufe auf der sie sich ereignen. Es handelt sich sämtlich um Phänomene der Neuzeit.

Wenn die Täter vielfach aus einem gewissen „Idealismus“ heraus gehandelt haben, täuscht dies allzu leicht darüber, daß alle ‚Reinigung’ der Kultur mit Blut, rein vor dem Hintergrund der Erschließung neuer Märkte, und der Beseitigung aller hemmenden Hindernisse, unterstützt von der technischen Innovation, erfolgte. Über daß bloße Starren auf den Schrecken hinaus, lohnt sich ein Blick auf den Hintergrund der geschichtlichen Ereignisse. Für die Neuzeit waren bestimmend die Geldwertstellung des menschlichen Handelns, die Steigerung der Ausbeutung menschlicher Arbeitskraft, die Erschließung von kolonialen Räumen, die religiöse Rechtfertigung der Nutzenethik, der Wettbewerb im Kampf ums Dasein, der Mensch als Kostenfaktor.
Die Ausrichtung der Weltordnung auf diese Kriterien hin, wurde unterstützt, im mechanischen Zeitalter durch Folterapparaturen mit Hebel und Seilzügen und die Guillotine, im Maschinenzeitalter mit Schnellfeuergewehr und Sprengstoff, im chemischen Zeitalter im Gasnebel oder Atomblitz, im digitalen Zeitalter mit Fernlenkwaffen und Drohnen. Jede der Innovationen wurde jeweils als eine Errungenschaft der Humanität begrüßt. Die Ausmerzung von Menschen erfolgte im akribischen Kalkül mit Zahlen und Begriffen der Buchhaltung.
Daher kann auch die systematische Vernichtung des Menschen zu den letzten Konsequenzen der zynischen ökonomischen Vernunft gerechnet werden.
Zu den rätselhaftesten Bildern der biblischen Offenbarung des Johannes, zählt die Schilderung einer Plage in Gestalt von heuschreckenartigen Flugkörpern mit rasselnden Flügeln und Anhängen wie Frauenhaar (?!). Seit der Bekanntschaft von Kampfhubschraubern und Drohnen gerät unsere Vorstellungskraft zunehmend in die Richtung solcher insektenähnlicher Robotik.

Für den oberflächlichen Blick scheint die Entfesselung des technisch basierten Wirtschaftsliberalismus in der Aufbruchzeit von der sozialistischen Massenverwertung grundsätzlich unterschiedlich zu sein. Tatsächlich zeigte derselbe Zeitgeist seine zwei Gesichter. Der Mensch soll, in beiden Erscheinungsformen, grundsätzlich ein funktioneller Bestandteil der ‚pyramidalen Maschine’ werden. Die Käfighaltung in der Fabrik und im Lager, stehen in der Analogie zum Melken und Schlachten des Viehs.

Aus den Geboten der Effizienz ergibt sich jeweils das ‚Recht', bzw. die Pflicht zur Eingliederung in den arbeitsteiligen Produktionsprozess, dessen Kehrseite die Verbindung von Arbeit und Strafe ist (mit dem zynischen Motto: „Arbeit macht frei"). Ein weiterer Aspekt, ist der der logistischen Lagerhaltung von Waren im Kontor, dessen Kehrseite die Lagerhaltung des Menschen in Gefängnissen, gleich welcher Art, ist, wo die systemerhaltende Brutalisierung des Menschen erfolgt, unter dem abstrakten Auge des ‚Panopticon', des allseitig Einsehbaren. Dem entspricht vollendet die Käfighaltung auf Guantanamo/ Kuba im rechtsfreien Raum.
Bis auf den heutigen Tag, wird die Entwürdigung des Menschen mit vorherrschendem Recht begründet, und im rechtsfreien Raum exekutiert.

*

Bei genauerer Betrachtung müßte die *Basis-Stufe 1* noch einmal eine weitere Unterschichtung aufweisen, denn der materielle Wohlstand der saturierten Regionen, die gewissermaßen der Rahmschicht der Basis zuzuordnen sind, verdrängt gerne, daß die Aufrechterhaltung der pyramidalen Struktur es erfordert, anderenorts die Elendsbedingungen zuzulassen, die das produktive Wohlstandsgefälle gewährleisten, die allein den Betrieb der liberalen Wirtschaftsordnung am Laufen halten. Man könnte diesen Sachverhalt auch das ‚galvanische Element' der Pyramide bezeichnen, das die nötige Potentialdifferenz bereitstellt, damit die Maschine unter ‚Strom' laufen kann.
Eine Einschränkung unserer Ansprüche, ein Zurückschrauben des Resourcenverbrauchs, würde gleichsam die ‚Batteriespannung' reduzieren, eine gerechtere Umverteilung der Eigentumsverhältnisse und Ressourcennutzung würde den pyramidalen Motor vollends abwürgen, weil es zum Abklemmen der systemnotwendigen ‚Batterie' führte. Daß eine solche grundsätzliche Infragestellung nicht erwünscht ist, versteht sich von selbst.
In der epochalen Wendezeit der 1990-er Jahre fiel auch die Verlautbarung des Protokolls von Kyoto, zur Vereinbarung künftiger Umweltziele, auf der Ebene international gegenseitiger Verpflichtung. Allein dieses verpflichtet zu nichts! Schon gar nicht zum Überdenken der bisherigen wachstumsorientierten Wirtschaftsordnung. Weder

wurde den Industrienationen eine wirksame Bremse verordnet, noch den aufstrebenden Schwellenländern überhaupt Grenzwerte auferlegt. Einstweilen wird mit dem Handel von CO_2-Zertifikaten, der zeitlichen Ausdehnung der Umweltziele ein beruhigender Schleier über die ungeschminkte Tatsache gezogen, daß der Wohlstandsmüll weiterhin in den Hafenstädten Afrikas strandet, wo er unter Gefahren verarbeitet wird.
Die mobile Kommunikation erfordert mit steigenden Raten den Abbau von Rohstoffen zu abenteuerlichen Bedingungen. In diesem Zusammenhang muß auf den Handel von Coltan hingewiesen werden, der in der Kongo-Region zur Aufrechterhaltung der Bürgerkriegssituation mit beiträgt. Das Schürfen von Gold ist am effektivsten unter Einsatz von Quecksilber zu bewerkstelligen.
Zur eigenen Gewissensprüfung stelle man sich einmal die folgenden Fragen: In welchem Turnus wird das Mobiltelefon ausgewechselt? War immer ein Defekt der Grund? Natürlich! Der Akku ist die Schwachstelle – dabei würde zum Telefonieren auch ein schlichteres Gerät genügen, und wenn man seine Familienangehörigen und Hausgenossen wieder öfters persönlich antreffen würde, bräuchte der Mobilfunk sogar weniger oft beansprucht werden – der Akku hält dann auch länger.
Wem dieser Spannungsbogen vom privaten Konsumverhalten bis hin zur historischen Tragödie zu gewagt erscheint, der möge doch folgendes bedenken: Die totalitären Strukturen gewinnen in dem Maße an Macht, in dem wir uns in entfremdete Abhängigkeitsverhältnisse begeben. Solcherart sind etwa die Meldung bei der Arbeitsagentur, die Überlassung von Vermögen an spekulativ kapitalbildende Versicherungen, die Bindung an kreditfinanziertem Eigentum, die Eingliederung in die Prozesse der Gesundheitsindustrie mit ihren einträglichen Vorsorgen und Nachsorgen. Auf vielerlei Weise geben wir fortwährend Kompetenzen unseres Lebens an eine ‚pyramidal' höhere Ebene ab. Meistens ist Bequemlichkeit der Grund, häufig aber unbestimmte Lebensangst, und zum Hauptteil der allgemeine Druck der Konformität. Die Argumente, die sich auf die Verantwortung den Kindern gegenüber beziehen, sind unaufrichtig, von denen vorgebracht, die ihre Kinder auf allen sonstigen Ebenen des Menschlichen vernachlässigen (geistig und seelisch), bei aller materiellen Überversorgung. Mehr noch, sind sie verlogen, soweit sie,

von geschäftlichen Interessen geleitet, von Denen geäußert werden, die zur realen Kindererziehung keinerlei Beitrag zu leisten imstande sind .

Stufe 2

Als Exponenten der produktiven Dynamik kristallisieren sich kommerzielle Einrichtungen heraus, die selbst wiederum mit direkter wirksamer Beeinflussung von Wahrnehmung und Verhalten auf die Basis zielen. Sie erfüllen die Funktion von Katalysatoren für den ‚Stoffwechsel' innerhalb der Basis, der nicht nur den Umsatz von Materie, sondern auch die Mobilisierung von Energie, sowohl physikalischer als auch psychischer Natur, gewährleistet. Ein wesentlich bestimmender Faktor der *Stufe 2* ist die fortwährende Produktion von Gütern, die allzeitige Verfügbarkeit von Waren, zu deren Erzeugung der Verbraucher immer mehr im abstrakten Bezug steht, wie er selbst nur noch abstrakt produziert (wenn etwa Arbeitsprozesse über Bildschirmkonsolen gesteuert werden)
Die Gliederung erfolgt in Sektoren der Dienstleistung, Produktion, Medien u. Kommunikation, Bildung

I Sektor der Dienstleistung

Die Einrichtungen dieses Sektors gewährleisten den Anschluß des Menschen an die Dinge, und die durchgängige Flüssigkeit der Warenströme, getragen von Handelsketten, mit einer Logistik/ Spedition, die eine flexible Reaktion auf die Erfordernisse des Weltmarktes ermöglichen. Wegen der weltumspannenden Verflechtung von Konzernen ruht das Geschäft praktisch zu keiner Zeit. Die durchrationalisierte Arbeitsteilung in der Produktion macht es möglich, bestimmte Prozesse unabhängig vom Ort der Rohstoffgewinnung, oder von Zuliefererstandorten, die Kette der

Fertigung über die Welt zu spannen. Dabei ergeben sich, dem gesunden Menschenverstand widersprechend, die absurdesten Netzwerke. Beispielsweise werden Krabben, in der Nordsee gefischt, in Marokko (Niedriglohn) gepult, in Polen eingedost, um in Süddeutschland im Supermarkt billiger angeboten zu werden, als man sie an der Küste bekommt; Tiere werden in quälend langen LKW-Transporten durch Europa gekarrt, um in entfernten Schlachtereien zerlegt zu werden, bei diversen Grenzüberschreitungen um deklariert und schließlich die Herkunft anonymisiert.
Dennoch liegt dieser Praxis ein streng rationales Kalkül zu Grunde, das zu solcherlei Spezialisierung zwangläufig führen muß (z.B. Preis/ Lohn-gefälle). Im Ergebnis handelt es sich hierbei um Konsequenzen einer zynischen ökonomischen Vernunft.

Die Erwartungshaltung die den Kunden systematisch anerzogen wurde, gebietet ein umfassendes Angebot von Allem zu jeder Zeit. In den Warenhäusern findet sich dann auch noch mehr als erwartet wird, was wiederum vom Kunden erwartet wird. Die Überfülle des Überflüssigen wirkt zum Einen beruhigend auf uns, denn auf diese Weise kann nicht, angesichts von Begrenztheit im Angebot, das Gefühl von drohendem Mangel aufkommen; andererseits soll fortwährend neuer Bedarf erzeugt werden, durch ständig erweiterte Produktpaletten („Limonade, jetzt auch mit Bärlaucharoma!“, „noch mehr von irgendwas..!“).
Viele Produkte haben eine regressive Ästhetik, wie etwa eine weiche Haptik, Kindchenschema bei Formen und Farben, mit dem Zweck uns in geschmacklicher Unmündigkeit und Verspieltheit zu halten. Eine besondere Verbindung von Funktionalität und unnützem Zubehör für den bereits vollgestellten Haushalt bieten häusliche Einrichtungskonzepte, die mit dem Anspruch auf Ganzheitlichkeit in einer fragmentierten Lebenswelt antreten. Am Ende der Überflussgesellschaft soll derart die Sehnsucht nach der verlorenen Schlichtheit in einem unübersichtlichen Alltag bedient werden. Oft ist die vorgebliche Funktionalität nur ein Gestaltungsmerkmal unter vielen. Die Vermarktung der Artikel ist bereits selbst das Ereignis, dem sich der Kunde aussetzt, wenn er schon alles besitzt. Deshalb gilt der Besuch von Einkaufszentren, Möbelhäusern, oder sogenannter Shopping-Villages, selbst bereits als vollwertiges Freizeitvergnügen. Hier findet der sogenannte „letzte Mensch“, wie ihn Nietzsche einst

prophezeite, sein Bedürfnis nach anspruchsloser Unterhaltung und Bespielung befriedigt.
Wenn die Produkte nicht direkt auf die basalen Instinkte zielen, wird über den Umweg des riesigen Marktes für Kinder der Angriff auf den Geldbeutel der Eltern gestartet.
Perfiderweise wird auch mit konsumkritischen Inhalt selbst wieder nur die alte ‚mehr Umsatz'-Ideologie bedient: z.B. Vegan-Produkte, die mit dem Hintergrund einer eigenen Industrie stets darauf abzielt, daß der Kunde zuvor erst mehr Ressourcen verbraucht, um sich die moralische Exklusivität auch leisten zu können; Immer soll der Mensch einen bedrohlichen Mangel an Irgendetwas empfinden, um ihm dann auch gleich die Lösung anzubieten, in Form von Nahrungsergänzungsmitteln, proaktiven Bazillen, Spurenelemente über deren Wirkungsweise derjenige der sie einnimmt nur das wiedergeben kann, was die Packungsbeilage ihm vermittelt.
Bereits während der frühkindlichen Entwicklung setzt die gesteuerte Prägung der Wahrnehmung über die Nahrung ein. Das Kleinkind wird über die Aroma-Zusatzstoffe an die industriell aufbereiteten Nahrungsmittel gewöhnt, so, daß das Geschmacksempfinden auf künstliche Aromen geprägt wird. Wegen des Einsatzes von Geschmacksverstärkern wird ein Naturprodukt als nicht intensiv genug wahrgenommen, naturtrübe Säfte und Farbabweichungen bei Obst und Gemüse werden als Indiz für Ungenießbarkeit festgeschrieben. Solcherart geprägte Kinder kommen künftig auch nicht mehr auf die Idee, sich eine reife Frucht als Ganzes vom Baum zu pflücken, die Kirschen aus Nachbars Garten, oder die Birnen des Herrn von Ribbeck werden künftig verschmäht werden.
Ein Zurücknehmen unseres Anspruchsdenkens selbst wird als mindestens fragwürdig, wenn nicht gar als ‚unverantwortlich' angesehen (hinter dem stets moralisch gekleideten Vorwurf „wie kannst Du als Mutter/Vater es verantworten, wenn nicht, dann...!", steht doch immer die Gewährleistung der wirtschaftlichen Dynamik zum Erhalt des ‚pyramidalen' Stoffwechsel jener Weltmaschine die hier betrachtet wird

II Produktion:

Der fortwährende Effizienzdruck in der Industrie, sowie in der industriellen Landwirtschaft, machen die Kleinbewirtschaftung unrentabel, und sorgt auch dafür, daß mittelständische Betriebe in der Eigenschaft als Zulieferern von Konzernen in deren Abhängigkeit geraten.

Die Flexibilisierung des Arbeitslebens, sowie die Förderung der entfremdenden Arbeitsteilung (Beispiel: ein Arbeiter überblickt nur noch seinen unmittelbaren Produktionsschritt, der ihm vorgegeben wird, sein Fachwissen macht ihn für den Gesamtzusammenhang eines Produkts völlig inkompetent, ihm selbst wird, wie seinem Produkt eine Effizienz-Taktung auferlegt);

Im europäischen Raum (innerhalb der Definition des Schengen-Raum) soll die Intensivierung der Arbeitsmigration erfolgen, so, daß keine lokale Bindungen mehr entstehen, und der Mensch so beweglich bleibt wie die Märkte es erfordern

Steigerung der Auto-Mobilisierung der Gesellschaft, gestützt auf die Automobilindustrie, die durchweg bereits als ‚systemrelevant' Einfluß auf politische Entscheidungen nimmt. Diese Konzerne führen nicht zufällig die Dax-Topwertetabelle.

Pyramide der Khmer in Kambodscha

Überspitzt gesagt, und dennoch die realen Verhältnisse treffend: Landespolitik kann in Niedersachsen nicht ohne VW gestaltet werden, in Württemberg nicht ohne Daimler, in Bayern nicht ohne BMW, im NRW nicht ohne Opel – das bereits General-Motors/USA gehört.

Die Wachstums-orientierte Wirtschaftsordnung anzuzweifeln, scheint insoweit unbillig, da sie doch mit einer zunehmenden Ausweitung des Wohlstandes bei uns im Zusammenhang steht. Die These von der unvermeidlichen Verelendung eines Standes (des 4. Standes) der weder Eigentum (an Grund und Produktionsmitteln) noch selbstbestimmte Arbeit verrichten kann, ist für unsere Breiten unplausibel. Nach der ökonomischen Lehre von Karl Marx geschieht die katastrophischen Überwindung des Kapitalismus, in Form einer vorangehenden ‚Proletarisierung' als notwendiges Durchgangsstadium der Industrialisierung in den Anfängen.
Somit scheint Marx in seiner Voraussicht widerlegt. Tatsächlich ist aber die Verelendung in den Entwicklungsländern am Übergang zu Schwellenländern („Tiger auf dem Sprung") in vollem Gang.

Die Zerstörung lokaler Wirtschaftsstrukturen, geht einher mit den Begleitumständen, Wachstum der Megastädte, Verlust von Hygiene, Anschwellen von Gewalt und Prostitution.
Der Ganges ist nicht vom massenhaften rituellen Baden so schmutzig, sondern von ungefiltertem Eintrag der chemischen Industrie (hin und wieder explodiert auch eine Feuerwerkfabrik – bengalisches Feuer für unsere Jahreswende).
Daß die Schauplätze dessen, was der Preis einer wachsend sich fortfressenden Ideologie ist, nun fern von uns scheinen, darf uns nicht täuschen. Der allgemeine Wohlstand ist nur zu halten, durch das Aufrechterhalten eines globalen Wohlstandsgefälles.

Die christliche Mission hilft den Menschen vielleicht ihr Los würdiger zu tragen, indem auf den Lohn im Jenseits verwiesen wird, sie wiederspricht nicht energisch genug der Ideologie des dinglichen Habens; im Gegenteil werden oft bislang genügsame Gesellschaften (mit einer Kultur der Muße) zu mehr Leistung und Effizienz angehalten. Die neu begründete christliche Gemeinde richtet auch hier folgerichtig den Appell an ihre Mitglieder: „mach es wie die Ameise..". Dabei münden die Verheißungen in einem wunderbar effizienten Gemeinwesen, dessen Wirtschaftsleistung jedem sein eigenes Auto verspricht, sowie einen Flachbildschirm für die einsamen Abende - eine Gemeinde der inneren Vereinzelung, die das äußere Wachstum kollektiv überwacht").

Bei den Scientologen gibt es den Spruch „Mach Geld, mach mehr Geld, hilf anderen mehr Geld zu machen“, aber Christen sollten entschiedener ihre davon unterschiedene Einstellung aufzeigen. Wiederkehrende Krisen, z.B. induziert vom Finanzsektor, sorgen auch hier für den erforderlichen Grad an Verelendung der, zynisch betrachtet, immer vorhanden sein muß. Um die Löhne niedrig zu halten, muß stets ein Überangebot an billigen Arbeitskräften zur Verfügung stehen, was durch die Beförderung der Arbeitsmigration gewährleistet wird.
Viele prosperierende Industrieunternehmen haben von der sklavenartigen Zwangsarbeit während der Weltkriegswirtschaft profitiert, und die fordistische Tradition der Fabrikarbeit in die zivile Welt übertragen. Zahlungen zur Wiedergutmachung erfolgten nur spärlich, aber für die Reinwaschung des Rufes in nützlicher Weise inszeniert, als philanthropisches Engagement in Stiftungen. Ideologisch hingegen ist eine Aufarbeitung des Zusammenhanges der Zunahme industrieller Produktivität und sklavenähnlicher Beschäftigungsmuster, nun verlagert in die sogenannten Schwellenländer, bislang nicht erfolgt. In den Containerdörfern von Wander- und Gastarbeitern, die für die konjunkturell ‚atmenden’ Unternehmen wahlweise ausgebeutet und wieder abgestoßen werden können, ist bis heute weltweit der Kern kapitalistischer Wirtschaft erkennbar.
An anderer Stelle wurde schon erwähnt, daß die ‚Peitschen’ zur Motivation der Belegschaft lediglich verinnerlicht worden sind, worin die Innovation der postmodernen Pyramide besteht. An der Basis der globalen Machtpyramide, und an den Rändern des kapitalistischen Herrschaftsbereichs kann jedoch in direkter Anschauung noch wahrgenommen werden, inwieweit die industrielle Arbeit als kulturelles Leiden aufzufassen ist.
Der Einwand, daß das Verlegerwesen bereits in vorindustrieller Zeit für das Handwerk schon sklavische Abhängigkeiten geschaffen hatte, entkräftet nicht den Vorwurf an den Industriekapitalismus; er bestätigt ihn vielmehr in der Wurzel, insofern die Arbeitsteilung und die Entfremdung von Tätigkeit und Produkt, durch die Zwischenschaltung des Verlagsmaklers, der den Gewinn abschöpft, indem er ihn dem Produzenten entzieht, und des Geldgebers, der den Schuldzins mit

aufschlägt, quasi als die Morgenröte im Aufgang der Industrialisierung zu gelten hat.

Der notwendige Bodensatz der prekären Existenz ist kein unangenehmer Nebeneffekt der Strategie, sondern deren wesentlicher Bestandteil, in der Analogie einer methodisch übersättigten Salzlösung. In dieser wird der höchst mögliche Lösungsgrad sicherstellt, indem ein Überschuß an Kristallen zur Verfügung gestellt wird. Das beständige Umrühren, entsprechend der Mobilität, koppelt die erforderliche Lösungsenergie ins System ein. Ähnlich wie bei dem Spiel „Reise nach Jerusalem", gibt es aber immer einen Platz weniger als Teilnehmer vorhanden sind, denn sonst würde das Spiel zum Erliegen kommen, und sich vielleicht jeder gemütlich einen Platz zum Bleiben suchen, oder müßte gar nicht erst zur Suche aufbrechen

altindische Pyramide (Stupa)

Es ist die Frage zu beantworten, weshalb mit unvermindertem Aufwand Güter produziert werden, für die zuvor erst künstlich der Bedarf geschaffen werden muß. Jeder von uns besitzt bereits so viele Dinge, die die Bestände aristokratischer Haushalte früherer Tage weit übersteigt. Wir wären längst in der Lage, Produkte zu erzeugen, die sinnvoll und haltbar sind, so, daß die überhitzten Verwertungskreisläufe entschleunigt würden. Jede Denkweise in diese Richtung wird mit der Drohung der Kontraproduktivität begegnet, und üblicherweise mit Kategorien liberal-ökonomischer Leistungsethik moralisch diskreditiert. Während der Ölkrise im Jahr 1973 haben findige Leute einen Esel vor den VW-Bus gespannt (also so geht's auch), und wie wurde nicht, leider auch von christlicher Seite, das aufkommende ökologische Bewußtsein kritisiert (wie sooft mit moralischen Kategorien, wo die Sachargumente nicht zu entkräften sind) unser Bedarf bequem beschränkt werden könnte (bzw. auf die kunsthandwerkliche Fertigkeit wieder größerer Wert gelegt werden könnte). Damit würde aber der Markt, wie er heute beschaffen ist, zum Erliegen kommen, und durch eine andere Form des Wirtschaftens abgelöst werden. Allgemein wird jedoch eine Deindustrialisierung gefürchtet, wenn auf ein andauerndes Wachstum (Steigerung der Stückzahlen – Verkürzung der Nutzungszyklen) verzichtet wird. Zumindest einige Ebenen der Pyramide würden um ihre Existenz zu fürchten haben; die beherrschenden Institutionen berufen sich auf ein zu befürchtendes Chaos, und leiten, zur Warnung, selbst die epileptoiden Krisen ein (über Resourcenverknappung, daraus folgenden Verteilungskämpfen, drohende Radikalisierung). Daher ist ein Befinden der Zufriedenheit mit dem Nötigsten auch nicht erwünscht, und wird mit allen Mitteln unterdrückt (in friedlichen Zeiten mit Werbemitteln, in angespannten Zeiten mit der Kultivierung von Krisenherden.

Mit dem Moment der Erkenntnis der Grenzen des Wachstums in einem Bereich der Wirtschaft (z.B. bei der Förderung Kohle und Öl), wurde eine neue Argumentationsschiene in der Wirtschaftsdebatte zugelassen. Die Potentiale einer Industrie, mit ‚ökologischer' Ausrichtung versprechen ungebremstes Wachstum in eine weitere Zukunft. Dabei ist hauptsächlich die Besetzung neuer Marktnischen interessant. Dies als ‚Schutz einer lebenswerten Umwelt zu transportieren gestattete man einer neuen öko-liberalen Partei (die in der großen Koalition der wirtschaftsliberalen Ausrichtung als Grüne ihren Platz einnimmt). Es war nicht einmal ein politischer Generationswechsel notwendig, um die grüne Maske vom neoliberalen Gesicht zu nehmen. Welche biographische Wende bereits eine Person zu vollziehen imstande ist, läßt sich an einer Schlüsselgestalt der Grünen belegen. ‚Joschka' Fischer, sozialisiert im Widerstand gegen das System, erkannte, daß das System nur innerhalb des Systems zu verändern ist, um schließlich das System selbst zu verinnerlichen und mitzutragen. Er fungiert nunmehr als gelehriger Schüler Amerikas außenpolitischer Doktrin unter der Ägide von Madelaine Albright. Was den ursprünglich Grün-Alternativen Herrschaftsdiskurs anbelangt, so wurde dieser seines Impulses frühzeitig beraubt, und ist, mit dem

Makel der Entgleisung in eine Pädophilie-Debatte behaftet, nun vollständig unmöglich geworden.

Mit der Aufstellung neuer Richtlinien zum Umweltschutz wurde der Bauwirtschaft ein Umsatzpotential erschlossen, das mittelfristig kaum eine konjunkturelle Dämpfung zu fürchten braucht. Die Aufrüstung bestehender Bausubstanz mit Dämmstoff-Fassaden ist ein lukratives Geschäft für die Baustoffindustrie. In einigen Fällen sitzen Angehörige von Politikern, oder diese gar selbst in der Führungsebene der entsprechend begünstigten Unternehmen. Solche Beispiele gibt es aus vielen Branchen, für die man mit dem ökologischen Argument ein konjunkturelles Anschubprogramm für eine bestimmte Klientel auflegen konnte (es sei etwa an die Kfz-‚Abwrackprämie' erinnert, das Glühlampengesetz, usw.). Diese Initiativen sind durchweg als Schaufensterpolitik zu entlarven, wenn man berücksichtigt, daß mit dem Tausch der Konsumartikel das Aufkommen von Schrott, sowie der komplexe Vorgang der Wiederaufbereitung, die Transportlogistik, und nicht zuletzt der steigende Umfang an Ausbeutung von Rohstoffen, unvermindert ökologische Schäden verursacht, die zunächst nicht auf der Rechnung stehen. Die Langzeitfolgen werden ohnehin erst in Zeiträumen spürbar, die die Wahlperioden deutlich übersteigt, und können daher keine tagespolitische Relevanz besitzen.
Eine verwirrende Fülle von Beispielen, wie eben aufgezählt, verstellt dem Beobachter allzu leicht den Blick auf das, was als Allem zugrunde liegendes stetiges Wirken des pyramidalen Prinzips zur Ausweitung von Macht zu gelten hat.
Noch einmal sei daran erinnert, worin die wesentliche Verwandtschaft von Masse und Macht besteht. Zum Einen, tendiert sie zur kritischen Verdichtung, in ihrer internen Ausrichtung, was zum Aufbau von Druck auf die Akteure in ihrem Wirkungsraum führt. Zum Anderen, strebt sie unausgesetzt nach Ausweitung ihres Wirkungsraumes. Zusammengefaßt in den ideologischen Forderungen der Effizienzsteigerung (nach innen), und unbeschränktes Wachstum nach außen.
Zeitgeschichtlich gegenwärtig geschieht eine kulturelle Transformation, von der traditionellen direktiven Führung Untergebener, hin zu einer vermeintlich auf ‚Augenhöhe' sich begegnender Marktteilnehmer. Das tatsächlich vorliegende Gefälle der

Einflussmöglichkeit auf die Gesetzmäßigkeiten des Marktes wird lediglich mit dem Begriff der ‚Partnerschaft' verschleiert. Längst hat die Verinnerlichung moralischer, bzw. ökologischer, oder auch politisch korrekter, Verhaltensweisen, die Zivilisation des Dienstleisters herangebildet. Der Mensch fühlt sich durch die Werbung als ‚mündiger' Verbraucher wahrgenommen, ohne selbst in alltäglichen Dingen wirklich kompetent zu sein. Bei dem Durchblick der komplexen Verflechtungen von Chancen und Risiken, muß er zuletzt heillos überfordert – glauben. Er muß das übermächtige System als väterlich wohlwollend annehmen, wo es nicht zu überwinden ist. Alle vorgegaukelte Teilhabe, ist nur wieder durch die funktionale Einbindung innerhalb der ‚pyramidalen' Verwertungsideologie möglich. Eine wirkliche Emanzipation setzte den generellen Sprung aus dem Zugfenster der rasenden ‚Pyramide' voraus, mit unabsehbaren Folgen.
Wegen der Komplexität der ökonomischen und ökologischen Zusammenhänge ist es dem durchschnittlichen Bürger gar nicht mehr möglich zu beurteilen, in wie weit eine Handlung verantwortbar ist, daher muß, und damit wird auch gerechnet, die Aufmerksamkeit auf dem äußerlich angebrachten Etikett, dem Zertifikat mit den Reizworten und Symbolen (grüne Landschaften, blaue Engel, friedliche Tauben, glückliche Kühe, etc.), beschränkt bleiben. Diese wirken in zwei Richtungen, zum Einen lenken sie das Verhalten in die opportune Richtung, die als alternativlose Alternative zu gelten hat, zum Anderen wirken sie beruhigend darüber, daß der steigende Konsum der ‚guten' Sache dient, und nicht etwa grundlegend eingeschränkt zu werden braucht.

Im Agrarsektor wird ein Rückbau angestrebt, mit Konzentration auf wenige hocheffiziente und überregional operierende Großbetriebe. Betrieben wird vor Allem eine Reduktion von landwirtschaftlichen Produktionsflächen, einhergehend mit dem allgemeinen Verschwinden der Freilandhaltung von Tieren. Dazu wurden für den europäischen Wirtschafsraum Produktionsquoten festgelegt, mit Mengenbeschränkungen, etwa für Milch. Das vorgebliche Ziel war der Abbau von ‚Milchseen' und ‚Butterbergen', wobei die sogenannten Überschüsse an Lebensmitteln tatsächlich sogar vernichtet worden waren, um die Preise auf stabiler Höhe zu halten. Mit dem erklärten

Ziel, den Agrarsektor im Euroraum zu verringern, wurde durch die Quotierung der verstärkte Import an Obst und Gemüse erzwungen. Das ist auch der Grund, warum Apfelsorten und Birnen aus dem hiesigen Regionen verschwunden sind, und dafür die Verarmung auf, über lange Strecken, transportfähigen und lagerungsbeständigen Industriesorten vorherrscht. Im Sinne der ökonomischen Effizienz erweist sich die Konzentration von Agrarproduktion zu riesenhaften Monokulturen in den Entwicklungs- und Schwellenländern, um unter Anderem die Absenkung der bislang hohen europäischen Standards zu erreichen. Im Zuge der geplanten Freihandelsabkommen werden diese über Kurzem auch wiederum den Druck auf die heimische Produktion erhöhen.
Im Widerspruch zu den Stillegungsprämien für Anbauflächen von Nahrungsmittel wird, vor allem in den Schwellenländern, der breite Anbau von Bio-Sprit-Pflanzen gefördert, um, mit dem ökologischen Entlastungsargument, keine grundsätzliche Debatte über die Erfordernis des Mobilitätswahns überdimensionierten Individualverkehrs führen zu müssen. Solcherart als ökoindustriell innovativ aufgewertet, gelten hochbeinige SUVehikel nicht länger als problematisches Gestaltungsmerkmal in der unwirtlichen Städteplanung.
Wie verfehlt die Annahme ist, die moderne ‚Pyramide' hätte mit der Virtualisierung auch ihre Sichtbarkeit eingebüßt, zeigt der unverstellte Blick auf unsere unmittelbare Lebenswirklichkeit. Hier erkennt man die Außenhaut des globalen Organismus in einer Häßlichkeit, für die uns durch die ‚ästhetische' Erziehung unserer Zeit, der Blick getrübt worden ist. Es ist eine vernunftgemäße Notwendigkeit, des ökonomischen Sachzwanges, wenn Dörfer dem raumgreifenden Braunkohletagebau weichen müssen. Was wir als freie Natur wahrnehmen ist lückenloser Kulturraum, für den inzwischen Konzepte der sogenannten Renaturierung erstellt werden. Auch hier zwingt die Schadensökonomie zu Konzessionen, ohne Einsicht in den Gesamtzusammenhang von Ressourcenverbrauch, Umsatzfixierung, Klima und Lebensbedingungen folgen zu lassen. Die Entfremdung von naturnahem Leben führt zu der Verzerrung der Wahrnehmung gegenüber der Umgebung, die wir als Natur zu identifizieren glauben, und dennoch in Wirklichkeit die artifizielle Hülle der ‚Pyramide' ist.
Während die Brachen der Produktionsflächen der Industrie und industriellen Landwirtschaft deutlich die Vernarbung der Erde

anzeigen, ist auch die Zerfurchung der Landschaft durch Verkehrswege dafür verantwortlich, daß es, in dicht besiedelten Regionen, wie Mitteleuropa, keine größeren zusammenhängende Gebiete gibt, in denen sich ein natürliches tropologisches Gleichgewicht einstellen kann (z.B. durch Selbstregulierung des Tierbestandes, sowie Entwicklung von Mischvegetation). Wegen der intensiven Holzbewirtschaftung können wir eine natürliche Waldentwicklung, die auch vom Menschen unberührt vor sich gehen müsste, eigentlich nicht mehr erleben. Eine Bereicherung fragwürdiger Art findet allenfalls durch schubweise Einwanderung von regional fremden Tier- und Pflanzenarten statt, die sich fatal auf das hiesige ökologische Gleichgewicht auswirken, durch die Gefahr des einseitigen Verdrängungsprozesses ausgehend von aggressiv dominanten Arten. Die Ein- und Abwanderung muß, in naturgemäßen Raten mit der Gelegenheit der vollständigen Assimilation einhergehen, und ist keine ad-hoc-Entscheidung zur Inklusion

Das allgemein, als politisch korrekt gewertete, Toleranzgebot geht an der Lebenswirklichkeit, sowohl der hiesigen Bevölkerung, als auch der fremden Zuwanderer vorbei, weil sie als eine Form der abstrakten Menschenfreundlichkeit nichts anderes als Ignoranz, gegenüber kultureller Identität, darstellt.

Eine nicht zu unterschätzende Gefahr lauert in der Biologisierung der kapitalistischen Ertragslogik. Wenn die Ethik des Nutzenwertes von Leben soweit verinnerlicht ist, wie sie gegenüber unseren Mitgeschöpfen bereits allgemein akzeptiert gültig ist, ist der Übertragbarkeit solcher Kategorien auf den Menschen kaum mehr etwas entgegenzusetzen

Gegenüber der Tierwelt stehen wir längst in einem zunehmend abstrakten Ertragsverhältnis, so daß das Leid der Nutztiere nicht rühren kann. Dazu tritt die technische Effizienz der Prozesse der Verwertung, die der ökonomischen Vernunft entsprechen. Es ist dieselbe Rationalität, die den inhumanen Lebensraum am Industriearbeitsplatz gestaltet.

Der Ertragsraum des Menschen selbst soll, etwa wie der von Schweinen, Rinder und Geflügel, auf ein Mindestmaß schrumpfen, um die Flächenertragsquote zu maximieren. Bei regulierter Beleuchtung, Belüftung und Gabe von Funktionsfutter und Medikamenten (u.a.

Antibiotika) soll die Fleischhaltung und Verwertung optimiert werden. Der Anbau von Gemüse ist wegen der Unwägbarkeit der natürlichen Bedingungen nicht rentabel zu gestalten, wenn es nicht auf künstlich angereicherten Substraten im großen Monokulturen geschieht. Der natürliche kleinteilige Lebensraum, mit Hecken, unregulierten Flußläufen, Mischwäldern, Mooren, der nicht von breiten Fahrbahnspuren zerschnitten ist, ist nur wieder zu gewinnen, wenn die Wirtschaft wieder auf regionale Kreisläufe zurückgeführt wird, das allerdings zu dem Preis, daß nicht alles zu jeder Jahreszeit verfügbar ist – ein offener Aufruf zum Verzicht wäre ehrlich!
Ohnehin geht die Tendenz der Nahrungsmittelindustrie hin zu Produkten mit starker Verfremdung vom Naturzustand. Z.B. Sellerie, rote Bete, Spinat werden in der Küche seltener frisch zubereitet; vielmehr gehen sie über verschiedene Stufen abstrahiert in die Fertigung von sog. Covenience-Food als Aroma- und Farbstoffzugaben ein. Die meisten Aromen sind ohnehin industriell synthetisch erzeugt. Künstlicher Käse (sog. Analogkäse), und Formfleischprodukte bereiten uns auf eine Kunstwelt der Ernährung vor, die eine Landwirtschaft im herkömmlichen Sinne überflüssig machen.
Eine verstörende filmische Dystopie mit Charlton Heston („Soylent green" – „Die die überleben wollen") malt sich aus, daß ebenso wie alles organische Material auch wir selbst letztlich im Nahrungsverwertungskreislauf eingegliedert werden könnten, ohne Widerspruch zu erregen, wenn an einer entsprechenden Darreichungsform gearbeitet würde.
Wie sollten Nahrungsanbieter und Konsumenten, überhaupt um eine naturgemäße Vorstellung von Ernährung ringen, wenn die geschmackliche Prägung von uns allen bereits durch Überzuckerung und Aromatisierung von Babynahrung erfolgt ist. Kindern den Genuß von Süßigkeiten und Leckereien zu versagen, ist eigentlich unmöglich! Wer würde es wagen, seine familiäre Küche gänzlich ohne kristallinen Zucker, und mit der Reduktion von Salz, zu bestreiten?

Der Aufwand des Kochens wird zwar als ritueller Vorgang in Büchern und Fernsehsendungen inszeniert, das zeigt aber nur, wie sehr das Kochen als allgemeine Kulturtechnik im Verschwinden begriffen ist, während es als ästhetisches Phänomen künstlich mit dem Anschein des Authentischen für die sonstige Entfremdung vom realen Leben entschädigen soll. Die alltägliche Ernährung hingegen soll keinesfalls als langwieriger Vorgang den Fluß der, in ‚pyramidalen' Kategorien messbaren, Produktivität, hemmen. Unsere Gesellschaft kann es sich nicht leisten, daß die hochqualifizierte Kraft mit dem Putzen von Gemüse ‚under-performed' beschäftigt ist, daher müssen verschiedene industrielle Schritte zwischengeschaltet sein.

Die Perfidie des Liberalismus besteht darin, daß er den Wandel im Erscheinungsbild zum smarten Ökoliberalismus progressiv weich zu zeichnen versteht. An einer anderen Stelle wurde bereits erwähnt, daß die Wachstums- und Verwertungsideologie ihre humanistische Maskierung für gewöhnlich erst in Krisenzeiten abstreift. In der Drohhaltung werden dann die unvermeidliche Standortdebatte und die drohende Wohlstandseinbuße angeführt.
Auf diese Weise werden unbotmäßige Frager wieder auf den Boden der alternativlosen Tatsachen geholt, dazu gehört es auch, zu akzeptieren, daß es künftig Mensch und Tier nur dann möglich sein wird, zu überleben, wenn der Lebensraum in einer künstlichen Blase des Vollschutzes denaturiert wird. Dem anarchischen Einbruch der Natur, kann nur das hermetische Null-Immissions/-Emmissions-Haus widerstehen. Durch die Fenster, die nicht mehr geöffnet werden dürfen, können dann auch nicht Schwärme von insektizid resistenten Insekten, oder antibiotikaresistente Mikroben eindringen.
Ziel ist es stets, den Menschen von den elementaren, ihn unmittelbar betreffenden Lebensprozessen zu entfremden, ihn aus seinem Leben zu ‚outsourcen', um ihn, der nun sich selber fremd, inkompetent in eigener Angelegenheit, der Verwertbarkeit in der ‚pyramidalen Maschincric zuzuführen.
In einem utopischen Bild wäre der menschliche Organismus demnach lediglich in einem physiologischen ‚Stromkreis' als regelbarer Widerstand wahlweise parallel oder in Serie geschaltet, wie das Nutztier es faktisch jetzt schon ist.

Das Ohm'sche Gesetz der Trophologie:
Die Zufuhr von Nährstoffen und Medikamenten einerseits, und die Ausscheidung von wiederverwertbaren Stoffen, wären in einer Bilanz zu erfassen (wie dies in Pflegeeinrichtungen bereits geschieht); über

dem ‚*Widerstand*' des Organismus wird die jeweilige ‚*Spannung*' abgegriffen.
Aus ‚*Spannung*' und manischer ‚*Stromstärke*' ist die zu erwartende *Nutzleistung* zu ermitteln, unter Reduzierung von *Blindleistung* und Abwärme (siehe Emissionsschutz).

Zuweilen wird mitleidig belächelt, wer diesem Kreislauf der Verwertung nichts abgewinnen kann, wer sein Essen noch selbst zubereitet, Kinder selbst erzieht, Knöpfe selbst annäht, Dinge repariert statt neu zu kaufen. Als rückwärts gewandt erscheint gar der Wunsch mit Tieren und Pflanzen in einem natürlichen Umfeld autark zu leben.

III Medien, Kommunikation

Mit der Erhöhung der Informationsdichte geht der Verlust der Dauerhaftigkeit von Bedeutung einher. Zuvor komprimiert und verkürzt bis zum bedeutungslosen Rauschen, ergibt sich die Beliebigkeit von Inhalten neben einer unzählig gleichwertig behaupteter Inhalte. In der Rezeption von Inhalten kommt es Erzeugung von Aufmerksamkeitsdefizit, weil jede ‚breaking news' von der nächsten übertönt und ad absurdum geführt wird.
Im Ringen um die flüchtige Aufmerksamkeit geraten Nachricht und Unterhaltung in einer Verschmelzung zu Infotainment. Am Beispiel des Doku-Drama, einer Aufbereitung zeitgeschichtlicher Ereignisse für die mediale Präsentation, ist nachweisbar, daß Zusammenhänge auch bewußt zugunsten der Theatralik verfälscht werden. In der Geschichtserzählung nach dem ‚Guido Knopp-Prinzip' soll diese über eine emotionale Aufladung für den Nicht-Zeitzeugen nachvollziehbar werden. Dies wird erreicht durch die Untermalung mit Klang und der Einspielung suggestiver Bildsequenzen. Hier finden sich allerdings nicht die Emotionen von realen Zeitzeugen wieder, soweit aus ‚erster Hand' noch möglich, sondern synthetisch erzeugte in der Dramaturgie der Aufbereitung, quasi aus ‚zweiter Hand'. Daher ist der Lehrfilm zur Geschichte eine dreiste Lüge, indem von den Originalquellen abgezogen, ein Aufguß für die überforderte Aufmerksamkeit des heutigen Menschen vorgenommen wird. Damit wird allerdings gleichzeitig jenes Aufmerksamkeitsdefizit, durch kritiklose

Berauschung befördert. Wie Nietzsches ‚letzter Mensch' sitzt das Produkt der medialen Erziehung blinzelnd vor den Bildschirmen, wegen der Überforderung im Strom der Information, darum bemüht, sich wenigstens an der Oberfläche zu halten..

Ein starkes Durchsetzen der Sprache mit Anglizismen und synthetischen Neologismen aus der globalen Wirtschaft, bewirkt eine Beeinflussung der kulturellen Überlieferung, und zwar primär durch den Verlust des lokalen Charakters. Dies geschieht, beginnend mit dem Zurückdrängen von regionalen Dialekten. Der Einfluß einer international codierten Begrifflichkeit vermittelt die Minderwertschätzung und Irrelevanz regionaler, landestypischer Ausdrucksweise. Eine ausgeprägte Schlagwort-Rhetorik, zumal wenn sie mit Wortneuschöpfung verbunden ist, ist geeignet den gedanklichen Einschub mit wägenden Argumenten unmöglich zu machen, und im Vorhinein klar den Vorrang des Zeitgeistigen zu behaupten.
Dies geschieht unter Verwendung von, in ihrer Bedeutung unbestimmter, Begriffe, wie:
„internationaler Wettbewerb", „Wirtschafsstandort Europa", „Europäische Wertegemeinschaft", „Marktkonformität", „corporate identity", „Flexibilität", „Transparenz" und „Toleranz", u.a.
Im endlosen medialen Rauschen geschieht die sprachliche Umerziehung und Prägung der Wahrnehmung im Dauerfeuer von Bild und Ton. Zu der neurolinguistischen Programmierung, über die Begrifflichkeit, tritt auch die neurovisuelle Programmierung, durch die Prägung medial vermittelter Ästhetik. Die Skala der wortlosen Beeinflussung reicht vom sanften Klangteppich im Einkaufzentrum, bis zum aggressiven Party-Beat. Auf visueller Ebene wirken künstliche Beleuchtung und Bildschirmhintergründe unausweichlich prägend.
Im Talkmodus der inszenierten Debatte geschieht die Einübung in die pyramidale Terminologie, im Stil oben genannter Begriffsbeispiele.
Mit der allzeitlichen und allerörtlichen Möglichkeit medialer Teilhabe über Funk und Internet wandelt sich die vormals zeitweise erzwungene Absenz in einen Zwang zur ununterbrochenen Erreichbarkeit.
Sich der medialen Zumutungen zu entziehen ist fast unmöglich, und im sozialen Umfeld zunehmend unvermittelbar. Den überzeugten Christen unter den Lesern wird das sogenannte „sprechende Bild" aus der

Offenbarung des Johannes als ein warnender Hinweis auf die Propaganda-Kanäle des apokalyptischen „Tieres“ bekannt sein. Umso rätselhafter scheint deren zumeist kritiklose Akzeptanz von zudringlicher Informationstechnologie bis in den intimen Bereich hinein.

Es ist auch gar nicht erforderlich, auf eine endzeitliche Argumentation des Kulturpessimismus zurückzugreifen; ein Hinweis auf die Probleme und Gefahren der drahtlosen Datenübertragung würde genügen:

Neben der starken Verdichtung auf breitem Funkfrequenzspektrum tritt die verstärkte Leistungskraft und Felddichte von Sendeanlagen, deren negative Auswirkung auf den Bioorganismus mittlerweile unbestritten sind. Es ist noch nicht absehbar, wie weit die Befindlichkeitsstörungen unserer Zivilisation, wie Migräne, Schlafstörungen, Störungen der Konzentrations- und Gedächtnisleistungen und des Herzrhythmus durch elektromagnetischen ‚Smog’ bedingt sind. Beim bedenkenlosen Betrieb von schnurlosen DECT-Telefonen und WLAN-Internet gewinnt der Wahn der Mobilität über die Zweifel hinsichtlich potenzieller Gesundheitsschädigung und nicht zuletzt der ausgeweiteten Möglichkeiten der Überwachung.

Mit der Bereitstellung von Kanalbandbreiten und Übertragungsgeschwindigkeiten entsprechender Kapazität ergibt sich eine simultan kommentierte Ereignishaftigkeit des Weltgeschehens, mit der jedes Geschehen neben einer Menge beliebig anderer zwar übertragen aber nicht mehr wahrgenommen (für Wahr genommen) werden. Dadurch, daß das Stimmengewirr in Echtzeit übereinander gelagert erscheint, wird die Einzelstimme, das Einzelschicksal in der Beliebigkeit seiner Auswahl entsprechend unbedeutend. Andersherum ist mit der Möglichkeit des Reality-TV, der Echtzeit-Darbietung von Vorgängen die Möglichkeit der Potenzierung an Bedeutsamkeit gegeben, also die Überbewertung jeder Nichtigkeit. Eine objektiv wichtige Nachricht gibt es nicht, sondern ausschnitthaft aufgeladene Events, die in die Fenster der Aufmerksamkeit gehalten werden. In der Verkürzung der Abläufe findet die zuspitzende Dramaturgie statt. Durch die positive Rückkopplung auf die realen Ereignisse, abhängig von ihrer gleichzeitig medialen Verfolgung, entsteht eine Hyperrealität in einer hängenden Epilepsie. (z.B. Reporter hetzen flüchtenden Verbrechern hinterher, und tragen selbst zur Verschärfung der Lage

bei). Die Medienvertreter verleihen der, zunächst im begrenzten Rahmen handelnden, Geschichte, eine spektakuläre Aufladung von Bedeutung für ein globales Forum. Dieser katastrophische Prozess der rekursiven Selbstbezüglichkeit, mit einer eskalierenden Rückkopplung, ist potenziell für jedes nichtige Ereignis möglich.
Im Übrigen, wird dieser Effekt durch die multiplikatorische Qualität von Kanälen, wie *You-tube* in der Weise verstärkt, als Jedermann gleichzeitig Regisseur und Kommentator seines eigenen Dramas werden kann.

In einem weiteren Schritt wäre als möglich denkbar, daß der künftige Verlauf der Geschichte, mit ihrem zufällig scheinenden, oft unbedeutenden Nebeneinander von Ereignissträngen, und den unvermittelt scheinenden Wendungen, auch vorgeschrieben werden kann. Nach der Vorlage einer Art Drehbuch, kann mit Hilfe der medialen Fokussierung (durch selbstreferenzielle Rekursion) der Gang der Geschichte in eine bestimmte Richtung gelenkt werden. Das potenziell Mögliche wird in die Realität geholt, Dinge geschehen, weil sie zuvor entsprechend medial aufgeladen wurden; Taten können in dieser Weise provoziert werden, um sie medial verwerten zu können. Damit befinden wir uns in einer Matrix der *scripted reality*.
Die Zwecke entsprechend einflußreicher Ebenen zielen jedoch nicht auf bloße Unterhaltung, diese ist nur eine der Kulissen hinter der die Zwecke verborgen gehalten werden. Die Überlagerung der Wirklichkeit mit den vorgeprägten Deutungsmustern der marktbestimmenden Konzerne, innerhalb des Rahmens der sogenannten erweiterten Realität (augmented reality), ereignet sich die Verschmelzung von Realität und Virtualität. Mit der Betrachtung der Umgebung durch die Brille der Objektverfügung und Käuflichkeit, schreitet die Bevormundung durch Werbekommentar und Betriebsanleitung für die Verwertung aller Lebensbereiche voran. Was bei entsprechenden Spielkonsolen verharmlost wird, und am Arbeitsplatz als nützlich begrüßt wird, schiebt sich zwischen den Akteur (Spieler, Arbeiter) als Simulation einer parallelen Wirklichkeit, die im Begriff steht Dominanz zu erlangen.

Von einem ‚unbedeutenden' Ereignis, als Geschehen in der Wirklichkeit im Charakter seiner Beiläufigkeit, zu sprechen ist nach heutigem Stand der Dinge ohnehin nicht mehr angemessen. Die Kapazitäten der Speichermedien übersteigen für den Privatgebrauch bei Weitem den Umfang des in Lebenszeit Erfahrbaren. Daher ist die flüchtige Geste, die unbedachte Äußerung, die verhohlene Neigung keine nur dem Augenblick verpflichtete Angelegenheit, sondern ein Mosaiksteinchen in der lückenlosen Biographie, das sich, unter Umständen, als störend für das stets im Auge zu behaltende Gesamtbild erweisen könnte. Nicht mehr länger ist der Augenblick seiner Bedeutung gemäß, einmalig und vergänglich, und in seinem Bezug unmittelbar an seine Zeit gebunden, sondern potenziell ewig abrufbar gespeichert. Der vormals flüchtige Moment kann später mit einer Bedeutung aufgeladen werden, die nicht mehr aus seinem kausalen Bezug hergeleitet wird, sondern die ihm von der überwachenden Instanz zugewiesen wird. Die erinnerungsgemäße Verfügung über biographische Details wird dem Einzelnen entrissen, weil das technische Speichermedium objektiv und unbestechlich scheint, und sich damit besser erinnert als die betreffende Person.
Allgemein wird es als eine zuvorkommende Erleichterung bei der Nutzung von Suchalgorithmen aufgenommen, daß sie für den Anwender die Filterung und Kanalisierung von Interessen und Vorlieben, auf der Basis einer statistischen Erwartungsmatrix vornehmen. Diese vorauseilende Zensur und Festlegung durch die Suchmaschine wird dabei gerne in Kauf genommen, da sich der Anwender verstanden und unterstützt glaubt. Möglicherweise wird bald auch die Vermittlung von Produkten und Dienstleistungen, nach rechnerischer Maßgabe der voraussichtlich positiven Annahme beim Konsumenten eigenmächtig getätigt. Mit einer entsprechenden Risikoermittlung der Verluste durch eine eventuelle Zurückweisung der Lieferung ließe sich die Berechenbarkeit des künftigen Verhaltens des Konsumenten präzisieren. Der Mensch als Anwender ist mit Gewißheit zum Parameter als Konsument innerhalb einer Wahrscheinlichkeitsfunktion darstellbar, und sein künftiges Verhalten zumindest mit hoher Wahrscheinlichkeit vorhersehbar. Er wird sich dessen vielleicht nicht bewußt sein, und dementsprechend den Verlust seiner Autonomie daher gar nicht empfinden.

Basierend auf Verhaltens-Algorithmen kann die Zuweisung eben so gut als Konsument, wie als Delinquent erfolgen. Die Freiheit dazu besitzt der Nutzanwender in dem Grade nicht mehr, als er sich der suggestiven Wahrscheinlichkeits-Aussage beugt, und letztlich zu ihrer Bestätigung neigt.
Zukünftig ist durch die Strategie einer *predictive investigation* (=vorhersagbarer Ermittlungsbedarf), als direkte Konsequenz für die Behördentätigkeit, ein entscheidender Wandel zu erwarten. Im Zuge der Zusammenführung und Auswertung aller Bürgerdaten, ließe sich die potenzielle Delinquenz bestimmter Personen als statistischer Wert bestimmen. Eine solche Zuweisung, einmal unterstellt, würde, durch das Mißtrauen des Systems gegenüber der Person, im Gegenimpuls das persönliche Vertrauen ins System untergraben, und zu einem Konflikt mit der systematischen Ordnung führen.
Einerseits würde der informationelle Selbstbestimmungswunsch des Einzelnen als Widerstand gegen die kollektive Ordnung aufgefasst werden, und infolge dessen wiederum die Härte der Exekutive rechtfertigen; zum Andern müsste gerade um die Privatheit der Person zu retten, eine Spaltung der Person in eine systemkonforme Hülle, und eine im verborgen gehaltene Identität vorgenommen werden, was wiederum das Mißtrauen des Systems erregen müßte.
Die Frucht des Misstrauens ist Mißtrauen, so sicher, wie an einem Kirschbaum keine Pflaumen wachsen.
Das Wesen der Überwachungs-Demokratie ist die Unmöglichkeit des Ganz-Bei-sich-Seins, denn jede Lebensäußerung kann potenziell zugleich kommentiert und beurteilt werden. Somit steht der Mensch immer zugleich auch neben sich, um die Verinnerlichung des Gebots des Wohlverhaltens abzuprüfen..
Durch die simultan mögliche Überwachung ist ein intimer großer Bruder entstanden, der uns vermittelt, er wisse sowie so schon mehr und besser Bescheid, als wir es vermöchten, daher sollen wir eben Glauben und Vertrauen aufbringen, daß er, bei Wohlverhalten, meinen Kokon der Sicherheit lückendicht hält.
Unsere Bringschuld ist die daher der rückhaltlose Vertrauensvorschuß.
Nach aktueller Gesetzeslage ist der Einbau von Brandmeldern in Privatwohnungen innerhalb der nächsten Jahre verpflichtend. Das Argument der Erhöhung der Brandsicherheit ist nur schwer zu entkräften, zumal parallel auch daran gedacht ist, das Rauchen auch im

Privatbereich zu verbieten. Da solche Geräte auch auf Funkbasis Meldung an die Sicherheitsbehörden geben können, kann quasi vom Einstieg zu einer künftigen gesetzlich verordneten Ausstattung von Privaträumen mit Überwachungstechnologie gesprochen werden.

Mit der umfassenden Vernetzung, und Komplettversorgung der Bevölkerung mit smarten Mobilgerätschaften kommt man Ziel der totalen Überwachung zusehends näher. Hierzu wird auch fieberhaft der Ausbau von Glasfaserverkabelung für höhere Übertragungsraten (schnelles Internet) forciert. Dies stellt quasi das Nervengeflecht jener ‚pyramidalen Maschine' dar, dem bald das ‚Internet der Dinge' folgt, mit der Vernetzung unserer, bislang rein analogen, Alltagsumgebung (als Stichwort sei hier nur erwähnt, der Einbau von RFID-Chip in Geräten, Kleidung, Warenlagerpaletten, etc.).
Auf der einen Seite wird eine, mit breiter Akzeptanz propagierte Offenheit, Öffentlichkeit und Transparenz allem Wissbaren angestrebt, verbunden mit der Vorstellung von der Befreiung von der Herrschaftlichkeit des Eigentums von Information. Gleichzeitig existiert eine Ignoranz gegenüber der Ausweitung von Kontrollmöglichkeiten durch Bündelung von Daten.
Bislang galt der handschriftliche Brief als eine der letzten intimen Angelegenheiten im Informationsaustausch. Deshalb wird gerade auch alles getan, um diesen Kommunikationsweg so unbequem und unattraktiv wie möglich zu machen. Zur Verfügung steht die Preisschraube, und die Einschränkung der Beförderungsmöglichkeit. Die Post-AG bietet Briefempfängern zudem an, im Zuge der *E-Post*-Initiative die Briefumschläge zu öffnen, und den Inhalt digitalisiert aufs Handy zu schicken. Was im sozialistischen Mief der DDR noch im Verborgenen zu geschehen hatte, obwohl Jeder davon wußte, kann nun als marktliberale freundliche Dienstleistung ganz offen in Anspruch genommen werden, wo es Keinen mehr stört.

Es besteht also, zusammengefaßt, einerseits ein Trend zur Dezentralisation bei der Datenaufbewahrung der einher geht mit dem Begehren der Dienstleister und Behörden, andererseits, die Datenströme wiederum zu bündeln und in der Zusammenfassung zu Anwenderprofilen auswertbar zu machen. Die Enteignung von privater Information wird innerhalb der pyramidalen Basis als erstrebenswerte

Daten-Allmende aufgefaßt (im Rahmen einer Wikipedisierung), auf den höheren Ebenen wiederum als erfolgreiche Aneignung eines zentral wirkmächtigen Herrschaftsmittels begrüßt.
Wenn die breite Verfügbarkeit von Information, als ein Aspekt der medialen Demokratisierung begrüßt wird, schließt man von der Griffbereitschaft von Daten in unzulässiger Weise gleichermaßen auf den Aussagewert von Inhalten. Das Gedächtnis mit Informationen zu füttern, macht noch keinen Verstand. Während der Anwender der informativen Netzwerke sich an der neuen Offenheit und Beliebigkeit berauscht, weil sie Unverbindlichkeit, und Unverantwortlichkeit suggeriert, ist die Frage nach dem Hort der Algorithmen der ordnenden Kategorien und der Gewichtung von relevanter Bedeutung, nicht mehr zu stellen.

Wenn der ‚pyramidale' Komplex, modellhaft als ein Organismus verstanden werden kann, besitzt dieser mit Stoffwechsel (Ökonomie), Nervenfasern, Sinnesorgane (Intelligence Services, Geheimdienste) und Aktuatoren (Maschinenpark, Wehrtechnologie etc.) alle Attribute einer lebendigen Gegenschöpfung, die, gemäß der christlichen Diktion, auch als ‚das Tier' aus der Offenbarung vorstellbar ist, das aus dem Meer (Metapher für die Masse) aufsteigt.
Entwicklungsgeschichtlich sind die Augen lebender Organismen direkte Ausstülpungen des Uraugenbechers aus der Gehirnsubstanz. Die optische Rezeption ist in der Natur sinnfällig unmittelbar mit der *intelligence* verknüpft, woraus sich nun mühelos die Überleitung ergibt, zu dem gegenwärtig sich formierenden *Six-Eyes*-Projekt im Rahmen einer Geheimdienst-Kooperation der USA mit Kanada, Australien, Neuseeland, Großbritannien, und künftig Deutschland - als noch halb blindes sechstes Auge.

Ein aktueller Trend sind auch bereits smarte Armbänder zur Erfassung körperlichen Werten des Allgemeinzustandes (Pulsfrequenz, Blutdruck). Die Generation der sog. Early Adopters besitzt bereits vorbehaltlose Akzeptanz gegenüber der Vernetzung. Sich über soziale Netzwerke als rastlos mit der eigenen Optimierung befaßt zu zeigen. Weil die meisten Gerätschaften, die uns auf die Haut rücken auch vielfach noch als cooles Distinktionsmerkmal gelten, oder als eine Spielerei, wird die schleichende Veränderung in der Wahrnehmung unserer körperlichen und seelischen Verfassung hin zu einer Abhängigkeit von der Quantifizierung von Lebensdaten unterschätzt. Wenn die vorerst elitären Handlungsmuster und Wahrnehmungsschemata zu einem Zwang zur Anpassung an diese Standards auch für die Allgemeinheit führen, lautet die Frage nicht mehr „was läßt sich alles messen?", sondern das soziale Ausschlußkriterium ergibt sich aus der Frage, warum die umfassende Datenerfassung etwa abgelehnt wird. Wenn die Informationsfreiheit, bislang auch noch als Freiheit, sich der Erfassung und Weitergabe enthalten zu können, verstanden worden ist, wird, in einer perfiden Umwertung des Freiheitsbegriffes, die Nichtverfügbarkeit von Information als Unfreiheit darzustellen. Wenn nämlich die verbleibende Unbestimmtheit, z.B. über alles Wissbare über die Anderen, nicht mehr als die Freiheit des Anderen zur informationellen Selbstbestimmung verstanden wird, sondern als Beschränkung der eigenen Freiheit, alles Wissbare verfügbar zu haben (wenn es technisch möglich ist), werden die Begriffe von Freiheit vs. Sicherheit wahlweise gegeneinander ausgespielt, oder in fataler Weise gekoppelt.

Das pyramidale Ziel ist bereits in der biblischen Offenbarung des Johannes vorformuliert: „Denn niemand soll mehr kaufen oder verkaufen können, wenn er nicht das Malzeichen trägt...",
Für den kritischen Rest der Bevölkerung wird eine Enthaltung von der zunehmenden Digitalisierung des Lebens künftig fast unmöglich, wenn z:B. die reale/analoge Anschauung durch die virtuelle Adressierung abgelöst wird (mit dem Verweis: „findet man alles im Internet!").
Die Präsenz, bzw. Verfügbarkeit auf dem digitalen Marktplatz reicht bereits heute bis in die privatesten Räume und Beziehungen hinein. Ein Leben rein auf die Unmittelbarkeit direkt persönlicher Beziehungen, und auf die, ursprünglich analogen, Fähigkeiten der praktischen Lebensführungen gestützt zu führen, ist bereits zu einer Unmöglichkeit des Sonderling Daseins geworden.
Die App-Oberflächen mit charakteristischer Wischer-Handhabung auf Tablets und Smartphones vermitteln eine spielerische Verfügbarkeit von allem relevant Wissenswerten - wer aber definiert diese Relevanz? Welcher Algorithmus ordnet unsere Weltanschauung (Whats App, Google-View?), mit der Allverfügbarkeit haben wir aber nur gefühlt Anteil an der Allmacht der Deutung der Welt, sind jedoch tatsächlich

nur Rezipienten über die vorgegebene Oberflächengestaltung (wahlweise durch Apple oder Microsoft).
Untersuchungen zur Gestaltung der Arbeitswelt unter Kriterien der Effizienz, haben ergeben, daß der Mensch in einer spielerischen Umgebung, in weitaus höheren Maße bereit ist, sich zu verausgaben, als bei einer, auf die reine Funktionalität reduzierten, Arbeitsplatzgestaltung. Insofern ‚Arbeit' an der Bedienoberfläche von mobiler Informationstechnologie verrichtet wird, kann die örtliche und zeitliche Bindung aufgehoben werden, die für die zugrunde liegenden Algorithmen ohnehin nicht gültig sind. Eine private Unverfügbarkeit ist zunehmend schwerer zu rechtfertigen, umso mehr, da Arbeitgeber durch der Einschluß von Freizeiträumen in ihre geschäftliche Umgebung, ein Gesamtlebensumfeld gestalten können, das ein zeitweiliges Verlassen überflüssig macht (etwa wenn Sportstätten, Restaurants und Dienstleistungen, sich auf dem Firmen-Campus befinden). Die Arbeitsprozesse selbst lassen sich entsprechend mit spielerischer Kreativität als Wettbewerbe gestalten. Das Schlagwort hierzu lautet *gamification* (=Spielifizierung) der Arbeit. Die Oberflächengestaltung auf den Bedienflächen der computerisierten Arbeitsplätze, erlaubt eine weitgehende Abstraktion der grafischen Darstellung, die einer allgemeinen Wahrnehmungs-Prägung auf die Ästhetik von Computerspielen entgegen kommt. Über Score-Balken in Diagrammen kann die Darstellung und der direkte Vergleich von Arbeitsleistung im sozialen Netzwerk erfaßt werden. In der Form von spielerischem Wettbewerb liefert sich der Arbeitnehmer einem weiteren Grad der Ausbeutung aus, als er nach herkömmlichen Methoden der Leistungs-Motivation dazu bereit wäre.
Auf dem Weg der Abstraktion von der Qualität, die für das Informationszeitalter charakteristisch ist, findet gerade die Aufhebung der Trennung von privatem und dienstlichen Obliegenheiten statt, die einst zu Beginn der Industrialisierung eingesetzt hatte. Allerdings mit dem Unterschied, daß die ursprüngliche Einheit von Leben und Schaffen nicht wieder hergestellt werden kann. Der qualitative Sprung den die virtuelle Abstraktion darstellt, erlaubt lediglich den Zusammenfluß der Daten zu einem Bündel von Relevanzmustern, die von der ‚pyramidalen' Verfassung des Macht-Systems zugewiesen werden. Diese wirken wiederum erzieherisch auf die Persönlichkeit des Einzelnen, um ihn für dieses System kompatibel zu machen.

Wenn der Konzern als Arbeitgeber den Angestellten einen, sogenannten, ‚privaten' Freiraum einräumt, wird dies stets nur im ‚pyramidalen' Lebenskosmos stattfinden. Die Spiele und Lektüre auf den digitalen Endgeräten entsprechen als Produkte in ihrer Qualität eben jenem Geist der Epoche des virtuellen Fluxus. Entsprechend rasch und reibungslos müssen sie sich in die jeweiligen Trends fügen. Inhalte, die in kontroverser Form ‚sperrige' Meinungen transportieren, werden als schwerfällige Hindernisse im Fluß der Informationen wahrgenommen. Sie finden demzufolge nur schwer ihr ihr vermittelndes Medium auf dem Markt

Es ist zweifelhaft, ob z.B. auf einem *e-Reader* überhaupt die großen ‚solitären' Klassiker gelesen werden, sicher ist hingegen, sie würden in unserer Zeit nicht mehr geschrieben werden. Der Einfluß auf den Markt der literarischen Erzeugnisse ist bereits geprägt durch die Amazonisierung des Lesebetriebs. Inwieweit ein Buch als marktgängig angesehen wird, und diesbezüglich auf die Autorenschaft der Druck zur Stromlinienförmigkeit steigt, liegt in den Händen der Vertriebskonzerne, die vom Kunden wegen ihrer Netzaffinität unterstützt werden. Den Autoren ist es hingegen kaum zu verdenken, daß bereits bei der Herstellung eines Buches auf den konkurrenzlos niedrigen Preis geachtet werden muß, will er Verbreitung finden. Dies ist noch am besten auf dem elektronischen Wege möglich, und dann auch nur mit Texten die die eingängigen Genres bedient (z.B. eine weitere Variation zum erzählerischen Themenkreis der „Wanderhure").

Mit einer Prägung der ästhetischen Wahrnehmung durch technisch erzeugte, virtuelle Räume, mit computergenerierten Farbskalen, Bildpixelauflösung, raschen Kameraschnitten, Sound-untermalter Szenerie, Einblenden von Werbebannern, wird eine Entwicklung eingeleitet, weg vom ausdifferenzierten sprachlichen Ausdruck, die mit einer gedanklichen Reflexion einhergeht (Verlust des Sprachdenken) hin zur Verbildlichung von Information (die Suche nach dem treffenden Ausdruck wird zum Greifen in eine Bilderdatenband, wo *Icons* und *Emoticons* hinterlegt sind, die kulturübergreifende Gültigkeit haben). Das Entwicklung einer *Icon*-basierter Symbolsprache, setzt eine ausgebildete Assoziationsfähigkeit voraus, die etwa über das

Erlernen chinesischer Zeichenschrift, bereits in der Schule eingeübt werden kann. Für den internationalen Verkehr, ist es darüber hinaus von Vorteil, eine Beschränkung der Ausdrucksweisen für persönliche Gefühlsäußerungen, im Rahmen eines global standardisierten Zeichensatzes von *Emoticons*, vorzunehmen. Da Gefühle auf verbaler Ebene nur schwer vermittelbar sind, und zwischen die Kommunikationspartner die Informationstechnologie getreten ist, wird der Verlust für künftige Generationen von Usern wohl kaum noch verspürt werden.
Wenn künftig die audiovisuelle Vermittlung von Kultur dominiert, gewinnen Umgangsformen des Börsenparketts mehr Einfluß; dem Kommentar in quicker sprunghafter Rede wird mehr mediale Aufmerksamkeit geschenkt als der ursprünglichen dürren sachlichen Nachrichtenlage. Man vergleiche etwa die Entwicklung des Zeitungs-Layout, das sich mittlerweile in der äußeren Erscheinung der Webpräsentation angleicht. Jede Nachricht muß simultan mit Infografiken als sofort ausgewertet und, in seiner zeitgeschichtlichen Bedeutung einsortiert, präsentiert werden. Ein Ereignis wird bereits mit seinem Eintreten als epochal eingestuft, ehe es, eingebettet in den künftigen Verlauf der Geschichte, und in der rückwärtigen Betrachtung, seinen Rang erworben hat.
Während eines Fußballspiels, besteht die Kunst des Stadionsprechers in der augenblicklichen Erfassung der relevanten Aktionen, und einer gleichzeitigen simultanen Kommentierung und Einschätzung des jeweiligen Ereignisses. Ähnlich agiert der aalglatte, ölige Moderator, als floskelhafter Sprecher der Bundeskanzlerin. So geriet auch ein Vorfall zum Krisenspiel um die Ukraine erst dadurch zur relevanten Nachricht, nachdem die vom Regierungssprecher Seibert in der Wir-Form geäußerte Kritik an einer Verlautbarung des russischen Präsidenten, die wiederum selbst nicht wiedergegeben wurde, als die eigentliche Nachricht gebracht worden war. An der Info-Börse ist erst der Kommentar das Zertifikat dessen was wirklich der Fall ist. Eine Sache gilt als geschehen, wenn sie von einschlägigen Vergabestellen für Relevanz kommentiert wurde. Nicht die Äußerung des russischen Präsidenten ist primär von Bedeutung, sondern die Entrüstung des Regierungssprechers der deutschen Bundeskanzlerin, die sich im Übrigen in eigener Person gar nicht verlauten ließ.

Eine Grundcharakteristik einer solchen Relevanz-Zertifizierung, ist der hohe Ton der Rede; stets geht es ums Ganze, von welthistorischer Wichtigkeit, um Menschheits-beglückung, immer wieder gerne auch unter prophetischer Warnung vor Bedenkenträgern und Defaitisten (gar nicht zu reden von Separatisten und ganz allgemein den Russen, usw....)

Wenn man annimmt, daß die Ästhetik der Bilderwelt in Kino und Fernsehen ein Ausdruck von gewünschter oder befürchteter Erwartung gegenüber der Wirklichkeit ist, und diese wiederum gleichzeitig auf unsere Wahrnehmung prägend zurück wirkt, werden wir für die Zukunft einiges zu gewärtigen haben. Die Darstellung von Kämpfen als aufregendes Actionspektakel, orgiastisch inszenierte Detonationen, dämonisch erscheinende Bösewichter, die ihre Identität aus der Gegenüberstellung zum ostentativ ‚Guten' beziehen (Joker *vs*. Batman) haben ihre eigene Anziehungskraft, und legen die Keime für die noch zu erwartende Häufung von Amokläufen. Das mörderische Attentat, das ausgerechnet bei der Premiere des Batmanstreifens „The dark Knight" verübt wurde, wie stets, bloß als verrückten Einzelfall zu werten, ist fatal; es erscheint vielmehr rätselhaft, warum diese Ereignisse nicht häufiger sind.
Es ist bezeichnend für den bildungsbürgerlichen Hochmut, die Ikonographie der Kinowelt als bloßen Trash abzutun, in Anbetracht der Tatsache, daß auf der kulturellen Bedeutungsebene eine Umwertung der Werte Einzug hält. Wenn beispielsweise ein Heer von Zombies wie das Meer selbst anbrandet und über die Wellenbrecher der Zivilisation schäumt, besitzt dieses Bild eine Wirkung in zweifacher Hinsicht. Zum Einen wird ein Gefühl der Bedrohung durch die Masse beschworen, der nur durch die Massenvernichtung beizukommen sei, zum Anderen liegt in der Dynamik der Masse ein mitreißender Sog, der in der Aussicht von Zuwachs von Macht begründet liegt, für das zuvor entmachtete Individuum, wenn es in der Masse aufgeht. Tritt ein Einzelner als Held auf, dann ist dieser weniger als eigenständige Persönlichkeit aufzufassen, sondern vielmehr als personifizierter Charakter der Macht, für die er steht, die Hüter der ‚guten Werte' ist (man betrachte die Wiederauflage der populären Gestalt des ‚Captain America').

Die Masse wird benötigt, um die Pyramide als Bollwerk zu rechtfertigen. Die Werte der erklärten Führungsmacht werden in einer Art Selbstermächtigung gebündelt im pyramidalen Übermenschen repräsentiert. Was als Motive des Handelns einst mit dem bloßen nationalen oder profan wirtschaftlichen Interessen zu erklären war, soll in einer Art Transformation überhöht werden zur heilbringenden Rettung der Welt schlechthin. Die Unterhaltungsindustrie agiert somit als ein berauschendes Propagandainstrument zur Wegbereitung der Machtergreifung durch den pyramidalen ‚Willen zur Macht'.
Der Blick der global erklärten Macht auf ihre Gegner ist der auf ein quasi außerirdisches Ungeziefer, das es zu beseitigen gilt. Wenn alles was innerhalb der Welt der Fall ist, einzig durch die ‚Pyramide' repräsentiert ist, und jede Lebensäußerung nur anerkannt wird, wenn sie im Kontext ‚pyramidalen' Wirtschaftens stattfindet, wird jede Opposition als quasi ‚außerirdischer Zombie' betrachtet, und somit entmenscht und seiner ursprünglich menschlichen Würde beraubt (damit haben wir ein Szenario „World War Z" zu gewärtigen).

Als ein weiteres Beispiel für die Dialektik der gegenläufigen Tendenz sind, für den ‚pyramidalen' Nutzen von medialer Darstellung von Gewalt, zwei Richtungen erkennbar:

I) In die eine Richtung weisend:
Über Computerspiele geschieht die, bereits im Jugendalter einsetzende Sammlung von Kompetenz zur Bedienung von Fernlenkwaffensystemen. Wegen der Abstraktion des Tötungsvorgangs bei Simulationen von Gefechtssituationen, zur Ausschaltung von Gegnern, wird die eigentliche verbrecherische Dimension von Kriegen ästhetisch verschleiert. In der Darstellung von Gegnern mittels Verfremdung zu Aliens und Zombies, hilft eben diese die Entmenschlichung zur Ausräumung von Skrupeln . Zudem bleibt die Tat selbst klinisch rein, für den Täter folgenlos und stets potenziell korrigierbar, in der Wiederherstellung der Ausgangssituation.

II) In die andere Richtung zielt die direkte Konfrontation mit expliziter Gewaltdarstellung auf Weltnetzkanälen (You-tube), wobei dem erstmaligen Schock die Indolenz folgt, da die Wahrnehmung in nachhinein nicht weggeblendet werden kann. Auf das einmalige

Erblicken von realer Gewalt erfolgt unausweichlich die seelische Ertaubung in einem Trauma.. Eine psychische Verarbeitung ist für Jugendliche, schon wegen der aggressiven Umvermitteltheit der Medien, schier unmöglich.

In beiden Richtungen liegt als Ziel, die grundlegende Abstumpfung, die als psychischer Mechanismus des Selbstschutzes greift. Es liegt im pyramidal medial gestützten Erziehungskonzept, eben diese Qualität der Indolenz zu Nutzanwendung zu bringen. Um zum Beispiel einer Kriegshandlung das Ansehen einer vermeintlich klinisch chirurgischen Operation zu geben.
Die Paradoxie aus der oben behaupteten Gegentendenz, löst sich auf, wenn man sich noch einmal vergegenwärtigt, daß, einmal durch Abstraktion von Gewalt, und andersherum, durch Explizitheit von Gewaltdarstellung, jeweils eine Abstumpfung in der Wahrnehmung erreicht wird, und eine Empörung über diese Form ‚pyramidaler' Erziehung allgemein ausbleibt.

IV *Bildungswesen*

Es ist Vertretern der Familienpolitik, gemäß den Weisungen aus wirtschaftsnahen Beraterkreisen, ein Anliegen, die Erziehung des Menschen möglichst früh aus der Hand der Eltern abzuziehen, und die Kinder in einer außerfamiliären Einrichtung zu erziehen.
Die Entfremdung des Kindes von der Familie durch ein ganztägiges Betreuungsangebot ist Programm. Mit dem, nicht von der Hand zu weisenden Argument der optimalen Sozialisierung unter Altersgenossen, ist aber eine, nicht mit formulierte, Absicht verbunden. Durch die frühzeitige Prägung auf den Wettlauf in der materiellen Ausstattung der Kinder, als Überkompensation schuldbewußter Eltern, die kaum persönliche Zeit in die Gemeinschaft mit ihren Kindern investieren können, verinnerlichen die Kinder über den Druck der Gruppe den Wetteifer des elterlichen Ehrgeizes, aber auf dem Umweg der jeweils fremden Eltern.
Einmal in den fatalen Kreislauf eingetreten, ist ein Ausstieg schwierig, und, lange genug daran gewöhnt, letztlich nicht einmal mehr denkbar.

Der Kreislauf besteht in der Zerstreuung der Familienmitglieder in die Fremdbetreuung, um die Zeit für die Deckung des gestiegenen Bedarf an materiellen Gütern decken zu können. Die Betreuungskräfte geben ihrerseits, während der Dienstleistung an fremden Personen, ihre eigenen Angehörigen wiederum in Betreuungseinrichtungen, die sich wie ein Makler in die innerfamiliären Angelegenheiten einmischen. Diese umfassend lückenlose Möglichkeit der Delegation von Betreuung ist kein Ausweg aus dem ökonomischen Sachzwang, sondern schafft ihn erst recht.
Um jungen Frauen als *high potentials* einen Weg der Verwertung ihrer ökonomischen Potentiale ohne lästige Unterbrechung zu ermöglich, bieten Konzerne das sogenannte *social freezing* an. Hierbei können gefrostete Eizellen, für eine passendere Lebensphase für Kinder, aufhoben werden. Das Fitnessgebot, durch das die Rückkehr in den Betrieb gesichert wird, gebietet in der Konsequenz die Leihmutterschaft, sodaß das Kind als fertiges Produkt übergeben werden kann. Uneffektiv verbrachte Lebenszeit zu delegieren, wird wohl dazu führen, daß der Mensch sich noch zu rechtfertigen hat, wieso er dieses Angebot nicht nutzt. Die Möglichkeit wird zur Verpflichtung, um Optionen offen zu halten, deren Wahl der Einzelne ebenfalls der ‚pyramidalen Maschine' überlassen muß.

Unter Bildung ist seit dem humanistischen Aufbruch der Renaissancezeit das Anhäufen von Wissbaren verstanden werden, mit der Deutung der Geschichte auf eine Zuspitzung der Sinnhaftigkeit historischer Entwicklung auf die Gegenwart hin. Nunmehr tritt das Kriterium der ökonomischen Verwertbarkeit hinzu. Um den Kindern frühzeitig die Grade an Effizienz zu vermitteln, müssen sie aus dem bedingungslosen und un-berechenbaren Beziehungsfeld der Familie herausgenommen werden. Bildung hat also mit der Fähigkeit zur Abstraktion zu tun, und diese beginnt mit Abzug aus dem Beziehungsnahfeld (=ab-trahere).

Mithilfe kulturwissenschaftlicher Methoden werden die Mengen an Funden und Hinterlassenschaften vergangener Gesellschaften gesichtet und geordnet. Auf diese Weise entsteht vor uns ein ‚lebendiges' Bild vergangener Lebenswirklichkeit, weil wir uns naturgemäß mit der

Abstraktion nicht begnügen wollen. Es schließen sich die Lücken unseres Verständnisses von der Entwicklung menschlicher Kultur. Die Menge der Belege hierzu nimmt rapide zu, in dem Maße, wie die Ruhestätten in den Ablagerungsschichten für Ressourcengewinnung erschlossen werden. Dennoch ist die Komplettierung unserer Sicht auf die zivilisatorische Vergangenheit nur eine solche aus der Perspektive unseres gegenwärtigen Bewußtseins, dessen Authentizität und Selbstvergewisserung aber beständig relativiert und zerrieben wird. Weil die Vergangenheit in unserer Vorstellung so lebendig wird, wird sie auch beständiger Teil der Gegenwart, jedoch durchtränkt mit der gegenwärtigen Deutung. Dazu gehören eine Unterstellung von Zwecken (Teleologie) ebenso, wie die Verwischung von Absichten und Motiven. Die Interpretation bleibt den ‚Siegern' der Geschichte vorbehalten, denen das Primat der Deutung zuerkannt wird.
Mit den Dramen Shakespeares ist uns ein Beispiel für die nachträglich angelegte Schablone an alles Wohl- und noch mehr Mißgeratene, aus der vorherrschenden Sicht seiner Zeit, überliefert.
Erwiesenermaßen sollte das regierende Haus Tudor glorifiziert, und die vormalige Konkurrenz, in der monströs entstellenden Darstellung der Gestalt Richard III., nachträglich abqualifiziert werden.

Neben der ständigen Gegenwart des Vergangenen, weist gleichzeitig die beständig sich überschlagende Entwicklung technischer Möglichkeiten zur Bewältigung des kulturellen Reichtums, aus allen Räumen und Zeiten, auch wiederum bis hin in die unabsehbare Zukunft. Jede Innovation trägt sein eigentliches utopisches Potential schon in sich, das weit über den Horizont der augenblicklichen Nutzung hinaus reicht. Mit dem mechanischen Buchdruck ergaben sich die damals noch unabsehbare Möglichkeit der Verbreitung und Popularisierung in einem Massenmedium, sowie die Meinungsprägung und die Kommentierung des Zeitgeschehens. Nach heutigem Ermessen läßt sich dementsprechend kaum erahnen , welche Gestaltungskraft in der modernen Informationstechnologie bereitliegt. Deren Anspruch des ‚Allumfassenden' bezieht sich sowohl auf die globale Räumlichkeit, als auch auf die Deutung sämtliche Zeitalter, die vorangegangen sind, und die Prägung auf das künftige wird mit aller Macht betrieben, ohne eine Entwicklung nach menschlichem Maß zuzulassen. Es liegt eine verführerische Macht in der Aussicht alles Wissbar zu machen, und

jede Entscheidung nach kybernetischen Begriffen vorbereiten zu können, sowie jedes weltgeschichtliche Ereignis bewerten zu dürfen.
Aber es ist Vorsicht vor dem Glauben geboten, durch die Sammlung von möglichst vielen Belegen kultureller Leistungen aus allen Zeiten, wäre eine Objektivität der Perspektive zu gewinnen. Mit der Relativierung von Gewissheiten schwindet diese Basis des ordnenden Verstandes auch schon wieder dahin. In dem beständigen Fluß der Information ist kein fester Standpunkt zu behaupten.
Es bleibt angesichts der überfüllten Magazine der Museen, der zahllos nebeneinander stattfindenden Ausstellungen nur die resignierte Reduktion auf plakative Schlaglichter und schlagwortartiger Benennungen von Kulturschnipseln, um die Aufmerksamkeit wenigstens für einen flüchtigen Moment zu erreichen. Damit fragmentiert sich gleichzeitig wieder das Bild, das bereits vervollständigt geglaubt worden ist.
Das vermeintlich vollständige Zeit-Bild unseres Geschichtsverständnisses zerrinnt wieder zu einer bunten Sandwüste von Informationen ohne Struktur.

Welche Bedeutung hat denn nun aber die kulturgeschichtliche Arbeit für die Ausbildung der ‚Pyramide' unserer Zeit? Eine Sammlung von Zeugnissen kultureller Leistungen in einem Hort, oder Massenspeicher, bedeutet immer auch ein Stück Bewältigung von bislang nicht Einzuordnendem. Dies geschieht z.B. in einer Ausstellung von Gegenständen, in Vitrinen etwa, mit dem unspezifischen Hinweis auf „ritueller Gegenstand". Das Nebeneinander von gläsern transparenten Vitrinen stellt die Fixierung durch Kristallisation dar. Auf diese Weise wird eine Aneignung und Beherrschung des Flusses der Zeit bewerkstelligt.

Glaspyramide vor dem Louvre, Paris

Für die Konstruktion einer Pyramide, die den Kern ihrer Macht aus der Gewinnung von Information über alles Wissbare bildet, stellen die Fakten und Arte-Fakte der Zeitgeschichte insofern die kristalline Basis dar, über die die Deutungshoheit zu erlangen ist. Die Rasanz der Entwicklung, wie sie in der Gegenwart auszumachen ist, läßt erahnen, wie weit der pyramidale Anspruch auf die Gestaltung der Zukunft reicht. Somit weist die Spitze der Pyramide in die Zukunft. Alles Gewesene wird zu amorphen Sand der Bits und Bytes zerrieben.
Mit der Verflüchtigung von Identität geht der Raub der Vergangenheit einher, die eine Rückversicherung der eigenen Herkunft erlauben würde. Im Zusammenhang mit dem fatalen Zwang der unausgesetzten Gegenwärtigkeit, auf dem Scheitelpunkt des Rades der Geschichte, das kräftig in Drehung versetzt wird, sind wir gezwungen, uns in rasendem Stillstand auf dem Scheitelpunkt oben zu halten, der immer den gegenwärtigen Augenblick der „entscheidenden" Wende darstellt, um nicht unter das Rad zu kommen („Zukunft wird Jetzt gemacht – Zukunft ist Jetzt")

Daß wir nicht für das Leben lernen, sondern für die Schule, ist nicht nur in seiner Bedeutung verdreht, sondern in der Wolle falsch ausgedrückt. Wir lernen für den pyramidalen Betrieb! Deshalb werden den Schülern in Schulexperimenten, mit der Ausstattung von Sponsoren des Schulbetriebs, auch nicht das Verständnis der Naturgesetze nahegebracht, sondern deren Nutzanwendung im Sponsorenbetrieb.
Der Druck auf dem privaten Bildungsmarkt, ermöglicht es, daß auch allgemeinbildende Lehranstalten durch Sponsoring auf die künftigen Zwecke gelenkt werden. Sie haben sich in Ranking-Verfahren dem Wettbewerb zu verpflichten, wobei die Qualität der Lehre selbst nicht von primärer Bedeutung ist. Es genügt, wenn die Vertretung der Interessen der Industrie gewährleistet ist, etwa über die enge Kopplung der Forschung an die Markterfordernisse. Häufig haben geisteswissenschaftliche Disziplinen, als sogenannte ‚Orchideenfächer' das Nachsehen. Von dem universellen Bildungsideal, nach Humboldt, und der großen Tradition der Philologie ist kaum mehr die Verwaltung der Magazinbestände zu erwarten. Längst ist die Aufgabe der Veröffentlichung von Schriftwerken der Vergangenheit, auf den *Google-Scan* übertragen worden. Dadurch ist zwar die breite Verfügbarkeit von Information ermöglicht worden, allein deren

Relevanz für die kulturelle Identität kann kaum noch ermittelt werden, weil die finanziellen Mittel und die Zeit nicht gegeben ist. Die Bücher öffnen sich, und finden dennoch ebenso wenig ihre Leser, als wenn sie als Originale in den Archiven verstauben würden.
Auf die Rechtfertigung ihrer Existenzberechtigung verwiesen, fristen die Einzeldisziplinen ihr Dasein in der Nabelschau. Ein fruchtbarer interdisziplinärer Diskurs mit öffentlicher Wirksamkeit, ist gegenwärtig nicht zu erwarten. Die Lehre konkurriert mit der Forschung, und beide ringen um die Drittmittel.
Wo bleibt der vernehmbare Kommentar zur Erosion der Grundlagen unserer kulturellen Identität, etwa von Seiten der Geisteswissenschaften.
Um einmal poetisch mit Nietzsche zu sprechen: „Wie vermögen sie aus sich heraus einen tanzenden Gott zu gebären?"

Durch die aus dem angelsächsischen Raum übernommen internationalen Abschlüssen bei gestrafften Lehrinhalten werden (von G8 bis Bachelor) glatte Effizienz und direkte Nutzbarmachung zur Priorität. Für ethische Grundsatzdebatten bleibt in der Basis kein Raum, und diese sollen auch, z.B. in parlamentarischen Gremien, ins Leere laufen (Ethik in der Medizintechnik, Tierversuche für die Pharmaindustrie, Humangenetik), um die Dynamik der Märkte nicht abzuschwächen. Einer breit angelegten Debatte fehlt die Voraussetzung des Willens, Fragestellung auch interdisziplinär zu fördern. Im Eigeninteresse der jeweiligen Fachdisziplin wird das Ansinnen, etwa technische Errungenschaften in ausdrücklich nicht fachlichen gesellschaftlichen Kontext zu diskutieren als unprofessionell angesehen. Betroffenheit, ausgedrückt von Laien, in Bezug auf Risiken von Technologie, wird meist rundweg als bloße Bedenkenträgerei abqualifiziert.
In Foren der technisch-naturwissenschaftlichen Debatte sind fremddisziplinäre Teilnehmer, oder gar Vertreter aus dem Kunst- und Kulturbereich, ausdrücklich ausgeschlossen, weil ‚Bedenkenträger' den rituellen Prozess der Selbstvergewisserung innerhalb der eigenen Disziplin stören würden. Technologischer Fortschritt wird als Bestandteil der ‚pyramidalen' Wachstumsideologie angesehen, sodaß die Frage nach den Technikfolgen lediglich als Bremsmanöver des Konjunkturmotor verstanden werden.

Mit der Formulierung der Axiome der Kybernetik zur mathematischen Modellbildung von Regelsystemen, ursprünglich für die Steuerung von Arbeitsprozessen mit den Zielen Rationalisierung und Automatisierung, wurde der Bezug des Menschen zu seiner Tätigkeit vollständig abgeschnitten. Mit der Vertiefung der Schnittstelle zwischen Mensch und Maschine entsteht auch gleichzeitig die Gestalt des Maschinen-Menschen, der dieser operativen Logik unterworfen, entsprechend optimierbar wäre. Die Qualität des Tätig-Sein ist nun endgültig nicht mehr auf Fähigkeit und Erfahrung gegründet, sondern ein, von der Abteilung Arbeitsvorbereitung planbarer Prozeß, der unabhängig von der individuellen Arbeitskraft auf Ertrag optimiert wird. Das bedeutet für den Auszubildenden, daß nicht mehr Einfühlungsvermögen, Talent, oder gar Interesse ausschlaggebend sind, sondern inwieweit er in der Lage ist, sich als Teil der Maschine in den abstrakten Prozeß einbauen zu lassen.
Zur Entscheidungsfindung in komplexen Zusammenhängen wird dem Anwender moderner Steuerungstechnik an der graphischen Oberfläche vermittelt, daß eine mögliche richtige oder falsche Entscheidung auf eine simple Ja/Nein-Polarität, entsprechend der zweiwertigen Logik, reduziert werden kann. Während dessen laufen die Prozesse im Hintergrund tatsächlich schon anderen, zuweilen mehrwertigen, bzw. sogenannter weicher, Logiken folgend, ab. Im Ablaufdiagramm wird jedoch die bildliche Reduzierung auf ‚Entscheidungsbäume' dargestellt. Um die rasche und effiziente Reaktion des Bedieners von Maschinen (z.B. Flugkörper, Waffensystemen) zu ermöglichen, wird die Erfassung der tatsächlich vorliegenden komplexen Sachlage in die Computer-Algorithmen verlegt, und dem Bediener nur ein reduziertes Bild in Gestalt des simplifizierten Ja/Nein Schemas gezeigt. Zur Vorbereitung einer Prozeßentscheidung werden Rechner-Hintergrund die quantitativen Risiko-Erwägungen vorgenommen. In den statistischen Aussagen, auf der Basis komplizierter Berechnungen, die den zugrunde gelegten Algorithmen folgen, erhalten Enscheidungsvorlagen für einen zu steuernden Vorgang, ihre entsprechende Gewichtung. Dem Mensch an der Schnittstelle stellt sich die Prozesskette in abstrakter Symboldarstellung an der Bedieneroberfläche in simplifizierter Form dar. Ihm wird suggeriert, er treffe selbst die relevanten Richtig/ Falsch-Entscheidung, eine Vorspiegelung von Kompetenz, die eigentlich in der Maschine liegt.

Aus dem hohen Grad an Abstraktion von Prozessen folgt eine bequeme Entlastung von der Reflexion des Handelns, und die Unverantwortlichkeit des Gewissens. Im Grunde ist die Determination von Prozessen, sei es in Produktion oder Destruktion, bereits in den Algorithmen vorgelegt, enthalten. Die Entscheidung ist sinngemäß längst gefallen, der Maschinen-Mensch drückt nur noch die Bestätigungstaste., unter Vermeidung der Stopptaste, wenn er nicht seinen Platz verlieren will.
In dieser anwenderfreundlichen Verkürzung der Realität liegt die Gefahr der Entmündigung und Nicht-Verantwortlichkeit des Benutzers gegenüber bei Fehlentscheidungen des Systems. Ein Bewußtsein für die Relevanz von Information, die beliebig verfügbar ist, sowie Kriterien, die einer Beurteilung zugrunde liegen könnten; Parameter die den Grad der Entscheidungsfreiheit definieren, wird an der Mensch-Maschine-Schnittstelle nicht erwartet. Daher wird in der Ausbildung das Gewicht eher auf die Bedienerfreundlichkeit gelegt, als auf die Sachkompetenz. Unter Bedienerfreundlichkeit wird, zum Einen, der Aspekt der Oberflächengestaltung verstanden, zum Andern aber auch die Anpassung des Anwenders selbst an die Systemumgebung.
Das Ansinnen, Kindern bereits in der Schule die Elemente der Programmierung zu vermitteln, dient lediglich dazu, ihnen frühzeitig das simple Schema des Entscheidungsbaumes anzutrainieren, eine wirkliche Kompetenz zur Analyse komplexer Entscheidungen ist allgemein nicht beabsichtigt. Denn es ist völlig ausreichend, die Masse der Arbeitskräfte für die Bedienung von Oberflächen an der Schnittstelle zur Maschine fit zu machen.
Das Lernen selbst ist zum Vorgang kybernetisch optimierbarer Prozesse geraten, da auch physiologische Zusammenhänge in der Biologie, soziale Bezüge in der Soziologie, auf diese Weise verwissenschaftlicht werden (auch hier wird sich auf eine, als alternativlos bezeichnete ‚Objektivität' berufen).
Bislang wurde bei der Messung menschlicher Leistung die die Verschiebung von Grenzen von Höchstleistungen, je nach Disziplin, den individuellen Voraussetzungen entsprechend gewürdigt, etwa im sportlichen Wettbewerb. Darin Benachteiligte konnten jedoch, z.B. wegen einer Behinderung, in ihren Bemühungen dennoch nicht im gleichen Maße Aufmerksamkeit und Anerkennung erlangen, und

trugen, unter Umständen, die Prothese als ein verschämtes Symbol der Ohnmächtigkeit. In vielen Fällen aber auch als Symbol von tapferer Überwindung, oder von schlichtem Überlebenswillen.
Mittlerweile beginnen sich die Betrachtungsweisen jedoch umzukehren. Anschaulich durch die Ausrüstung mit Hochleistungsprothesen unter Einsatz spezieller Materialien, erleben wir gerade Verschmelzung von technischer Intelligenz und menschlicher Disziplin als Triumph der rationalen Optimierung von Leistungsfähigkeit. Ohne die individuelle Lebensleistung von Athleten schmälern zu wollen, besitzt dieser qualitative Sprung der technischen Optimierung des Lebens einen unheimlichen Aspekt, und zwar in dem Maße mit dem die Technik mit dem biologischen Organismus in intime Nähe zusammenrückt, und zunehmend symbiotische Züge aufweist.
Die bloße Natur, mit ihren Beschränkungen, nach unseren funktionellen Leistungsbegriffen, gerät zum defizitären Objekt, das nun in einem Umkehrschluß, als minderwertig und unvollkommen disqualifiziert wird, wenn sie nicht willkürlich einem technischen Optimierungsprozess unterzogen wird, während vormals die natürlichen Abläufe als stimmig zu gelten hatten, wenn sie ohne Hilfestellung selbststabilisierend verlaufen.
Mit letzter Konsequenz läuft die Entwicklung dahin, daß der kybernetische Organismus (Cyborg) der Optimierung der Leistungsfähigkeit keine natürlichen Grenzen mehr setzt (z.B. brain-enhancement; prothetische Muskel-Aktuatoren, Chip-Implantate zur neuronalen Steuerung). Es eröffnet sich eine ‚pyramidal' berauschende Perspektive des endlosen Wachstums, in der sich der Androide als der bessere Mensch erweisen könnte.
Die Anpassung der kindlichen Wahrnehmung an die Erfordernisse der digitalen Informationstechnik soll möglichst früh geschehen, unterstützt durch elektronische Spiele, und Lernsoftware. Der Wettbewerbsgedanke soll in jedes, vormals müßige, Spielen getragen werden. Der Erwerb einer Weltanschauung soll, mit dem Attribut der Alternativlosigkeit, auf Ertragsnutzen hin geformt werden. Schüler werden aufgefordert in ‚Wikipedia' ihr Wissen aufzustocken, ohne die Quellenkompetenz zu erwerben, die zu Erhebung und Vergleich von Wissensinhalten, die als Fakten-Wissen angeeignet werden können. Die Präsentation in einigen Netzforen, wie Wikipedia, scheint wohl schon in ausreichender Weise für Relevanz zu verbürgen. Dazu im

Vergleich, hatte sich die Enzyklopädie von Diderot sich noch dem kritischen Diskurs zu stellen. Dieser Diskurs fand bereits in der Redaktion der Artikel statt, und wäre ohne diesen Anspruch nicht veröffentlicht worden. Während die damals zeitgeschichtliche Relevanz eines Stichwortes die Aufnahme in die Enzyklopädie nahelegte, haben sich nunmehr die Verhältnisse umgekehrt. Es ist das Medium selbst, das den Inhalten verleiht.
Allein die Tatsache der Verbreitung eines Artikels verbürgt demnach schon für Relevanz. Es genügt bereits die Aufstellung einer Behauptung, um im Bewußtsein schon für die Realität der Tatsache selbst zu stehen (gesagt = geschehen). Die Potentiale der Verbreitung verschaffen selbst dem belanglosesten Ereignis aus der abseitigsten Nische, das Gewicht der breiten Wahrnehmung im Bewußtsein des Zeitgeschehens.
Das Medium ist die eigentliche *message*. Der Wahrnehmung aus eigener Anschauung ist solange nicht zu trauen, bis es nicht durch You-tube als Weltauge von aller Welt gesehen und dadurch beglaubigt wurde.
Der internationale Campus, das vernetzte Forum der „großen Stadt“, der Exzellenz-Cluster, entsteht unter Vereinheitlichung von Standards, sowie der Überwindung sprachlicher und kultureller Eigentümlichkeiten. Somit wird der Gegenstand ethnografischer Forschungen, letztlich zum Vitrinenexponat, aufgesteckt wie ausgestorbene Falter. Eigentlich leistet die vergleichende Kulturwissenschaft nur noch Archivierungsarbeit – der Bachelor of Arts scannt die Errungenschaften der Völker ein, ohne sie selbst anders zu aufzufassen als Folklore. Begleitend zu der Verflüchtigung des Forschungsgegenstandes, ereignet sich die Verflüchtigung des wissenschaftlichen Interesses. Das kann bei einer akademischen Bildung unter dem Druck der Rentabilität auch gar nicht anders sein. Forschung und Lehre werden untereinander bereits trefflich ausgespielt, und beide zusammen müssen, bei der Bemühung um ‚Drittmittel’-Finanzierung, noch zusätzlich austrocknen. Wegen der verlockenderen Perspektive in der freien Wirtschaft, können hervorragende Akademiker kaum an der Universität gehalten werden. Bei vielen Doktoren, die am Institut bleiben, oder Professuren in Aussicht haben, herrscht ein finsteres Defizit an Didaktik zur Kompetenz der Lehre.

Von Immanuel Kant wird überliefert, daß er in seinen Lehrvorträgen, ganz im Gegensatz zu den Schriften, außergewöhnlich plastisch und anschaulich zu schildern verstand. Eine solche Persönlichkeit mußte es natürlich verstehen, das Licht der Aufklärung unter die Studenten zu bringen. Anschaulichkeit aus der Kraft der Begriffe zu ziehen vermag nur ein leidenschaftlicher Lehrer, der mit seiner Person eine authentische Präsenz zeigt. Wegen des allgemeinen Mangels an Persönlichkeiten dieser Natur, muß dementsprechend auf die Überzeugungskraft der technischen Hilfsmittel zurückgegriffen werden.
Künftig ist also zu erwarten, daß die Lerninhalte auf elektronischen Tafeln, oder online über das Handy als visuelles Angebot mit Symbolen, Icons, in grafisch aufbereiteten Schaubildern dargereicht werden. Um dem Verlust der Lesekompetenz Rechnung zu tragen, wird dabei weitgehend auf ausgeprägte Vermittlung von Grammatik, und Schärfung der Ausdruckfähigkeit in der Diskussion, verzichtet werden können. Es gibt bereits die Forderung, schulische Aufgabenstellungen nur noch mit grafischen Symbolen zu formulieren, mit Rücksicht auf den hohen Anteil von Migranten, die der deutschen Sprache nicht mächtig sind.
Bereits Jugendliche üben sich im möglichst effektiven Wischen und Schieben von Bildschirmsymbolen auf *tablets* – zur Bedienung des computergesteuerten Maschinenparks wird die Kompetenz des Wegwischens und Abwinkens künftig auch völlig ausreichend sein.
Würden sie aber je zu einem eigenem Ausdruck für Empfinden und Befindlichkeit finden, aus dem Mangel an längerfristiger Verbindlichkeit. Wie soll der eine schicksalsverbundene Freund uns unschätzbar werden, angelegentlich hunderter virtueller Freunde, die auch mühelos verfügbar scheinen.
Das schriftlich niedergelegte Wissen wird wieder einmal zum reinen Herrschaftswissen, wie es im Mittelalter bereits der Fall war; es steht nur noch den alphabetisierten Eliten offen, und das ist auch so gewollt: die Masse soll lediglich instruiert und unterhalten werden.

Algebra und Kabbalistik

Wenn dem Benutzer rechnerbasierter Technologie, die hinter der Bedieneroberfläche verborgenen Algorithmen undurchschaubar und unverständlich bleiben müssen, nähert sich der Umgang mit dem Rechenhaften wieder der archaischen Praktik des Formel-Raunens, die nur dem Eingeweihten, dem Adepten, geläufig sind.

Gerade die weitgehende Unverständlichkeit von moderner Technik, ist ein Indiz für die Entrücktheit von der existenziellen Lebenswirklichkeit. Gleichzeitig befördert sie die Abstraktion des Anwenders von seiner Existenz. Unter Existenz sind grundsätzlich die lebenserhaltenden Kompetenzen verstanden, aber auch das Zustandekommen von Identität aus der Selbsterkenntnis, die Bewußtwerdung von echten Bedürfnissen, Wünschen und Ängsten. Im persönlichen Austausch mit einem anderen Menschen, oder im Umgang mit Tieren und Pflanzen, in der handgreiflichen Bearbeitung von Werkstoffen,, und Vielem mehr, ist die Findung der eigenen Identität möglich. Dadurch, daß eine unverständliche Komplextechnik sich zwischen die Beziehung von Mensch zu Mensch, oder Mensch und Natur, drängt, werden die Umwege zur eigenen Identität größer. In dem verschlungenen Labyrinth des Selbstverlustes wird das Individuum heimatlos entwurzelt, und kann auch nicht durch eine Multiplikation von Nullen in sozialen Medien noch zu *Etwas* werden.
Das ist auch so beabsichtigt. Wenn die Beziehungen zwischen den Wesen wieder elementarer würden, wären die Adepten der höheren Vernetzungsebene überflüssig. Die digitale Revolution verschafft einer Klasse von okkult agierenden ‚Priestern' an den Knotenstellen der globalen Vernetzung die Rechtfertigung ihrer Existenz, die ihnen naturgemäß überhaupt nicht zukäme.
Warum ist hierbei von einem technisch basierten Okkultismus zu sprechen? Verständige Einsicht (intelligence) ist erst auf einer ‚pyramidal' höheren, wenn nicht gar der höchsten Ebene, möglich. Für den Basis-Anwender bleiben die Algorithmen der Maschine hinter der nahtlosen hermetischen Gehäusekapsel verborgen, also gleichsam okkult.

Im Verborgenen findet das *data-mining* und die Zuweisung von Relevanz von Information statt. Soweit scheint noch kein Neues geschaffen worden zu sein, sondern lediglich die Maschenweite des Wissbaren wird stark verengt. Es handelt sich also eher um einen quantitative Zuwachs, bei gleichzeitiger Verdichtung, um Information entsprechend rasch verarbeiten zu können. Der qualitative Sprung erfolgt durch die Schaffung eines informationellen Mehrwertes aus der Verknüpfung von Daten zur Gewinnung von Profilen der Quellen. Zusätzlich werden Kriterien der Relevanz innerhalb von Such- und Sortieralgorithmen eingeschaltet.

Wenn bisher dem menschlichen Gegenüber das ‚Berechnende' als Grund für Verunsicherung in Bezug auf dessen Aufrichtigkeit unterstellt werden konnte, erhalten wir mit der Zwischenschaltung von Kommunikationstechnik einen um Potenzen gesteigerten Grund zur Verunsicherung. Ein exklusives Gegenüber besitzen wir somit nicht mehr, denn unser potentielles Gegenüber ist die globale Gemeinschaft. Den Rang in welchem Begegnungen überhaupt noch stattfinden, erhalten wir zunehmend über die Makler der Informationsverarbeitung in sozialen Netzwerken zugewiesen, ohne jedoch Einsicht in die bestimmenden Algorithmen erlangen zu können. Durch das Versprechen von Berechenbarkeit von Beziehungen soll uns künftig Versuch und Irrtum erspart bleiben. Nicht mehr auf Treu und Glauben gründen zu brauchen, fordert als Ersatz den unbedingten Glauben an eine ‚richtige' Formel der Berechenbarkeit, die in verborgenen (=okkulten) Algorithmen niedergelegt ist. Die Bedienung der Endgeräte der Netzwerktechnologie ist auf kein verständiges Tun des Anwenders angewiesen, sondern kommt einer sakral symbolischen Handlung mit Fetischcharakter gleich. Es besteht in zärtlichem Wischen über magisch beleuchtete Displayflächen, auf denen sich die Icons tummeln, wie die Hieroglyphen an den Tempelwänden des alten Ägyptens.

Dies ist die Umgebung für die Entsprechung des ‚letzten Menschen', dessen Auftritt auf der Weltbühne Nietzsche in seinem ‚Zarathustra' vorausgesagt hatte. Der letzte Mensch sitzt nun also blinzelnd vor den blau schimmernden Displays, und glaubt, das Glück erfunden zu haben.

Wenn die entscheidende Leistung der Transformation des menschlichen Bewußtseins im Altertum darin bestanden hat, die Stufe von der sinnlichen Bindung an die Erfassung des Willen in der Natur, hin zu einer Vergeistigung zu bewältigen, die der Anschaulichkeit nicht mehr bedarf, muß von der Bedeutung der mosaischen Gesetzgebung gesprochen werden. Durch das Bilderverbot hat die Sprache, das Wort (logos), einen entscheidenden Bedeutungsgewinn erfahren. Während die Hand durch die Formung der Materie das sichtbare Gefäß schafft, ist der Atem, der Hauch (hebr.: *ruach*), mit dem das belebende Wort gesprochen wird, das Wesentliche, die Seele des Ganzen. Alle Dinge sind fortan beseelt, und vom schöpferischen Geist erfüllt. Da sie ursprünglich mit dem Wort ins Leben gerufen worden waren, gewinnt auch der Name, die Benennung der Dinge eine höhere Bedeutung als die Anschaulichkeit der Dinge selbst.

Wer sich mit den Axiomen der ‚höheren' Mathematik beschäftigt, findet ebenso diese Geringschätzung der Anschaulichkeit wieder, da das konkrete Beispiel immer nur ein Spezialfall der allgemeinen Abstraktion der Gesetze darstellt.

Im Judentum wir im Besonderen dem Wort eine direkte Verbindung mit dem Göttlichen zuerkannt. Es besitzt somit segnende, aber auch fluchwirksame, Kraft, und erfordert eine höhere Gelehrsamkeit im Umgang. Speziell die Namen Gottes dürfen nicht beliebig im Munde geführt werden.

Im Mittelalter herrschte ein erbitterter Streit darüber ob die Namen und Begriffe, allein da sie formuliert werden könnten, auch Anspruch auf Realität haben würden, oder nicht. Die Parteiungen fanden sich in Realisten und Nominalisten gespalten.

Die Basis der exakten Wissenschaften findet mit ihrer abstrakten Begrifflichkeit ebenso ihre Wurzel darin, wie die magische Auffassung der Mystiker und Alchymisten. Somit sind die ‚Wissenschaften' und die ‚Parawissenschaften' nicht soweit voneinander verschieden, wie sie sich in gegenseitiger Verachtung gegenüber zu stehen scheinen.

In ihrer Überheblichkeit des vermeintlich voraussetzungslosen Rationalismus, kultivieren die Fachwissenschaften in gewisser Weise eine ‚Magie' der bannenden Zahl, und des beschwörenden Wortes, wie die Kabbala es tut.

Über die Gesetzmäßigkeit der Welt durch Berechenbarkeit Macht zu erlangen, entspringt dem alten Glauben, daß die Schöpfung im Anfang, mit dem Wort in ihre Existenz gerufen wurde. Der Glaube der Naturwissenschaft ist es, daß dieses durch Forschung und Wissenschaft, unter Zuhilfenahme von Rechenmaschinen, beim Durchspielen der Kombinationen und Permutationen der Zeichen, endlich aufgedeckt werden könnte. In dieser Wurzel liegt die Verbindung zwischen Glaube und Wissenschaft begründet. Die Wissenschaft ist insofern objektiv, als sie alles was Welt ist, als Objekt der Kalkulation unterwirft, um letztlich als Ergebnis nur wieder ihre eigenen Voraussetzungen und Prämissen zu bestätigen. Die um Antwort genötigte Natur reagiert mit der Bestätigung des Modells der Voraussetzungen mit der das Experiment durchgeführt wird. Ein bekanntes Beispiel ist die Dualität des Lichts als Welle und Teilchen, je nach der experimentell formulierten Fragestellung. Auf diese Weise scheint sie sich wiederum der Ergründung zu entziehen. Auf die Entdeckung neuer Elementarbausteine der Materie folgt die Verflüchtigung ihrer örtlichen Nachweisbarkeit durch gähnende Leere des Zwischenraumes, den sie letztlich selbst darstellen.

Der Blick in die Tiefe des Raumes zeigt die grundlose Tiefe des Blicks in ein Spiegelkabinett mit seiner Vervielfachung des immer sich Gleichenden, *ad infinitum*. Der anthropozentrische Blick in der räumlichen Spiegelung bestätigt sich als das Gegenwärtige in der Selbstbetrachtung, so tief er auch reichen möge. Er sieht sich noch in der Tiefe des Spiegels der Zeit bestätigt in der Annahme einer ewigen Wiederkunft des Immer-Gleichen.

In der biblischen Schöpfungsgeschichte wird das Wort an den Anfang des Seienden gesetzt. Daraus leitet sich die der Sprache zuerkannte Macht ab. Im Nominalismus wird als Wirklichkeit nur anerkannt, was in Begriffen erfaßbar ist. Die Dinge werden erkannt, indem sie benannt werden, das ist der Anfang der Logik als Basis aller Wissenschaft.

Die logische, wortbasierte, Wissenschaft, die dem Märchen vom Golem, der durch ein Zeichen oder Wort zum Leben erweckt wird, zugrunde liegt, ist tief im jüdischen Glauben verankert, mit ihrem Traum, sich die Schöpfung noch einmal als Schöpfer einer Gegenschöpfung zu bemächtigen. Adam, selbst aus Lehm geformt, bemächtigt sich der Materie, um sich selbst zu ermächtigen eine neue schöpferische Ordnung zu kreieren, in der das lebenspendende Wort von ihm selbst ausgesprochen wird.

Früchte übergriffiger Erziehung:

Aus Neu-medizinischer Sicht gerät der Mensch aufgrund von Revierbereichs-Konflikten in Konstellationen, die sich auf psychischer Ebene in einer bestimmten Grundstimmung ausdrückt, etwa auch in manisch-depressiven, sogenannten bipolaren Störungen. Es ist anzunehmen, dass jede Gesellschaft bestimmten Grundtypen den Vorzug gibt, sodaß die Definition, was 'krankhaft' oder ‚normal' ist, gemäß den Nützlichkeitsgraden in Kategorien der ökonomischen Vernunft geschieht. Die Manie wird, im Gegensatz zur Depression, allgemein mit Dynamik, Aufgeschlossenheit, Durchsetzungsvermögen verbunden gesehen, und ist zumeist positiv besetzt.
Sich für etwas begeistern zu können, und wenig reserviert und zurückhaltend zu sein, ist eine Ressource des Manischen, die weidlich ausgenutzt werden kann, um, z.B. als Konsument für neue Produkte begeistert zu werden; oder zum Ansporn dazu, rastlos an der Selbstoptimierung zu arbeiten (was eine Person als ‚Performer' auszeichnet). Jedoch stets kanalisiert in die gewünschten wirtschaftlichen Interessen der ‚Pyramide' (ein manischer Künstler würde hingegen eher in den Verdacht geraten, irrsinnig zu sein, oder, in seltenem Fall in der Bewertung der Nachwelt, als genial geschätzt. In ihren Sphären begegnen sich Genie und Wahn in einer Weise, die sich unserer Einsicht entziehen muß)
Einige Konstellationen sind günstig für den Erhalt von Machtstrukturen, z.B. die psychische Kastration, die sich infolge der Umstände der realen Beschneidungspraxis ergeben, sowie die Prägung von sog. „Zweit- u. Drittwölfen", die im Rudel die gegebene Herrschaft nicht in Frage stellen, und selbst absolut loyal gegenüber dem „Leitwolf" sind. Sie sind Paladine ihres Herrn, mutig aber psychisch impotent, und beziehungsgestört. Dies könnte die vorherrschenden überhöhten Ideale der Ritterlichkeit im hohen Mittelalter begründen, mit der gleichzeitig ätherischen Verflüchtigung der Minne gegenüber der körperlosen Dame. Innerhalb des extremen Pendelausschlages der Tugendbegriffe erklärt sich die Spannweite des

erhöhten Bildes von der Frau als gleichsam heilige Jungfrau einerseits, aber auch der Verachtung als Hure andererseits. Der konstellierte Mann besteht auf die Unberührtheit des Mädchens, das er indes zu beflecken wünscht, um anderseits der erfahrenen Frau den Verlust der Unschuld zum Vorwurf zu machen. Mit der kulturellen Überhöhung des Tugendbegriffes, korrespondiert die schauerliche Übertreibung der Grausamkeit, wie es im Islam beispielhaft wahrnehmbar ist. Die Geburt der Heiligen und der Hure vollzieht sich aus dem Pendelschlag der Tugend. Dem entsprechend zog die Marienverehrung innerhalb der moralischen Verfassung der geistlichen Pyramide ihre Kraft aus eben dieser Quelle, indem eine Frau mit ungesicherter Mutterschaft in den heiligen Stand gehoben wird, auf der Basis einer Kultur, die der Frau ansonsten nur Verachtung entgegenbringt.
Die starke Verbreitung von Vergewaltigung gerade in der islamischen Kultur ist Ausdruck jener psychischen Impotenz, die nur auf der aggressiven Schiene agieren kann. Einen fortgeschrittenen Grad der Sublimierung aggressiver Impulse findet sich im jüdischen Charakter, gerade dort wo die ästhetische Bildung besonders ausgeprägt ist. In Wissenschaft und Kunst kanalisiert sich der überentwickelte Eros, der, bei minderer Bildung sich im geselligen Umgang durch notorische Anzüglichkeit bemerkbar macht. Eine wesenhaft stark ausgeprägt reizbare Überempfindlichkeit bedingt dann überdies die typische lautstarke und schrille Reaktion der rasch Beleidigten, wenn die vorangegangene These zur Sprache gebracht wird.
Für die Schaffung von Kunstwerken allgemein, aber im Besonderen für die Rezeption von Musik, gilt ein ausgeprägter schöpferischer Eros als unabdingbar. Gerade im Bereich der Musikinterpretation sind Virtuosen mit jüdischen Wurzeln sehr häufig vertreten. Wo nicht die Sublimierung in der Triebstruktur der Persönlichkeit zu einer Ästhetisierung führen, tritt eine Hypersexualisierung im Ausdruck in Erscheinung. Wo nicht scharfsinniger Intellekt im Essay zu finden ist, findet sich die deutliche sexuelle Konnotation in der Belletristik vieler jüdischer Autoren, wobei beide Charakterzüge sich auch durchaus in einer Person vereinen können. Gerade im publikumswirksamen Auftreten, oder beim agitatorischen Talent findet sich eine geradezu promiscue Beziehung zur Masse als Objekt der Begierde. Zur Formierung von Gemeinschaften und zur Mobilisierung von Massen ist das bindende Element der sozialistische Eros. Der sozialpolitischen

Agitation verlieh, zum nicht geringen Teil, die Durchdringungssschärfe jüdischer Intellektueller entscheidende Impulse.
Die Konstituierung einer sozialistischen Internationale verdankte jener Qualität seinerzeit die entscheidende Durchschlagkraft. Dem Begründer der Sozialdemokratischen Partei, Ferdinand Lassalle, der nach einer erotischen Affäre an den Folgen eines Duells starb, wurde selbst von Parteifreunden und Zeitgenossen eine Überbetonung des Sexuellen bescheinigt. Als wesensbestimmender Aspekt tritt vielfach eine derartige Übersteigerung des Eros zutage, als eine Folge der Beschneidungspraxis im Judentum und Islam.
Es gibt den begründeten Verdacht, daß stark hierarchische Gesellschafen durch eine stark übergriffige Erziehung, in einer Mischung von brutaler Strenge und Verhätschelung (Zuckerbrot und Peitsche) eben jenen Typus systematisch produzieren. Auch Beschneidungsrituale im Judentum und Islam vermitteln schon durch den archaischen Vorgang, daß es sich um eine Form von Kastration handelt. Nach Sigmund Freud basiert die herausragende Qualität des Geistigen auf einem vorangegangenen Triebverzicht. Durch die Beschneidung, die einer symbolischen Kastration entspricht, wurde einerseits auf eine exklusive Praxis im Umfeld der benachbarten Kulturvölker bestanden. Zum Anderen, aber sollte vor Allem die entscheidende Bewältigung der Kulturstufe zur Vergeistigung, durch die Abtrennung von einer rein sinnlich begründeten Sinnstiftung, bewältigt werden. Durch die Loslösung der Gottesvorstellung vom anschaulichen Phänomen aus der Natur, und dem Verzicht auf bildliche Darstellungen, wurde ein bewußtseinsgeschichtlicher Vorsprung geschaffen. Aus der Ablösung von der sinnlich begründeten Sinnstiftung, und dem rein geistigen Bezug zum Göttlichen, rührt die besondere Position des ‚Auserwähltseins', allerdings zu dem Preis der Entfremdung von der natürlichen Schöpfung.
Die Welt ist das Revier des Menschen, in das er nach dem Fall geworfen ist, aber gleichzeitig bleibt er ein Fremdling ihrer Natur gegenüber. Vielleicht ist damit eine tiefe Spaltung in der Wurzel des Befindens in der jüdischen Kultur angemessen beschrieben. Sie erfaßt diesen Zusammenhang am treffendsten, weil sie ihn am tiefsten empfinden muß.
Mit der Beschneidung findet der symbolische Akt des Triebverzichts seinen Ausdruck, der die Bindung an die Sinnlichkeit lösen soll, um

sich dem Geistigen würdig zu erweisen. Gerade eine derartig überzogene Verdrängung des Sinnlichen im Sakralen, sorgt in einer pendelartigen Gegenschwingung gerade für eine Aufwertung im Profanen. Als Folge der bewußten Leugnung der „dämonischen“ Triebe, bedingt die Kultivierung ihrer konzentrierten Macht im Unbewußten, die sich Durchbruch zu verschaffen trachtet.

Der Verlust von Revier bedingt unter Umständen eine psychische Konstellation, umso mehr, wenn es um den Verlust äußeren Lebensraumes, bei gleichzeitigem Verlust innerer Reviere geht, wie Familienbindung, oder Weltanschauungen. In diesem Falle verstärkt sich die Disposition zur Bildung transzendenter Glaubenssysteme. Wer, vertrieben aus der angestammten Heimat, auch seiner Überzeugungen beraubt ist, fühlt sich in dieser Welt nicht mehr beheimatet, und sucht im Jenseits den Fluchtpunkt seines Strebens. In der nomadischen Geschichte des jüdischen Volkes konnte ein originärer Ort der Herkunft nicht ausgemacht werden, der Lebensraum mußte gegen die Wiederstände der damaligen städtischen Hochkulturen erst ertrotzt werden. Dies gelang umso mehr, da im Judentum der unverbrüchliche Glaube vorherrscht, als Volk direkt von Gott geführt zu werden. Die Wurzel des vorangegangenen Verlustes der Religion muß wohl in der alt-ägyptischen Epoche verortet werden. Die biblischen Belege zum Werdegang von Moses, sowie der Karriere Josephs beim Pharao legen eine enge Verbindung des Urkonfliktes der Juden mit der ägyptischen Kultur nahe, in der im Übrigen die Quelle des Monotheismus vermutet wird. Dem Pharao Amenophis IV wird diese erschütternde Revolution im 14. Jhrd. v. Chr. zugeschrieben, wobei von nun an das Licht der Sonne als allein segensspendend verehrt werden sollte. Es ist hingegen nicht die Sonne selbst, sondern die unsichtbare Gottheit, die sich ihrer als Medium bedient. Die Rolle des Pharao, der sich in der Folge Echn-Aton nannte, wäre demnach die allein legitime Persönlichkeit gewesen, die direkt von Gott alle Macht erhält, womit er in Konflikt mit der bislang mächtigen altgläubigen Priesterschaft geriet. In seiner Nachfolge sollte jede Erinnerung an den ‚Ketzerkönig’ getilgt werden, indem die Bildkartuschen auf den Stelen und in den Tempeln ausgelöscht wurden. Alle Anhänger dieses neuen Glaubens blieb indessen nur die Flucht. Inzwischen ist der vergessene

Pharao wieder ins allgemeine Bewußtsein gerückt, und zwar als der Gemahl der berühmten Nofretete.
Beim Durchgang durch das geteilte Rote Meer, erlebte das Volk die Verfolgung durch eine überwältigende Streitmacht, und den perspektivlosen Blick in die Wüste vor ihnen. Waren es die Streitwagen des Pharao Ramses II auf dem Weg zum Treffen mit den Hethitern, die ihm von Norden über Palästina entgegenzogen? Immerhin lag damit ein Grund vor, sich vorerst in der Wüste sicher bedeckt zu halten, um nicht in die Gefechte einbezogen zu werden.
Darauf läßt sich auf den Einschlag eines Konfliktes schließen, der die schizophrene Konstellation des Volkes der Juden auslöste, von deren Auswirkungen noch zu schildern sein wird.
Aus einem intensiven Schockerlebnis heraus resultiert die Abspaltung eines Teils der Persönlichkeit, der die Scham und Schuldgefühle übernimmt, und damit einem anderen Teil die Aufarbeitung des Konfliktes erspart. In der schizophrenen Konstellation, die sich einstellt, wenn gleichzeitig die Angst ‚im Nacken' vor dem rückwärtigen Verfolger, und Frontalangst mit Ohnmächtigkeitskonflikt, gleichsam in einer fronto-occipitalen Konstellation, vorliegt, ist die Person individuell oder auch das Volk als Kollektiv in der Klemme.
In der daraus sich ergebenden Schizophrenie spaltet sich das Bewußtsein in einen als integer angenommenen, sich als frei handelnd wahrnehmenden Anteil, und einen im Verborgenen gehaltenen verleugneten Anteil (der ‚Gute' Dr. Jekyll und der ‚Böse' Mr. Hyde/ to hide!, wurde bereits literarisch geschaffen, bevor die Persönlichkeitsspaltung erklärbar war).
Der Islam stellt in dieser Analogie, angewandt auf den semitischen Kulturkreis, den nicht sublimierbaren, verdrängten Gewaltanteil dar, womit für das Judentum die „Rechtschaffenheit" wiederhergestellt ist. Das Trauma der Juden besteht in der biblisch bekundeten zeitweiligen Abwendung Gottes wegen ihrer Verfehlungen.
Biblisch belegbar sind auch jeweils die unerbittlichen Konflikte gerade von Brüdern unter sich (Kain und Abel, Joseph und seine Brüder), sowie das Ringen von Söhnen um die Gunst des Vaters (Isaak und Ismael, der rauhe Stammvater der Muslime, gegenüber Abraham, sowie Jakob und Esau gegenüber Isaak, und nicht zuletzt das schlechte Verhältnis Absaloms gegenüber David, wie es in den Psalmen

überliefert ist), bzw. das ganze Volk als Kinder des enttäuschten Vater-Gottes. Die Bibel ist nicht nur das Zeugnis von der Kindschaft des Volkes Gottes, sondern auch Beleg für die tiefe innere Zerrissenheit und Selbstentzweiung des Volkes Israel. In einem fortgesetzten ‚Selbsthaß', unter Verkennung der dauernden Verwiesenheit auf sich selbst, trachtet Israel den Spiegel zu zerstören, in dem es das islamische Palästina zu erkennen glaubt, und dennoch nur einen Blick in die eigene Seele tut.

Gerade im Judentum und Islam wird die fatale Bindung an die Gemeinschaft deutlich, die als Überlebensgarantie aus dem archaischen Grund der nomadischen Herkunft stammt. Irdischer Machtanspruch wird verbrämt mit vermeintlich göttlichem Auftrag (eine gewissermaßen psychisch postmortale Konstellation).
In den entscheidenden Instanzen unserer Welt (vorwiegend auf transnationaler Ebene und der Börse) finden sich besonders unter den herausragenden Persönlichkeiten vielfach Juden, die durch ihre Beschneidungs-Konstellation dafür prädestiniert scheinen. Ausgezeichnet durch eine starke Affinität, bzw. Hörigkeit gegenüber der Macht, verbunden mit dem Bewußtsein exklusiver Stellung, mit speziellen Fähigkeiten und Virtuosität im sprachlogischen Bereich. Heidegger sprach in diesem Zusammenhang vom ‚Rechenhaften', der kalkulierenden ‚Rechtschaffenheit', des Juden.

Aus den zahlreich möglichen Konstellationen seien einige herausgegriffen, die im Sinne des ‚pyramidalen' Machterhalt Relevanz besitzen. Die Herausbildung der folgenden Konstellationen wird häufig nicht als ‚Störung' wahrgenommen, insofern die Betroffenen nicht selbst Leiden an ihrer Befindlichkeit äußern. Zumeist werden sie es nicht tun, um im Wettbewerb nicht ausgesondert zu werden, zumal die Ausbildung ‚pyramidaler' Charaktere für den Betrieb u.U. sogar einen Wettbewerbsvorteil bieten können:

- die *narzisstische Selbstwertstörung*, als Folge unzureichender frühkindlicher Bindung an die Eltern, z.B. durch dauernde Abwesenheit eines Elternteils, oder bei längerem Heimaufenthalt. Die Selbstwertstörung folgt durch den Mangel an urvertraulicher Annahme in der Familie. Eine Folge daraus kann eine bipolare

Schwankung der Eigenwerteinschätzung abwechselnd zwischen dem Empfinden von Minderwertigkeit und phasenweiser grandioser Selbstüberschätzung (dieser Aspekt wird einem populären Mißverständnis gemeinhin isoliert als Narzißmus bezeichnet). Im ungünstigen Falle kann eine derart verfaßte Persönlichkeit in Delinquenz geraten. Tatsächlich finden sie sich aber häufig in herausragenden Positionen, wenn der Impuls zur Überbewertung der eigenen Bedeutung in erfolgreiche Unternehmungen mündet. Hinter der Fassade des Erfolgs, an der unablässig poliert wird, gähnt hingegen oft eine persönliche Leere, die verzweifelt mit den Attributen der Performance-Kultur überspielt wird.

- die Konstellation der „*entwurzelten Herkunft*", im Falle gestörter Vater-/Mutter-Bindung (evtl. durch eine frühzeitige Trennung, Fremdbetreuung, Aufwachsen in Patchworkfamilien).
  In die Lücke der Eltern-Autorität können Loyalitätsforderungen von Institutionen oder Ideologien treten (z.B. durch den Führungsoffizier eines Geheimdienstes der regelrecht die „Vaterrolle" übernehmen kann). Die Aufgabe des gesunden Selbstbezuges zugunsten der Eingliederung in eine Hierarchie, wie bei Behördendiensten, oder der Armee, sowie die Übernahme indoktrinierter Anschauungen, die religiös oder politisch motiviert sein können (Gemeindedisziplin, Sozialismus)

- die *autistische* Konstellation, verbunden mit einem hohen Grad an speziellen Fähigkeiten, die für monomanische Tätigkeiten nützlich sind, z.B. zur Übernahme einer Überwachungstätigkeit, oder zum Einsatz in der computergestützten Produktion (Robotertechnik, CAD/ CADAM), sowie zum Erstellen und Auswertung von Datenbanken

- die *postmortale* Konstellation als eine Folge des inneren und äußeren Revierverlustes (nach Flucht und Vertreibung, oder bei Erfahrung von Gewalt und Mißbrauch) ist gekennzeichnet durch eine ausgeprägt religiös spirituelle Grundstimmung. Sie erscheint im ‚pyramidalen' Gefüge günstig, um irdische Beschränkung,

> Verlust und Leiden stoisch zu ertragen. Zu einem ‚höheren' Zweck besteht u.U. eine große persönliche Opferbereitschaft

Somit wird mit individuellem Machtverzicht ein Anteil an einer höheren Macht erstrebt. Der Einzelne macht sich u.U. nicht bewußt, daß bei aller Demütigung des 'Ich' unter den Gemeinwillen, mit dem Zerbruch des Eigenwillens, eigentlich eine Aussicht auf einen Anteil an dem vielfachen von Machtperspektive eingetauscht wird.. Im christlichen Kontext wird vor dem Auftreten sog. ‚falscher Christusse' in der letzten Zeit gewarnt, die, gleichsam als mythomanisch konstellierte Menschenfischer reiche Beute unter der solcherart konstellierten Menschheit machen.

Die, nicht nur unter Christen, verbreitete Klage von der vermeintlich antiautoritären Erziehung hat im Prinzip gar keinen Gegenstand, da eine völlig herrschaftsfreie Erziehung pure Illusion ist. Ein Kind findet stets eine vorgefertigte Perspektive vor, die es prägt; sollte dies die permissive Umgebung der Eltern sein, finden sich, allein aus dem überwältigenden Bestand der Ding-Welt (z.B. Konsum) die doch letztlich fremdbestimmenden ‚Autoritäten', die in die, von den Eltern gelassenen Lücke treten.
Zusammengefaßt, ist eine Kindheit frei von Prägungen einer Leitkultur, bzw. Unkultur schlichtweg nicht möglich.. Tatsächlich übernimmt gerade in schwachen Familien die Medienwelt eine strenge Zucht, angefangen vom Terminplan der Fernsehzeitschriften, über die Markenartikel-Disziplin und der Restriktion der Sprachcodes bei SMS und Twitter („fasse Dich kurz!"), die eine weitschweifige Betrachtung, unter Beleuchtung umliegender Aspekte zu einem Thema, nicht mehr gestatten. Die bildungsfernen Schichten stehen zudem unter dem enormen Druck der Sozialbehörden. Die gebildeten Stände scheinen ihren, zumeist Einzel-Kindern zwar materiell grenzenlos zu verwöhnen, lassen sie jedoch psychisch in der Wüste der Vollbeschäftigung aller Familienangehörigen aufwachsen. Die Auswirkungen sind die entsprechend häufigen Konstellationen bei Jugendlichen, z.B. Magersucht/ Bulimie, Hysterie, Neurasthenie, Migräne. Die Mobbing-Problematik unter Schülern ist ein Phänomen der sozialen Kontrolle innerhalb der, bereits von Kindern

verinnerlichten, Nützlichkeits-Ideologie unter die der Außenseiter gepresst werden soll.
Das Ideal der ‚pyramidalen' Erziehung ist die sog. „Tiger Mom", die ihre Kinder zu Leistungsträgern in pyramidalen Kategorien drillt, mit engem Termin-Rahmen, Musikinstrumenten-Pflicht, Ballett, Turnen, etc. Die Tendenz geht also weniger in Richtung Pippi-Langstrumpf, wie immer beklagt wird, als vielmehr zu Erziehungsmustern chinesischer Prägung. Die hohe Wertschätzung Chinas hat nicht zuletzt ihren Grund im, heimlich als vorbildlich angesehenen, konfuzianischen Sozialismus.
Hiermit erhalten wir sozusagen das dritte Pferd, nach den christlichen Werten und islamischen Tugenden, das vor den pyramidalen Karren gespannt werden kann – der „islamistisch mobilisierte christliche Chinese" könnte einst der Bewohner der großen Welt-Stadt werden.
An dieser Stelle muß noch einmal darauf hingewiesen werden, daß der Blick vieler christlicher Gemeinden zuweilen ein neidischer ist, was den Glaubenseifer der Muslime, und die Disziplin der Chinesen anbelangt. Bereits gegenwärtig empfiehlt sich ein Blick auf Hongkong mit seinem Sonderstatus als asiatisches Börsenzentrum und Freihandelsstatus. Es stellt vor Allem hinsichtlich der Vereinbarung von Kapitalismus und Sozialismus, ja sogar zum Nachweis deren verwandschaftlichen Verhältnisses, ein Experimentierfeld der Zukunft dar.

V Verkehrswesen:

In diesem Bereich gilt die Zielsetzung, gemäß dem pyramidalen Prinzip der Konvektion, also der Aufrechterhaltung andauernder Mobilität aller Dinge im Gütertransport, sowie auch der Personen. Daher müssen Bedingungen derart geschaffen werden, so, daß ein nicht-mobiles Leben nicht mehr möglich ist. Jedes Familienmitglied braucht ein Automobil, um die weitgespannten Routen der kaum mehr gemeinsam koordinierbaren Lebenssphären zu verbinden. Die Flucht aus der Entfremdung des illusorischen Lebensentwurfes in die

exotische Illusion von Urlaub, muß durch den obligaten Flug angetreten werden.
Das Gesicht der Stadt wird von der Verkehrs-Infrastruktur des ächzenden Eisenzeugs geprägt. Neubausiedlungen in den Außenstädten sind infolgedessen durchweg autogerecht konzipiert, weil es dort nur Schlafburgen gibt, wobei zum Arbeitsplatz und zum Einkaufen notgedrungen gependelt werden muß; die Boutiken und Galerien, die zwar immer wieder eröffnet werden, geben schnell wieder auf, weil sie den Mietwucher nicht stemmen können, wenn die potenzielle Kundschaft im Auto vorbeirauscht. Aus der City im Kern ist indessen das städtische Leben gewichen, da sie von den Bürotürmen der Dienstleistungskonzerne bestimmt werden. Durch die Tunnelröhren der Bahn werden die geschäftigen Pendler aus dem Großraum in die Stadt gepumpt. Währendessen befinden sich die Automobile an der Oberfläche in rasendem Stillstand. Die Produktivität der Arbeitskräfte, würde längst nicht alleine den Wahn der Mobilität rechtfertigen. Es ist die Mobilität selbst, mit der dazu erforderlichen Technologie, sowie der dazugehörigen Infrastruktur, die die hauptsächliche Kraft der Volkswirtschaft ausmacht. Die Zyklen des industriellen Auswurfs von Neu-Fahrzeugen, deren Ausstattung und Wartung, ebenso wie der Umgang mit den Technikfolgen, die wiederum eine eigene Industrie rechtfertigt, sind das eigentliche Potential der Wirtschaft.
Einen Bezug zum Ort ihrer Beschäftigung können Berufs-Pendler indes nicht gewinnen, da sich die Euro-Cities in ihrem Erscheinungsbild so ziemlich gleichen. Mit der Abwertung des individuellen Charakters geht auch die Originalität verloren, die einen Grund abgäbe , die innerstädtischen Plätze aufzusuchen. Darunter hat zunehmend der reale Handel zu leiden. Dieser sucht in der Kondensation zu größeren Konzernen, und über die Bedienung des Massengeschmacks, die drohenden Umsatzrückgänge aufzufangen. Dies führt dann wiederum zur Flucht des Kunden in den virtuellen Konsumraum, ins Internet.
Als ein Endpunkt der Entwicklung des realen Handels erscheinen kurzfristig Videotheken und Handyläden. Entsprechend des Prinzips des Fluxus, kreuzen zuweilen ‚Flagshipstores' der Konzerne, und Popup-Stores der Ich-AGs ‚poppen auf', wie lästige Fehlermeldungen auf dem Display. Zum Trost finden sich noch im Internet die Geschäfte, die real nicht mehr geführt werden können – der Auto-

Verkehr zwingt zum Daten-Verkehr – und fördert wiederum den Liefertransportverkehr (z.B. für Amazon, Zalando, über DHL).
Daher ist die Zielsetzung der Reduzierung der Treibhausgase insoweit verlogen, als ein endgültiger Verzichtsappell unterbleibt, und die Maßnahmen zur Verminderung auf Jahrzehnte hinaus geschoben werden. Mit dem Modebegriff des ‚CO_2-Footprint' ist dem zeitgeistigen Wortschatz eine weitere fluide Vokabel hinzugefügt worden, die als hippes Etikett für die Mogelpackung taugt. Im weltweiten Zertifikathandel der Emissionen verschaffen sich die Kernregionen der intensiven Industrie, gekoppelt an die Hochfinanz, den Spielraum, der es erlaubt, die pyramidale Maschine ungedrosselt weiter laufen zu lassen. Die billige Mobilität („1,2,3, fly") verschweigt indessen den wahren Ressourcenpreis.

VI Finanzwesen:

Die Zirkulation des Geldes, bzw. dessen virtueller Entsprechung im Buchgeld, ist das Urwesen der Fluididät, und dem ideologischen Kern der Macht-Pyramide zuzuordnen. Die verstärkte Koppelung privater Rücklagenbildung an internationale Finanzstrategien, führt dazu, daß die Situation des privaten Vermögens an den spekulativen Risiken durch Streuung der Fonds in alle Welt, beteiligt ist. Es kann uns also nicht mehr länger gleich sein, wenn in China, sprichwörtlich, „ein Sack Reis umfällt", sondern Jeder von uns muß direkt um seine fondbasierte Rente fürchten, in deren Anlage wir durch massive Beratungsoffensiven hineingetrieben wurden.
Durch die vertragliche Übernahme des jeweiligen Kursrisikos braucht sich die Bank nicht mehr länger um die Einlagesicherheit zu bekümmern, denn das Risiko eines 'giftigen' Finanzpakets trägt in der Regel der Kunde. Die Risiken der hochspekulativen Anlageformen sind für die Bank, durch die Möglichkeit der breiten Streuung der Fonds, und des großen operativen Finanzvolumens relativ gering. Im Zweifelsfall kommt die Bankenrettung der EZB den systemrelevanten Instituten entgegen. Der private Kunde, der in der Masse zum ‚Anleger-Vieh' herangezogen wurde, kann den verbliebenen Rest seines Vermögens wiederum in neu beworbene Anlageformen investieren.

Während der private Kleinanleger die Risiken der spekulativen Investitionen, die er weder überschauen noch gar beeinflussen kann, dennoch voll zu tragen hat, ist der Investor mit entsprechend großem Volumen zum Einen mehr in der Lage Risiken zu streuen, und zum Anderen im Verlustfall geschützt, wenn es sich um ein Geschäftsfeld eines systemrelevanten Institutes handelt. In diesem Fall kommt das erpresserische Moment des *to-big-to-fail* zum Tragen, und der schon zuvor geschröpfte Kunde wird nun als Bürger mittelbar herangezogen, wenn Stützungskäufe von Seiten der Bundesbank getätigt und Rettungsfonds auf europäischen Niveau eingerichtet werden.
Im Falle der Insolvenz eines Privatkunden bietet die Bank großzügige Kredite, mit zweistelligen Zinsforderungen, an, während die Bank selbst von der Bundesbank Kredite für Zinsen unter 1% erhält.
Gewinnt der Kunde, verdient die Bank mit, verliert der Kunde verdient die Bank trotzdem.
Während im virtuellen Buchgeld-Universum völlig zwanglos mit Phantastillionen operiert werden kann, bleibt die Summe der Ressourcen gemäß des Massen- und Energieerhaltungsgesetzes stets konstant. Diese Tatsache müsste allein schon genügen, zu verdeutlichen, daß das spekulative Finanzwesen ihre Sache auf Nichts gestellt hat. Es ist innerhalb eines arbeitsreichen Lebens, schon auf Grund der Begrenztheit der physiologischen Reaktionsgeschwindigkeit und Lebensdauer, absolut unmöglich an die Effizienz und exponentielle Gewinnerwartungen des virtuellen Fluxus heranzureichen. Daher ist die Möglichkeit einer Koppelung von Hochfinanz und Realwirtschaft auch künftig nicht mehr zu erreichen.
Seitdem eine Entkoppelung der Bewegungen der realen Wirtschaft, der tatsächlichen Produktion und des realen Tausches von Gütern, vom Fluß des symbolischen Geldes voranschreitet, konnte eine Übermacht des virtuellen Symbols entstehen. Das Virtuelle hat in seiner abgehobenen Abstraktion, eine Verbindung zum Geistigen, und in der Loslösung von der Trägheit der erdgebunden Materie, ist die Überhöhung des Geldsymbols über alle sonstigen Werte unseres Daseins begründet. In dieser Weise erhält das Symbolische eine Wertigkeit, auch gänzlich ohne den ursprünglichen Verweis auf das Reale, für das es einst stand. Dennoch werden geistige Güter gehandelt, als wären sie Kartoffeln und Tomaten. In der Kunst wird bereits mit der Abstraktion von ihrem Schaffensprozess, ihrem Schöpfers, und der

zeitgeschichtlichen Relevanz ihrer Ästhetik gespielt. Es genügt bereits das bloße Etikett, einen Begriff ohne Zu-Begreifendes, zu handeln. Die Wertzuweisung, die das Symbol erhält, ist mittlerweile völlig unabhängig davon, was und ob es überhaupt Etwas gibt, das einem Gegenwert dazu entspricht.

Zu Anfang war der Wert von Silber, Gold, Kupfer oder Purpurschnecken, dem kulturellen Idealen und ästhetischen Moden entsprechend nachvollziehbar. Mit der Verflüchtigung des Gegenwertes, und des abstrakten Geldhandels bildete sich eine Parallelwirtschaft der Finanz, die ihre Dominanz gegenüber der Realwirtschaft behaupten konnte.

Der Handel von Optionen, Zertifikaten, Wechseln und Krediten bot die Möglichkeit, sich dem Wechsel der Jahreszeiten, der Unbill der Natur und der Bequemlichkeit der Produzenten zu entziehen, vielmehr wiederum ein neues altes mächtiges Werkzeug zur Knechtung von Mensch und Natur zu schärfen – Die Zinsschuld.

Während die alte Welt noch das Erlaßjahr kannte, und der Handel basierend auf Treu und Glauben durch werthaltige Pfänder besiegelt worden war, ist nunmehr der Ertragsanspruch des bloßen Geldsymbols selbst angemeldet. Unabhängig von den Umständen der Produktion von Gütern und der Beziehung der Handelspartner, scheint sich der abstrakte Anspruch des Geldmarktes als höchste Form anzuerkennender Wertschöpfung zu behaupten. Diese Anmaßung darf inzwischen nicht mehr infrage gestellt werden.

Hiermit ist die jüdische Rechenhaftigkeit in ihrer unerbittlichen Gesetzlichkeit eines Shylock gegeben, wobei der Forderung des Kaufmanns von Venedig Folge zu leisten ist, nicht bloß deswegen, weil es ein vertraglich zugesichertes Recht des Kreditgebers ist, sondern weil die Schuld eine Schuld auf die Ehre Gottes darstellt. Der Schuldner ist nicht nur in geschäftlich, oder juristischer, Hinsicht in der Bringschuld, sondern geradewegs ein Sünder wider Gottes Ordnung, wenn er ihr nicht Genüge tut. Damit kommt eine neue überhöhte Qualität hinzu. Das Schuldverhältnis ist nicht nur zum Einen lebenslang nicht aufhebbar, wegen des Rückstandes des realen Erwerbs gegenüber der Potenz von Finanztransaktionen, sondern auch, zum Andern, charakterisiert durch ein ‚pyramidales Gefälle' der Macht. Das höhere, moralisch entsprechend aufgeladene Recht des ‚Einholens' des Zinses, auf pyramidal höherer Ebene, steht dem auf basaler Ebene, entsprechend moralischen Recht, und Pflicht des ‚Erbringens' der Schuldigkeit gegenüber. Darin besteht die Pervertierung der leistungsethischen Prinzipien der Hol-Pflicht und Bring-Schuld

Eine Kritik an der zinsbasierten Ökonomie ist immer schwierig zu bewerkstelligen, da Schulden als Voraussetzung für den steigenden Wohlstand angesehen werden. Zumindest wen der Wohlstand am bloßen Zuwachs im Erwerb von Dingen gemessen wird. Nur wird dabei übergangen, daß die Vorleistung zu der ein Investor mit Hilfe von Krediten, über seine eigenen Möglichkeiten hinaus, in der Lage ist, zuvor durch eine enorme Umverteilung des Vermögens von unten (den Kleinsparern) nach oben (des Großinvestor als Kreditgeber) ermöglicht wird. Die Zunahme von Wohlstand des Einen wird durch die Abwälzung der Risiken auf die breite Basis der Anderen erreicht. Kürzer ausgedrückt, der Reichtum der sogenannten Industrienationen, die mittlerweile Dienstleistungsnationen sind, ist die glänzende Seite der Medaille, deren Rückseite die Ausbeutung der sogenannten ‚Dritten Welt' ist, bzw. ein Kredit auf die Zukunft, wie es an der Veränderung des Weltklimas noch zu erwarten ist. Noch bildlich deutlicher, muß der Vergleich mit dem ‚Schneeballsystem' herangezogen werden, innerhalb dem der Zugewinn an einer Spitzenposition nur durch die Verteilung der Risiken an einer breiten Basis erreicht werden kann.
Schulden müssen doch stets wieder abgedient werden, von den anderen weniger Skrupellosen oder der künftigen Generation, oder durch massive Störungen des ökologischen Gleichgewichts, wegen der unersättlichen Gewinnung von Rohstoffen, und Ablagerung von unverwertbarem Müll.
Beim Preisen der Zunahme von Wohlstand gepriesen wird, wird gleichzeitig unterschlagen, wie eingeschränkt dieser definiert wird, nämlich reduziert auf die Anhäufung von Dingen in unseren Haushalten, und die beschleunigte Rotation in der Beschaffung derselben, wegen der Verkürzung der Nutzungszeiten.
Die Zunahme des Gefühls privater Sicherheit geht einher mit der Zunahme globaler Risiken. In dem Maße wie der Mensch sein Eigentum nicht mehr vor seinen begehrlichen Nachbarn bedroht zu sehen braucht, weil die vielleicht schon selbst mehr besitzen, wächst

die Angst vor der Bedrohungen, die die ganze Menschheit existenziell betreffen könnten.
Trotz des Fetisch-Charakters der Dinge, von denen wir umstellt, ja umzingelt werden, besitzen sie nicht mehr diejenige Würde, die wir ihnen verleihen könnten, wenn ihre Verfertigung noch ein realer Bestandteil unseres eigenen Lebenswerk wären. Das vornehme Selbstverständnis dienstbarer Werkzeuge unserer Fähigkeiten, mit denen wir sie uns tatsächlich an-‚eignen' könnten, wie uns einst die Werkzeuge vom Vater überliefert wurden, fehlt ihnen vollständig. Stattdessen werden wir selbst von den Dingen mit ihrer aufdringlichen Dreistigkeit angeeignet, indem wir der flüchtigen Relevanz ihrer Funktionen nachjagen.
Als Eigner so vieler Gegenstände und Funktionen verlieren wir die Autonomie in der Beziehung zu diesen, weil wir uns gezwungen sehen, fortwährend mit zu wachsen, und uns mit zu verändern, in einem andauernden Anpassungsprozess. Ein Erfüllt-Sein vom Genügen, ein Ankommen bei sich ist deshalb, gefangen in dem Kreislauf der Anschaffungen und des Schuldendienstes, unmöglich. Die Gerätschaften lassen sich in ihrer Funktionalität gar nicht mehr beherrschen, sie nehmen uns die Werkkompetenz in unserer Verrichtung aus der Hand, rauben die Zeit und Muße, und letztlich den Sinn unserer Verrichtungen, weil wir keinen Sinn mehr in dieser Betriebsamkeit aus eigener Kraft und Anschauung hineinzulegen vermögen. Die Kompetenz für unseren Alltag wird ausgelagert an die Effizienz der Technologien, wo vormals „techne" die Fähigkeit des Menschen selbst bezeichnete. Am deutlichsten, wenn auch am wenigsten empfunden, ist der Verlust alter Kulturtechniken (die Nahrungszubereitung, die Herstellung von Kleidung, das Bearbeiten von Werkstoffen, Gartenbau und Landwirtschaft), weil uns die Versorgung aus dem Discount diese Lücke verdeckt, wie das elektrische Licht die Dunkelheit der Nacht verdrängt. Die Kulisse der Dinge verstellt die soziale und kreative Armut und Inkompetenz auch noch in den elementarsten Lebensbereichen. Der Effekt der dinglichen Betäubung sorgt dafür, daß ein solches Leben meistens nicht in Frage gestellt wird.
Immerhin haben wir Zeit gewonnen, um den Schulden-Zins-Dienst für fremdes Kapital zu leisten, weil wir der Pflicht, für die Dinge des eigenen Lebens sorgen zu müssen, enthoben sind. Das Versprechen des

Gewinnes von Muße durch technische Innovation mündet effektiv in den Verlust von Zeitautonomie. Neben dem zeitlichen Mehraufwand zur Verwaltung der Dinge, rauben uns multifunktionale Apparate die Verfügung über die Restinseln bislang ungenutzter Zeit. Mit dem Versprechen auf multiple Optionen, der steten Offenheit von immer neuen Möglichkeiten, wird die Freiheit, sich auf Wesentliches zu beschränken, verloren. Eine Rückkehr zu einer selbstverantwortlichen, aber materiell beschränkten Lebensform ist jedoch kaum mehr möglich, weil sie einem Ausstieg aus einer rasenden Lokomotive gleichkäme, verbunden mit der Gefahr des sozialen Todes. Allenfalls sind quasi-alternative Simulationen auf der Basis von Schauwerkstätten in Museumsdörfern als Selbstbetrug im Lebensentwurf möglich (daher erfreuen sich sogenannte *reenacting* früherer Lebensformen und Mittelaltermärkte solcher Beliebtheit). Der letzte Wetzsteinmacher von Unterammergau bedauerte übrigens den Verlust seines schweren Handwerks in den 1960-er Jahren, das er gegen eine Servicetätigkeit in der Touristikbranche eintauschen mußte.

Indessen gewinnen ‚do-it-yourself'-Aktivitäten (DIY) in elitären Zirkeln, vor Allem im Elektronikbereich, größere Aufmerksamkeit. Auf Heimwerk- und Bastelmessen zeigen sich mittlerweile studentische Initiativen auf dem Gebiet der Robotik und Gameprogrammierung, scheinbar außerhalb der kommerziellen Verwertung. Tatsächlich haben die Konzerne durchaus ein Interesse an den spontanen Innovationen und dem Potential künftiger Fachkräfte, und treten als Sponsoren der Messen auf. Die Berichterstattung über derartige ‚freie Foren' soll einer verbreiteten Technologieskepsis entgegen wirken, indem ein gewisser anarchischer Charme des ‚Authentischen' transportiert wird. Die kalte technologische Effizienz bekommt, in der Verbindung mit Kunst und Spiel, denjenigen animierenden Aspekt, der die Hemmung gegen eine vollständige Durch-Technologisierung des Lebens abzubauen hilft.

Für die gesellschaftlichen Kreise, die sich in der Entfremdung von Natur und authentischem Werk bereits eingerichtet haben, dient *Manufaktum* („von Hand gefertigt") als Lieferant der Akzente des Schlichten, unter ironischer Distanzierung vom Primitiven. Denn wirklich handwerklich Selbstverfertigtes wird zuletzt allenfalls Schulkindern in der Adventszeit abverlangt.

Soweit es sich nicht um einen reinen Kunstartikel, jenseits des alltäglichen Lebens handelt, vermittelt die eigenhändige Herstellung, zumal eines Gebrauchsgegenstand, den Eindruck der Hilflosigkeit. Die Hilflosigkeit liegt hier im mangelnden Geschick zur Delegation von Tätigkeiten, mithin also im Mangel an Macht, Andere machen zu lassen. Es ist ein wesentlicher Aspekt des pyramidalen Prinzips, Person und Werk zu abstrahieren, zu fragmentieren, und innerhalb hierarchischer Ebenen gestaffelt, die Kompetenzen in eigener Angelegenheit auszulagern (*outsourcing*).
In akademischen Künstlerkreisen wird wohl noch die Illusion des ‚freien Werks' gepflegt, ohne sich dabei einzugestehen, daß „Kunst" sich lukrativ nur am spekulativen Kunstmarkt behaupten kann. Der sogenannte freie Künstler ist aber stets in der prekären Lage, sich die Existenz zusätzlich mit berechenbarer, also unkreativer, Beschäftigung zu sichern (es sei denn, er stützt sich auf bereits vorhandenes familiäres Vermögen).
In einem Akt der Aufhebung der pyramidalen Wirtschaftsordnung, wäre es infolge dessen konsequent, den künstlerisch Tätigen vollständig vom ökonomischen Sachzwang freizustellen, wo es ihm nicht möglich ist Gebrauchswerk und Kunstwerk in seinem Leben zu vereinen, wie es eigentlich wünschenswert wäre.

Zur Erinnerung sei hier noch einmal erwähnt, daß die jeweils nächste, ‚pyramidal' höhere Ebene, sich stets des entsprechend gehobeneren ethischen Arguments bedient, beispielsweise dem Argument des höheren Interesses der Menschheit, des Fortschritts, des Wachstums, der Weltwirtschaft, der Weltmeisterschaft, oder des Weltfriedens.
Die basisnahen Interessen der konkreten Lebensumstände, und zumal die Interessen des Einzelnen, werden immer auch als moralisch fragwürdige Einzel-Egoismen angesehen, die auch bis zum Grade des nationalen Separatismus gesteigert wahrgenommen werden. Im günstigsten Fall gerät der Verdacht zum Vorwurf der Lokalfolklore und der rückwärtsgewandten Eigentümlichkeit, die sich zumindest touristisch verwerten läßt.
Wenn etwa auf der Ebene der Währungshüter eine Schuldenbezifferung ausgegeben wird, dann stets im Ton der moralischen Überhebung über die Ausrichtung von nationaler Wirtschaftspolitik . Die Abqualifizierung von Partikularinteressen in der Nationalökonomie geschieht dann mit dem Argument, nicht

verantwortungsbewußt haushalten zu können, bzw. gegenüber einem imaginären ‚Weltethos' in der Schuld zu sein.
Den spekulativen Boden der abstrakten Symbolik des Geldes verlassen wir rasch mit der Betrachtung der handfesten Krisen unserer Zeit, die ihre Vorbeben auch zumeist an den seismischen Bewegungen der Börsennotierung anzeigen.
Der Finanzkrieg ergänzt schließlich den bewaffneten Konflikt. Durch wirtschaftliche Sanktionen als Druckmittel, die stets von der augenblicklich vorherrschenden Macht gegenüber nicht-opportunen Nationen angewandt werden, soll die ‚Ordnung' der Welt erpresst werden. Dem geht stets voraus, ein Appell der Diplomatie zur Assoziation im bestehenden Netzwerk der Interessen. Nationen, die kulturell ‚zwischen den Welten' liegen, wie etwa die Ukraine, werden mit dem Fleischtöpfen der Dollarnotierung geködert. In den Kernnationen der Europäischen Union setzt inzwischen jedoch eine Ernüchterung darüber ein, welches erpresserische Potential sich daraus entfalten kann. Da die europäische Identität lediglich in der Eröffnung eines liberalen Wirtschaftsraumes besteht, kann von einer Identität im eigentlichen Sinne nicht die Rede sein.
Eine kurze Definition von ‚Identität' könnte im Zusammenwirken von Charakter der Region, bedingt durch Klima und Landschaft, mit sprachlicher Kultur-Tradition der Bewohner, gegeben werden. Dies läßt sich, etwas sperrig ausgedrückt, auf eine schicksalshaft historische Grundierung des Begriffes ‚Volk' zurückführen, so missbräuchlich belastet er nun auch sein mag. Aus der Korruption einer solchen Deutung, resultierend aus historischer Schuld, folgt die Aufgabe von Identität, in deren Lücke die aseptische Vertragsbindung im Freihandelsraum der Beliebigkeit tritt - eine Bindung, die in das Vakuum der Bindungslosigkeit tritt. Insoweit der Mensch nun aus seiner Heimat entbunden worden ist, auf die er sich nur mehr verschämt beziehen darf, sowie in optionaler Unverbindlichkeit in der er lebt, ist er also ‚frei' dazu, die Abstraktion des Menschheitsgedankens zu verinnerlichen. Ein Rückzug auf eine individuelle Position ist nicht vorgesehen, und wird mit der Alternativlosigkeit der neuen Weltordnung verstellt. Mit der allgemeinen Idee ist immer die Entwertung der speziellen verbunden.
Gemäß dem pyramidalen Prinzip, folgt konsequent aus der Moralität der Machtverhältnisse die Legitimität der Unterordnung. Aus dem

Zerfall der Sowjetunion ließ sich zwanglos ableiten, daß die westlichen Börsenstandorte nicht nur ökonomisch, sondern auch moralisch gerechtfertigt seien. Daraus allein folgte die unhinterfragte Legitimität des Exportes der Idee der marktkonformen ‚Demokratie'.
Der Pathos der Menschheitsidee hat jedoch keinen Selbstzweck. An der Quelle von der dessen Verkündigung ausgeht, ist auch der ideologische Interessensgrund verortet. Vor jeder Wahl arbeiten die Kampagnenbureaus auf Hochtouren, um das gleiche alternativlose Produkt in verschieden etikettierte Becher abzufüllen. Die Interessen der Wirtschaftsverbände lassen eine wahrhaftige Wahl überhaupt nicht zu, solange eine Debatte außerhalb des Gut/ Böse-Schema unterbunden wird. Zu diesen moralischen Kategorien wird dann gegriffen, wenn die Frage nach der Reaktion der Märkte stellt. Als ‚gut' gilt in diesem Zusammenhang stets, was als wirtschaftspolitische Maßnahme durch das Verhalten an den Börsen gerechtfertigt wird, als ‚böse' immer die Vorschläge, die die Notwendigkeit des Marktmechanismus selbst in Frage zu stellen.
Die Grenzen der Meinungsfreiheit sind derzeit überschritten mit einer Äußerung dahingehend, daß etwa auch eine andere europäische Ordnung denkbar wäre, auch sogar eine ohne Europäische Union. Wegen der Verflechtung des Finanzschulden-Netzwerks gibt es praktisch keine freie Option von wirtschaftliche Bündnissen, mehr, schon gar nicht der eines möglichen Verzicht auf einen Beitritt zu einem Wirtschaftsraum auf der Basis weitgehender Autonomie und Neutralität. In früheren Zeiten bestand für Neutralstaaten der Bündniszwang zur der Abwendung bewaffneter Übergriffe. Diese Drohung besteht bis zum heutigen Tage, und stützt sich zudem auf die Mittel der *financial warfare*.
Daraus spricht jedoch eine Vorstellung von Geordnetheit, die die jeweils hegemonial vorherrschende Macht bestätigen soll, so, daß die zuvor postulierte Alternativlosigkeit nicht durch Infragestellung erschüttert werden kann, ohne zugleich mit moralischen Kategorien überhöht zu werden.
Es geht also wesentlich nicht um den Erhalt von Ordnung (*ordo*) und Fortschritt (*progresso*), denn Ordnungen sind verschiedentlich denkbar, und künftiger Fortschritt ist, aus gegenwärtigen Sicht, stets fraglich. Tatsächlich geht es um Machterhalt über die Vielen, und Bereicherung an den Vielen, die unter den Ordnungsbegriff intendiert

sind. Nach dem pyramidalen Gesetz der Reziprozität der Wertigkeit des Einzelnen gegenüber dem wachsenden Umfang von Einheitsmassen, gilt: Je größer der Einflußbereich eines Ordnungssystems (z.B. die EU) ist, desto mehr tendiert umgekehrt der Einfluß des Wählers, vom bisherigen Promillebereich, schließlich unter die Grenze des Meßbaren.
Hinweis: Über die Darstellung des Kugeluniversums auf der Flagge von Brasilien zieht sich ein Band mit der Parole *ordo e progresso*; das moderne Staatsgebilde Brasiliens ist eine freimaurerische Schöpfung. Dazu paßt ins Bild, der Willensakt, in der Stadt Brasilia einen Alptraum in Beton vom Reißbrett in den Dschungel zu stellen.

Das Buchgeld ist also eine Massenvernichtungswaffe mit mittelbarer Zerstörungskraft. In ihrer primären Wirkung erzeugt sie den Sachzwang, der als sekundäre Folge die gesellschaftlichen Verwüstungen nach sich zieht, für die dann der Adressat der Sanktionierung wiederum selbst verantwortlich erklärt wird, insofern er die Alternativlosigkeit des auferlegten Sachzwanges nicht als objektiv anerkannt hat.
Die Weltbank unterstützt mit direkter Vorfinanzierung über Kredite, die Erschließung von natürlichen Rohstoff-Ressourcen mit tiefgreifenden Folgen für die lokale Bevölkerung in den betroffenen Regionen. Am stärksten sind dabei diejenigen Ethnien betroffen, die noch traditionell in und von der Natur lebt, dabei jedoch die schwächste Lobby besitzen, da sie neben den *G*-Nationen nicht in den Vereinten Nationen vertreten sind. Um den Bau von Staudämmen (also pyramidalen Großprojekten), und die Freigabe von Regenwäldern für die Holzwirtschaft zu erzwingen, wird der Versuch unternommen, den schützenswerten Status lokaler Ethnien (etwa Indios) bei der UN aufzuweichen. Dies geschieht mit dem Argument, daß ethnische Diversifikation für Konfliktpotential sorgt. Infolge dessen müssen durch Umsiedlung und Zerstreuung von angestammter Bevölkerung, deren Identitäten verwischt werden, um das Land für die Begehrlichkeiten des Weltmarktes zu erschließen.
In der Konzentration der Kontrollmöglichkeiten des weltweiten Geldhandels in den Abteilungen des US-Finanzministeriums, wird die Finanz zu einer Waffe mit dem Potential der Massenvernichtung. Schon ist von einer Strategie der *financial warfare*, also der

Einflußnahme auf den globalen Wohlstand mit kriegerischem Impuls, die Rede. De facto kommt in den USA zu einer engen Zusammenarbeit von Finanz- und Verteidigungsministerium, in der Analogie zu Koppelung von Landesverteidigung und Wohnungsbau in Israel. Weltweit haben sich mittlerweile hunderte Nationen zur Lieferung von Transaktionsdaten an die US-Finanzdirektion, im Zuge des SWIFT-Abkommens verpflichtet. Das flotte Kürzel, das lautmalerisch den raschen Fluß von Daten durch die tansatlantischen Glasfaserkabel veranschaulichen könnte, bzw. die Älteren unter uns an einen gewissen Gulliver erinnert, steht jedoch für das folgende Begriffsungetüm: Society for Worldwide Interbank Financial Telecommunication). Über den eindeutigen Bankcode (BIC) kann jede Bank eindeutig identifiziert werden (BIC). Ein Serverzentrum zur Bündelung von Datenströmen ist in Belgien eingerichtet worden. Da der Dollar augenblicklich die internationale Leitwährung ist, laufen Finanztransaktionen zwischen den Ländern nunmehr nicht direkt von Bank zu Bank, sondern über die SWIFT-Einrichtung, zur Meldung an die US-Finanzbehörde, die die Transaktionen überwacht, und gegebenenfalls unterbinden kann. Die Administration des US-Präsidenten hat demzufolge direkten Einfluß auf Kontenzugriff und –bewegungen weltweit. Im Moment ist *financial warfare* die mächtigste Waffe die die Sanktionen gegen Rußland stützen.

Auf die naive Frage, warum der Mächtige denn in einer bestimmten Weise so und nicht anders handele, wird nicht etwa ehrlich naiv damit beantwortet, daß er es eben tun kann (oder mit zwingender Kinderlogik: „weil halt!“), sondern moralisch überhöht, und damit verlogen, sowie verstärkt mit scheinlogischen Attributen des Objektiven, Rationalen und Alternativlosen. Die Geldmittel häufen sich nämlich, gemäß der calvinistischen Morallehre, auch immer an der ethisch-moralisch gerechten Seite an.
Zu seiner Legitimation greift damit die Finanzwelt zuletzt über die zwingende Sachlogik hinaus, immer auf die nächst höhere Instanz hinauf, und verweist auf die göttliche Rechtfertigung.

Zunehmend geschieht eine Verknüpfung von Versicherungsdienstleistung mit spekulativer Kapitalisierung an den Börsen (z.B. auf der Basis fondbasierter Verträge). Dadurch zerren die Versicherer das

Schicksal des Einzelnen auf das Parkett der globalen Risiken. Das Argument, daß es keine Anlageform gibt, die entkoppelt von globalen Risiken zu tätigen ist, ist in zweierlei Hinsicht unaufrichtig. Erstens werden durch ein international verflochtenes Kartell von Finanzdienstleistern und Versicherern die katastrophischen Potentiale schon aufgrund des operativen Volumens mutwillig vervielfacht, und, zweitens, gibt es kein legitimes Werkzeug, um etwaigen Absprachen im Börsengeschehen durch Insiderhandel etwas entgegen zu setzen, da dies als dirigistische Beschränkung, gegen die liberale Wirtschaftsideologie gerichtet, gewertet würde.
Da die Versicherer nicht bloß die Risiken von Sturm und Hagel abzusichern haben, sondern auch Währungsrisiken, politische Fehlentscheidungen, und unternehmerische Wagnisse auf private Schultern zu wälzen haben, darf von einer bloß schicksalhaften Fügung im Falle von Anlageverlusten und Versicherungsauschluß, die den Einzelnen zustoßen können, nicht mehr gesprochen werden, denn der Anleger ist in einer willentlich geschaffenen künstlichen Risikoarchitektur gefangen
Zur Sicherung von Privatvermögen muß stets auf die Indizes des globalen Börsengeschehens gestarrt werden, das von Börsen-Kommentatoren in die Sprache lockeren Verständnisses übersetzt werden muß. Inwieweit dann wiederum der Kommentar die Meinungen lenkt, sowie die Trends wiederum durch die Formulierung von Prognosen vorgelegt werden, ist nachträglich nicht zu entflechten. Auf diese Weise wird der Börsen-Kommentar tatsächlich zur objektiven Nachricht eines Ereignisses, das noch gar nicht eingetreten ist – allein der Börseninsider weiß diese Macht, die Trends zu setzen, zu nutzen.

Die Konzerne der Versicherungsdienstleister kümmern sich selbst nicht um das Privatkundengeschäft, da deren operatives Geschäft auf die spekulative Gewinnerwartung auf den Börsenplätzen gerichtet ist. Dafür werden niedergelassene Versicherungs-Berater auf die Klientel angesetzt, um dort die Angst vor sogenannten ‚Versorgungslücken' zu schüren und Kunden zu Abschlüssen von Verträgen mit unüberschaubarer, und persönlich unbeeinflußbaren, Risiken zu drängen. Wo die Resonanz in der Bevölkerung nicht den Erwartungen entspricht, drängt die Lobby der Versicherer auf die Schaffung

politischer Anreize zum breiten Abschluß von privaten Versicherungen. Besonders aggressiv traten in dieser Hinsicht die Ökonomen Rürup und Riester auf, deren Aufgabe es war, für ein Abonnement an Vertragsabschlüssen zu sorgen, und dazu breite Gesetzeslage als Voraussetzung zu schaffen. Auf diese Weise sollte der Rückzug der gesetzlichen Sicherungseinrichtungen vorbereitet werden, um die globalen Risiken gänzlich auf den, lokal beschränkten, Verbraucher zu lenken. Insgesamt findet im Rahmen der Offensive der Privatversicherung eine Entkoppelung von Lebensleistung und Lebenssicherung statt. In diesem Zusammenhang ist auch die Tendenz zur Gehaltssaufstockung zu betrachten, hinter der sich die Reduktion der Löhne unter das existenzielle Minimum verbirgt. Verkürzt ausgedrückt, kann man sich auch mit Fleiß sein Leben eigentlich nicht leisten, und ist auf Zuwendung als Bittsteller angewiesen. Als ein deutlicher Ausdruck von Mißachtung der Lebensleistung des Menschen hat die Zumutung zu gelten, die Früchte eines Lebens auf dem flüchtigen Grund des Kapitalmarktes einzuholen.
Unter dem Komplex der ,Lebensleistung' müßte eigentlich alles zusammengefaßt werden, was das Leben eines Menschen ausgemacht hat, dazu gehört jeder Lernschritt, jeder Erkenntnisgewinn, jede schöpferische Tätigkeit. Die Liste läßt sich weiter fortsetzen, mit der Erziehung von Kindern, Pflege von Bedürftigen, selbst die Unterhaltung und der bloße Zuspruch, an den anderen gerichtet, wären es wert, als Lebensleistung anerkannt zu werden. In der Reduktion auf ein Erwerbs- und Ertragsleben (kommt von Ertragen) stellt sich der Mensch auf die Stufe der Entwürdigung zum Nutztier, auf eine Stufe , auf die er seine Mitgeschöpfe bereits reduziert hat.
Nach der zuvor betriebenen Entmündigung in den eigensten Lebensbereichen, also das Absprechen der Kompetenz in eigener Angelegenheit, soll der Einzelne die Verantwortung für die strukturellen Mißstände tragen, die er nicht zu verantworten hat, weil dem Einzelnen keinerlei Gestaltungmöglichkeit bleiben.
Vor allem die Aussicht auf den Erwerb von „Eigentum veranlasst auch Umsichtige, sich in die Kredit-Zins-Knechtschaft zu begeben, um fortan für die Tilgung zu leben.
Nebenbei bemerkt ist es verfehlt, beim Erwerb von Immobilien von „Eigentum“ im eigentliche Sinne zu sprechen. Tatsächlich belegt lediglich ein Papier die Nutznießerschaft von baulichen Einrichtungen

für eine gewisse Zeit, auf einer Liegenschaft, die der Kommune eignet. Der Flecken Erde, für den ich ein, durchaus eingeschränktes, Nutzungsrecht erwerbe, kann jederzeit enteignet werden, bzw. fremdgenutzt werden. Die Einschränkungen der Nutzung baulicher Einrichtung geht soweit, daß Veränderungen entweder nicht vorgenommen werden dürfen, oder sie werden behördlicherseits erzwungen. Den Erwerb einer Immobilie kann man sich nicht einmal dann leisten, wenn der Kaufpreis gestemmt wurde, denn Gebühren aller Art, Versicherungen und Altlasten nehmen den Umfang ein, der den Kostenumfang entsprochen hätte, wenn man das selbe Objekt bloß gemietet hätte. Als Fazit sei festgestellt, daß der Eigentumserwerb zur Täuschung über die Tatsache verführt, daß es vielmehr andersherum die Dinge sind, die uns besitzen und letztlich verbrauchen.
Einer Kritik der Eigentumsverhältnisse begegnet unvermeidlich das Gespenst einer grundsätzlichen Enteignung und Überführung allen Privateigentums in die Hand eines sozialistischen Staatsmonopols. Daher ist eine, in Nuancen abgestufte, Diskussion schwierig zu führen, und muß an dieser Stelle vorerst unterbleiben. Nur, soweit geführt, seien die gegenwärtigen Vorschläge zu einer Wiederbelebung der Idee der ‚Allmende' gewürdigt, mit Überlegungen, inwieweit Liegenschaften auch in die Hand der Allgemeinnutzung gestellt werden könnten.

Wahlweise wird der, nach beständigen ‚Werten' suchende Klient in die *big three* der folgenden, mit Mythen aufgeladenen Investitionen getrieben:

1) Immobilien, die als im Wert stets steigend angenommen werden, und selbst vermeintlich keinerlei Risiken ausgesetzt wären
2) Aktienfonds, die eine praktisch risikofreie Rendite versprechen
3) der Erwerb eines Papiers, das angeblich den Anteil an Goldbeständen beweisen soll.

Tatsächlich ist nicht nachweisbar, inwieweit die Zahl der Anteilpapiere mit dem wahren Umfang werthaltiger Bestände korrespondieren. Zumal Gold auch noch ein rein fiktiver, ideeller Wert, willkürlich zugewiesen wurde.

Der Conquistador Cortez sagte einst, die Spanier hätten eine Herzkrankheit, die nur mit Gold zu heilen wäre – und stieß bei den Azteken auf nachsichtiges Unverständnis, als es sich dabei um ein für sie gewöhnliches Metall handelte, das jedoch wegen seines sonnenhaften Glanzes symbolisch auf die von ihnen verehrte Sonne bezogen wurde.

Ebenso wenig, wie dem Anleger offene Einsicht in die Betriebsdaten der vertretenen Firmen im Wertpapier-Portfolio, möglich ist, lassen sich die Gesetzmäßigkeiten des Aktienmarktes ergründen. Ob die Wachstumsprognosen nicht eher einer Durchmessererwartung beim Aufblasen einer Spekulationsblase entsprechen, kann nur erahnt und befürchtet, aber nicht bewiesen werden.
Es wirkt entlastend, daß nicht nur wir allein so unfähig sind, sondern die Krise früher oder später auch den konkurrierenden Nachbarn mitbetreffen wird. Denn ein Unglück wird in dem Grade geringer empfunden, in dem der Andere mitbetroffen ist. Zuletzt wird es noch als gerecht empfunden, wenn allen das gleiche Unglück widerfährt. Auf dem tiefsten Niveau, kann Gerechtigkeit auch dadurch definiert werden, daß es allen gleich schlecht geht. Verteilungsgerechtigkeit wäre demnach folgerichtig, daß Allen Nichts zukommt. Die verschiedenen Begriffe der Gerechtigkeit lassen sich beliebig gegeneinander ausspielen.

Das Kapital akkumuliert bevorzugt dort, wo die Steuern so niedrig sind, wie die Löhne, und wo der ‚soziale Friede' gesichert ist, also das Prekariat ruhiggestellt (durch polizeiliche Mittel oder mittels Brot und Spiele), sowie die Oberschicht als vermeintlich philanthropische Stifter angesehen wird. Immer wieder bemühen prominente Steuerbetrüger das Argument, daß es ihnen aufgrund vieler gemeinnütziger Aktivitäten, im Gegenzug auch gestattet sein solle, sich vom Gemeingut zu bedienen. Solche Argumente finden auch häufig Verständnis, oder Beifall, soweit es sich um prominente Sympathieträger handelt. Darin drückt sich ein fundamentales Defizit im bürgerlichen Verständnis aus, bei dem der selbstherrliche Dünkel der Schieber von Geldvermögen nicht mehr auffällt, oder gar als souveräner Akt gelobt wird. Dahinter

Dem zuvor beschriebenen Wesen der Akkumulation von Kapital gemäß, findet es sich demnach, einerseits in offen totalitären Systemen mit starker Hand von oben (hier erweist sich die etwa die Nützlichkeit des Islam), oder in Demokratien, mit quasi-religiöser Tendenz der Arbeitsethik, in denen der Einzelne zur Selbstoptimierung freigesetzt wird (Demokratur).
Die Perfidie der ‚starken Hand von innen', in Analogie zur ‚unsichtbaren Hand' des freien Marktes, kommt in der Selbstzensur zum Ausdruck. Von einer Vollendung der marktkonformen Demokratie ist dann auszugehen, wenn man auf die Frage wie die Freizeit genutzt werde, sich Keiner mehr getraut zu sagen, schlicht ‚Nichts' getan zu haben.
Während der einzelne Prekäre schon gestraft genug ist, werden Völker unbotmäßiger Länder als Kollektiv abgestraft und unter Kuratel der EZB (sog. Troika) gestellt, die die Auflösung einer eigenständigen Nationalökonomie überwacht. De facto gibt es keine politische Willensbildung ohne finanzpolitische Direktive. Die Einflußnahme der europäischen Zentralbank auf die nationale politische Willensbildung, geht in der Praxis soweit, daß die jeweilige willfährige Regierung eines Landes, unter Versprechen der engen Zusammenarbeit, im Gegenzug die entsprechenden finanziellen Mittel zur Sanierung der Landesfinanzen erhält, um die kommende Wiederwahl zu garantieren. Dieser Umstand wird dann natürlich mit dem Argument verschleiert, die Regierung hätte die Krise aus eigener Kraft abgewendet – eben diejenige, welche zuvor durch die Herabstufung durch Rating-Agenturen, und nach Börsenwetten auf Verluste erst heraufbeschworen worden ist. Derartige Herabstufungen von Nationalökonomien, durch private (!) Rating-Agenturen, drohen immer dann, wenn die Ertragserwartung von spekulativen Hedge-Fonds nicht mehr bedient werden können. Diese sind zumeist im Zuge der Aufnahme von Krediten als Gläubiger gegenüber den Staatshaushalten in der Position, die Schuldzinsknechtschaft in erpresserischer Weise auszuüben. Die Erwartungen künftiger Geschäftsentwicklung von Finanzinvestoren fließen als Parameter wiederum ein in die Einschätzung der Privat-Agenturen, die keine andere Legitimation aufzuweisen haben, als das Eigeninteresse.
Dazu gehört auch, die Infrastruktur zur Gewährleistung der Versorgung des Landes, aus dem Einflußbereich der staatlichen Willensbildung

herauszulösen, und sie der Organisation von privaten Unternehmen zu überlassen. Dem Argument der internationalen Wettbewerbsfähigkeit kann nicht widersprochen werden, solange man in den Kategorien der reinen Kapitalisierung verbleibt. Im Eintausch gegen die freie Kapitalbeschaffung auf dem internationalen Aktienmarkt, geht die nationale Selbstbestimmung verloren. Über die Anteile, die sich Fremdinvestoren an kommunaler Infrastruktur verschaffen, entscheidet in der Privatwirtschaft, ein kleines elitäres Konsortium, dem die Interessen der konkret Betroffenen gleichgültig ist. In der staatlichen Verwaltung von Infrastruktur (betreffend etwa: Bahn, Post, Energie, Wasser, Wohnungsbau, etc.), läge die Möglichkeit der Mitbestimmung immerhin bei der parlamentarischen Vertretung. Wo bereits eine vollständige Privatisierung, also über die Teilprivatisierung hinausgehend, stattgefunden hat, läßt sich der Verfall und die Verwahrlosung durch den Abbau von Standards beobachten. Es ist jedoch überhaupt nicht zu rechtfertigen, warum kommunale Angelegenheiten zur Rücksichtnahme auf abstrakt verortete und global agierende Konzerne verpflichtet werden sollten.
Auch hier zeigt sich im Vordergrund ein vermeintlicher Widerspruch, der sich im Hintergrund zur synthetischen Bestätigung des pyramidalen Anspruches der globalen Vereinheitlichung, auflöst.
Ursprünglich gegen die nationalstaatlichen Monopole gerichtet, wurde die Forderung nach freifinanzierter, und daher flexibel wettbewerbsfähiger Infrastruktur-Unternehmen, erhoben. Aus der Vielfalt der Konkurrenz sollte sich der beste Anbieter behaupten. Tatsächlich unterbieten sich die Konkurrenten in der Qualität, und übertreffen sich jeweils in der Übertölpelung der, von der Grundversorgung abhängigen, Kunden. Durch die Anbindung der Dienstanbieter an den internationalen Finanzmarkt, entstehen neue, diesmal global vernetzte Abhängigkeiten. Auf die Aufhebung nationaler Beschränkungen, folgt die Einbindung in nunmehr bestimmende Strukturen von globalem Umfang. Es entspricht einem grundlegendem, ‚pyramidalen' Prinzip, jeweils die Einschmelzung von Identität auf der überschaubar lokalen Ebene, als Voraussetzung für Ausweitung der Sphäre der Macht und des Einflusses auf der nächst höheren Ebene zu ermöglichen. Die Ausweitung der Einflußzone, und die Bündelung von Interessen auf höherer Ebene der ‚Pyramide' der Macht, ist das uneingestandene Ziel.

In der Argumentation des ökonomistischen ‚Doppel-Denk' wird nach Außen hin, die Verschuldung in der Nationalökonomie als unsolide gegeißelt, während zur Investition für die wachstumsorientierte Wirtschaft, Kreditverschuldung als existenziell notwendige Bedingung gefördert wird. Bei der Sparpolitik als Therapie zur Entwicklung einer ‚gesunden' Ökonomie, verordnet von der Europäischen Zentralbank, als Exekutivorgan des Internationalen Währungsfonds, geht es nur vorgeblich um die Eindämmung der Schuldenpolitik. Tatsächlich sollen die wirtschaftspolitischen Weichen gestellt werden, für die Einbindung in das globale Netz des Finanztransfers, ohne Reibungsverluste. Die Ziele der Reformen liegen in der Erschließung der nationalen Marktgegebenheiten für weitere kreditfinanzierte Investitionen, also ‚Pyramiden'-Projekte im internationalem Netz der Interessen profitierender Konzerne. Für das Großbankenwesen liegt der Vorteil im Zugewinn aus der Bedienung der Außenstände bestehender Schulden, sowie in Aussicht stehender Neuverschuldung. Die gegenwärtige Leitung der exekutierenden Zentralbank handelt folgerichtig im direkten Interesse des Kreditgebers für Griechenland - Goldman&Sachs. Um das ‚Schneeballsystem' der Geldbeschaffung voran zu treiben, ist die Einrichtung einer Privatisierungsbehörde vor Ort veranlaßt worden, die im Falle Griechenlands die Übertragung des Athener Hafens an chinesische Geschäftsleute in die Wege leiten sollte. Eine der frühesten Maßnahmen in der deutsch-deutschen Wendezeit 1990, war die Installation einer ebensolchen Treuhandgesellschaft, um die Abwicklung von staatlichen Betrieben und Liegenschaften an private Spekulanten zu ermöglichen.
Zusammengefaßt, steht hinter der vorgeblichen Kritik an der bisherigen Lage der Staatsverschuldung, die Absicht, Druck zu machen, die bestehenden Schulden im vollen Umfang zu begleichen, und durch Reformdruck, mit Neuverschuldung die Staatsökonomie als *cash-cow* für das internationale Kreditgeschäft verfügbar zu halten. In der Tat geht es nicht um ein Abbremsen des Schuldenkarussels, sondern um die Einkoppelung weiterer Schwungenergie. Die Märkte fordern unersättlich Wachstum und Beschleunigung der konjunkturellen Zyklen. Ein wirklicher Verzicht auf steigende Verschuldung entspräche einem Widerspruch gegen die Wachstumsideologie, und kann daher gar nicht erwünscht sein. Alle anders lautenden

Verlautbarungen und Beteuerungen zur Rechtfertigung einer ‚soliden' Finanzpolitik sind infolge dessen unaufrichtig.
Perfide gar, ist die Taktik, die europäischen Länder in Teams von Geber- und Nehmerländer gegeneinander aufzubringen. Als Lösung in der Synthese wird dann die Währungsunion als alternativlos zur Befriedung der Differenzen, im Rahmen einer „Harmonisierung", also Standardisierung der Wirtschaftsräume, um das globale Spiel der Börsenfinanz widerstandsfrei zu ermöglichen.

Unter den zahlreichen Anekdoten über den preußischen König Friedrich II. gibt es auch den Hinweis auf seine solide Wirtschaftspolitik, ohne Staatsanleihen bei fremden Banken. So hätten Börsenwetten gegen Preußen kaum greifen können, obwohl man auf den Verlust hätte spekulieren können, bevor bei dem Gefecht von Kunersdorf die gegnerische Allianz unerwartet zerfallen war.
An dieser ‚rückständigen' Auffassung sollte Brandenburg-Preußen noch bis zu den Befreiungskriegen 1815 festhalten. Mittlerweile ist jeder Staat bei jedem verschuldet, und der Einflußnahme der Finanzmächte auf Gedeih oder Verderb ausgeliefert.

In letzter Konsequenz wird der Plan, die Wertstellung von Dienstleistung, Eigentum, Vermögen jeder Art vollständig zu virtualisieren umgesetzt werden. Das Bestreben mit dem Münzbestand das „Handgeld", das selbst schon ein bloßes substanzloses Symbol ist, und damit also Spielgeld, gänzlich abzuschaffen. Eine kurze Frist verbleibt immerhin solange, bis der Unwillen zum Gebrauch umständlicher Münzstückelung eine breite Schicht umfasst. Im Handel wird in penetranter Weise auf die Registrierung, und gleichzeitige Bindung des Kunden, gedrungen, und die Zahlung via Plastikkarten propagiert. Jedermann könnte inzwischen selbst bestätigen, daß das Auszählen von Kleingeld an der Kasse quasi schon einem anarchistischen Akt gleichkommt.
Soweit erscheint bargeldlose Überweisung, selbst geringer Beträge, mittels Plastikkarte erstrebenswert, umso mehr, da der weitere Verlust von bürgerlicher Freiheit kaum spürbar scheint.
Der Staat erhält hingegen eine größere Überwachungs- und Planungsmacht über die realen Bestände von Geldwerten und über das Finanzverhalten der Bürger. Auch Transfervorgänge auf privater

Ebene, bzw. intimer geldwerter Tausch wird unterschiedslos transparent. Das Argument lautet, daß das Horten von Bargeldbeständen, und dem Entzug aus dem allgemeinen Geldumlauf damit unmöglich wäre, und sogenannte ‚unsaubere' Bar-Transaktionen (Schwarzarbeiten) unmöglich gemacht werden.
Im Konzept der populären Regionalwährungen gibt es das Prinzip der Entwertung der erworbenen „Geldwertscheine", die auch nur in einem beschränkten Unternehmensverbund Gültigkeit besitzen, wenn sie zu lange gehortet werden. Mit dieser eingebauten ‚Inflation' wird der anhaltende Geldfluß und Umsatz erzwungen aufrechterhalten. In der Übertragung auf die künftige Weltwährung wird zukünftig keine autonome Selbstbestimmung über die persönlichen Bedürfnisse, oder eine Entkoppelung vom pyramidalen Prinzips des Fluxus mehr möglich sein.

Wegen der Entwicklung hin zu einer umgreifenden Verflüssigung (Liquidierung), bei gleichzeitiger Verflüchtigung (Virtualisierung) der Existenz, darf beim Wandel des Aggregatzustandes des Einzelnen zur Masse auch von Sublimation gesprochen werden.
Ein real existierendes Handwerk zu begründen erscheint außerhalb von speziellen Nischen kaum mehr möglich, es ist schon schwierig einen ererbten Betrieb zu halten. Daher geht der Weg der Existenzgründung hin zur flüchtigen virtuellen Ich-AG und Start-Up, oder sogenannter Pop-Up-Stores, mit fragwürdigen Geschäftsplänen (selten wird etwas selbst gefertigt, meistens irgendwer gecoacht, gemanagt, beworben, vermittelt, der dann echte Arbeit verrichtet). Ein Grund hierfür liegt in der Tatsache der Ausweitung der Betriebsvermögensanteile in Aktien, mit dem Hintergrund von Geldgebern (venture capitalists), die nicht die Überzeugung vom Produkt, sondern die Aussicht auf Profit treibt.

VII Gesundheitswesen

In der eigenen Wahrnehmung der Übereinstimmung der geistigen Kräfte mit dem körperlichen Befinden, und demzufolge seelischer Balance könnte man schon eine kurze Definition von Gesundheit

erkennen. Leider gilt sie nur so weit, wie die regelmäßige medizinische Vorsorgeuntersuchung sie bestätigt. „Wer von sich behauptet, gesund zu sein, wurde nur noch nicht eingehend genug untersucht“, lautet ein Bonmot auf dem Klinikflur. Es ist eine erzieherische Maßnahme in unserem Gesundheitssystem, Jedermann in den Prozeß von Prophylaxe und Prothetik und Nachsorge einzubinden. Am aggressivsten und erfolgreichsten agiert dabei die Lobby der zahnärztlichen Vereinigung. Es ist mittlerweile gelungen, die Zahnhygiene mit einem moralischen Impuls aufzuladen. Mittlerweile gilt es als beschämend, sich längere Zeit hinweg der Zwangsvorsorge zu entziehen, ganz unabhängig vom Gesundheitsaspekt. Aus eigener Anschauung des Autors sind sowohl Fälle belegt, wobei die halbjährliche Zahnbehandlung bereits im Schulkindesalter zu einer sukzessiven Füllung des vollen Gebisses mit Amalgam führte, als auch die vollständige Unversehrtheit bei gesunden Zähnen, ohne je beim Zahnarzt gewesen zu sein. In der Konsequenz ergibt sich, daß der Markt der Behandlungsmethoden und der Prothetik (Einbau von Kronen, Brücken) einen ökonomischen Druck auf jeden Beteiligten vom Arzt, über Labor und Techniker, bis hin zum Patienten ausübt, daß weniger von einem Gesundheitssystem gesprochen werden kann, als von einem Verwertungssystem.
An dieser Stelle sei noch eine Nebenbemerkung zur Rolle von Flour in Zahnpasten erlaubt: Mit dem Argument der Verbesserung des Schutzes des Zahnschmelz werden hohe Dosen Flourid bereits für kindliche Zahnentwicklung empfohlen. Es ist jedoch für die Zahnentwicklung völlig unerheblich welcher Inhaltsstoff kurzzeitig im Mundraum vorhanden ist, da der Zahnstoffwechsel von innerhalb des Zahnhalteapparates geschieht (also nicht etwa durch äußeren Auftrag, es sei denn die Resorption über die Schleimhaut ist erwünscht). Als Spurenelemente sind gewisse Stoffe durch Zufuhr direkt über die Ernährung (!) erforderlich, und dies ist bei Ausgewogenheit auch ausreichend gewährleistet. Flourverbindungen in hohen Dosen zuzusetzen kommt einer kontrollierten Vergiftung gleich. Flour passiert die Blut-Hirnschranke und reichert sich im Körper an, da die Überschüsse über den Stoffwechsel nicht abbaubar sind. Hier kann bereits von einer beabsichtigten Flouridation der Bevölkerung ausgegangen werden, mit dem Effekt der Ruhigstellung, wegen der sedierenden Eigenschaft von Flourverbindungen als neuronales Gift.

In Absprache mit der Industrie findet der Zusatz von Flourid als deren ‚Abfallstoff' in Mineralwässern, Salz und eben Zahnpasten im breiten Umfang statt.
Die Zielsetzung liegt in der Sicherstellung der Produktivität, bzw. Einbindung jedes Einzelnen in den Verwertungskreislauf, solange die geforderte Leistung als Arbeitskraft abrufbar ist.
Als chronischer Patient, vom Marktsubjekt zum Marktobjekt geworden, gerät man üblicherweise rasch in den folgenden Zirkel der Industrie, die das pflegerische Umfeld beliefern:

- ⇨ Absatz von Pharmaprodukten bei Medikamentierung (breite und unspezifische Gabe von Antibiotika, Impfserien von Kindesbeinen an
- ⇨ Einschleusen in den Klinikapparat (Verwischung der Grenzen von medizinischer und kosmetischer Indikation, prophylaktische Tumorbehandlungen)
- ⇨ Einsatz von Medizintechnik, die sich amortisieren muß (computerbasierte Diagnostik, Radiologie)
- ⇨ Auslieferung in die Pflegeindustrie mit umfangreicher Infrastruktur (Intensivmedizinische Lebensverlängerung, Pflegemittel bei Lagerung – Dekubitusbehandlung, Inkontinenzmaterialien)
- ⇨ Körperverwertung (Prothetik, Organtransplantation).

Am Beispiel der steigenden Zahl von Eingriffen bei Herzgefäßerkrankungen ist die gewünschte dauerhafte Abhängigkeit von der Nachsorge und der lebenslang erforderlichen Einnahme von Medikamenten zu zeigen: Stent-Einsatz zur Gefäßerweiterung, Überwachung auf Zuwachsen, lebenslange Einnahme von Gerinnungshemmern, Magenmittel wegen der Nebenwirkungen, etc.
Die noch nicht Betroffenen werden auf dem Weg der Cholesterin-Lüge (gutes Cholesterin vs. böses Cholesterin) bereits auf ihr künftiges Schicksal eingestimmt. Inwieweit unser konfliktiver Leistungsdruck das biologische Programm, z.B. zur Verstärkung der Herzkranzgefäße, unter schwerer Begleitsymptomatik, provoziert, wird kaum thematisiert. Die äußeren Lebensumstände werden gegen die innere Verfassung wechselseitig ausgespielt.

Um noch einmal auf die Zahngesundheit zurückzukommen, sei zu Bedenken gegeben, ob die ‚Beiß'-Problem auf das generell konfliktive Umfeld, der angespannten Familiensituation, in der Folge beruflichen Stresses, zurückzuführen sind. Aus der Erfordernis, sich ‚durchzubeißen', den Konkurrenten ‚wegzubeißen', bzw. den Chef tunlichst nicht ‚zurück zu beißen', folgen biologisch entsprechende Programme von Auf-, bzw. Abbauprozessen von Körpergewebe, die das Individuum überlebensfähig halten sollen.
Sich für die hohen Ansprüche des pyramidalen Dienstes bereitzuhalten ist ein Gebot der moralischen Verantwortung, im Gewand der Sorge um die Gesundheit. Hierbei muß der Mensch in Bezug auf seine persönliche Verfassung entsprechend in Verunsicherung gehalten werden. Die Appelle lauten entsprechend sinngemäß: „Ab einem gewissen Alter sollte man Vorsorgeuntersuchungen regelmäßig vornehmen lassen!"; „Bin ich erblich mit Krebsrisiken behaftet?", „Ist das noch normal, daß ich manchmal melancholisch gestimmt bin?".
Mittlerweile vermittelt die Sprachregelung in Bezug auf körperlich-seelische Befindlichkeit eine unausweichbar allgemeine Fitness-pflicht, um mithalten zu können. Daraus ergibt sich etwa ein Zwang zur Rechtfertigung aus der, nunmehr möglichen, lückenlosen Überwachung der Vital-Werte. Über die linguistische Prägung des medialen Trommelfeuers der Appelle gelingt letztlich die Verinnerlichung der Zensur durch innere Ordnungsrufe: „Nicht träumen beim Power-Walking!". Ein hilfreicher Hinweis für Bewerbungsgespräche lautet im Übrigen: „Lesen ist kein Aktivhobby!", Spazierengehen übrigens auch nicht, mit Verweis auf Power Walking. Ein flanierendes Schlendern setzt den Verdacht aus, ziellos zu sein, bzw. Ziele nicht energisch genug zu verfolgen. Man fährt zwar sonst nur mit dem Auto, nimmt den Aufzug, sitzt im Büro, bestellt im Internet, läßt sich alles liefern, um dann im Studio auf dem Laufband zu traben; dadurch wird auch die Freizeit kommerziellen Ansprüchen zugänglich gemacht.

In welchen Maß es tatsächlich um die ‚Produktion von Gesundheit' geht, ist allein schon vom architektonischen Entwurf fabrikartiger Krankenhäuser her zu ersehen. Der Materialfluß der Patienten unterliegt den Kriterien der Fallpauschalen und Bettenökonomie. Insoweit der Mensch für die Wiedereingliederung in die

Erwerbstätigkeit stabilisiert wird, kann im ökonomischen Sinn von einer Produktion von ‚Gesundheit' gesprochen werden. Dies geschieht jedoch unter völliger Vernachlässigung der jeweils vorliegenden Konfliktsituationen, mit denen die Krankheitssymptomatik in einem Zusammenhang steht. Da die Konfliktivität unseres Lebensumfeldes und der Wirtschaftsform selbst nicht grundsätzlich infrage gestellt werden darf, verlegt man sich auf die medikamentöse Gabe von Vital-‚Dünger'-Stoffen und Schmerzdämpfern, zumindest, solange der Betroffene in produktiver Verfassung gehalten werden kann.

Unter dem Vorwand von Gesunderhaltung und Hygiene lebt eine ganze Branche vom tonnenweisen Absatz von Hygieneartikeln, Desinfektionsmitteln, Nahrungsergänzungsmitteln und der medikamentösen Überversorgung.

Sobald die angehäufte Konfliktmasse sich mit brachialer Intensität in einer Form des Krebsgeschehens bahnbricht, braucht auf die Produktivität des Patienten keine Rücksicht mehr genommen werden. Es setzt nun die Phase der Konzentration auf den Absatz von chemisch-pharmazeutischen Stoffen und radiologischer Technologie ein. Der Patient trägt plangemäß noch einige weitere Jahre als Absatzmarkt zur Gesundung der pharmazeutischen Industrie und ingenieurtechnischer Innovation bei. Damit wäre der Begriff der Gesundheits-Industrie in aller Kürze, aber hinreichend beschrieben.

Mit der Kampfansage gegen den ‚bösen' Krebs stellt sich der nackte Zusammenhang von Industrie und Militanz dar. Gegenüber der biologischen Programmatik phasenweisen Zell-Auf- und Abbaus herrscht die schulmedizinische Ignoranz vor; nur so ist die Auffassung vom ‚Krebs' als ein wuchernder, bzw. fressender Fremdkörper zu verstehen, der militärisch bekämpft werden muß, und dem mit Chemiewaffen und Strahlenkanonen zuleibe gerückt werden muß. Die individuelle konfliktive Geschichte der Betroffenen ist von nachgeordneter Bedeutung, oder wird in schulmedi-zynischer Art sogar wissentlich hintenangestellt.

Daß mit einer derartigen Intensität Konfliktmasse angehäuft werden kann, so, daß es zu einem ungebremsten Krebsgeschehen führen kann, ist für den Menschen, der seinem konfliktiven Umfeld nicht entfliehen kann ein schicksalhafter Umstand. Im Tierreich kommen ausufernde Symptome dieser Art sehr selten vor, da das Tier nicht dauerhaft im konfliktiven Umfeld verbleibt. In der Regel kann es durch Angriff,

Zurückweichen oder zeitweise Erstarrung (fight, flight or freeze) sich dem Revierärger, dem Beziehungsstress und der Konkurrenz entziehen (oder ihnen auch zum Opfer fallen). Der Mensch hingegen ist vertraglich gebunden, finanziell abhängig, unglücklich liiert, etc. und verbleibt in diesen Umständen bis zum bitteren Ende (um ihnen schließlich zum Opfer zu fallen).
Nachdem der Mensch für die Verwertung als direkte Produktivkraft ausgedient hat wird er kurzerhand, in der Folge einer vernichtenden Krebsdiagnose, zum Adressaten für den Absatz von Chemopräparaten und zum Gegenstand, sich zu amortisierender, radiologischer Medizintechnik.
Zwar besteht formal die freie Arzt- und Therapiewahl für den Patienten, er entflieht dennoch nicht seiner, durch die elektronische Gesundheitskarte dokumentierten, Krankengeschichte. Seine Wahlfreiheit verengt sich im Verlaufe der fachärztlichen Diagnostik auf den ‚Fall', bzw. das Organ, worauf er von nun an festgelegt ist. Eine zweite oder dritte Meinung einzuholen hat insofern keinen Effekt, da die schulmedizinische Kollegialität sich gegenseitig nicht widersprechen wird, um eine Diskussion über ärztliche Kunstfehler zu vermeiden. Sachverständige Gutachten entstehen immer im Geflecht der Interessen der Klinikverbände und der Pharmaindustrie.
Die Therapiefreiheit seitens des Patienten kann auch rasch aufgehoben werden, nämlich dann, wenn die, als alternativlos, ‚anempfohlene' Therapie abgelehnt wird (z.B. bzgl. Antibiotika bei Infektionen, Chemo bei Krebs). In diesem Fall wird u.U. ein psychiatrisches Gutachten erstellt, das mit der Speicherung auf der Gesundheitskarte, einer dauernden Stigmatisierung gleichkommt. Abschließend folgt die Entmündigung mit daraus folgendem Verlust der Wahlfreiheiten; in letztendlicher Konsequenz folgt die Zwangseinweisung und Ruhigstellung mit Hilfe der chemischen Zwangsjacke. Eine Rechtfertigung solcher Maßnahmen läßt sich bequem aus der Sachlage der Gefährdung der allgemeinen Sicherheit gewinnen, z.B. im Rahmen von Quarantäneregelungen, wenn etwa Lungen-Tuberkulose diagnostiziert wird.
Welches andere Gesicht der Reise-Freizügigkeit sich zeigen kann, erlebt unter Umständen der Reisende auf dem Rückflug aus tropischen Regionen. Mit einem Verdacht auf eine schwerwiegende Infektion

kann die Urlaubsreise zu einem Fallen aus der Welt der vermeintlichen Freizügigkeit in die der totalen Kontrolle geraten.
Der Ablauf bei einem Quarantäneprogramm kann sich etwa folgendermaßen gestalten: klagt ein Fluggast über Fieber und Schmerzen, wird die Crew umgehend den Zielflughafen informieren, an dem Sicherheitskräfte, medizinisches Personal und die Feuerwehr auf die Ankunft warten. Der Flug wird aus der regulären Abfertigung herausgenommen und separiert, nach der Landung stürmt das Einsatzteam die Fahrgastzelle und nimmt sich des Betroffenen an. Die glücklicheren Fahrgäste werden ebenfalls in gesonderten Räumlichkeiten gründlich untersucht, und ihrer Habseligkeiten beraubt, da auch hier der Verdacht auf das Virus gegeben ist, Ihnen wird vorerst der Freigang verwehrt, sowie eine einstweilige Kontaktsperre nach außen verhängt. Der Haupt-Betroffene selbst fällt aus jeder ‚Normalität', die er bislang als Selbstbestimmtheit wahrgenommen hat (weil er die Länge der Leine noch nicht verspürt hat, bevor sie ihm radikal verkürzt wurde). Er wird auf eine isolierte Krankenstation gebracht, deren Räumlichkeit sich überall befinden könnte, denn ihm ist jede Orientierung unmöglich, und Kontakte zur Außenwelt werden gekappt. Das Pflegepersonal begegnet ihm in Vollschutzkleidung und Maske. Der schlechte Gesundheitszustand in dem er sich befindet, erfährt unter diesen Umständen erst das entscheidend konfliktive Potential, nach Diagnoseschock und Isolation. Ihm muß nun klar werden, daß er endgültig aus der Welt gefallen ist, und als hoffnungsloser Fall betrachtet wird. Der Stoffwechsel des Körpers, und des Raumes in dem er gehalten wird, wird als kontaminiert betrachtet, und in einem abgeschlossenen Entsorgungskreislauf, quasi als Sondermüll verwaltet.
Wie bei der Ebola-Erkrankung, die auf einen Virus zurückgeführt wird, von dem angenommen wird, daß er durch den direkten körperlichen Kontakt übertragen wird, besitzen Diagnosen dieser Art immer auch den Aspekt der moralischen Verfehlung (Unterstellung des Umgang mit Prostituierten, Drogen, etc.). Aus der Behandlung erfährt der Betroffene zudem, daß ein menschlicher Umgang mit ihm nicht erwünscht ist, ein Leben in Privatheit nicht gestattet wird, also schließlich nicht mehr als Mensch wahrgenommen zu werden, sondern als pathologischer Fall von fragwürdigem Charakter.

Eine weitere, tiefergreifende, Folge des Seuchennotstandes liegt darin, daß ein grundstürzendes Mißtrauen in den zwischenmenschlichen Umgang eintritt. Besonders in afrikanischen Gesellschaften besitzt der nahe körperliche Kontakt einen hohen kulturellen Wert. Familienzusammenhalt und Freundschaften leben vom Austausch von Umarmungen und Zärtlichkeiten, daher ist Ebola geeignet, die natürliche Solidarität der Menschen zu zersetzen, und, was ursprünglich in der Hilfe zur Selbsthilfe untereinander geleistet wurde, unter die Aufsicht einer, im ‚pyramidalen' Sinne, höheren Ebene zu stellen. Nach der Auflösung lokaler Strukturen, ist die Voraussetzung für eine internationale Fremdverwaltung gegeben.
Da das Eindringen von medizinischen Einsatzkräften in Vollschutzbekleidung in abgelegene Gebiete, und der erzwungene Zutritt in die privaten Lebensbereiche selbstverständlich auf Widerstand treffen muß, ist die enge Zusammenarbeit mit Polizei und Armee in einer internationalen *task force* notwendig. Dazu muß eine Erkrankung auch notwendig als globales Sicherheitsrisiko eingestuft werden. In welchem Grad ein grippaler Infekt den Anlaß für einen militärischen Einsätze bietet, liegt im Ermessen der WHO unter Berücksichtigung ökonomischer Interessen.
Gegenwärtig dient die Ausrufung der Seuche Ebola als globales Risiko, um, unter der Führung Amerikas, die Weltgemeinschaft als Markt für Pharmaprodukte und Sicherheitstechnologie zu homogenisieren, und nicht zuletzt den afrikanischen Kontinent als kommenden Markt zu erschließen. Eine Versorgung anderer Teile der Welt mit Impfstoffen zur Prophylaxe stellt z.B. dem Pharmariesen Glaxo-Smith-Kline einc steile Umsatzkurve in Aussicht. Für die entsprechende Nachfrage sorgt die Ventilierung des Themas als sicherheitsrelevant und verantwortungsethisch unumgänglich.

Das Recht auf Verweigerung von Zwangsversorgung, sowie letztlich die Verfügung über das eigene Ende wird dem Individuum und seinen Angehörigen, vorgeblich im Interesse des Allgemeinwohls, abgesprochen und mit moralischen Kategorien sanktioniert. Um es an dieser Stelle zu wiederholen, liefern gerade die Religionsgemeinschaften, als Körperschaften zur Stützung der pyramidalen Struktur, eben jene moralischen Druckmittel, die den Exponenten der Marktwirtschaft die eigene Argumentation ersparen.

Denn längst hat der homo oeconomicus die protestantische Leistungs- und Ertragsideologie verinnerlicht. Die Exponenten dieser Ideologie sind die dominierenden Konglomerate von Konzernen des Pharmawesens und der Exzellenzinitiativen von Universität und Klink, die, unter der Kontrolle von Ranking und Rating, auf Effizienz gebürstet sind. Sie stellen sich selbst gerne unter die Tarnkappe der sog. ‚unsichtbaren Hand' des Marktes, und würden daher vehement ein Eigeninteresse in der Gestaltung des Marktes, bestreiten. Das gesponnene Netz der Partikularinteressen wird als Gefüge naturgesetzlicher, wenn nicht gar göttlicher Ordnung, betrachtet. Der Einzelne wiederum wird, durch ideologische Rückbindung (religio) an diese objektivierte Gesetzlichkeit der Macht gebunden, und seiner moralischen Freiheit beraubt.

Leben und Sterben lassen

Generell stirbt der Mensch in der Lösung seines großen Lebenskonfliktes, diese Behauptung sei einmal ganz generell aufgestellt. Im Verlaufe konfliktiven Krankheitsgeschehens, stellt die jeweilige *Krise* stets den Umschlagpunkt zur Genesung nach der Lösung des entsprechenden Konfliktes dar. In der Lösung des am längsten, u.U. lebenslänglich, laufenden Konfliktes tritt mit dem Durchgang durch die epileptoide Krise in der Lösungsphase der Tod ein. Dies kann z.B. durch einen Koronar-„ bzw. Myokard-Infarkt geschehen, Status asthmaticus, oder infolge einer zentralnervösen Lähmung, die sämtlich epileptoide Krisenereignisse sind. Die Lösungsphase eines lebenslänglich laufenden Konfliktes beginnt, wenn die Konfliktaktivität endet. Eine persönliche Disposition für Revierbereichs-Konflikte, Überforderungskonflikte, und Existenzkonflikte, macht sich symptomatisch zumeist erst nach Abschluß der aktivierenden Lebensphase bemerkbar. Es liegt eine gewisse Tücke darin, daß nach Beendigung der beruflichen Laufbahn, oder während längerer Unterbrechung von Dauerstreß, etwa im Rahmen einer Kur, oder während eines Sabbaticals, derartige Konflikte teilweise oder vollständig in Lösung gehen, mit der Folge, u.U. schwerer Symptome und lebensbedrohlicher Krisenzustände. Dies

scheint wohl auch der Preis einer Lebensweise zu sein, wie sie in unserer Hochdruck-Zivilisation die Regel ist, die nur die beiden Zustände Vollgas und Vollbremsung kennt.
Der Manager kommt also seltener im aktiven Dienst ums Leben, als vielmehr nach dem Ausscheiden, wenn er dauerhaft zuhause im „Revier“ seiner Gattin bleibt. Häufig wird ursächlich auf eine Überforderung durch Freizeitsportaktivität hingewiesen. Richtiger wäre es hingegen, das Augenmerk auf die überfordernde Aktivität im beruflichen Revier zu legen. Die ausgleichende sportliche Betätigung innerhalb einer Lösungsphase, etwa ein längerer zusammenhängender Urlaubszeitraum sorgt dagegen für die Einleitung des fatalen Krisenzustandes (dies sind dann beispielsweise diejenigen Umstände des überraschend unvermittelten Todes eines gesunden Menschen mittleren Alters beim Joggen in erholsamer Umgebung)

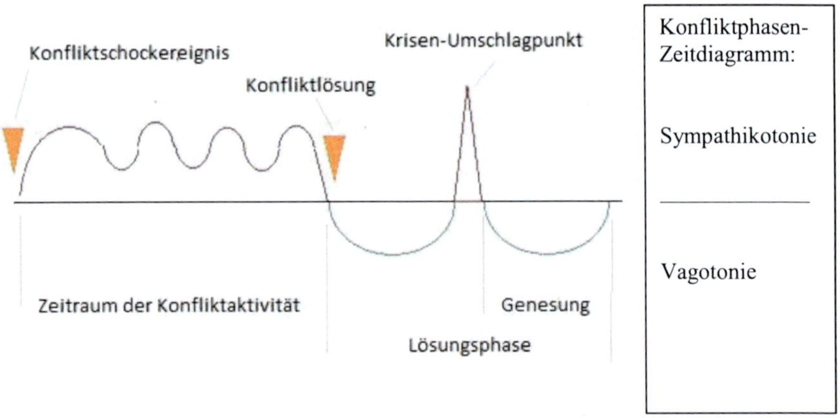

Vielen Menschen ist ein friedvoller Lebensabend nicht vergönnt, wenn sie lange Zeit auf fremde Pflege angewiesen sind. Denn die vernachlässigte Familie, das Hypotheken belastete Haus, die sich abwendenden Kinder stehen einer positiven Lebensbilanz im Wege. Insoweit ältere Menschen zumeist die Kosten-Nutzen-Ökonomie über lange Jahre ihres Lebens verinnerlicht haben, werden sie in der Pflegeeinrichtung oft auch noch in negativer Hinsicht bestätigt., indem sie sich nur noch als unnütz und belastend empfinden.
Die Furcht vor dem eigenen Ende liegt wohl darin begründet, daß das Sterben heute nicht mehr als eine Vollendung eines erfüllten Lebens

wahrgenommen werden kann, sondern als ein unwiderruflicher Verlust aller diesseitigen Möglichkeiten. Elias Canetti sprach in diesem Zusammenhang einmal vom Tod, als dem größten Skandal den er sich weigere anzuerkennen.
Verstärkt durch den Schrecken, daß auf den Tod das Gericht folgt, mit der bedrohlichen Aussicht, in den Feuersee geworfen zu werden, trägt die fundamental christliche Auffassung besonders zur Entwürdigung des Sterbens bei. In Kulturen, in denen das individuelle Schicksal als Bestimmung und Führung insgesamt bejaht wird, und das Ende nicht als ein Verlust von diesseitigen Möglichkeiten angesehen wird, fällt es den Menschen leichter Abschied zu nehmen und im Sterben loszulassen. Ursprünglich beinhaltete die christliche Lehre eben jene Kraft, die dem Gläubigen zufließt im Bewußtsein des, in die Hände Gottes befohlen Seins.
Durch die starke Überlagerung unserer technologischen Zivilisation vom Leistungsbegriff der Machbarkeit, kann die Phase, in der nichts mehr zu machen ist, auch nicht mehr angenommen werden. Entsprechend angstbesetzt ist die Aussicht, wegen Unterlassung alles Möglichen in Schuldgefühlen gefangen zu werden. Einmal sich selbst gegenüber, das Leben nicht recht ‚ausgenutzt' zu haben, und nicht genügend geleistet zu haben, denn es bleibt doch so vieles noch zu tun zurück; zum Andern den Pflegern und Ärzten gegenüber, die vielleicht eine Gelegenheit verstreichen ließen, dem Leben mehr Tage zu geben. In Vorwurf und Zerknirschung will das Leben am Ende auf der einen Seite verzweifelt festgehalten werden, und dennoch sehnlichst gewünscht, daß es doch zu Ende gehen möge. In diese Befindlichkeit hinein stoßen die Pflegenden und Betreuenden zuletzt auf ihre Grenzen des Trostes, und alle Hoffnung wird, wegen der menschlichen Unzulänglichkeit, auf die medizintechnischen Apparate zur Lebensverlängerung gesetzt. Die Unwürdigkeit dieser Situation fällt jedem in die Augen, der schon mit solchen Umständen konfrontiert gewesen ist.
Neben Palliativmedizin und Hospizunterbringung stellt sich, mittlerweile auch in Deutschland die Frage, ob die Hilfestellung beim Sterben durch die Zurverfügungstellung von todbringenden Präparaten dem Betroffenen, nach mündigem Entschluß im vollen Bewußtsein, die Einnahme von eigener Hand gestattet sein sollte. Diese Debatte wird zurecht sehr kontrovers geführt, nicht allein aus juristischer und

medizinischer Sicht, sondern vor Allem von den Kirchenvertretern auch mit ethischen Bedenken. Im Rahmen einer ethischen Abwägung im Diskurs muß künftig über den Inhalt kulturbedingter Wertvorstellung und die Möglichkeit einer individuell freien Willensbekundung nachgedacht werden. Von der Seite entschiedener Christen in den Gemeinden ist bislang, mit der Verweigerung der Einsicht, daß eine Diskussion darüber, wie weit die Grade der Willensfreiheit überhaupt gehen, nunmehr stattfinden muß, tatsächlich wenig mehr zu erwarten, als der kategorisch überhebliche Standpunkt, daß eine individuelle Fallbetrachtung eben nicht in Betracht kommt.
Mit der Überfrachtung des Einzelschicksals mit heilgeschichtlich vermeintlichen Gewissheiten, wird eine systematische Entwertung der individuellen Persönlichkeit mit ihrem Recht auf einen individuellen Sterbeprozeß vorgenommen. Eine Aussage der Art, daß nach dem verlustreichen diesseitigen Ende ein drohendes Gericht mit der Ausmalung von Höllenqualen steht, ist geeignet, das Sterben neben der körperlichen auch zur seelischen Qual werden zu lassen. Ein derartiger Umgang ist mit der Würde von Sterbenden nicht vereinbar, und ist rundweg abzuweisen.
Zu der Auffassung, daß das Alter als ein Verlust sei, und das Lebensende mit Furcht erwartet werden müsse, hat die ideologische Verknüpfung von Leistungsethik und Schuldendienst nicht unwesentlich beigetragen. Daß die Schuld gar, mit der jedes Dasein behaftet gewähnt wird, auch noch über den Tod hinaus beglichen werden müsse, ist eine generelle Überforderung des individuellen Bewußtseins, das ganz selbstverständlich unter dieser Last einknicken muß, und daher die Flucht in das Kollektiv der Gerechtfertigten sucht. Da jeder Mensch, wenn es ans Sterben geht, aber den Weg naturgemäß alleine gehen soll, und alle Begleitung zuletzt zurücklassen muß, erscheint diese Zumutung als unerträglich. Der Kosten-Nutzen-Ökonomie ist jene Lebensbilanzierung entlehnt, die Senioren nicht ihr Alter genießen lassen, im Rahmen ihrer Anschauung und Möglichkeit, sondern ihn jederzeit den Mangel an Kräften und die Verlangsamung der Reaktivität spüren läßt. In evangelikalen Kreisen wird auf Ältere der stetige Druck zur gesellschaftlichen Nützlichkeit ausgeübt, mit der beständigen Drohung eines dereinstigen ‚Verlustes des Heils'. So wird das Alter wiederum entmündigt, und wahrhaftig zum Kind Gottes gemacht, das in Furcht und Umtriebigkeit gehalten werden müsse. Wie

den Kindern einst die Träumerei und Saum-Seligkeit (!), wird den Alten die gleichmütige Gelassenheit mißgönnt.
In einem historisch vergleichenden Bild, suchte man vormals den alten Weisen in seiner selbstgewählten Abgeschiedenheit auf, um die Kunst des Lebens und Sterbens zu lernen, anstatt von ihm zu erwarten, daß er sich selbst auf dem lärmenden Markt als Narr nützlich mache. Wenn in Goethes Gedicht vom König in Thule erzählt wird, wie er, nach einem letzten Zug, den goldenen Becher ins Meer wirft, scheint eine uralte vergessene Tugend aus vorchristlicher Zeit auf, die unter unserer rechtschaffenden Rechenhaftigkeit verschüttet wurde.
Bevor man dem Einzelnen die volle Entscheidungsfreiheit über sein Ende überlassen könnte, müßte zuvor jeder Zweifel ausgeräumt werden darüber, inwieweit der Mensch tatsächlich frei in seiner Willensäußerung ist. Unter den Zuweisungen welchen sich das Individuum ausgesetzt sieht, ist derjenige der Nützlichkeit einer Ertrags- und Erwerbsgesellschaft am wirkmächtigsten. Ein gealterter Mensch kann sich in der Folge unter dem Druck dieser Zuweisungen durchaus genötigt fühlen, sein Ende herbei zu wünschen, um seinen Angehörigen nicht zu Last zu fallen. Da die Entmündigung des Menschen in allen Lebensbereichen durch die Delegation der Beantwortung existenzieller Fragen, sowohl technischer als auch ethischer Natur, an abstrakt herrschende Institutionen soweit fortgeschritten ist, kann die letzte aller Fragen vorerst nicht an den Einzelnen zurückgegeben werden, ohne ihn dadurch zu überfordern.
Es läge an einer Herauslösung aus der pyramidalen Entmündigung des Einzelnen aus der kollektiven ‚Gemeindezucht', und einer Rückerstattung seiner individuellen Würde als Christenmensch, der dann wieder in der Lage wäre, seine Sache wieder, wie am Anfang, mit Gott alleine auszumachen .

Exkurs zur Korruption der Sozialsysteme

Es gibt zwei Wege die Reform, bzw. die Zerrüttung einer zu überwindenden gesellschaftlichen Ordnung zu erzwingen: Einmal kann, *ex negativo,* der Versuch unternommen werden, in eine direkte Opposition zu gehen und konfrontativ eine Gegenposition einnehmen, um die Bastion als Außenstehender zu bestürmen. Anders und unter Umständen wirkungsvoller, erscheint die Methode des *Ad-absurdum-*Führens. Dies kann dadurch erreicht werden, indem die positiven Aspekte bis an die Grenzen betont und belastet werden, um somit den mißliebigen Umstand durch Aufblähen letztendlich zum Tode an seiner eigenen Hypertrophie zu führen. Dieses Verfahren wird momentan mit den sozialstaatlichen Errungenschaften Deutschland betrieben.

Durch massive Einwanderung und Erweiterung des Anspruchsdenkens wird die Verschärfung der sozialen Verwerfungen dazu führen, das bislang bürgerliche Selbstverständnis vollständig zu erodieren. In der Folge des unausgesetzten Zustromes von Angehörigen völlig fremder Kulturkreise, kommt es zu einer Heterogenisierung der Gesellschaft, die sich nicht mehr als Schicksalsgemeinschaft empfinden kann. Der Einzelne, der im Nächsten immer nur das Fremde, und nicht mehr sich selbst erkennen kann, verspürt im Niedergang des sozialen Zusammenhalts zuletzt keinen Verlust mehr. Als marginale Größe im Ringen um die Existenz, neben parallelgesellschaftlichen Gruppen, ist er zum Spielelement globaler wirtschaftlicher Verteilungskämpfe geworden.

Dies zielt mittelfristig darauf, daß letztlich auch diejenigen, die vom entfesselten Marktliberalismus am stärksten betroffen sind, sich gegen die soziale Absicherung ihrer eigenen gestiegenen Risiken des Existenzverlustes wenden werden. Dies geschieht dann mit der Begründung, das System ließe sich mißbrauchen, nachdem man es zuvor zum Mißbrauch freigegeben hat. Hinter der parteipolitisch scheinbar kontrovers geführten Debatte um Reformen im Rentensystem, sozialverträglichen Wohnungsmarkt, Kündigungsschutz, Lohnfortzahlungen, steht der parteiübergreifende Überdruss an einer Sozialpolitik, die der Flexibilisierung der Rahmenbedingungen für den internationalen Markt im Wege stehen. Die Parteienlandschaft entspricht im Grunde dem bunten

Farbspektrum, das sich lediglich ergibt aus der Brechung des einen liberalen Willens, der sich am Prisma der Weltpyramide bricht.
Die systematische Überdehnung des Etats der Sozialausgaben in einigen speziellen Bereichen, ist als ein Stresstest auf die Akzeptanz ganz allgemein gegenüber Zuwendungen an bedürftige Bürger angelegt. Ganz klar, soll der Debatte um ein bedingungsloses Grundeinkommen für Bürger dieses Landes die Popularität entzogen werden. Ein derartiger Sockel der Existenzsicherung würde es freischaffenden Dienstleistern, Künstlern und Autoren ermöglichen, sich zeitweise dem Risiko der selbstbestimmten Arbeit zu widmen.
Ebenso wäre die persönliche Sorge für Erziehung von Kindern und die Pflege von Kranken im Familienkreis wieder auf ihre natürliche Basis rückführbar.
Nach der derzeitig vorherrschenden Auffassung von ‚liberaler' Wirtschaftsordnung stellt dies, berge dies die Gefahr, daß sich ein Großteil der Kreativen dem Zwangsverwertungssystem dauerhaft entziehen könnte. Die Verknappung des Angebots an freiverfügbaren Arbeitskräften, müßte in der Folge zu einer Aufwertung der Lohnarbeit führen. Hinter der Unterstellung, daß dem Menschen das Tätigsein kein Grundbedürfnis wäre, findet sich die Furcht, durch die Abschaffung der Zwangsbeschäftigung über die Arbeitsagenturen, zu einem Anreizsystem zu gelangen, in dem der Arbeitnehmer wieder als ein gleichwertiger Partner wahrgenommen werden müßte.
Die Grundsicherung als ein protektives Instrumentarium zur Stabilisierung der Volkswirtschaft zu diskutieren, setzte zudm voraus, die qualitativ hohen Standards unseres Wirtschaftsstandortes angemessen zu würdigen. In der geschichtlichen Rückschau ließen sich Beispiele dafür anführen, wie segensreich der Schutz nationaler Manufakturen, das Mäzenatentum dem Kunsthandwerk, die protektiven Handelsbeschränkungen der lokalen Handwerkstradition, die Ausbildung höchster Standards ermöglicht hat. Als Beispiele wären die Präzision der Uhrenfertigung in der Schweiz, die sächsischen und preußischen Porzellanmanufakturen, und weitere regionale Traditionen des Textilhandwerk und des Möbel- und Instrumentenbaus anzuführen. Unter dem Druck des liberalen Welthandels, zur Bedienung des Massenbedarfs, konnten die einstigen traditionellen Standards nicht mehr länger aufrecht erhalten werden. Es mußte zur Aufweichung der lokalen Strukturen und Herabminderung

der Werthaltigkeit der Arbeit kommen, in dem Maße, wie die Produktion arbeitsteiliger und rationalisierbar wurde. Die aufs primitivste zerlegten Arbeitsprozesse sind auf die, durch Kolonisation verfügbar gemachten, sogenannten ‚verlängerten Werkbänke' der Entwicklungsländer verlagert worden. Die Spirale der Ertragsmaximierung erlaubt es bis auf weiteres nicht mehr die Zergliederung der Produktionsprozesse wieder rückgängig zu machen, und dem ‚Meister' seiner Arbeit seine Würde wieder zurückzugeben.
Am Ende des ökonomischen Verwertungsprozesses stehen die Pflegebedürftigen. Der Mehrwert wird in der Altenpflege aus der Liqidierung der Pflegekosten aus den Privatvermögen, bzw. den Versicherungen gewonnen, sowie aus dem Aufwand an Medikamenten zur Schmerztherapie und Ruhigstellung der Bewohner. Wegen der Anerziehung von Unselbständigkeit der Bewohner in stationären Einrichtungen kommen die Umsätze aus Hilfsmittel zur Versorgung von Lagerungswunden, Inkontinenz und künstlicher Ernährung über Sonden, hinzu. In der betriebsbedingten Flüchtigkeit der Versorgungsmaßnahmen finden Ältere keinen verläßlich stabilen Bezug zu ihrer Umgebung. Viele Verhaltensauffälligkeiten (Unruhezustände, Aggressivität) bei Pflegebedürftigen sind darauf zurückzuführen. Diesen wird dann mit der Gabe von Neuroleptika zur Ruhigstellung (chemische Zwangsjacke) begegnet, wobei die schweren Nebenwirkungen, z.B. auf Kreislauf und Gleichgewicht, sich wiederum als Einschränkung der Selbständigkeit bemerkbar machen. Es steht jedoch zu befürchten, daß die Erhaltung von pflegerischen Standards zur Sturzsicherung und Dekubitusprophylaxe, die besonders für dauerhaft bettlägerige Personen notwendig werden, nicht mehr länger auf einem menschenwürdigen Niveau gehalten werden können. Wegen der weitgehenden Beschäftigung von Hilfskräften aus dem Ausland, können die Standards nicht mehr vollständig kommuniziert werden. Eine ausführliche Dokumentation ist, ohne gute Kenntnisse der deutschen Sprache überhaupt nicht möglich. Vielfach wird bereits darauf verzichtet. Über diesen Sachverhalt ist ein Tabu der Kritik verhängt worden. Aus der Furcht vor dem Argument der Diskriminierung, wird die vielfach mangelhafte Qualifikation von fremden Arbeitskräften in der Pflege nicht thematisiert. Im Gegenteil findet gerade eine großzügige Anerkennung von kaum nachweisbarer Qualifikation aus dem Ausland, statt. Indessen steigt der Druck auf die

deutschsprachigen Fachkräfte in einem unerträglichen Maße, da sie die Defizite aufzufangen haben. Der Appell an eine ‚Willkommenskultur' ist durchaus verlogen, während es tatsächlich um die Erschließung einer internationalen Ressource an billigen Arbeitskräften geht. Im Wettbewerb der Lohnuntergrenzen besteht dennoch der Anreiz dazu, über die Ergänzung durch Aufstockung mit sozialen Hilfsgeldern, den Zustrom von Arbeitsmigration ungebremst zu erhalten. Von den Zuwanderern darüber hinaus eine Identifikation mit den hohen Standards zu erwarten, ist vergeblich, da diese an die Basis der deutschen Sprache und Kultur gebunden sind. Sie werden daher künftig dauerhaft nicht aufrecht erhalten werden können. Ein breiter Verzicht darauf ist bereits im vollen Gange, denn es handelt sich, vor Allem in der Pflege, zwar um einen wachsenden Sektor, allerdings nur quantitativ.

Von wirtschaftsliberalen Lobbyisten wird die Flexibilität beweglicher Arbeitskräfte erwartet, die sich je nach konjunktureller Erfordernis dem dynamisch ‚atmenden' Unternehmen zur Verfügung halten. Während der Auftragsflaute lassen sich die personellen Überhänge, speziell der unterqualifizierten Kräfte entsprechend leicht abschmelzen. Je höher die Anforderungen an die Qualifikation, und je spezieller die betriebsinterne Heranbildung von Fachpersonal ausfällt, desto problematischer ist Anpassung an eine schwankende Auftragslage. Die Freistellung überschüssiger Fachkräfte würde gewissermaßen einem *brain-drain* als Verlust für das Unternehmen gleichkommen. Daher ist, soweit dies in der Produktion möglich ist, eine rationalisierte Zergliederung der Arbeitsprozesse, neben der Automatisierung, angestrebt, um die menschliche Arbeitskraft im Rahmen fragmentierter Elementarprozesse leichter austauschbar zu machen. Für die Beschäftigung derartiger Arbeitskräfte ist eine kulturelle Integration gar nicht notwendig, und sprachliches Verständnis nur rudimentär erforderlich (zumal die Arbeitsanweisungen auch über Piktogramme erfolgen kann). Vielmehr noch ist die dauerhafte Fremdheit am Verweilort insofern günstig, da die jeweilige Bindung an die Peergroup der Arbeitseinheit entsprechend verstärkt wird. Aus dem Umstand, daß die prekäre Wohn- und Arbeitsgemeinschaft von Arbeitsmigranten die Menschen auf sich selbst innerhalb einer Parallelgesellschaft verweist, folgt, daß sozial- und rechtstaatliche Eingriffe nicht greifen. Wegen des inneren Druckes der sozialen Kontrolle in patriarchalischen Strukturen einerseits, und der kulturellen Entwurzelung der Zuwanderer anderseits, wächst das Konfliktpotential mit jeder folgenden Generation in einer Weise heran, der man präventiv kaum begegnen kann. So wird das sozialstaatliche Engagement auf finanzielle Alimentation zur Aufstockung niedrigen Löhne beschränkt, und zeigt sich hinsichtlich der Forderungen nach Assimilation und Integration hilflos. Aus dieser Tatsache resultiert schließlich die gesellschaftlich übergreifende Frustration über den impotenten Sozialstaat, die die Voraussetzung dafür ist, diesen letztlich im Zuge der politischen Willensbildung gänzlich abzuschaffen. Auf diese Weise schafft der Wirtschaftsliberalismus sich seine eigenen günstigen Bedingungen.

Wenn der Einzelne, dem die Gestaltungsfreiheit in Bezug auf seinen persönlichen Lebensentwurf entzogen worden ist, ihm gleichzeitig jedoch der notwendige Anschluß an die gesellschaftliche Teilhabe verwehrt wird, weil jede Lebensäußerung in Geldwert umgemünzt wird, gerät der Mensch in Konflikt mit dem System. Dieses erzwingt die Eingliederung in den Verwertungskreislauf aus Produktion und Konsum, unter Verzicht auf die Verwirklichung einer authentischen Persönlichkeit, und entläßt ihn in die Ohnmacht gegenüber den auferlegten ökonomischen Verpflichtungen, denen er mit oder ohne Zustimmung nachzukommen hat. Sie bestehen in der Mitwirkung in der marktwirtschaftlichen pyramidalen Maschine. In der Basis-Ebene bleibt dem Einzelnen nur der rasche Versuch, eine entsprechende Funktion als Rädchen innerhalb des Verwertungskreislaufes zu übernehmen. Anderenfalls setzt er sich dem Verdacht der subversiven Verweigerung gegenüber dem ‚Solidar'-Gefüge aus. Als Solidar-Bezug werden aber nicht etwa andere Individuen oder gesellschaftliche Gruppen gesetzt, sondern die marktwirtschaftlich bestimmenden Akteure. Die Mitwirkungspflicht besteht also nicht konkret in der Hinwendung an bestimmte andere Personen, die Sorge für andere Menschen (oder die Umwelt), sondern in der Rechtfertigung gegenüber abstrakten Institutionen, wie Unternehmen, Banken, Versicherungen und Staatsorgane. An die Stelle der Solidargemeinschaft, wie sie im eigentlichen Sinne zu verstehen ist, also der direkte familiäre oder nachbarschaftliche, sind nunmehr die abstrakten entfremdenden Module der pyramidalen Maschinerie gerückt.

Stufe 3

Eine weitere Stufe der Abstraktion stellt die Ebene der sogenannten politischen Willensbildung dar. Darin begriffen sind die Institutionen der drei Gewalten: 1) gesetzgebende Gewalt, ausgehend von der Legislative der parlamentarischen Vertretung, 2) der rechtsprechenden Gerichtsbarkeit (Jurisdiktion), sowie 3) die ausführenden Organe der Exekutive. Inwieweit die Gewaltenteilung real überhaupt umsetzbar ist, und wo tatsächlich eine Abhängigkeit auf dem Wege der Weisung nach Interessenslage vorherrscht zeigt erst ein Blick auf die nächst höheren Stufen (ab *Stufe 4*), denn innerhalb der *Stufe 3* mag der Anschein der Legitimation und Unabhängigkeit aufrecht zu erhalten sein, der durch bürgerliche Kontrollinstanzen gewährleistet ist.

I Legislative

Zusammengefaßt sind an dieser Stelle jeweils die Nationalen Parlamente sowie, die föderalen Einrichtungen zur Kanalisierung politischer Meinung in der Bevölkerung. In der Bündelung des Kanalisierung von Meinungsströmen in Parteien kommt es zur Erzeugung des Anscheins von Teilhabe und Einflußnahme. Auf diese Weise lassen sich auch Protesttendenzen ‚zivilisieren,, z.B. über die Einführung einer ökologischen Terminologie, bei der Durchsetzung ökonomischer Interessen. Soweit nicht in der parlamentarischen Debatte Raum für den bürgerlichen Unmut ist, dient die Einrichtung von Sonderkommissionen und Arbeitskreisen zur Akademisierung der betreffenden Themen (z.B. Medizin und Ethik, Sterbehilfe).

Zur Abschwächung der verfassungsgefährdenden Impulse wird für eine entsprechende Zersplitterung der Parteienlandschaft jeweils am rechten und linken Rand gesorgt. Bei der Drohung einer sogenannten Protestwahl, sorgt die Einrichtung mehrerer Kleinparteien, mit gleichlautenden Inhalten, für eine Verpuffung in der Repräsentanz der Stimmungslage in der Bevölkerung, und sorgt mit dem ‚Reißen' der

Prozenthürde der Kleinparteien, für die gewünschte Verwehrung des Eintritts in die Parlamente. Somit zeigt sich, daß im Grundsatz de facto ein Zwei-Parteien unwidersprochen erhalten bleiben soll.
In den klassischen Dialogen Platons wird die Diskussion von einem Vertreter der herrschenden These bestritten, unter Assistenz eines Stichwort gebenden Partner. Die weiteren Teilnehmer des Symposions liefern lediglich die bunte Kulisse zur Legitimierung der Hauptthese.
Für die Vorstellung von einer elitär geführten Expertenregierung lieferte denn auch folgerichtig Platon das Muster in seinem propagierten Staatsmodell.
Die Bipolarität ist ein Grundmuster zur Stabilisierung der Machtverhältnisse. Es handelt sich jedoch im Grunde um die Abbildung des unipolaren Machtzentrums in seiner Spiegelung. Die Überhöhung des ‚Guten' mit Absolutheitsanspruch korrespondiert mit der Existenz des ‚Bösen', das mit der seiner antithetischen Abgründigkeit für die entsprechende Überhöhung sorgt.
Physikalisch betrachtet ist die Ellipsenbahn um ein Zentrum von besonderer Stabilität. Geometrisch liegt dem Gravitationszentrum aber ein imaginärer Brennpunkt gegenüber, der jedoch real kein eigenes Gewicht einbringt.

II Justiz

Die Rechtsprechung arbeitet vorgeblich auf der Basis bürgerlicher Gesetzgebung, und ahndet zwar das einzelne Verbrechen, schließt jedoch die Infragestellung aus, inwieweit eine Gesellschaft, die ausschließlich auf materiellen Werten und sexueller Anzüglichkeit gründet, mitschuldig ist; über die Doppelmoral einer Gesellschaft, die wiederum die Gier und, manchmal unverhohlen, Gewalt verherrlicht, muß einmal ehrlich nachgedacht werden.
Hat jemand schon den Versuch unternommen, Verbrechen im Zusammenhang mit Tendenzen des Zeitgeistes zu untersuchen? Als Beispiel soll hier kurz die von Theodor Lessing vorgenommene Analyse des Prozesses im Fall Fritz Haarmann vorgestellt werden. Es handelte sich dabei um einen Serienmörder aus Hannover in den

1920er Jahren, der von Th. Lessing als das personifizierte Symptom der wölfischen Epoche des rasenden Kapitalismus erkannt wurde. Gleichzeitig offenbarte sich hinter der bürgerlichen Fassade das Zusammenwirken von Exekutive, deren effektives Werkzeug für Spitzeldienste er war, und kriminellem Milieu, in dem es ihm über Jahre hinweg gestattet war sich frei seine Opfer zu suchen. Hiermit wäre auch eine Parallele gegeben zur gegenwärtigen V-Männer-Praxis im Rahmen gegenwärtiger polizeilicher Ermittlungen. Zuweilen erreichen es die Täter, nach schonender Behandlung als Zeugen in eigener Angelegenheit, zu einiger Popularität zu gelangen, während den Opfern häufig die erdrückende Beweislast auferlegt wird. Unabhängig davon, um welches Sub-Milieu es sich handelt (Rockerszene, Hooliganszene), sie genießen mit dem Attribut des ‚halblegalen' den Ruf, einer der letzten männlichen Abenteuerspielplätze zu sein, solange ihnen die polizeiliche Mitarbeit, mit geschlossenen Hühneraugen, den Ruf auch noch adelt. Wie im Übrigen auch die linksautonome Szene und Hausbesetzerinitiativen regelmäßig zudem eine Aufladung ihrer anarchistischen Selbstvergewisserung gerade durch den planbaren Aufmarsch von martialisch ausgerüsteten Polizeiarmeen erhalten. So liefert zuverlässig auch die Exekutive ihren Beitrag zur Maskerade für die Walpurgisnacht und den Mailkrawallen.

Dem ‚Fleischwolf' der Materialschlacht des ersten Weltkrieges folgten die ‚roaring twenties' mit der galoppierenden Inflation als Auswirkung angeheizter Börsenspekulation, mit der Folge breiter allgemeiner Entwurzelung und Demoralisierung.
In diese Zeitstimmung fällt ein weiterer spektakulärer Fall (Loeb) in den USA während der 30-er Jahre, bei dem zwei high-class-boys aus der jüdischen Oberschicht einen, ebenfalls jüdischen, Jungen ermordet hatten; eine, wie sich herausstellte, aus der puren Überheblichkeit einer perversen Verdrehung des Übermenschengedankens heraus begangene Tat. Zugrunde lag eine falsch verstandene, aus dem Zusammenhang gerissene Paraphrase aus Nietzsches Werken, nach der demjenigen, der sich über die gängige Moral stelle, alles gestattet sei (ideengeschichtlicher Verweis auf den Typus Cesare Borgia bei Nietzsche). Der jüdische Pädagoge und Feuilletonist Theodor Lessing stellte am Vorabend der Machtergreifung Hitlers, in einer

schonungslosen Analyse der jüdischen Befindlichkeit der Zeit, die Spaltung der eigenen Identität fest. Mit dem, von ihm selbst geäußerten Vergleich des „westlichen Parvenues" der Großstädte, gegenüber den „östlichen Parias", die auf der Landflucht dort gestrandet waren, handelte Lessing sich den Vorwurf des jüdischen Antisemitismus ein.
Tatsächlich handelte es sich um das zeittypische vulgär-politische Phänomen der Rassenhygiene, gemäß dem die Veredelung der eigenen Selbstvergewisserung durch die Verleugnung quasi der schlichteren Verwandtschaft bewerkstelligt werden sollte. In aller Kürze geschieht dies nach dem Verfahren, der Selbstaufwertung über die Abwertung des Anderen. In einem Spiegel der Verelendung, als der einem der Verachtete entgegentritt, sieht man sich mit dem eigenen drohenden Abstiegsschicksal konfrontiert. In einem verzweifelten Akt der Befreiung glaubt man dieses bannen zu können, wenn erst der Andere, und damit das unheimliche Spiegelbild, beseitigt ist. Dieser Affekt kann ebenso auf individueller Ebene wirksam sein, wie er als Psychose gesellschaftliche Klassen, oder gar Völker beherrschen kann. Die Konfrontation mit dem ungeliebten ‚Bruder', das eigene gestörte Selbstbild im Anderen, oder auch die verleugnete Herkunft kann jeweils auslösendes Moment hierfür sein.
Auf diese Weise werden höhere Ebenen der Pyramide durch die Abkopplung von den Wurzeln aus den tieferen Schichten entrückt. So wird aus der Überwindung der eigenen geschichtlichen Herkunft (mit ihren verleugneten Ahnen und beschämenden Irrtümern) der Mythos von der Berufung zur ‚höheren Macht' geschaffen. Für die Ausgestaltung der Justiz ist das Zusammenspiel von Spaltungsbewußtsein und Überhöhung des Volkssrechtsempfinden von allergrößter Bedeutung gewesen.
Für die nationalsozialistische Propaganda war der Ausdruck der sogenannten ‚blonden Bestie', ein Ausdruck aus den Schriften Nietzsches, für die völkische Rassenlehre mißbraucht worden.
Im „Zarathustra" entwickelte Nietzsche die allegorische Bildfolge von den drei Verwandlungen des Menschen. Zuerst wäre er demnach ein tragsames ‚Kamel', das im fleißigen Dienst, dem „Du sollst" Genüge tut. Im zweiten Bild, stellt er den ‚Löwen' dar, eben jene blondmähnige Bestie, die sich ermächtigt zum „Ich will". In der Transformation des Menschen ist sie, nach Nietzsche aber ein Durchgangsbild, nämlich des Löwen auf dem Sprung zur dritten Verwandlung. Diese ist

schließlich das „Kind“, der Mensch, der im natürlichen Spiel seiner Kräfte zu sich selbst findet. Eigentlich handelt es sich um eine Wiedergeburt, und einen Neubeginn. Er ist dann also fern davon, der Feind seiner natürlichen Umgebung zu sein, oder gar seiner eigenen Art gegenüber. Die „blonde Bestie“ hätte zuletzt Frieden in der Erkenntnis seiner Macht gefunden. Und nur wer Frieden in sich selbst trägt, kann ihn auch Anderen vermitteln.
Nur aus der Ohnmacht innerer Zerrissenheit heraus, liegt ein entzweiter Wille mit widerstreitenden Motiven, im beständigen Kampf um eine überhebliche Demonstration äußerlich angemaßter Macht.

Die Vorstellung rassischer Überheblichkeit ist auch der jüdischen Kultur nicht fremd, und sogar biblisch belegt. Sklavengesellschaften haben zu allen Zeiten ihre Rechtfertigung auf eine göttliche Offenbarung zurückgeführt. Die ‚pyramidale' Sklaverei hatte ihre nackte Brutalität noch bis in jüngster Zeit in Amerika ihre Tradition, und wird in islamisch geprägten Länder bis heute praktiziert. Wenn man Sklaverei gemäß einer Deutung des Stoikers Seneca betrachtet, wonach der Mensch in dem Maße unfrei sei, wie er Sklave seiner Leidenschaften ist, oder mit Kant gesprochen, sich seiner selbstverschuldeten Unmündigkeit hingibt, hängen Herr und Diener an der gleichen Kette, und es ist eine Frage der Definition, wer wen führt.

III *Exekutive*

Einer pessimistischen Annahme zufolge, würde, was die moralische Konstitution des Menschen anbelangt, der als ‚Guter' wahrgenommene ohnehin nur derjenige sein, der für das Böse zu schwach sei. Einstweilen wurde eine Institution eingerichtet, die das staatstragende ‚Gute' zu sichern beauftragt ist. Darunter selbstverständlich die Polizei zuzurechnen wäre, allgemein betrachtet, ein voreiliger Schluß, denn man vergleiche die Funktion der staatlichen Sicherheitsorgane jeweils in restriktiven und diktatorischen Staatssystemen, oder in, nach demokratischen Verständnis dysfunktionalen mafiös korrupten Gebilde, wie den sogenannten ‚failed states'. Daß die Gewalt vom Staate auszugehen hat, ist weder in der Geschichte, noch gegenwärtig

weltweit allgemeiner Standard. Die Delegation von exekutiven Befugnissen an eine höhere Ebene diente stets zur Befriedung des Zusammenlebens in der Gesellschaft, und ist tatsächlich das stärkste Argument für eine differenzierte pyramidal gestaffelte Hierarchie der Macht. Allein in der Natur unseres Wesen liegt ein untrennbar aggressiver Kern zugrunde, Dem individuellen Willen zur Macht, uns selbst gegen andere zu behaupten, ein anderes Individuum von unserer Stelle zu verdrängen, oder gar dessen Existenzrecht zu verneinen, ins Auge zu sehen, ihn einzudämmen, uns zu bescheiden, das Ich im Anderen erkennen ist eine Aufgabe, die nicht nach ‚oben' delegiert werden kann. Solange wir Gewalt nicht als Individuen unter die Füße bekommen, ist die Hoffnung auf Schutz vor Gewalt durch die Polizei eine fragile, und vielleicht gar nicht zu erfüllende.
Die Exekutive sichert das staatstagend ‚Gute', sie schützt – die pyramidale Hierarchie vor der Infragestellung durch das Individuum. Das Personal der Exekutive hat ein ausgeprägt intensives Verhältnis zu Gewalt; sie muß sie in Handlungen des Widerstandes gewärtigen, und selbst zur Anwendung bereit sein. Eine grundfriedfertige, sanfte und verträumte Natur, mit schwach ausgeprägten Willen zur Macht, wird diese Berufswahl sicherlich nicht treffen, ebensowenig eine Person mit ästhetischem Gestaltungswillen.
Sarkastisch zugespitzt ließe sich auch behaupten, daß die Berufswahl des Polizisten und Soldaten quasi als ein zum *Plus*-Machtwunsch innerhalb der bürgerlichen Ordnung gewendeter *Minus*-Machtwunsch des Verbrechens zu werten ist. In beiden kommt jedoch derselbe stark ausgeprägte Wille zur Macht zum Ausdruck, jeweils mit gewendetem Vorzeichen. Sich in vergangener Zeit, und in manchen Weltgegenden noch heute, zum Büttel oder Landser werben zu lassen ist eine Folge der Sozialisierungsgeschichte des Verbrechertypus innerhalb des pyramidalen Gefüges. Dieser psychologisch unheimliche Sachverhalt zeugt von der Unmöglichkeit letztlich sich selbst zu entkommen, sondern durch die Rettung in eine sozial anerkannte Ebene der individuellen Prüfung auszuweichen.
Die Verstrickung der Gewalt wird von Individuen unentwirrbar in die Hierarchien hineingetragen, und nicht etwa durch die Hierarchisierung der Gewaltmonopole aufgehoben. Der Kontaktbereich der staatlichen Exekutivorgane zum kriminellen Milieu ist notwendigerweise eine Grauzone. Unter der Rechtfertigung des Zugangs für Ermittlungen

werden auch Straftaten durch Ordnungskräfte begangen, ja sogar notwendig provoziert. Um zu überprüfen, ob der Bürger seinen Rechtsrahmen auch nicht überschreitet muß der, ihm zuvor zugestanden, geschützte Rechtsraum von Seiten der Exekutive verletzt werden, etwa durch Überwachungsmaßnahmen. Um etwaigen kriminelle Machenschaften auf die Spur zu kommen, muß im Zweifelsfalle eine zu erwartende Straftat ermöglicht oder provoziert werden. Inwieweit Verbrechen erst ihre Durchschlagkraft erhalten haben, läßt sich an einigen historischen Beispielen nachvollziehen (man recherchiere die Hintergründe des bereits erwähnten Haarmann-Prozesses, dessen Tragweite erst durch die Doppelexistenz des „Herrn Kriminal“ und Polizeispitzel möglich wurde).
Die regelmäßig eskalierende Funktion der agent- provocateurs bei der Praxis der Einschleusung von V-Leute in links- und rechtspolitische Kreise (z.B. NSU), die Provokationen von Gewaltausbrüchen bei Demonstrationen um ein harsches Eingreifen zu rechtfertigen, die Deckung selbst von Straftaten, begangen von Verbindungsleuten der Polizei zum Milieu, um die konspirative Ressource nicht zu verlieren, helfen insgesamt das Milieu zu erhalten, um die eigene Funktion zu rechtfertigen. Der Preis der tugendhaften Gesellschaftsordnung ist die Kultivierung des Leides in ihrem Schatten, das in der Illegalität des Drogenhandels und der Prostitution existiert. Wie der Arzt zu seiner Daseinsberechtigung den Kranken als Gegenüber braucht, braucht die Exekutive die Objekte die sie exekutieren kann.
In schonungsloser Konsequenz würde eine erfolgreiche Verbrechensbekämpfung den Erhalt des Verbrechens selbst, und die fortgesetzte Sozialisierung neuer Tätergenerationen, geradezu erforderlich machen, ebenso, wie der Arzt die fortgesetzte Abhängigkeit des Patienten durch die andauernd angefochtene Gesundheit als geschäftlich existenziell nötig hat. Ebenso wenig, wie es aus Sicht der Ärzte einen Gesunden gibt, sondern nur zu wenig eingehend Untersuchte, ist aus der Sicht der Polizei erst einmal jeder verdächtig, man müsse eben nur intensiver überwachen und untersuchen.

Polizei und Bundeswehr, die international als Eingreiftruppe zur Unterstützung der US-Sicherheitsstrategie fungiert, und ebenfalls polizeiliche Aufgaben innerhalb des eigenen Landes übernehmen kann

(z.B. mit dem Argument des Katastrophenschutzes bei Ausschreitungen, oder zum Abschuß von entführen Flugzeugen); Ziel ist jedoch nicht die vorgebliche Verhinderung von Verbrechen sondern vielmehr die Sicherstellung der Ruhe im Land, damit der Marktstandort nicht gefährdet wird, sowie zur Einhegung von Bürgerprotesten gegen Großprojekte, die ohne Bürgerbeteiligung beschlossen wurden. Weiter vorgewagt erscheint noch die These von einer gewissen, bewußt aufrecht gehaltenen, Verunsicherung der Bürger durch Angst vor Verbrechen (z.B. ständige Terrorgefahr), um eine höhere Akzeptanz entsprechend gewünschter Erweiterung der Befugnisse bei Überwachung und Übergriffen zu erreichen.
Einstweilen beläßt man den ‚angemeldeten' Bürgerprotest als akutes Ventil für Unmutsbekundungen, die lokal und zeitlich beschränkt zugelassen werden, um Dampf abzulassen. Den Teilnehmern wird der Impuls geraubt, indem für einen kalkulierten Moment die Ordnung in Frage zu stellen erlaubt scheint, die anschließend, in der Substanz unangetastet, wieder voll wirksam durchgesetzt wird, ohne daß es den Demonstranten bewußt wird, einem wirkungslosen Widerstands-Placebo aufgesessen zu sein.

Die Exekutive ist zuweilen auch das exekutierende Organ aus eigener Autorität. Ganz offen tritt in dieser Weise der israelische Geheimdienst Mossad mit diesem Nimbus des Schreckens auf, ganz einfach, weil ihm eine global uneingeschränkte Macht zugestanden wird. Seine, die Verletzung israelischer Ansprüche rächende, Funktion reicht von Observation bis hin zum politischen Attentat. Mord als Staatsdoktrin wäre für jede andere Nation der Welt, außer Israel, von unkalkulierbarem Risiko.
Der politische Mord wird üblicherweise fehlgeleitenden Einzeltätern zugeordnet, zumeist um zu verschleiern, welchen Interessen die Folgen der Tat zugute kommt.
Für den Beginn des ersten Weltkriegs war das Attentat von Sarajewo nicht ein Auslösermoment, sondern ein Vorwand, um die langersehnte Kriegsabsicht moralisch als Strafaktion begründen zu können. Die Adresse war auf dem Umweg über Serbien eigentlich Rußland. Der habsburgische Thronfolger wurde kurz vor den tödlichen Schüssen auf dem selben ungesicherten Paradeweg zweimal hin und her gefahren, gleichsam als langsam bewegliches Ziel mit Ansage, in voller Kenntnis

der angespannten Lage auf dem Balkan, aufgrund der seit vielen Jahren betriebenen Expansionspolitik Österreich. Die Gefahren anarchistischer Aktionen sind allgemein schon damals ein jahrzehntelang bekanntes Phänomen. Das Selbstbild der Propagandisten der Tat ist für gewöhnlich progressiv auf die Erzwingung eines zukünftigen Zustands gerichtet. Attentate gegenüber Mitglieder von Herrscherhäusern, bzw. Regierungen waren ein gängiges Mittel zur Destabilisierung des bestehenden politischen Gefüges (Die Taten mit reaktionärem Hintergrund folgen einer anderen Motivlage, auf die an dieser Stelle nicht weiter eingegangen werden kann; hierzu würde etwa das Attentat auf Abraham Lincoln, oder Walter Rathenau, und die Fememorde der Zwanziger-Jahre gehören; an dieser Stelle ebenso wenig berücksichtigt, der Fall von J.F. Kennedy).

Die zu ihrer Zeit spektakulärsten Fälle sind das Attentat auf den Zaren Alexander II (1881), sowie die Beseitigung Ludwig II v. Bayern (1886). Diese Fälle ereigneten sich vor dem zeitbestimmenden Hintergrund der Reichseinigungskriege 1866/ 1871, und der von Bismarck ausgerufenen Reichgründung, sowie des amerikanischen Bürgerkriegs (1861, ebenfalls mit dem Ziel einer ‚Reichseinigung').
Warum gerade auf den Zaren, zu dessen Reformbestrebungen auch die Aufhebung der Leibeigenschaft zählen, derart gehäuft Attentate verübt wurden, muß im Zusammenhang von Nihilismus und Kapitalismus diskutiert werden. Das Netzwerk der anarchistischen Gruppierungen war inzwischen international geknüpft worden, und hat die theoretischen Debattierclubs ausgehend von Marx und Bakunin längst verlassen. Ihre Knotenpunkte lagen in der städtisch geprägten studentischen Jugend, die sich ihrer kulturellen Entwurzelung bewußt geworden war. Es ist gewiss, daß das destabilisierende Potential der ‚Propaganda der Tat' auch als politische Spielkarte gegen Nationen geführt wurde, die auf dem globalen Markt als Konkurrenten geschwächt werden sollten. Im Falle gegen das zaristische Rußland gerichtet, war dieser Wille der imperialen Mächte, Frankreich, England und Amerika diesbezüglich einhellig. Gerade während einer Phase der diplomatischen Entspannung fiel z.B. der polnische Aufstand, der wiederum die Interessenslage der Habsburger Monarchie gegenüber Rußland auf dem Balkan günstiger stellte. Welche Minen künftiger

Krisen, aus der engen Verbindung von Hochfinanz und Industrie mit Militarismus hier gelegt wurden, sollte sich nur allzu bald erweisen.
Die Krisenereignisse und kulturellen Verwerfungen die sich während des letzten Drittels des 19. Jhrds verdichten, haben ihren Antrieb in der Verbindung von Industrie und Imperialismus. Zur Bildung einer spekulativen Börsenblase trugen die Herausbildung von global agierenden Großbanken (sogenannte ‚Hochfinanz') bei, zur Kreditbeschaffung für die hypertrophen Industrie-Kartelle (Syndikate und Trusts). Der Moment der schöpferischen Zerstörung von Kultur, als wesentlicher Aspekt krisenhafter Phasen im geschichtlichen Konfliktgeschehen, findet sich im Börsencrash von 1873, dessen Erschütterungen global spürbar waren. Aus dem katastrophalen Zusammenbruch folgte die Konzentration finanzieller Macht in Globalfinanzinstituten, sowie die fieberhafte Ausweitung derer Wirkungsräume im Zuge des kolonialen Imperialismus, gestützt auf die militärische Rüstungsindustrie. Diese wiederum befeuerte den Hunger nach Rohstoffen und Arbeitskräften, und trug so zur Erosion kultureller Identität bei.
Im historischen Konfliktgeschehen dieser Epoche, ist der Finanzkrach vor dem Hintergrund der ‚epileptoiden Krise zu betrachten, die als Durchgang zur Genese der weltumspannenden Einrichtungen des börsennotierten Handels zu verstehen ist. Die Transformation der Epoche der Industrialisierung, des Maschinenzeitalter, in die Epoche der Übertragung der Effizienzbegriffe der Rationalisierung und Automation auf das zivilgesellschaftliche Leben, war nunmehr eingeleitet worden.
Zumeist als lokales Phänomen kaum beachtet, jedoch als ein Symptom der kulturellen Entwurzelung der damaligen Generation allgemein von weitreichender Bedeutung, ist der weltanschauliche Nihilismus, der die eigentliche Seele des Kapitalismus ist. Aus der Zerrüttung tradierter Bindungen wegen des imperialen Aufbruchs gegen Ende des 19. Jhrds. erwuchs der anarchistische Impuls, der zur Zerstörung der bestehenden Verhältnisse führen sollte. In Rußland zeugten die spektakulären Nihilistenprozesse, denen fast auch Dostojewskij zu Opfer gefallen wäre davon, daß hier die Avantgarde für die Errichtung eines pyramidalen Systems, sich der Agitation der Massenbewegungen bedienten, ebenso wie die Täter aus dem Schutz der Masse heraus agieren, um wiederum im Schutz der Masse abtauchen.

Sämtliche in dieser Zeit sich formierenden Imperien streben zugleich die Hegemonie auf dem Weltmarkt unter dem Druck der wachstumsorientierten Industrie-Trusts an. Nach der Lähmung des Zarenreichs bedingt durch die Entstehung einer geheimdienstlichen Verwaltungsdiktatur, wurde das osmanische Reich durch den versuchten Anschluß an die Moderne eine Beute der internationalen Investoren und Geldgeber. Als Rumpf des osmanischen Reiches sollte jedoch die Türkei in der Funktion einer Pufferzone zwischen dem russischen Kulturraum und dem europäischen Mittelmeer erhalten bleiben. In diesem Lichte betrachtet, fügt sich die Westbindung durch die Reformen Kemal Atatürks, als Vater des modernen Staates, in der bis heute gängigen Strategie des *nation building* . Ein Rechtsstaat sollte indessen bis heute nicht daraus werden, und der Völkermord in Armenien ist weiterhin unaufgearbeitet. Für die Erweiterung des liberalen Wirtschaftsraumes ist Rechtsstaatlichkeit und Demokratie im Grunde sogar eher hinderlich, und tatsächlich, bis auf einige zentrale europäische Staaten sogar die Ausnahme. Es ist daher durchaus gefährlich zu glauben, in der kapitalistischen Freihandelsideologie eine verläßliche Basis für eine demokratische Verfassung zu besitzen.

Weitgehend vergessen sind hingegen, die Niederschlagung des Boxeraufstands zur Öffnung China für den liberalen Markt, sowie der Burenkrieg in Südafrika sind bereits als Teilszenerien des faktischen „Weltkrieges“ um Ressourcen und zur pyramidalen neuen Weltordnung, *novo ordo seclorum*, aufzufassen. All die benannten Teilkonflikte verwirren in der Einzelbetrachtung, sind aber im Überblick auf ein weltumspannenden Konfliktgeschehen, im Zusammenhang mit der Transformation der industriellen Pyramide klarer zu verstehen als Bestandteile des angelaufenen „Weltkrieg“, den die Börsenfinanz den Nationen erklärt hat.
Auf die vordem abseits gelegenen Regionen fiel nun das Schlaglicht spekulativer Begehrlichkeit der Geostrategen nach Bodenschätzen und, nicht zuletzt Öl als Treibstoff der pyramidalen Maschine. Der Gelegenheit zur eigenständigen Entwicklung beraubt, sollten in der Folge die Krisenherde der Zukunft geschaffen werden.
Dies legt die Vermutung nahe, daß jeweils die Exponenten einer Politik beseitigt werden sollten, die im militärisch-industriellen

Komplex ein Hemmnis darstellten. In der kommenden Machtpyramide würden die Leitlinien fortan von der Akkumulation von börsennotiertem Kapital bestimmt werden. Für die Anhäufung kritischer Konfliktmasse bis zum ersten Weltkrieg sind diese, heute fast vergessenen, Fälle von großer Bedeutung. Die Schwächung moderater Kräfte erschien gerechtfertigt, insoweit ihre Diplomatie und kulturelle Unabhängigkeit dem ungehemmten Streben des liberalen Marktes nach Erschließung von Rohstoffregionen und Operationsgebieten im Wege standen. Die daraus folgende verschärfte Sicherheitslage zum Ende des 19. Jhrd. rechtfertigte gleichzeitig die Kombination von militärischer Aufrüstung und industriellem Umbau der Gesellschaft für die künftigen Aufgaben. Die Rüstungsindustrie war stets der stärkste Motor der technischen Innovation.

Nur scheinbar gerät diese Ausführung zum Aspekt der ‚Exekutive' auf die Abwege zur Deutung des „ersten Weltkrieges". Allerdings ist der pyramidale Krieg, gegen das Mensch-Sein gerichtet, tatsächlich die eigentliche Kern-Exekutive des Machtanspruches des Primat des ökonomischen, mit ihren Organen im Finanzwesens. Die Ausführung (execution) gemäß den Direktiven der Börsenspekulation, die ihren Wettgewinn aus dem Verlust der Nationalökonomien erzielt, ihren Zugewinn an Macht durch Heranziehen der Völker zum Schuldendienst erreicht, gerät zur Hinrichtung (execution) der Menschlichkeit an sich.

Das Wesen des Selbstreferenziellen besteht in dem Zirkelschluß der Erklärung des pyramidalen Prinzips aus sich selbst. Machtanspruch ist per se expansiv, und raubt dem Menschen seinen Selbstzweck, um ihn den pyramidalen Zwecken zu unterwerfen (In einer der Geschichten vom Herrn Keuner von Bert Brecht, wird auf die Übungen eines Menschen hingewiesen, die dieser verrichte um den Zwecken dienen zu können, die man ihm auferlegt; warum er dies tue, wird erklärt, um Essen zu haben; schließlich ißt er, um die Kraft für die Übungen zu gewinnen, um wiederum... – soviel zur pyramidalen Rekursion).

Aus der Eigen-Sinnentleerung des Menschen in der pyramidalen Selbstreferenz, resultiert die Delinquenz des Missetäters nach Kategorien der Macht, also er agiert in seinen Taten als Exekutivorgan der Macht, gleich ob es sich um Eigentumsdelikte oder Mordtaten

handelt. Alle diese Taten zeigen das Gesicht der gegenwärtigen Machtverhältnisse, und werden entsprechend instrumentalisiert, entweder zur Abschreckung oder zur Bestätigung der tatsächlichen Machtverhältnisse, die sich selten offen zeigen. Vor der Kulisse der Bürgerlichkeit dominiert das Entsetzen darüber, was hinter der Kulisse kühler Kalkulation unterliegt. Kurz gesagt, bekämpft man durchaus nicht das Verbrechen, sondern statuiert am Einzelnen ein Exempel der Macht, wohingegen die Taten, wie sie auch von der Macht selbst ausgeübt werden, keinerlei Sanktion unterliegt.
Die Instrumentalisierung z.B. einzelner Attentäter (wie nach der Machtergreifung Hitlers gegenüber van der Lubbe beim Brand des Reichstages geschehen ist), das Einschleusen von Agenten zur Lenkung von Widerstandsbewegungen, oder wahlweise deren Schwächung, ist eine taktische Methode der inoffiziellen politischen Einflußnahme. Daneben wird, durchaus ebenfalls effizient, die moralische Demontage mißliebiger Persönlichkeiten oder ganzer Parteien betrieben. Dies geschieht etwa über „vergiftete“ Lockangebote auf der Ebene persönlicher Anfechtbarkeit. Am tiefsten zielt die Diskreditierung auf dem Feld erotischer Verfehlungen. In früheren Zeiten genügte oft der Verdacht auf Homosexualität, wie die Eulenbergaffaire am Hof Wilhelm II offenbarte, aber auch auf Verbindungen zur Halbwelt (z.B. beim spektakulären Fall Mata Hari).
Neben der offiziellen Aufstellung von Polizeihundertschaften und Heeren, gehören all diese schillernden Persönlichkeiten, Agenten und Anarchisten, zum inoffiziellen Personal der Exekutive, zu denen sich nach heutigem Stand noch die unbemannte Drohne gesellt.
Nicht zuletzt ließe sich Karl Kraus auch heute noch widerspruchsfrei zitieren, wonach die Presse als vierte Gewalt im Staate ebenfalls ein Exekutivorgan sei. Der Ruf einzelner Personen wird dort ebenso exekutiert, wie Kriege herbeigeschrieben werden können. Man muß gar nicht so weit gehen den Medien systematische Lüge zu unterstellen. Eine verkürzte Darstellung, die einseitige Gewichtung bestimmter Meinungen, sorgen bereits für den falschen Zusammenhang, in dem Ereignisse für die Öffentlichkeit gestellt werden. Mehr oder weniger subtil, ist die Lenkung der öffentlichen Aufmerksamkeit in die Richtung des politisch gewollten Bewußtseins der Gesellschaft. Dabei muß keine direkte ‚Empfehlung‘, oder angedrohter ‚Liebesentzug‘, von Seiten der politischen und

wirtschaftlichen Eliten vorliegen. Es findet bereits eine vorauseilende Bemühung der Medien um *political correctness* statt, auf dem breiten Spektrum, wohl aus Angst um die Absatzquoten. So ergibt sich die Vermeidung von Kontroversen, und der Darstellung von unbequemen Strömungen. Aktuell ist das Wechselspiel von der Zunahme von islamisch motivierter Kriminalität, und dem berechtigten Unbehagen über die Willfährigkeit der Eliten gegenüber der Preisgabe aufklärerischer Leitwerte aus falsch verstandener Rücksichtnahme. Hinter der, als Toleranz verkleideten, Ignoranz, besteht tatsächlich die Agenda der Einebnung kultureller Identität in Europa.
Einerseits erfährt der lautstarke Massenprotest *gegen* die Kritiker einer Islamisierung durch den Lautsprecher der Medien die entsprechende positive Rückkoppelung. Im Gegenzug würde eine unangenehme Lautstärke bei den Bekundungen der Islamkritiker, gegen sie ins Feld geführt. Da diese jedoch weitgehend schweigend vonstatten gehen, widersprechen sie dem Verstärkerprinzip der Medien. Daraus wird ihnen nun der größte Vorwurf gemacht, denn daß das Schweigen die Äußerung der Mehrheit ist, ist die unheimliche Tatsache. Sie sollen zwar schweigen, nur nicht so publikumswirksam. Angemessen ist hier von einem beredtem Schweigen zu sprechen.

Berichte aus den Krisenregionen am Rande des europäischen Erweiterungsraumes neigen entschieden zur Tendenz der Bestätigung der offiziellen Haltung der maßgeblichen Entscheidungsebenen. Im konkreten Fall der Spaltung der Ukraine, werden die kulturellen Bezüge des Ostens zu Rußland ebenso konsequent abgewertet, wie die zum Teil extrem nationalistischen Töne in der Ukraine, zugunsten der europäischen Interessen, abgeschwächt dargestellt werden. Solange die Kompatibilität mit den Freihandelsinteressen gegeben ist, wird auch über Menschenrechtsverletzungen im europäischen Einflußbereich in der Presse geschwiegen. Die berechtigten Sorgen hinsichtlich einer drohenden Islamisierung Europas erfahren eine derartige Herabwürdigung in der Berichterstattung, wobei eben diese Meinungsfreiheit verletzt wird, in derem Sinne sie auftritt. Gerade weil die kulturellen Differenzen und Eigentümlichkeiten in der Berufung auf eine vermeintlich ‚bunte' Regenbogennation ignoriert werden, bringen sie sich am extremen Rand mit terroristischen Aktionen wieder in Erinnerungen. Es ist dieses trügerische Einheitsspektrum, das einen

sozialen Frieden vorgaukelt, wo sich tatsächlich parallele Strukturen gegenseitig belauern. Da kulturelle Differenz und soziale Probleme nicht angemessen klar zur Sprache kommen, bildet sich unter der Oberfläche des ‚Eine-Welt-Ladens' der einzig für den widerstandsfreien Waren- und Datenverkehr zusammengeschmolzen werden soll, das Konfliktpotential der künftigen epileptoide Krise zum anstehenden Epochenwandel.
Aus der undifferenzierten Mischung aller Farben resultiert nicht etwa ‚Bunt', sondern Kacke-Braun. Die demonstrative Friedensrhetorik in den Medien verschleiert die fortdauernde Anreicherung von sozialpolitischer Konfliktmasse. Das systematische Verschweigen der Gefahren die gerade in der islamischen Ideologie begründet liegen, erklärt sich aus der Absicht, deren drängende Energie für den Umbau der globalen Sicherheitsstrategie der USA nutzbar zu erhalten. Deren Anspruch auf Vorherrschaft benötigt wiederum das Reibelement des oppositionellen Widerlagers, wie es sich aus der Gesetzmäßigkeit des polaren ‚Gut versus Böse'-Schemas ableitet. Die Pressearbeit besteht nun einerseits darin, das Gefälle des moralischen Bewußtseins im Publikum zugunsten der Hegemonialmacht zu verzerren, und andererseits durch die Beschwörung vom multikulturellen Frieden, das Urteilsvermögen des Publikums zu trüben. Das Fehlen von kontroversen Debatten, die über die Schaukämpfe von ‚Verbal-Wrestling' in der Medienlandschaft hinausgehen, kommt einer medialen Entmündigung des Bürgers gleich. Insoweit der Einzelne sich nicht im grauen Einheitspektrum der opportunen Meinung wiederfindet, muß dieser sich als Wutbürger mit der Nazikeule traktieren lassen. Der historische Nationalsozialismus ist seinerzeit mit einer ebensolchen Lautstärke herbeigeschrieben worden, mit der die Machtergreifung des Finanz-Imperialismus propagiert worden ist. Die Lüge liegt also nicht immer im Verschweigen von dem, was der Fall ist, sondern oft genug in der offenen Verlautbarung dessen, was als die ‚richtige' Meinung zu gelten hat.
Karl Kraus sprach in diesem Zusammenhang vom „Untergang der Welt durch schwarze Magie" – nämlich der Druckerschwärze.
Zum Anlass des ersten Weltkriegs im Übrigen eine prophetische Aussage, lange vor der verhängnisvollen Entfaltung der finanzstarken Medienmacht von Alfred Hugenberg. Die Verhetzung des studentischen Milieus, und die Vergiftung der Lehre durch

parteipolitische Agitation, ist von einflußreichen Finanziers des Hochschulbetriebs gefördert worden. Der Mob der Deklassierten auf der Straße ist zu deren Exekutivorgan geformt, und uniformiert worden.
Wenngleich aus dem heutigen Demokratieverständnis heraus die Weimarer Verhältnisse als Ausdruck der allgemeinen zeitbedingten Instabilität für historisch einmalig erklärt werden, und im Besonderen auf die Befugnisse des Staatspräsidenten erklärt werden – ist der feie Pressemarkt längst kein Garant der Freiheit selbst. Politische Kampagnen bedienen sich der Presse, ebenso, wie politischer Druck von den Pressekampagnen zurück auf die politische Klasse wirkt (mit Hinweis auf die Rolle der Springer-Medien). Eine offen kritische Debatte darüber hat es bislang, nur im links-liberalen Spektrum gegeben, das bezeichnender Weise gleichfalls kirchenkritisch eingestellt ist. Von der Gemeinde-christlichen Seite ist Systemkritik hingegen noch nicht als Aufruf zur Klärung des eigenen Standpunktes verstanden worden.

Stufe 4

Global operierende Körperschaften

Im Verbund des Militärisch-industriellen Netzwerkes, wird die Schaffung von Krisenherden um den, in der Folge erhöhten, Sicherheitsbedarf erst zu rechtfertigen, betrieben; neben dem Einsatz von UN-Truppen (mit Mandat), kommen auch gewerbliche Söldnereinheiten, wie *Blackwater*, *Akademi* (ohne Mandat), zum Einsatz. Gezielt werden örtliche Rebellentruppen, rivalisierende Ethnien jeweils unterstützt um unbotmäßige Regime zu destabilisieren; in den derart ‚befriedeten' Regionen soll der Boden bereitet werden für die Anbindung an den Weltmarkt, nach der Landnahme durch Konzerninvestoren.

Global operierende Konzerne, wie Microsoft, Google, Apple, Großpharma (Kampf gegen Krebs, AIDS), Großagrarindustrie (Monsanto-Genfood); es fällt übrigens auf, daß bevor eine grundlegenden Verbesserung der Infrastruktur zur Wasserversorgung vorgenommen wird, die Verbreitung von Smartphones und Tabletcomputern betrieben wird, denn die Vernetzung der Klientel ist eine Grundvoraussetzung für Prägung auf die Kulturtechniken des globalen Marktes. Auffallend ist, daß in Regionen des elementaren Mangels, auf die Segnungen modernster Kommunikationstechnologie nicht verzichtet wird. Dabei wird nicht dem Bedürfnis nach Austausch mit den Nachbarn, wie es traditionell auch ohne Apple, Google und Microsoft, möglich wäre, Rechnung getragen, sondern die Vernetzung des Menschen im Verbund der Verwertungskette der Riesen der Informationstechnik. Es lassen sich auf den Informationskanälen die einschlägigen Produkte internationaler Konzerne bewerben, die in bunter und lärmender Aggressivität die lokalen Bedürfnisse umpflügen, um die frühzeitige Prägung auf die Interessen des Marktes zu sichern.
Die lokale Landwirtschaft wird mit zunächst günstigem Saatgut , im Rahmen von Entwicklungshilfe, überschwemmt, was in zweifacher Hinsicht zum Ruin der traditionellen Wirtschaft führen muß: Erstens kann können keine reellen Preise auf den lokalen Märkten für lokale Produkte erzielt werden, zweitens wird für eine Abhängigkeit von dem Monsanto-Gen-Pflanzensortiment, die sich nicht mehr selbst verbreiten können, gesorgt, diese müssen fortan von Monsanto direkt bezogen werden. Dies geschieht mit dem Argument der Extensivierung der Landwirtschaft.

Der Mehrwert wird aus dem Wohlstandsgefälle zwischen den Fertigungsstandorten und Absatzmärkten erzielt (Beispiel: die bäuerliche Familie in Bangladesh soll nicht mehr traditionell ihr eigenes Land zum Eigenbedarf bewirtschaften, sondern ihren Ort verlassen, deren Land zur Grundspekulation freigeben, um in Trabantenstädten zu hausen, in den Textilfabriken zu arbeiten für den Weltmarkt; an den heimischen Bildschirmen werden sie dann über ihre eigentlichen Bedürfnisse desinformiert)

Stufe 5

Transnationale Institutionen

I Vereinte Nationen/ UN, sowie deren parallele und assoziierte Organisationen (UNHCR, UNESCO);
Die Vertretung der vereinten Nationen wird schon gar nicht mehr als politisch parlamentarische Einrichtung wahrgenommen, sondern als moralische Instanz, von der man nichts weniger als weisen Ratschluß erwartet. Soweit es sich um, aus amerikanischer Sicht, ‚dringliche' Angelegenheiten handelt, werden vertrauliche Aktionen auch ohne vorherige Beschlußfassung der UN durchgeführt. Dadurch werden wiederum Tatsachen geschaffen, die die Basislage darstellen, auf der gegenüber der Weltgemeinschaft Druck ausgeübt werden kann, zu eben jenen Beschlüssen zu kommen, die die Eigenmächtigkeit Amerikas nachträglich rechtfertigen helfen Ob die Resolutionen der UN überhaupt durchsetzbar sind, ist gegenüber der Demonstration des einheitlichen guten Willens der Menschheitsvertretung nachrangig. Letztlich kann auch aus ernst formulierten Verlautbarungen, dennoch kein realer Anspruch abgeleitet werden. Der Sitzungszirkel ist reines Symbol, die Simultanübersetzungen symbolisieren das Bestreben, die babylonische Sprachverwirrung aufzuheben, und die Illusion einer Einheitssprache zu erwecken, die dereinst in der Welt-Pyramide gesprochen werden wird.
Das Gebäude der UN ist entsprechend der priesterliche Bau auf der Spitze der Stufenpyramide. Dieser muß nicht der eigentliche Sitz der Macht sein, und die Macht in der virtuellen Cloud benötigt ihn auch nicht; die Pyramide, das Hochhaus mit seiner bescheidenen Architektur, will nur der Wegweiser der Macht sein, jedoch ein unübersehbarer. Das im Boden des Foyer eingelassene Siegel zu betreten dürfte sich wohl jeder Besucher scheuen. In vielen heiligen Stätten pflegt man übrigens die Schuhe vor dem Eintreten auszuziehen.

Für viele kleine Ethnien, abgelegene Völker, die im Mahlwerk der globalen Interessen aufgerieben zu werden drohen, besitzt allerdings

das Forum der Vereinten Nationen ein heilsversprechendes Ansehen. Der Schutz, von vom Aussterben bedrohten Sprachen, die Thematisierung von Menschenrechten gegenüber Diskriminierung kann letztlich nur vor einem internationalen Parlament effektiv vorgenommen werden. Dennoch zeigt sich auch in diesem Zusammenhang die Paradoxie der gegenläufigen Tendenz.
Am Beispiel der Diskussion der globalen Auswirkungen des Klimawandels beanspruchen etwa die pazifischen Inselstaaten in ihrer Besorgnis gehört zu werden, da sie speziell vom Anstieg des Meeresspiegels existenziell bedroht sind. Durch den Verlust ihrer Heimat sind viele Menschen gezwungen, sich in den Strom der Migration einzureihen. Für die verhältnismäßig kleinen Gesellschaften bedeutet gerade Abwanderung der Jungen geradezu ein Ausbluten ihrer Kultur. In der Agenda des UNHCR wurde erstmals auf diesen dramatischen Umstand aufmerksam gemacht. Eine Auswirkung auf die Regulierung der klimawirksamen Auswirkungen der Industrialisierung zur Verzögerung des Klimawandels hatte dies bislang nicht. Der Klimawandel wird als ein unabwendbares Schicksal fatalistisch hingenommen. Für einen weiteren Punkt auf der Agenda der UN ist dies hingegen sogar günstig. Die Wanderung von Migranten wird als ein produktiver Faktor für die Schaffung eines global vereinheitlichten Menschheitsideal. Ein Argument, das den Befürchtungen der Kleinstaaten entgegengehalten worden ist, lautete, daß die Migranten sich eine weltläufige Kompetenz erwerben würden, von der die lokalen Gesellschaften profitieren würden. Dies allerdings zu dem Preis des Verlustes von Herkunft und Identität. Ein Bezug auf diese beiden Aspekte wird denn auch als auszuräumende Hemmnisse auf dem Weg zur ‚pyramidalen' Ordnung des 21. Jhrd. betrachtet.

II Globales Finanzsystem (vernetzte Börsenplätze, Computerhandel,)

Private Rating-Agenturen geben, gebündelt in Notierungen von A+ bis C- ihre Erwartungen an die Nationalökonomien weiter. Das Drohpotential einer schlechten Note ist so groß, wie es in anderen Ländern ebenfalls anerkannt wird. Rating-Agenturen haben zwar in ihrer privaten Meinung nicht mehr Relevanz als die Privatmeinung jeder anderen Interessensvereinigung. Sie definieren dennoch die, als alternativlos apostrophierten, Entscheidungsrichtlinien für den Gestaltungsspielraum der jeweiligen Nationalökonomien. Damit verleihen wir ihnen den Status eines Orakels, das seine Einsichten vermeintlich aus einer höheren Sphäre bezieht, tatsächlich jedoch mit seinen Aussagen eine Wirkung auf die Gläubigen ausübt, die zur Bestätigung der getätigten Aussagen beiträgt. Vergleichbar einer selbsterfüllenden Prophezeiung. Im Grunde ist nicht die Einschätzung einer Rating-Agentur ausschlaggebend, sondern die seismische Reaktion der Börsen auf die Verlautbarungen. Infolge der Kursschwankungen sehen sich Nationalökonomien im Zwang der Rechtfertigung, und dem Druck fortgesetzter Privatisierung ausgesetzt. Eine sogenannte Triple-A (AAA) Wertung ist so gut wie sicher, wenn die Verwandlung des Staates in eine Aktiengesellschaft ungehindert vonstatten geht.

Sie erzeugen damit einen, für den Freihandel günstigen, ‚Reformdruck' mit den Zielvorgaben des Internationalen Währungsfond/ IWF. Die unabhängig tätig scheinenden transnationalen Organisationen auf den Zwischenebenen, wie die Eurozentralbank/ EZB. Hieraus ist auch das Exekutivorgan der sogenannten ‚Troika' geschmiedet worden, zur Sicherstellung der günstigen Bedingungen für die Dollarnotierung auf dem globalen Markt.

Die Börsen-Sprache hat bereits in den umgangssprachlichen Wortschatz Eingang gefunden, und läßt bereits keine andere Beschreibung des wirtschaftlichen Geschehens zu.

Neben der, die zeitgemäß manische Kultur bestätigende Floskel „Performance“, innerhalb der „volatilen“ Schwankungsbreiten des Wertegefüges im „Portfolio“, hegen wir eine „Gewinnerwartung“, und werden stets aufs neue enttäuscht, wenn „Gewinnmitnahmen“ der anderen Anleger unsere „Dividenden“ und „Renditen“ schwinden lassen., Entsprechend der bipolaren Verfassung folgen „Jahres-Hoch/ Tief“ rasch aufeinander, bis zum endgültigen „Handelsschluß“, der keinerlei Erlösung verspricht, sondern nur der Startpunkt für ein neues Spiel ist. Mit solcherart beiläufigem Gebrauch von Floskeln aus dem Börsengenres, soll Welt-Geläufigkeit und Dynamik vermittelt werden, jedoch gleichzeitig mit der Metaaussage des Nicht-Festgelegt Seins, der ortlosen Bindungs- und Sinnlosigkeit, die das Ideal unserer Zeit ist

III Weltgesundheit

Im Rahmen der Ökonomisierung des Medizinwesen (vormals als Heilkunde verstanden) liegt das Primat auf dem Anschluß des Menschen an den Pharma-Markt: Die von der Weltgesundheits-Organisation (WHO) willkürlich festgelegten Grenzwerte, z.B. Für Blutzucker und Cholesterin, werden in Absprache mit der Pharmalobby angepasst. Über die Jahre wurden, beispielsweise die Grenzwerte für Blutzucker so herabgesetzt, daß, was früher als bedenkenlos erachtet wurde, heute als Diabetes diagnostiziert wird. Die Zunahme chronischer Erkrankungen, wie auch psychischer Störungen erklärt sich aus dem engen Raster der Erfassung bei niedrigschwelliger Definition von Abweichungen als ‚Krankheit'
Weitere Ziele liegen in der standardisierten Definition von globalen Regularien, z.B. um den Ausruf eines Seuchennotstand vornehmen zu können, womit die sofortige Aufhebung der Menschenrechte verbunden wären. Weiter soll die Standardisierung in Bezug auf die Graduierung von ‚Gesundheit', bzw. ‚Krankheit', auf der Basis des ICD-Katalog vorangetrieben werden. Damit wird die Deutungshoheit, z.B. in der Definition psychischer Befindlichkeit beansprucht, mit dem Ziel ‚pathologische' Abweichung auszuweisen. Als informelle Ziele können die weltumfassende Erschließung von Märkten für die Pharmaunternehmen (Durchimpfung), sowie letztlich die ‚Chippung', die Implantierung von sendenden Microchips, ausgemacht werden. Bei Nutztieren kann die systematische Implantierung von integrierten Datenträgern, und –sendern, vorgenommen werden, ohne auf nennenswerten Widerstand zu stoßen, da die propagierten Vorteile, z.B. für die effizientere Diagnostik, für den rascheren Einsatz der Notfallmedizin, sowie zur Erhebung von ‚Ertrags'-Daten, kaum zu widerlegen sind. Unter den Begriff des medizinisch begründeten Ertragswertes einer Person würden etwa die potenziellen Risiken und Ressourcen fallen, die aus einer Analyse des Genmaterials ablesbar wären. Damit wären die Türen zu einer Selektion des Menschen nach erwartbarem Nutzwert geöffnet. Soweit die ‚Verhausschweinung' des Menschen noch nicht den vollen Umfang erreicht hat, kommt uns die systematische Ver-Chippung auch noch als Utopie mit Gruselfaktor vor. Dennoch sind, zumeist gut ausgebildete Personen, die sich in

paradoxer Weise für gut informiert halten, am ehesten bereit, ihre Körperdaten komplett erfassen zu lassen, um gegebenenfalls der klinischen Verwertungskette zugeführt werden zu können. Die Paradoxie liegt in der Tatsache, daß die Datenerfassung das Gefühl der Selbstkontrolle stärkt. Es handelt sich um eine Wahrnehmungsstörung, die gerade unter *high-performern* verbreitet ist, denen die neurolinguistische Begrifflichkeit des Monitoring und Assessment eingeprägt wurde. Geichzeitig geschieht aber eine, für den Anwender unnachvollziehbare, Verbreitung und Fremdnutzung ihrer Daten.
In einer allgemein unwidersprochenen Diktatur der Öffentlichkeit, gilt das *Tracking* sämtlicher Lebensvorgänge als verantwortungsvolle Teilhabe mit Coolness-Faktor. Das Streben nach privaten Refugien der Nichtverfügbarkeit wird hingegen als unzulässige Flucht aus der Realität gewertet.

IV Globales Sicherheitssystem

Die entsprechenden Organe der ‚Pyramide' können unter NATO/Sicherheitskonferenz, Organisation für Sicherheit und Zusammenarbeit in Europa/ OECD, zusammengefaßt werden. Deren Ziele sind indes einheitlich: Erschließung und Sicherstellung offener Freihandelszonen und Absatzmärkte; Gewährleistung von ungehinderten Ressourcenzugang (zu Rohstoffen, und Pools von Arbeitskräften, sogenannten *human ressources*). Hierbei wird bewußt die nationale Selbstbestimmung ignoriert, soweit es die Interessen der Niederwerfung von Beschränkungen des freien Handels erfordern. Der jüngste Konflikt, der die Ukraine zu spalten droht, ist mit dem Auftreten von Vertretern der europäischen Zentralverwaltung in Gang gesetzt worden, als ein Regime-change erpresst worden war. Das eigenmächtige, und von keinem Parlament legitimierte Handeln der OECD hat, entweder fahrlässig, oder mit Absicht den Konflikt mit Rußland initiiert. Die Reaktion Rußlands ist kalkulierbar gewesen, und sollte den nun herrschenden EU-Erweiterungskrieg moralisch rechtfertigen. In einem weiteren Kreis gedacht, und von einer pyramidal höheren Ebene betrachtet, ist die aggressive Expansion der ‚europäischen Werte' das trojanische Pferd für die Durchsetzung des atlantischen Freihandels unter dem Führungsanspruch der USA. Am Beispiel des umstrittenen Verfahrens zur Gewinnung von Schiefergas

aus größeren Erdschichttiefen, dem sogenannten ‚Fracking', ist das durchsichtige Manöver erkennbar, die Umsetzung des in vielen europäischen Ländern unpopulären, und zudem grundwassergefährdenden Verfahrens zum alternativlosen Sachzwang zu erheben. Mit dem Argument der fatalen Abhängigkeit von russischen Gasimporten sollen die ökologischen Argumente bequem gegen die geopolitischen Einwände ausgespielt werden.
Wie wenig die Abkommen zur Beseitigung von Handelsbeschränkungen, unter dem Begriff der ökonomischen Freiheit, mit der Freiheit der Menschen vor Repression zu tun hat, ist daran erkennbar, daß offenkundige Terrorregime, die die Kontinuität der Öllieferung aus dem arabischen Raum gewährleisten, dem Zerfall von Staaten in unberechenbare Stammesgebiete vorgezogen werden. Die gegenwärtige Abhängigkeit vom Öl als Treibmittel zum unbeschränkten Wachstum des ‚Wohlstands der Nationen' ist untrennbar mit dem Ausverkauf von Menschenrechten gekoppelt.
Der sogenannte *war on terror* generiert wiederum den Terror, in jener teuflischen Doktrin, daß der Krieg den Krieg ernähre, und daß man Kriege führen müsse, zur Beendigung aller Kriege.
In der Logik der Sicherheitsdienste unterscheiden sich jeweils ‚weißer' und ‚schwarzer' Terror. Der ‚weiße' Terror wird zentral in den Verhörräumen der Geheimdienste und in Gefängnissen verübt, während der ‚schwarze' Terror sowohl als Rechtfertigung als auch als Auswirkung zu gelten hat.

V In unmittelbarer Nähe zu den vorgenannten Zuständen befindet sich das Olympische Komitee (IOC), bzw. FiFa-Komitee, und bestätigt die altrömische Zirkusweisheit vom Unterhaltungswert von Spiel und Schrecken: für den ‚weltverbindenden' Sportkommerz sind Lokalbedürfnisse vernachlässigbar, denn es gilt der Einsatz für ein ‚höheres Ziel'. echte Sklavenarbeit auf den Großbaustellen wie in Quatar, sind nach kurzzeitiger Entrüstung hinnehmbar, und spätestens dann vergessen, wenn das pompöse Spektakel auf den Flachbildschirmen erscheint. Die Vergabe von Austragungsstätten für sportliche Großereignisse folgt den Fäden der Korruption. Schwerreiche Funktionäre schaffen sich ein Netzwerk von Abhängigen, die in günstigen Zeiten das Geschäft stützen helfen, und in schlechten Zeiten als falsche Zeugen vor Gerichten den Rücken freihalten. Wie sehr auch die Gerichtsbarkeit das Prinzip des Geldflusses, der den Geschäftsbetrieb reibungslos am Laufen hält, verinnerlicht hat, läßt sich daran erkennen, daß Abschlagszahlungen zum Vergleich, mittlerweile echten Prozessen zuvorkommen. Die symbolische Wiedergutmachung in Form von Kontoumbuchungen löst die Idee der Sühne durch persönlichen Einsatz ab.

Die UN-Hilfswerke betreiben eine Art Schaufensterpolitik, die den Bedürfnissen der ‚Pyramide' niemals entgegenarbeiten würde; so wird z.B. ein generelles Verbot der Beschneidungspraxis bei Kindern und die Lebend-Schächtung, das Ausblutenlassen lebender Tiere, in Islam und Judentum nicht durchgesetzt, weil der Führungsanspruch des Judentums, und die Nützlichkeit des Islam nicht infrage gestellt werden dürfen. Es darf als ein Erfolg der unausgesetzten Kampagne zur multikulturellen Toleranz gewertet werden, daß wir in unserem Gewissen ruhig gegenüber einem Kollektiv anzuerkennen vermögen, was als private Vorliebe von Einzelnen praktiziert als barbarisch verachtet würde. Grundsätzlich kann von einer Kulturstufe nur gesprochen werden, wo die Impulse der Aggression und Grausamkeit sublimiert werden, etwa in der Kunst. Einer kulturellen Entwicklung geht stets die Zivilisierung voraus. Wenn folkloristische Handlungen, die das Leiden rituell an Wesen exerziert, denen keine Wahl bleibt, oder deren ‚freiwilliger' Entschluß aus dem sozialen Druck heraus erfolgen muß, als ein wesentlicher Teil einer ‚Kultur' reklamiert wird, muß entschieden widersprochen werden. In Judentum und Islam herrschen atavistische Züge vor, die bereits in vorgeschichtlichen Zeiten die ‚pyramidale' Bindung des Menschen an sein streng hierarchisches Lebensumfeld festmachen sollten. Darin liegt auch begründet, warum die derzeitige Ordnung der Macht-Pyramide keinen Einwand dagegen leistet.

Eine bereits rituell eingeübte Verzichtbereitschaft auf Unverletztlichkeit der Integrität, befördert die Akzeptanz einer künftig allgemein zu erwartenden ‚Chippung' und Markierung des Menschen, in Analogie zum Nutzvieh und Haustier. Die Grausamkeit und Härte des Kollektivs, mit der das Individuum in Reih' und Glied gepresst wird, führt psychologisch begründbar dazu, daß der Einzelne sich in nachhinein stolz zu eben jener Gemeinschaft bekennt, der er seine Identität zuvor geopfert hat. In sozialistischen Strategien der Umerziehung wird das Brechen des Individuums zur Voraussetzung, um es nach der Transformation mit Stolz zu erfüllen, dem Gemeinwesen dienen zu dürfen.

Im Übrigen ist dieses Muster auch ‚fundamental' christlichen Gemeinden nicht fremd, indem der Aufnahme in die Gottesschar der Zerbruch des Selbst voranzugehen hat. Die Mission ist deshalb auch in totalitär geprägten Gesellschaften sehr erfolgreich, da den Menschen dort diese Doktrin schon geläufig ist.

International tätige sog. Nicht-Regierungs-Organisationen (NGO) vermitteln den Eindruck, sie würden nicht speziell politischen Machtinteressen zuarbeiten, und hätten keinen geringeren Anspruch als die Bewahrung allgemeiner Menschenrechte. Einige NGOs machen auf Verletzung der Menschenrechte aufmerksam (z.B. Amnesty International), oder sorgen für die Durchsetzung von Gesundheits- und Hygienestandards. Der Antrieb mag bei jedem engagierten Einzelnen auf vornehmen Motiven der Fremdenliebe, als Erweiterung oder Ersatz der Nächstenliebe, gründen, allein sie sind in der Gesamtorganisation oft genug ein Feigenblatt für das Scheitern ohne Eingeständnis der offiziellen Regierungen., oder aber für die tatsächliche Unwilligkeit, unter der Allgemeingültigkeit der Menschenwürde auch die individuelle Meinungsfreiheit anzuerkennen. Es sind, vor dem Eingreifen der selbsternannten Weltpolizei, stets NGOs als inoffizielle Vorhut tätig, um die mediale Präsentation eines Handlungsbedarfs vorzubereiten. Dadurch wird die Basis einer breiteren Akzeptanz für künftige Übergriffe in die nationale Selbstbestimmung zu schaffen.

Es ist zudem zu bedenken, dass sämtliche Organisationen mit den entsprechenden Eigeninteressen der Finanzgeber, die auf globaler Ebene tätig sind. Besonders groß ist der Einfluß, wenn sie diesen im Lobby-Umfeld der UNO geltend machen können. Zu den gewissen Nicht-Regierungs-Organisationen, die sich auch im politischen Diskurs nicht zu rechtfertigen brauchen, weil sie das Ansehen der vornehmsten Absicht besitzen, gehören etwa der „Club of Rome/ Madrid/ Budapest", „The Elders", die „Erd-Charta", „Unitet Religions

Initiative“, sowie Organisationen die sich als ‚Interparlamentarische Union’ betrachten, bis hin Trabantenorganisationen, wie die ‚Bilderberger’. Im Gegensatz zum jährlichen Treffen der Nato-Sicherheitskonferenz, sowie der G7/G8-Treffen, die regelmäßig von Protesten begleitet werden, fanden die Treffen der ‚Bilderberger’, bislang wenig bekannt, seit 1954 stets im Verborgenen an wechselnden Orten statt. Dabei ist die Zusammenkunft von Staats- und Regierungschefs, sowie Konzernleitern der Industrie und des Handels, vermutlich von entscheidender Bedeutung gewesen für die bestimmenden Ereignisse zur europäischen Einigung, die Wiedervereinigung, die Einführung des Euro, die Kriegseinsätze auf dem Balkan, in Afrika und Irak, etc. Unter Ausschluß der Öffentlichkeit kommen die jeweiligen Exponenten ihrer Zunft zusammen um die Architektur der Pyramide der Macht zu sichern. Für das Jahr 2015 ist erstmals mit breiterer Berichterstattung in der Presse ein Bilderberger-Treffen in der Schweiz angekündigt worden. Es werden sogar die Teilnehmer aufgelistet (u.a. EU Kommissare, NATO-Vertreter, Google-Aufsichtsrat, die Leitung des IWF, das US-Außenministerium, sowie das niederländische Königshaus, eine der wichtigsten Personen wird auch wieder Bundeskanzlerin Angela Merkel sein, die bereits als Teilnehmerin geladen wurde, als sie noch Abgeordnete der Oppositionspartei während der SPD-Regierungszeit war). Diese demonstrative Offenheit läßt entweder den Schluß zu, daß das Machtgefüge der ‚Pyramide’ es sich gestatten kann, einen kurzen Blick auf seine Spitze zuzulassen, oder, das Spiel mit der Öffentlichkeit ist Teil einer weiteren Verschleierungstaktik, die darin besteht, daß das was offenkundig ist, stets am wenigsten wahrgenommen wird (nach dem Grundprinzip der Erzählung „Der entwendete Brief“ von E. A. Poe, worin ein Brief gerade deshalb unauffindbar scheint, weil er offen greifbar daliegt). Der Photobericht mit Demonstration der Hotelfassade am Ort des Treffens schwächt das Mißtrauen gegenüber der eigentlichen Bedeutung des Treffens und dessen Inhalte, über die weiterhin nicht verlautbar wird. Die Teilnehmer erscheinen freundlich entspannt, und verbergen hinter der jovialen Fassade das Wesentliche, das dann unter Ausschluß der Öffentlichkeit verhandelt wird.

An dieser Stelle muß noch einmal infrage gestellt werden, wer uns eigentlich die Brille der Wertigkeit von ‚Gut’ und ‚Böse’ aufsetzt durch die wir das Weltgeschehen betrachten. In der Frage, inwiefern z.B. die Indizien im Handeln Rußlands in der kaukasischen Krise ausreichende Hinweise auf Bösartigkeit liefern, muß doch auch die Frage gestattet sein, wer sich hier als der ‚Gute' aufzubauen versucht, um die Widerstände gegen die Überwältigung Europas im Zuge eines künftigen Freihandelsabkommens zu entkräften. Als Kommentar zur Aktualität zur Entstehungszeit des vorliegenden Buches, sei es gestattet, den laufenden Konflikt um die West- oder Ostbindung der Ukraine als ein Initial europäischen Erweiterungskrieg aus rein wirtschaftlichen Interessen zu bezeichnen.

Der gegenwärtige Konflikt um die Ukraine muß, um in seiner überregionalen Bedeutung verstanden zu werden, in der Kontinuität der fortgesetzten Erweiterung der Europäischen Union betrachtet werden. Die oppositionellen Bewegungen in Staaten außerhalb des 'Ameropäischen' Verbundes werden nicht grundsätzlich wegen ihrer Forderungen von Bürgerrechten in ihren Herkunftsländern unterstützt, sondern nur selektiv, insoweit sie die Entwicklung hin zu einer Assoziierung des betreffenden Landes in den westlichen Freihandelsraum in Aussicht stellen. Es sind aber auch viele Bürgerrechtsbewegungen schon deshalb untergraben worden, weil die nationale Selbstbestimmung einen zu großen Stellenwert behalten hätte. Ob ein jeweiliges Regime gestützt wird, obwohl die Menschenrechtsverletzungen offenkundig sind (wie es in der Türkei der Fall ist), oder eine Opposition aufgebaut wird, die zum Regimewechsel führt (wie in der Ukraine), entscheidet der Grad der Kompatibilität des jeweiligen Staatssystems zur geopolitischen Struktur der ‚Pyramide'.

Als folgenschweres Beispiel für die Lage in der islamischen Welt kann die Demontage des damals demokratisch gewählten Präsidenten Mosadegh in Iran (1953) erinnert werden. In der Folge wurde das gegenüber Amerika willfährige Regime des Schah Reza Pah-Levi (!) auf dem reanimierten Pfauenthron installiert. Dessen Gewaltherrschaft mündete schließlich in die islamische Revolution unter der Führung des, bis dahin im sicheren französischen Exil auf seine Stunde wartenden, Ayatollah Chomeini. Weitere eingeleitete Umstürze ereigneten sich in mittelamerikanischen Staaten, sowie in Afrika, immer verbunden mit hohem Blutzoll für die Bevölkerung, und mit z.T verheerenden Folgen für die jeweilige Nation.

Der Sturz der Regime in Ägypten, in Libyen und im Irak auf deren Boden nun der islamische Terror gedeiht, könnten als Ereignisse aus der grandiosen Fehleinschätzung der Gefährdung durch eine Islamisierung gewertet werden. Möglicherweise ist die Freisetzung von aggressiven Impulsen in der Region auch gewollt. Immerhin tragen sie zu einer, für die vernetzten Dienste, günstigen Verschärfung der Sicherheitslage weltweit bei, sowie zu einer Mobilisierung der Menschheit in einem Ausmaß, das den Epochenwandel aus seiner Stagnation heraus treibt. Mit Hilfe des ‚Islamischen Staates' werden sämtliche Bedenken gegen den fortgesetzten Ausbau des Weltnetzes der Dinge und Informationen hinweggefegt. Selbst noch ausstehende Enthüllungen von Edward Snowden werden in vorhinein bereits entkräftet. Die Polarisierung der globalen Interessen ist nunmehr gegen, als Voraussetzung für die schöpferische Zerstörung, vor der Errichtung der künftigen Weltordnung.
Ausgehend von derselben sunnitischen Fraktion, in deren Händen der Irak bereits zuvor schon lag, geht Saat der Brutalisierung der Gesellschaft unter der Diktatur auf. Solange die Kräfte gebunden in einem strategischen Kalkül amerikanischer Interessen schienen, wurde der Umgang mit den lokalen Extremismen nicht als Problem wahrgenommen.
In jüngster Zeit wurde der Versuch des Regime-change in Georgien gestartet (2008), und ist vorerst gescheitert. Im Fall der Spaltung der Ukraine kommt lediglich eine neue Strategie der EU-Osterweiterung zum Tragen, inzwischen mit der Option amerikanischer Waffenlieferungen. In diesem Fall handelt es sich um den ersten offensiven EU-Erweiterungskrieg, der die Beteuerung der reinen Verteidigungsdoktrin des Nato-Verbunds ungültig macht.

Der ungehinderte Freihandel der auch Waffenlieferungen, Exporte von Nukleartechnologie, und sogar Techniken für Hinrichtungen beinhaltet, etwa die Giftspritze, die in den USA zum Einsatz kommt (sowie mobile elektrische Stühle) ist und bleibt das einzige Ziel, auch zum Preis von Menschenrechtsverletzungen und Umweltschäden.
Der Appell der politischen Klasse zum Engagement in Stiftungen gemeinnütziger Natur ist insofern verlogen, denn auf diese Weise soll auf privatem Wege ein Pflaster für die zuvor versetzten Verletzungen verabreicht werden.

Ein Blick auf die Stifter selbst (z.B. Bill Gates (=Gad) mit der Malariastiftung; George Soros, nach dem gewissenlosen Erwerb über Börsenspekulation; Angelina Jolie auf der Welle des Hollywoodruhms, sowie die philanthropisch engagierte europäische Aristokratie, die ihren Status auf dem Unrecht ihrer Geschichte gründet) zeigt, daß das wirkmächtige Volumen erst durch eine zuvor betriebene Umverteilung von unten nach oben geschaffen wurde. Ein entsprechend wirkmächtiges Stiftungsvermögen erhält seinen Glanz aus dem wohlwollenden Gutdünken des Stifters, mit der dieser sich selbst empfiehlt, mit eines Investition eines Teiles des Vermögens nach seinem Gutdünken, das ja zuvor aus der Akkumulation von Kapital entstanden sein muß.

Häufig wird der wohlwollenden privaten Absicht des Stifters auch gleichzeitig eine unabdingbar günstige Auswirkung auf das allgemeinen Wohl unterstellt, dabei liegt dies erst einmal nicht in der Voraussetzung, da diese ja der persönlichen Einschätzung unterliegt. Die volkstümliche mediale Präsentation wirft ein mildes schattenloses Licht auf die Tatsache, daß es sich doch immer um die Sache handelt, die dem Stifter selbst gut dünkt, und dem Gegenüber die Rolle des dankbaren Empfängers zuweist.

Eine Mitsprache zur Gemeinnützigkeit hat die Gesellschaft weder bei der Schaffung von Vermögen, noch bei der selektiven Zuwendung, die zumeist in den eigenen elitären Kreisen stattfindet. Die Präsentation praktizierender Menschenliebe findet im öffentlich subventionierten Raum statt und verursacht wiederum steuerlich begünstigte Spesen, die dem applaudierenden Publikum selbst nicht zugestanden würden.

Es ist zwischendurch immerhin interessant, wenn auch nur unklar zielführend, welcher menschliche Typus jeweils für den Charakter seiner Epoche als repräsentativ angesehen werden kann. Einzelne Epochen werden das perikleissche oder das elisabethanische Zeitalter bezeichnet, Goethe nannte Napoleon „den Weltgeist zu Pferde“, dem 19. Jhrd. gaben Maschinen den epochalen Zug, und für unsere Zeit ist mit voller Berechtigung der Legende gewordene Steve Jobs von Apple (Job = Hiob) zu benennen.

Die kalifornische Wüste ist in den späten 1960-er und 70-er Jahren zum Rückzugraum von esoterischen Gruppierungen der Hippie-Bewegung erwählt worden. Hier sollten nicht nur die rauschinduzierenden Peyotl-Kakteen, Purpurea-Winden und magic mushrooms zur Erschließung künstlicher Paradiese verhelfen, sondern, in einem narzißtisch überhöhtem Größenanspruch, die Erziehung der künftigen Schöpfer einer virtuelle Welt geschehen. Es gibt einen engen kulturellen Zusammenhang zwischen den Rausch-Adepten und den experimentierfreudigen Bastlern am Netzwerk computergestützter virtueller Realität, im Silicon Valley. Diese sollte die Heimat der digitalen Nomaden unserer Zeit werden, die sich im Übrigen auch heute noch zu rituellen Zusammenkünften in der Wüste Kaliforniens zum sogenannten *burning man-* Fest zusammenfinden.

Künftige Zeitabschnitte könnten von hervorragenden Vertretern des Wohltätigkeitskapitalismus (Philanthro-capitalism) geprägt werden, die ganz offen mit Begriffen aus dem Wirtschaftsleben ihr gemeinnütziges Engagement beschreiben. In diesem Zusammenhang wird bereits von Investment zur Abschöpfung von Rendite gesprochen, und die Großzügigkeit einer Kosten-Nutzen-Analyse unterzogen. Entscheidende Kriterien der Geldanlage sind die Gewinnerwartungen von Industrieunternehmen, etwa von Pharmakonzernen, wenn es um den globalen Markt der Seuchenprävention geht. Dabei wird der Blick jedoch auf die jeweils eigene Produktplatzierung verengt. Insofern ist nicht die Gemeinnützigkeit das eigentliche Programm, sondern die Durchsetzung der individuellen Interessen der Geldgeber des Stiftungsvermögen.
Deren Sponsoring aller Lebensbereiche reicht von der augenfälligen Infrastruktur bis hin zur vereinheitlichenden Lebensphilosophie, mit Werbeparolen von Trendmarken. Diese prägen zunehmend unser Werteschema, von dem, was als ‚Gut' für die Menschheit ist, und was als ‚Böses' zu ihre Besten ausgemerzt werden sollte. Der utilitaristische Liberalismus zeigt sein unfreundliches Gesicht denjenigen, die ihm als Hemmnis im Wege stehen. Die Morphologie der Begriffpaare *rentabel vs unrentabel*, über *nützlich vs unnütz*, *wertvoll vs unwert*, bis zu *gut vs böse*, weist den Unterschied zwischen Liberalismus und Totalitarismus als lediglich graduell in der Wahrnehmung verschieden aus. Der freie Handel, handelt auch unbeschränkt mit dem Leben und dem Tod von Menschen! Soviel zur Genealogie der zeitgemäßen Moral.

Aufrechte Christen sollten sich auch die Frage stellen, wieso gerade in rechten evangelikalen Kreisen die Zustimmung für die Todesstrafe so breit ist, und warum der Protest gegen die Folterpraxis der CIA hauptsächlich aus dem linken Spektrum kommt, und in Bezug auf die Überwachungspraxis der Geheimdienste fast völlig unterbleibt. Die Aufhebung rechtstaatlicher Standards, und der Vollzug von ‚Sonderbehandlungen', sind gerechtfertigt in einer paranoiden Stimmung der andauernden Terrorgefahr, in der die Welt gehalten wird. Das ist dennoch kein Hinderungsgrund, ein *Outsourcing* harscher Verhörpraxis auch in islamisch geprägte Länder, und oder sogar in Osteuropa mit EU-Beitrittsoption vorzunehmen. Strategische Partnerschaft und Widerpartnerschaft, wie gegenüber arabischen Staaten oder Pakistan, scheinen ein stabiles Gleichgewicht des Schreckens zu garantieren, um die Errichtung eines ‚pyramidal' verfaßten Friedensreiches ohne Alternative, in der Analogie zur einstigen *Pax Romana,* mit allen Mittel voranzutreiben.

Es scheint ein Trick der Freimaurer-Ebene zu sein, die Praxis des Macht-Erhalts zynisch auch unter dem Symbol des Kreuzes betreiben zu können, da die Tendenz der Christengemeinden, insofern sie konservativ ausgerichtet sind, auch konservierend hinsichtlich bestehender Machtverhältnisse ist. Sobald ihr Einfluß politische Dimensionen erreicht (wie es in den USA bereits der Fall ist), geht ihr Streben hin zum Machterhalt, und steht nur im scheinbaren Widerspruch zur Freimaurerei. Zugespitzt behauptet stimmt das religiös überhöhte politische „Gut/Böse"-Schema in beiden Gruppierungen sogar überein, nur beruft man sich dabei jeweils auf eine anders bezeichnete höhere Instanz.
Das ‚Gute' an sich, wofür es sich einzusetzen gilt, und dem das individuelle Streben unterzuordnen ist, ist immer ein überhöhter Wert, also ein, der Lebenswirklichkeit enthobener, Umstand, der auf den gehobeneren pyramidalen Ebenen, mit der ihnen zuerkannten Deutungshoheit, erst konstruiert wird; wohingegen das ‚Böse' jeweils die widerständigen Umstände auf dem Wege zum kapitalistischen Liberalismus sind, also das verstockte Element der Bedenkenträger. Eine kurzschlüssige Entrüstung von christlicher Seite ist zwar zu erwarten, aber durchaus verfehlt, denn in dieser Darstellung wird nicht

über die ‚Richtigkeit' von Glaubensüberzeugung gesprochen, sondern den daraus abgeleiteten exklusiven Machtansprüchen innerhalb der Strukturen der Welt-Pyramide – von deren Notwendigkeit sich kein belegtes Wort Jesus' finden läßt, es sei denn in abschätziger Weise.

Stufe 6

Im oberen Drittel der Pyramide fallen die namentlich gekennzeichneten formellen Institutionen weg, und es beginnt der Bereich spekulativ informeller Zirkel.
Bis in diese Ebene reichend wird der Einfluß von *Freimauerlogen*, bzw. Illuminati, vermutet. Die Angehörigen dieser Zirkel werden als ‚Eingeweihte', Adepten, angesehen, die durch geheime Initiationsrituale gebunden werden. Ihre Mission könnte, kurz ausgedrückt, darin bestehen, die Auflösung von hemmenden Beschränkungen und abgrenzenden Identitäten der Völker in leichter lenkbare Beliebigkeit, mit den Begriffen „Internationalität", „Multikultur" und umfassende „Toleranz" in positive Werte zu kleiden. Eine Ausnahme hierin stellt die jüdische Nation dar, der als einzige die Identifikation von Volk, Religion und Nation noch gestattet ist – ist dies reiner Zufall?
Unter dem Signum der „Religionsfreiheit" als vermeintliche ‚Freiheit von der Religion' (religio=Rückbindung) soll das Potential für die Annahme des neuen Glaubens zum Dienst und Nutzen des obersten Willen zur Macht" freigesetzt werden.
Eine gewagte These könnte lauten: Die globale Thematisierung des Islam ist insofern willkommen, da dieser gewissermaßen als ‚schmuddeliger' Bruder des gebildeten Judentums vorgeführt werden kann, sowie als Lackmustest auf Toleranz im zerfallenden Abendland anwendbar ist. Ebenso taugt der Islam als Sicherheitsrisiko zur Rechtfertigung von harschen Eingriffen in die individuelle Freiheit, und zur Verschärfung, bei gleichzeitiger Versimpelung, der Debatte in unserer ‚späten' Niedergangszeit mit ihrer entwickelten Subtilität. Hierin durchaus dem niedergehenden Hellas, oder dem späten Rom

vergleichbar, das den Barbarenstürmen sich als überreife Frucht darbot. Leider gibt es auch unter aufgeklärten Christen eine Abneigung gegen differenzierte weltanschauliche Kritik, die auch als dedizierte Antiintellektualismus charakterisiert werden kann.
In seinen Schriften zur Ideologiekritik befürchtet etwa der evangelistische Autor Lothar Gaßmann eine Aufweichung eines, unter Umständen, schon zuvor schwindsüchtig gewordenen Glaubens durch dialektische Diskurse mit philosophischen Aspekten. Leider stellt er dadurch gewissermaßen das Immunsystem des christlichen Glaubensbekenntnisses selbst in Frage, und zeigt damit wenig Vertrauen in die Begründung des eigenen Herzensanliegens.
Die intellektuelle Großzügigkeit und Erhabenheit einer blühenden Kultur könnte jedoch auch Zweifelsfragen gut ertragen, wenn uns (auch in der christlichen Erziehung) nicht systematisch unser Selbstwert aberzogen und die Individualität nicht grundsätzlich moralisch abgewertet würde, weil das selbststabilisierende Vertrauen, als Voraussetzung für die Entwicklung von vollwertigen Persönlichkeit, von den Erziehern kaum mehr vermittelt wird. Die heute zu beobachtende vermeintlich verständnisinnige Zuwendung von Eltern zu ihren Kindern, ist wesentlich darin begründet, daß die Eltern sich selbst dauerhaft in der Pubertät befinden. Bedingt durch psychische Konstellationen, häufig durch frühkindliche Setzung sexueller Konflikte, verharren die Betroffenen psychisch auf derjenigen Regressionsstufe, die entwicklungsgeschichtlich mit dem Zeitraum des Konfliktschocks übereinstimmt. Die weitere Entwicklung des Menschen erfolgt dann nur noch physisch und intellektuell, wobei die Verstandesebene Über-Ich geprägt ist. Dennoch bleiben diese Eltern gegenüber ihren Kinder schwach, und bieten entsprechend kaum ein adäquates Leitbild, das von den Kindern dann aber ersatzweise von den ‚vollkommenen' Helden der Medienwelt entlehnt wird. Während in der Vergangenheit den Kindern die unabdingbare ‚Warum'-Frage autoritär verwiesen wurde, sind die die Eltern heutigen tags zwar willig, verständig und engagiert, jedoch seelisch instabil und für die Kinder nicht mehr glaubwürdig. Daher fürchten heutige Eltern die Fragen ihrer Kinder auf eine andere Weise als frühere Generationen. (nur schwache Eltern haben vor den Warum-Fragen ihrer Kinder Angst)

Pieter Brueghel – „der Turm von Babel“

Während freimaurerische Kreise selbst einem Egoismus der Exklusivität huldigen, werden nach außen, bzw. in die unteren Ebenen die Ideale selbstlosen Gemeinsinns propagiert. Sie verstehen sich als die Hüter ‚heiliger' Menschheitswerte, die nicht hinterfragt werden dürfen, wenn man sich nicht gegen die propagierte ‚Menschenwürde' selbst vergehen will. Tatsächlich ist es ein ‚pyramidales' Prinzip die Würde des Menschen gerade aufzuheben, um ihn zum verfügbaren Objekt zu degradieren, indem dessen Identität auf die Kategorien der Nützlichkeit reduziert wird. Die Zielsetzung des utilitaristischen ‚Glückes für die Meisten' rechtfertigt die Reduktion des individuellen Glückes auf das niedrige Niveau der Vielen. Da das Glück der Vielen sich zumeist nicht mit dem individuellen Streben in Übereinstimmung befindet, bedarf es, nach dem Utilitaristen Jeremy Bentham, der Konstruktion der Gesellschaft auf der Basis der Architektur des ‚Panopticon'. Tatsächlich hat die, auf zentraler Einsicht aller Einheiten von einem Punkt aus basierende, Architektur ihren Niederschlag beim Bau von Strafanstalten im angelsächsischen Raum gefunden. Beabsichtigt war jedoch der Umbau des gesamten Staatsapparates in diesem Sinne, also die Welt als eine Strafanstalt zur Gewährleistung des Mittelmaßes, zum Wohlfühlen für alle diejenigen die nichts zu verbergen haben (eine perverse Umdeutung der kantischen Maximen)

Recht verstanden ist hier selbstverständlich nicht vom Glück der Freiheit von materieller Not die Rede, sondern das Glück der Wahl des eigenen Lebensentwurfes (das übrigens durchaus auch im äußeren Verzicht bestehen kann).

Hinter dem hehren Ziel der höheren Menschlichkeit steht also daher die Erhebung des Mittelmaßes, des unbestimmten Charakters, zum höheren ‚Nutztier'. Ein wahrhaft höheres Menschentum ist niemals ein kollektiv erreichbares Ziel, sondern der Prozess des schöpferischen

Versuchs, sich im Einzelnen, als Einzigartiges, und damit Hervorragendem, zu verwirklichen.

Die Angehörigen der *Ebene 6* haben möglicherweise selbst nicht direkte Kenntnisse über das tatsächliche Machtzentrum, und könnten in ihrer Vermessenheit demnach tatsächlich davon überzeugt, zum Wohl für die Menschheit zu handeln, und über diese selbst hinweg vermeintlich ungebunden frei zu handeln (daher das Freiheitspathos). Einer immerhin freundlichen Deutung gemäß, ohne Berücksichtigung des inneren Widerspruchs, sollten also ausgerechnet die ‚Eingeweihten' (Erleuchtete= Illuminati) über die tatsächlichen Macht-Verhältnisse im Dunkeln tappen? Eine andere Lesart betrachtet ein zur Weltherrschaft bewußt strebendes Judentum, das allen Völkern den Internationalismus entgegenhält, und diesen den jeweils eigenen nationalen Charakter hingegen vorwirft. Mit dem Bestreben der Verwischung und Nivellierung von Identitäten, ist der Weg bereitet, um die eigene Nation, mit der über Jahrtausende angeeigneten Exzellenz über das allgemein vorherrschende Mittelmaß zu setzen. Als Evidenzbeweis sei hier auf die Bibel selbst hingewiesen. Diese verewigt wie kein anderes schriftliches Zeugnis die herausragende Stellung Israels. Jede andere Kultur hat übrigens nach ihrem Niedergang auch die vornehmsten Zeugnisse museal werden lassen. Dies bezieht sich auf die Rig-Veda und Upanishaden des alten Indien, die vieltausendjährigen heilkundlichen Bücher Chinas und Ägypten, sowie unzählige Schriftrollen griechischer und römischer Autoren, die beim Brand der Bibliothek von Alexandrien (im 3. Jhrd. n.Chr.) für immer verloren gingen. Im Judentum begegnet uns gleichsam ein ‚lebendes Fossil' der Weltgeschichte, und im Grunde die einzige ununterbrochene kulturelle Überlieferung, in den Bücher der Propheten, ohne zwischenzeitlicher Transformation (wie sie etwa der Katholizismus aus den Mysterien-Kulten der römischen Antike, in die Herrschaftsepoche des Christentums vorgenommen hat).

Es wird oft als ein Verdienst früher arabischer Gelehrsamkeit angesehen, die Sicherung antiken Wissens bis weit ins europäische Mittelalter gerettet zu haben. Möglicherweise lag aber doch mehrheitlich eine Assimilation kultureller Gehalte im Zuge des hegemonialen Strebens der islamischen Expansion vor. In diesem Zusammenhang wird auch in einer wohlwollenden Deutung gern von der berühmten ‚Toleranz' im osmanischen Reich gesprochen. Tatsächlich sind die Völker im islamischen Reich minderberechtete ‚Schutzbefohlene' (dhimmi), die einer willkürlichen, und, in zahlreichen Beispielen bis zum heutigen Tage belegbaren, grausamen Unterdrückung gehalten werden. Die Motive der expansiven Völker sind weniger auf Erkenntnisgewinn, als auf Ausweitung ihres Machtbereiches gerichtet. Wenn dazu der Handel mit Kulturgütern gehören soll, muß auf eine Sammlung und Erhalt der vorgefundenen Ressourcen geachtet werden. Was uns in der Gestalt des Sammlers als Mäzenatentum in Erscheinung tritt, ist, weniger die Zuneigung zu kulturellen Leistungen, als vielmehr die vorausschauende Spekulation auf künftige Wertsteigerung. Wenn man der aktuellen Diskussion um Rückgabe von sogenannter Raubkunst aus den zerstreuten Sammlungen von Kunstgütern folgt, muß einmal, neben der Klärung auf welchem Wege Kunstgegenstände in den heutigen Besitz gelangt sind, auch die Frage gestellt werden, wie die namhaften Sammlungen, vorwiegend jüdischer Häuser, eigentlich zustande kamen. Wo Rembrandts, Dürers und Monets in Privaträumen einträchtig nebeneinander hingen, kann richtig auf eine nachträglichen Versuch kultureller Sinnaufwertung für zuvor angehäufte Reichtümer geschlossen werden. Die Enteignung von Sammlungen während des Dritten Reiches war unbestritten Unrecht. Allein der Rechtmäßigkeit wird nicht dadurch Genüge getan, eine Rückgabe an die Vorkriegseigner zu fordern, Die hitzige Spekulation, mit der Konservierung von Vermögen in Kunstwerten ist immer eine Erscheinung historisch krisenhafter Zeiten. Der Gewinner des hysterischen Materialismus der Zeit nach dem ersten Weltkrieg war, auch dies unbestreitbar, der jüdische Kunstsammler. Den Sammler immer gleich mit dem Mäzen gleichzusetzen, ist verfehlt, in Anbetracht der Tatsache, daß der Künstler oft genug selbst sein Werk im Tausch gegen Brot abzugeben hatte, wenn es nicht als Auftragswerk direkt der Verwertung innerhalb des ‚pyramidalen' Kulturmanagement zugeführt werden konnte. Hierzu betrachte die Biographien von Künstlerfürsten, wie Makart, Lenbach, Stuck und Klimt.

Es entspricht dem ‚pyramidalen' Wesen, kulturelle Leistung in rechenhafter Weise zu verknüpfen, mit dem Zweck der spekulativen Kapitalbildung. Die Akkumulation von Geld, als einer Form ‚kondensierten' Lebenszeit des schöpferischen Menschen, steht dem materiellem Elend gegenüber, das die Kunst für van Gogh oder Egon Schiele, im Tausch von ästhetischer Rechtfertigung der Existenz, abverlangt hatte.

Um noch etwas beim Kunstschaffen-Wollen als wesentlich konstituirender Aspekt des Menschlichen zu Verweilen, muß vorausgesetzt werden, daß es nicht bloß um ein Abbilden, Interpretieren und Verfremden der unmittelbaren Lebensumstände stehenbleibt. Aus einer solchen Definition heraus, würde auch das Ziel bereits durch den Konsum von Drogen erreicht. Als aktiver Wille ist der Kunsttrieb ein Schaffen einer Nebenwirklichkeit, einer Para-Normalität, oder einer Sur-Realität, mit Rückkoppelung auf die Lebenswelt des Künstlers. Sie mag sich bildnerisch, poetisch oder musisch äußern, sie ist immer Gestaltungswille, und rückt damit an die Dimension des Schöpfungswillen heran. In diesem Falle ist es tatsächlich ein Wille zur Gegenschöpfung, mit dem Anspruch auf eine Kunstwelt, nach ästhetischen Gesetzmäßigkeiten. In letzter Konsequenz, ist der Zweck der Kunst auf einen Eigenzweck gerichtet, der seine Gesetze aus sich selber schafft – *l'art pour l'art*.
Darin liegt auch die fundamentale Fremdheit der wahrhaftigen Frömmigkeit gegenüber der Kunst begründet. Zu diesem Schluß ist im Übrigen Lew Tolstoj in seinen letzten Jahren gekommen.
Da sie nicht in der Bejahung der natürlichen Schöpfung ihr Genüge hat, sondern ein Reich der Eigengesetzlichkeit anstrebt, wäre die Kunst, nach dieser Auffassung auch nicht Gott gewollt. Das konsequente Bildverbot im Judentum und Islam bezieht sich eben auf diesem Zusammenhang. Der sündhafte Mensch könne demnach nicht auf eine Erlösung durch die Kunst erhoffen. Die Kunst wäre also kein Heilsweg, wenn sie auch zuweilen als Ersatzreligion kultiviert wird. Oder gar zur Rechtfertigung einer Diktatur, wie es von dem Provo-Performance-Künstler Jonathan Meese postuliert wird. Sie zeigt in ihrer Äußerung doch immer nur die eigentliche Entfremdung des Menschen von Gott. Würde man bei dieser Entzauberung der Kunst vor dem Auge Gottes stehen bleiben, wären auch nicht die Werke von J. S. Bach oder die Gottesloblieder Paul Gerhardts, zu rechtfertigen.
Daher kann sie auch in dieser fundamentalen Radikalität (in der Wurzel) nicht erfaßt und verstanden werden. Der Trieb zur Kunst ist ebenso, wie die religiöse Inspiration, eine genuin menschliche Qualität,

und ein Verzicht darauf kann nicht erfolgen, ohne den Menschen selbst zu ‚ver-Unmenschen'.
Die Instrumentalisierung der Kunst, zur Propaganda, zum Zweck der technologischen Ermächtigung der künstlichen ‚pyramidalen' Maschinenkonstruktion, sowie der religiösen Impulse zur Legitimierung des ‚pyramidalen' Machtanspruchs, ist die eigentliche Perversion des Schöpferischen an sich. In einer Umkehrung der natürlichen vitalen Werte, kommt der zutiefst ‚antichristliche' Wille zur synthetischen Gegenschöpfung zum Ausdruck.
In einem Götzen, auf der Basis kybernetischer Gesetzmäßigkeiten, vereint sich Gestaltwille mit lebendiger Dynamik. In vorgeschichtlicher Zeit mögen Fetische und Götzen von Menschen mit der Erwartung der Beherrschung der unbändigen Natur geschaffen worden sein, dieser neue ‚pyramidale' Götze würde den Willen zur Macht selbst repräsentieren, und die Menschen in der Umkehrung zum Dienst verpflichten.
Mit der literarischen Kunstgestalt des, von Menschenhand aus Lehm geformten, Golem, ist anschaulich beschrieben worden, wie sich eine solche Gegenschöpfung zuletzt gegen den Menschen selbst richten muß, wenn sie erst mit dem belebenden ‚Algorithmus' versehen worden ist. Die Erzählung geht zurück auf die Legende vom schriftkundigen Rabbi Löw, einer Art Doktor Faustus im Prag des 17. Jhrds.

*

In der Person des Rabbi „Rebe" Menachem Schneerson trat für das orthodoxe Judentum der stärkste Vertreter des jüdischen Machtanspruches in der zweiten Hälfte des 20. Jhrds. auf. Bereits an anderer Stelle wurde um die 1990-er Jahre herum auch die Einleitung der epochalen Transformation der ‚Pyramide' ausgemacht. Was populär auch als das „Ende der Geschichte" aufgefaßt wurde, war tatsächlich der noch fehlende Blick für die neue historische Tatsachenlage.

Während der zweiten Hälfte des 20. Jhrds. wurde die pyramidale Umformung der Welt auf drei Schienen vorangebracht:

1) über die Etablierung wirtschaftsliberalen Freihandels (sog. Neoliberalismus),
2) Begründung von nationalen Zusammenschlüssen zum Zweck der Einebnung von Grenzen (NATO, EU), mit der Option unbeschränkter Erweiterung
3) Virtualisierung des Geldverkehrs und Zentralisierung auf die Haupt-Börsenplätze.

Als Klammerbegriff für die drei Schienen dient die Berechenbarkeit des Weltgeschehens und die Bündelung von *intelligence* zur Befestigung der Macht des internationalen Judentums

Das Bewußtsein der jüdischen Identität in der Diaspora erfuhr unter Rabbi Schneerson einen bedeutenden Aufschwung. Die Gemeinde ist in Amerika zahlenmäßig um ein vielfaches größer als in Israel, darin ist begründet, daß Schneerson es vorgezogen hatte, die USA als informelles Zentrum jüdischer Interessen gegenüber Israel vorzuziehen. In Erwartung des Messias erhofften sich Zionisten von der Zugkraft des Rabbi geführt, die massenhafte Einwanderung nach Israel zu befördern. Zum Einen würde die „Rückführung" eine endzeitliche Bedingung für das Kommen des Messias sein, für den Rabbi Schneerson auch schon selbst gehalten wurde, und zum Andern, bedeutet Zuwanderung für Israel einen existenziellen Vorteil im palästinensischen Umfeld. Dies wurde jedoch von Rabbi Schneerson nicht direkt unterstützt, da sonst eine Schwächung der Machtbasis in den USA zu befürchten stand.
Im Vorgehen nach dem Prinzip der Schaffung einer Mehrheitsgesellschaft im jeweiligen Siedlungsgebiet handeln palästinensische und israelische Siedler vor Ort nach dem gleichen Muster.
Während jedoch jüdisch-israelische Interessen auf der international politischen Ebene, seit der Katastrophe des letzten Jahrhunderts, mittlerweile ein unwidersprechbares Primat besitzen, verfolgen Muslime weiterhin auf der Schiene der massenhaften Migration die Ausbreitung islamischer Gesellschaften. Die Abhängigkeit vom

jeweiligen Feindbild im Anderen liefert wiederum die Rechtfertigung jeder Härte zur Bestätigung des Existenzrechts. Um der Gefahr der Relativierung der jüdischen Homogenität im Staat Israel zu begegnen, mußte ein, wenn auch selbstständig nicht lebensfähiges, Gegenbild in der Schaffung der autonomen Region Gaza geschaffen werden. Es handelt sich dabei nicht etwa um einen Kompromiss auf dem Wege der unabhängigen Staatenlösung, sondern um die bewußte Aufrechterhaltung der dauerhaften Bedrohungslage.
Angesichts der Formierung eines gobal aktiven islamischen Dschihad ist die ausgesprochene Drohung der Eroberung Jerusalems und Auslöschung Israels, auch ein existenzielles Problem der ganzen Weltgemeinschaft. Allerdings richtet sich die Bewegung der syrischen und irakischen ‚Islamischer Staat (ISIS/ IS) vorerst in die Richtung der Grenzen des westlichen Verteidigungsbündnisses, während auf den israelisch kontrollierten Golanhöhen Einheiten des ‚Islamischen Staates'/ IS gänzlich unbehelligt halten können, ja sogar über Versorgungswege durch israelisch besetztes Gebiet ihren Nachschub erhalten, da dies durch die syrische Wüste dorthin logistisch nicht möglich ist. Von Kämpfen wird bislang an dieser Grenzregion zu Israel nicht berichtet. So, daß bislang nur die kurdische Bevölkerung im Norden Syriens und des Iraks als taktischer Puffer zur Türkei in Bedrängnis gerät. Die IS-Kämpfer werden hauptsächlich mit gezieltem Bombardement aus der Luft durch amerikanische Luftstreitkräfte davon abgehalten, sich nach Süden zu wenden.
Grundsätzlich ist der vor der Weltöffentlichkeit mit Enschiedenheit dargestellte Einsatz gegen den ‚Islamischen Staat' bislang nur halbherzig geführt worden. Wie sonst ist zu erklären, daß deren Bewaffnung sich stetig verbessert, der Raubhandel mit Öl in den Grenzregion weiterhin einträglich ist. Die selbe Frage stellt sich angesichts des Vordringens von Gruppierungen, wie ‚Boco Haram' („westliche Bildung ist Sünde"), und ‚Shabab'. Sie alle verzeichnen Erfolge in der Destabilisierung von Staaten, die seit Jahrzehnten Adressaten des Handels mit modernen Waffen sind. Diese gehen vor aller Augen gerade in die Hände des Kalifats über.
Die vordergründige Erscheinung einer Destabilisierung im arabischen Kulturkreis, ist indes eine evolutionäre Vorstufe zur Schaffung einer neuen Ordnung der arabischen Welt. Die Diversifikation von unterschiedlichen Nationen, sie seien in der Führung sunnitisch,

schiitisch, wahabbitisch, oder säkular nationalistisch ausgerichtet, soll in der Zukunft einem islamischen Monoblock weichen, der als Zone der Einflußnahme durch die effizient verwalteten Ölstaaten Saudi-Arabiens und Quatar gestaltet werden wird. Die verwirrende Vielfalt der ethnischen und religiösen Minderheiten wird gerade durch die radikal-islamische Bewegung eingeebnet. Das Gewährenlassen der dschihadistischen Heimsuchung entspricht der Vorarbeiten eines kulturellen Pfluges, der im Zuge einer schöpferischen Zerstörung, wiederum den Boden einer ‚pyramidalen' Neuordnung bereitet.

Wenn auch noch nicht absehbar ist, wo die beiden Züge, jeweils die zionistische und die islamistische Stoßrichtung betreffend, sich begegnen werden, ist dennoch erkennbar, daß sich eine neue Weltordnung auf zwei, von unterschiedlichen Voraussetzungen ausgehenden, Gleisen anbahnt. Eine stabile Friedenslösung scheint wohl auch auf lange Sicht nicht möglich, wenn man vermuten darf, daß die derzeitige Dramaturgie des Stückes eher den Interessen der internationalen Nahostpolitik entspricht. Vor dem immergleichen Hintergrund spielt sich das Treffen von Kasperle und Krokodil ab; die Zuschauer rufen aufgeregt, „Kasperle, pass auf!", wenn das Krokodil erscheint. Zieht der Kasper mit seiner Klatsche dem Bösewicht eins über, johlen alle Kinder. Sie sehen dabei nicht, daß die Puppen an den Händen ein und desselben Spielers agieren.

An dieser Stelle sei einmal in aller Kürze auf die Rolle Rußlands hingewiesen, dem der biblischen Offenbarung zufolge die Bezeichnung der Völker „Gog und Magog" zugewiesen werden können. Diese würde, nach endzeitlichem Verständnis als Widerpart zu Israel aufzutreten haben. Tatsächlich besteht in der jüdisch-christlichen Welt seit jeher ein tiefer Vorbehalt gegen die „Rechtgläubigen" der östlichen Orthodoxie.
Der Anspruch der kulturellen Hegemonie des Judentums korrespondiert mit dem expansiven Territorialanspruch des Islam im zeitgenössischen Gleichgewicht des Schreckens. Gemäß der Annahme, daß der jüdische Alleinstellungsvorbehalt stets auch über die ‚Spiegelung' in der islamischen Expansion seinen Impuls gewinnt, kann die Rolle Russlands nur die des Störenfrieds sein. Auf kulturell

tieferliegendem Grund steht es beiden Tendenzen jeweils mit Skepsis gegenüber.
Ohne gesondert auf die Geschichte des slawischen Ostens näher einzugehen, ist die gespannte Beziehung zu Islam und Judentum historisch begründet. Einerseits wegen der steten Bedrohung durch die islamisierten Völker Asiens, und andererseits durch die weltweite Dominanz des Juden-Christentums in Gestalt der katholischen Kultur. Bei der Befreiung Osteuropas von der osmanischen Besetzung seit 1800, haben russische Kräfte ihren entscheidenden Anteil gehabt (z.B. bei der Befreiung Griechenlands; die Beziehung zu Serbien reicht zurück bis zur Schlacht gegen die Osmanen auf dem Amselfeld im 14. Jhrd.). Aus den Residuen des vormaligen Versuches der Islamisierung Europas, verblieben die Keime künftiger Konflikte auf dem Balkan. Sie sollten u.a. auch als Co-Faktoren neben dem serbischen Nationalismus kultiviert werden
Zum Verständnis der innigen Verbundenheit von Orthodoxie und slawischen Nationalismus könnte der Vergleich der Verbundenheit von Katholizismus und Volksmythologie, besonders vor dem Hintergrund der deutschen Romantik im ersten Drittel des 19. Jhrd., hilfreich sein. Ansonsten finden wir speziell in Rußland einen pyramidalen Zwillingskristall vor, der in seiner strukturellen Beschaffenheit quasi der mittelalterlichen geistlichen ‚Pyramide' in Europa entspricht. Es findet sich während der längsten Zeit in der Geschichte Rußlands eine Aristokratie, die sich auf den weiträumigen Besitz von Agrarwirtschaft stützte. Dies unterdrückte die Herausbildung eines mittelständischen Bürgertums. Auch der brutale nach Westen orientierte Reformeifer des Zaren Peter I. vermochte daran nichts zu ändern. Die Zwiespältigkeit Rußlands hat daher ihr überzeugendes Symbol im Doppelkopfadler gefunden, der gleichzeitig nach Osten und nach Westen blickt. Die märchenhafte Troika gar, widerspricht vollständig dem westlichen Effizienzbegriff, wonach der Fortschritt mit Entschiedenheit in eine eindeutige Richtung zu zielen hat, da das Gespann der drei Pferde zugleich nach allen Richtungen strebt.
Basierend auf dem literarischen Verständnis des Kyrillischen, ursprünglich aus dem Griechischen hervorgegangen, ist für die slavische Welt eine eigene Betrachtungsweise notwendig. Während einige große Erzähler Rußlands auch in der westlichen Welt populäre Wertschätzung genießen, ist die weltliche Lyrik und die Glaubenssicht

der Orthodoxie für den Westen nur schwer vermittelbar, weil sie untrennbar an die Schrift gebunden ist. Während Lew Tolstoj in Europa als der größte Epiker angesehen, gilt hingegen in seiner Heimat der Lyriker Puschkin als der Dichter der russischen Seele schlechthin.
Das Geheimnis der vielbeschworenen ‚russischen Seele' liegt möglicherweise in der Beziehung zur offenen Ebene, die von einer weitgezogenen Horizontlinie umspannt wird. Wenn hier von einer östlichen ‚Zwillingspyramide' zur römisch westlichen gesprochen worden ist, so ist das nicht ganz zulässig. Aus der, im Grunde anti-‚pyramidalen' Verfassung der bäuerlich gegründeten flachen Hierarchie, rührt auch der ursprüngliche gegnerische Reflex der anderen ‚pyramidal' verfaßten Mächte.
Die charakteristische Weite des russischen Seelenraumes hat unter dem Druck der langen Leiden der Unterdrückung und Abhängigkeit, auch eine unergründliche Tiefe erhalten. Die Vielfalt dieser Völker in eine sozialistische Arbeitsgemeinschaft zu pressen, hat sich als ein mörderisches Experiment erwiesen. Es widerspricht der Würde des Menschen, ausgerechnet die betriebsame Ameise als erstrebenswerte Existenzform zum Vorbild gesetzt zu bekommen. Dennoch zieht auch die christliche Gemeinde in ihrer Mission diesen Vergleich allzu leichtfertig heran („sieh die Ameise, mit ihrem Fleiße...").
Mit einiger Verachtung für diesen Vergleich hat sich einmal Lew Tolstoj geäußert. Er soll an dieser Stelle einmal mit seinen Worten zitiert werden:

> *„Man sagt, daß die Arbeit den Menschen gut macht, ich habe aber immer das Entgegengesetzte beobachtet. Die Arbeit und der Stolz auf sie, macht nicht nur die Ameise, sondern auch den Menschen grausam. Es konnte in der Fabel ja nur die Ameise, ein Wesen, das des Verstandes und des Strebens nach dem Guten entbehrt, die Arbeit für eine Tugend halten, und sich damit brüsten. Die Arbeit ist nicht nur keine Tugend, sondern in unserer falsch organisierten Gesellschaft zumeist ein Mittel, das sittliche Empfinden zu ertöten ....*
> *alle haben keine Zeit, keine Zeit, zur Besinnung zu kommen, in sich zu gehen, über sich und die Welt nachzudenken, und sich zu fragen: was tue ich? Wozu?"*

Der lange Schatten der Leibeigenschaft und die besondere Stellung der Aristokratie, hat zu der Entfremdung von Ost und West lange vor dem Bolschewismus geführt. Seit ihrer Einrichtung von Iwan dem Schrecklichen, ist die Tradition der *Opritschnina,* des Geheimdienstes, als mächtigstes Werkzeug der östlichen ‚Pyramide', bis heute ununterbrochen. Man kann die katastrophalen Auswirkungen des wirtschaftlichen Liberalismus in der heutigen russischen Gesellschaft nicht ohne die Berücksichtigung der Tatsache betrachten, daß auf die Periode der feudalen Unfreiheit die sozialistische Unfreiheit gefolgt ist, ohne zwischendurch eine Emanzipation des Individuums zugelassen zu haben. Zusammengefaßt finden wir quasi mit Rußland eine pyramidale Zwillingsstruktur vor, die in ihrer inneren Verfassung einen eigenen Weg gegangen ist. Da die Orthodoxie tief im Volksbewußtsein der slavischen Völker verwurzelt ist, stoßen auch alle diejenigen Ideologien, die selbst eine ideelle Überhöhung des weltlichen Machtanspruchs darstellen, auf eine ebenbürtige Konkurrenz, und haben daher bislang nur schwer Fuß zu fassen vermocht.
In den Regionen mit deutlicher Schwächung des islamischen Einflusses, gerät jeweils auch die Einflußnahme zionistischer Interessen unter Druck. Mit dem Zerfall des osmanischen Reiches waren die reichen Handelswege für eine lange Periode gefährdete Routen. Es bedurfte der Wiedervereinigung der islamischen Kräfte, um den arabischen Raum aufs Neue homogener gestalten zu können. Die Einschmelzung lokaler Eigentümlichkeit zum heutigen Bild, das die islamische Welt zeigt, führt zur beabsichtigten Anschlußfähigkeit an den globalen Markt jüdischer Prägung, wobei die Sicherheitsproblematik ein mit eingepreister Aspekt des großen Geschäft ist.
Vor diesem Hintergrund täte Europa, und speziell Deutschland, gut daran, sich auf den traditionell lebhaften kulturellen Austausch mit Rußland zu besinnen. Nicht nur aufgrund der früheren engen dynastischen Verflechtungen der Aristokratie, sondern vor Allem auf der Basis des Gleichgewichts der strategischen Kräfte auf dem Eurasischen Kontinent. Im Getöse der Gründung des deutschen Reiches war die Mahnung des Kaisers Wilhelm I. kaum zu vernehmen, und an die aufkommende wilhelminische Epoche ganz und gar vergeblich gerichtet, die wechselseitig guten Beziehungen zu Rußland

nicht zu vernachlässigen. Es sollte sich noch als fatal erweisen, daß dies Empfehlung in den Wind geschlagen worden ist.
Vom Sturm der Okoberrevolution hinweggefegt wurde die Bewegung der *Jewrasijstwo*, der ‚Eurasier', die zwischen den kulturgeschichtlichen Lagern, den fruchtbaren Ausstausch zwischen Europa und Rußland lebendig zu erhalten halten versuchen.
Seit der tragischen Begründung der ideologischen Feindschaft nach den Verwüstungen des Nationalsozialismus und des Bolschewismus gleichermaßen, konnte der spaltende Keil eingetrieben werden, der bislang verhindert, daß die Hegemonie der amerikanischen Kultur keinen wirksamen Widerspruch erfährt. Nach dem Prinzip des divide et impera – „entzweie die kulturellen Identitäten mit sich selbst, und herrsche unumschränkt", ist durch die ideologie-geschichtliche Korruption, sowohl den Deutschen als auch Russen, eine fortgesetzt wirksame moralische Hypothek auferlegt worden. In der Überwindung der Gespenster der Vergangenheit, durch ehrliche Aufarbeitung von Schuld, liegt die Hoffnung, aufs Neue zu einer einvernehmlichen Nachbarschaft von Ost und West zu finden.

*

Es herrscht heute kein Zweifel mehr darüber, daß das Prinzip des einen Schöpfergottes in Ägypten ihren Ausgang nahm. Der sogenannte Ketzerkönig Amenophis/Amenhotep IV =Echnaton bündelte, im 14. vorchristlichen Jhrd., die Ausdrucksform göttlichen Wirkens in ein zentrales solares Prinzip, das sich in der Welt nur in vielgestalteten Vorstellungen von vermeintlich wesensverschiedenen Grundkräften darstellt. Die Vielfalt der Formen des lebendigen Strebens ist letztlich begründet in dem einen Willen. Bildlich gesprochen erscheint uns der farbige Fächer des spektralen Lichtes infolge der Brechung des einen weißen Strahles im pyramidischen Prisma dieser Welt. Durch die Zersplitterung und Entzweiung des Willens an sich selbst in der Welt, entstehen erst die Aufwallungen und Individuationen der Vielgestaltetheit.
Die Überzeugung von einem unmittelbar nicht zu erkennenden Schöpferprinzip, das sich nur mittelbar in seinen Wirkungen offenbart, wurde von Moses und seinem dynamischen Volk erst in rechter Weise aufgenommen und verstanden. Einer Analyse der Gestalt des Mose von

Sigmund Freud zufolge, lassen Namen auf die ägyptische Herkunft schließen. Einmal erscheint die Silbe –mosis in Pharaonennamen (Thotmes/ Thut-mosis, bezogen auf den Gott Thot, sowie Ramses/ Ra-mosis, bezogen auf den Gott Ra). Weiter liegt ein Schlüssel in der demonstrativen Umschreibung von Amen/Amon zu Aton, beim Ketzerkönig Echnaton, das im hebräischen zu Adonai, einer der Bezeichnungen Gottes, werden sollte.
Unter der Führung Mose traf das Volk auf dem Sinai auf eine weitere Bezeichnung für den Allmächtigen. In ‚Jahwe' trat ebenfalls ein gleichwertiges schöpferisch-zerstörerisches Prinzip dazu. Die Kulturen des östlichen Mittelmeerraumes standen in ihrer mythischen Erinnerung unter dem Schock einer Katastrophe von, für die damalige Welt, globalen Ausmaß. Im 17. Jhrd. v. Chr. war die Insel Thera/ Santorin bei einem gewaltigen Vulkanausbruch gesprengt worden. Das Zentrum der minoischen Kultur, neben Kreta, ist dabei zerstört worden, und die kulturelle Überlieferung dieser Hochkultur verbreitete sich durch die Flucht an die Küsten Phöniziens, und des späteren Karthago. Noch vor Mose besaß ‚Jahwe' im nahen Osten die Bedeutung eines Vulkangottes (der sich „tagsüber in einer Rauchsäule, und nachts in einer Feuersäule" zeigte).
Den in archaischer Zeit lebendigen Mutter-Gottheiten (Gaia) der bronzezeitlichen Kulturen, wurden, durch diese Erschütterungen, fortan die Dominanz von Vater-Gottheiten vorangestellt. Im irdischen Toben der Elemente bildete sich der titanische Kampf um die Vorherrschaft des Blitz und Donner werfenden Vatergottes Zeus ab. Er war ursprünglich ein Wettergott, der auf dem Berge wohnt (!), und dessen Namen aus einer Umschreibung von ‚dyaus' entstanden ist. Daraus ließe sich sowohl *dies* =Tag und *deos/ deus* =Gott ableiten.
Der Untergang einer alten Hochkultur findet nicht zuletzt bei Platon Erwähnung - als Mythos von Atlantis.

In dem biblischen Namen Jochanan/ Johannes findet sich noch der Jahwe-Bezug, der selbst noch in die römische Welt getragen worden ist. Dort findet er sich als Jovis (=Jupiter) wieder, und ist noch heute unwiderleglich verbunden über die Gleichsetzung der Namen ‚Johannes' mit ‚Giov-anni'. Um die Silben-Spekulation noch weiter zu treiben, könnten aus der Übertragung von Jehova, die Endungen *–jev*, bzw. *-jew* abgeleitet werden, die über das schwarze Meer in die

Kaukasusregion getragen worden sind. Die Verbindung der griechischen Welt mit dem Gründungsmythos Rußlands findet sich in der Argonautensage wieder, wobei Jason auf der Suche nach dem goldenen Fließ, an die Krim-Gestade gelangt sein soll.
Als Folge von Vulkanausbrüchen kam es in der Ägäis zu Erdbeben und einem Tsunami, der möglicherweise den Durchbruch zum schwarzen Meer erst geschaffen hat. Dieses Ereignis dürfte als Überlieferung von der großen Flut, Eingang in die Erinnerung fast aller Völker Eingang gefunden haben. Weiterhin sind die zeitweise Verfinsterung der Sonne, sowie extreme Wetterereignisse, mit den daraus folgender ‚Plagen' , gewiß als traumatisch wahrgenommen worden sein. Erdbeben traten in Abständen immer wieder auf, und können bei der ‚Teilung' des Roten Meeres mit verantwortlich gewesen sein.
Die Zeiträume straffen sich in der Erzählung der Ahnen, und können sich auch unermesslich dehnen in der Betrachtung unter einem mythologischen Geschichtsverständnisses. Unter den vierzig Jahren der mosaischen Durchwanderung der Wüste, können durchaus vierzig Generationen (ca. 800 J.) verstanden werden, um uns in der nachweislichen Zeit der Prophetenbücher und der Gründung der Reiche Israel und Juda wieder zu finden.
Inzwischen war die überragende Gestalt des Moses aus der Summe verschiedener Persönlichkeiten zusammengefaßt worden. Es liegt deshalb noch lange keine bewußte Fälschung der Geschichte vor. In allen alten Kulturen wurde die ‚heldische' Gestalt im Gründungsmythos zu einem Archetypus geschmiedet, der unabhängig von den längst verschwundenen realen Gestalten, eine metaphysische Wahrheit repräsentiert.

Uns liegt also in der folgenden Geschichte des monotheistischen Ausschließlichkeits-Anspruches, eine kontinuierliche und ununterbrochene Linie, ausgehend vom alten Ägypten, bis hin zur Vorherrschaft in der heutigen Welt vor. Einschließlich der tendenziellen Intoleranz und Eifersucht gegenüber relativierenden Gottesvorstellungen.
Die wiederholte Metamorphose der Pyramide von der manifesten Architektur bis hin zum reinen Symbol des Weltprismas, an dem sich der Wille vielfach bricht, und scheinbar mit sich selbst uneins ist, und

das prismatische Bewußtsein des Einzelnen, des Einen Gottes-Sohnes, der die ‚Strahlen' wiederum durch sich selbst bündelt und versöhnt, entspringt dem selben Urgrund.
Die Welt gleichsam als ein ‚Pyramiden-Prisma' vorzustellen, und die kristalline Ordnung der Welt dadurch zu rechtfertigen, ist die Basis der jüdischen Geometrie der Rechenhaftigkeit. Wenn dereinst die Welt-Pyramide vollendet ist, so darf das Heil und das Reich Gottes erwartet werden, darin liegt die Deutungskraft des Judentums verborgen.
In den biblischen Büchern Daniel und Esther wird jeweils die Nähe der, ursprünglich in die Gefangenschaft geführten, Israeliten zum Medo-Persischen Herrscherhof (ca. 560-420 v.Chr.) in außerordentlicher Weise bezeugt. War Esther die israelitische Ehefrau des Perserkönigs Xerxes? Daraus ließe sich die Wahrung und Leitung der Interessen Israels denken, sowohl im Schatten als auch Schutz des mächtigen Perserreichs, wie einst im Schatten der Türme von Babylon, sowie auch vormals im Verhältnis zu Ägypten. Von einem herrschaftlichen Einvernehmen mit einer großen Macht, muß als historisch belegt, die Unterstützung der Reformen des Nehemia in Israel, angenommen werden, der auch als einer der biblischen Autor gilt.
Ebenso nachweisbar ist das frühe Herantreten jüdischer Eliten an die jeweils folgenden griechischen und römischen Eroberer des alten Kulturraumes. Speziell für das kaiserliche Rom galt das direkte Petitionsrecht an den Kaiser, was den Zugang bei Hofe und eine gewisse Einflußnahme an dieser Stelle ermöglichte. Die Anklagen gegen Jesus, sowie unter anderen gegen Paulus, sind die bekannten biblisch bezeugten Justizfälle.
Die Methode der Umschließung des Herrschers mit einem bestimmten Hofkamarilla führte, wie ehemals die Hofjuden, später über die Christianisierung der Dienerschaft, bis in die privaten Räume des Kaisers. Selbst in der Periode der ärgsten Verfolgung, etwa unter Diocletian, von der in der Hauptsache die ärmeren Schichten betroffen waren, blieb die Stellung jüdisch-christlicher Eliten zum Teil unangetastet. Den neu gegründeten Gemeinden war dadurch unter diesem Schutz eine fortdauernde Mission trotzdem möglich, die phasenweise vom kaiserlichen Hof ausgehend unterstützt wurde, auch im Wiederspruch zum zuvor ausgesprochen Bannspruch der Verfolgung.

Nach der Rückkehr der Israeliten aus der babylonischen Gefangenschaft, als eine Lehrzeit in der Fabrik der Macht im Altertum, wurde dazu noch die Idee der „großen Welt-Stadt“ übernommen (der

in und Abel, von nomadischen Hirten und
tadt und Land, Natur und Kultur wurde in einer
ben – das ortlose Judentum vereinbart den
renden Handel und Wandel mit der
n die ganze Welt zu einem gigantischen
n. Ein historischer Schlüsselmoment stellt die
ischen jüdischen Gemeinde in der liberalen
, um der Bedrängnis der Verfolgungen und
r Gegenreformation zu entgehen. Speziell in
ie moderne Gestalt des globalen Handels im
losen Wirtschaftsliberalismus, sowie das
ersten Spekulationsblase (die Tulpenzwiebel-
wurde zuweilen auch das ‚Neue Jerusalem'
h in die neue Welt exportiert, wo mit Nieuw
New York, die „große Stadt“, der wichtigste
ntstehen sollte.

cht zu nennen, und ihm dennoch Dutzende
gos, der ordnenden Grammatik, eine göttliche
hen, ist dem pyramidal-kristallinen Wesen des
In der kabbalistischen Tradition mit ihren
en, äußert sich der bare Wille zur Macht, über
ichen Erscheinungen gebieten zu wollen.
Macht kann nicht daran gelegen sein, die
bsichten demonstrativ offenzulegen. Als
Glauben wollen immer noch stärker als der
s der ‚Wahrheit', denn im Erkennen-Wollen
widersprüchlichen Motiven ins Auge sehen,
Einheit der Gegensätze ermöglicht. Seine volle
Wahrheit', wenn sie sich verschleiert darstellt.
t völlig unmöglich werden will, hat die Maske
Wer dem verschleierten Bild den Schleier
entreißen wollte, stünde in Gefahr, im Angesicht der ‚Wahrheit' dem Leben selbst entfremdet zu werden. Im Gedicht „Das verschleierte Bild zu Sais“ von Schiller, endet der Wahrheitssucher in Verdüsterung,

vielleicht auf sich selbst zurückgeworfen, den inneren Kern suchend, ins Nichts stürzend? Er mahnt zum Schluß, wehe dem, der zur Wahrheit kommt durch Schuld!
Steht hinter dem Schleier etwa ein Spiegel, oder – Nichts?
So war es Mose nur verhüllt, in einer Höhle verborgen, möglich, den vorüber wandelnden Gott als Schatten wahrzunehmen (die Schatten der Wahrheit kennen wir auch schon aus den Höhlengleichnis von Platon). Denn die Wahrheit hätte zur Blendung geführt. In der antiken Tragödie sind die wahrhaft Sehenden die Blinden, wie der Seher Theiresias bei König Ödipus. Im biblischen Zusammenhang wird von Blinden erzählt die durch Gottes Offenbarung in Jesus Sehende geworden sind, sie also Teilhaber einer höheren, dem gewöhnlichen Auge nicht sichtbaren, Wahrheit geworden sind.
Nach Nietzsche, dem tiefsten Analytiker der Macht, wäre ein Leben bei voller Erkenntnis der Wahrheit gar nicht möglich, und es müsse ein Schleier über den Dingen liegen, eine gewisse ‚Täuschung' über unsere wahren Motive, um die Illusion der freien Wahl in unserem Bewußtsein zu wahren. Wollte man sich etwa alle physiologischen Zusammenhänge von der Bewegung unseres Körpers vergegenwärtigen, wäre kein Schritt mehr möglich.
In der Transformation der Motivlage auf dem Grund des Willens, hinauf zu einer Ebene, die eine Beschreibung der Lebensvorgänge gemäß der Auffassung vom freien Willen ermöglicht, erlangt ein Wesen erst die Macht der wirksamen ‚Einverleibung' seiner Umgebung. Es ist anzunehmen, daß die Lektüre den Nachdenklichen unter den Christen, gerade um dieser Einsichten wegen, stets als eine unschickliche Schau durch das Schlüsselloch in die Werkstatt der Macht vorverurteilt gelten.
Diese psychologisch tiefen Einblicke wünschten die hierarchischen Kircheninstitutionen, in ihrer Funktion während der Epoche der 5.ten geistlichen Pyramide, gern verhüllt.
Das Glas- und Spiegelkabinett auf dem Rummel arbeitet mit einem System verwirrender Transparenz und Reflexion, die den Besucher zwar den Durchblick, aber nicht den Einblick in ihre Grundarchitektur gewähren. Als Anwender der Technologien der künftigen Macht der Informationsverarbeitung, tappen wir in ähnlicher Weise durch ein Panoptikum. Das transparente Kabinett der Welt, wie sie vorerst virtuell, und zunehmend real, in, für uns uneinsehbare Weise,

konstruiert wird, steht für eine Offenheit, bestehend aus Exhibitionismus und Voyeurismus, die den wirklichen Kern umso besser verschleiert. Eine Form der Pornographie, bei der die demonstrative Nacktheit den Menschen zum Objekt macht, und dennoch die nackte Lüge ist, weil sich das eigentliche Subjekt desto mehr unter dem Panzer der Sichtbarkeit entzieht.
Im Entwurf des sogenannten ‚Panopticon' von Jeremy Bentham, findet sich unverstellt der Zusammenhang von Transparenz und Zentralisierung der Macht, bereits im 19. Jhrd. vorformuliert

Jede Macht mit weltlichem Anspruch wird bestrebt sein, die Wahrheit seiner Motive zu verschleiern. Die christliche Gemeinde in ihrer Weltmission der Organisation der menschlichen Gesellschaft auf ein kommendes Reich Gottes hin, kann diesen Anspruch nur aufrecht erhalten, wenn sie vor den ersten Verkünder der Wahrheit, Jesus, den Maskenschleier ihrer eigenen Deutung zieht. Ebenso rechtfertigt der Islam seine kriegerische Welteroberungsabsicht im Namen eines verborgenen Imam, den Mahdi. Daher ist die Verstellung, die Täuschung in allen nach Macht strebenden Religionsgemeinschaften geradezu eine Tugend, die im Glaubenskampf auch in Eintracht mit roher Gewalt auftritt.
Wenn Jesus auf sich selbst als den Weg zur Wahrheit verweist, offenbart er den Menschen selbst als Einzelnen: „Du selbst bist die Wahrheit, wenn Du in Jesus lebst, und Er in Dir!". Von da an ist kein Schleier mehr nötig, nur ein Spiegel.
Die christliche Botschaft ist wesentlich antipyramidal, und damit gerade konträr der gemeindechristlichen verschleiernden Deutung, da nicht länger die Spitze einer ‚Pyramide' als Wegweiser auf eine verschleierte Wahrheit verweist. Die Auffassung, daß die Einsicht in die ‚Wahrheit' nur hierarchisch gestaffelt zu verwalten ist und die jeweils nächst höheren Ebene gegenüber der darunter liegenden die Deutungshoheit besitzt, steht im Widerspruch zu den Aussagen Jesu.
Jeder Mensch wird mit der Wahrheitsfrage immer auf sich selbst zurück verwiesen, und, wollte er nicht in sich selbst kreisend bleiben, muß er auch im „Du", den Andern, den Kern der Wahrheit anerkennen. Der Hort der ‚Wahrheit' ist urchristlich eben nicht zentral, abgestuft,

entrückt, und esoterisch, wie sie bislang verkündet wird, sondern offenbar an der Basis jedermann einsichtig.

*

> „Die Plutokratie, der modernen Form der Tyrannis, die die äußeren Symbole der Macht verschmäht (weil sie sie nicht mehr nötig hat), herrscht umso sicherer durch kluge Intrige, geschickte Parteiführung, blendendes Mäzenatentum, und dem unwiderstehlichen Absolutismus des Kapitals“ < Egon Friedell, Kulturgeschichte der Neuzeit>

Mindestens seit den 1990-er Jahren, einer in mehrfacher Hinsicht bedeutsame Epochenschnittstelle, ist die Dynamik der kulturellen Ortlosigkeit verstärkt zu beobachten, die sich in der generellen ‚Freisetzung' äußert, gemäß der Auffassung, daß längerfristige Bindungen als Hemmnis gelten, die der Idee der Multioption entgegensteht. In diese Zeit fällt auch die Verkündigung vom „Ende der Geschichte“, angesichts des Fallens sichtbarer Grenzen, und der vermeintlichen Auflösung der Blöcke in einen Monoblock des sieghaften Kapitalismus. Der deutsche Mauerfall steht ikonographisch am Beginn der epochalen Transformation der ‚Pyramide'. Zur Umsetzung einer Agenda für das 21. Jhrd. wurde mit raschen Schritten die Globalisierung der Märkte.

Dazu gehört auch die vermehrte Umwandlung von Personengesellschaften in Aktiengesellschaften, mit dem Zweck spekulativen Kapitalbeschaffung, auf dem Weg des Börsengangs. Parallel wird die Harmonisierung der Rechtsstandards nach amerikanischer Prägung betrieben, sowie der Umbau der demokratischen Strukturen durch Zentralisierung von behördlichen Zuständigkeiten vorangetrieben. Als Konsequenz des Abzugs von dezentraler Verwaltung auf lokal, kommunaler Ebene, ergibt sich die Reduktion des Stimmrechts des Einzelnen zum Bruchteil gegenüber der vielfachen Millionen-Demos auf europäischer, bzw. internationaler Ebene.

Die Entgrenzung, entspricht dem Konzept des Fluxus, den die neue Generation „Wende“ im Fluß der Love-Parade ausdrückte. Daß dies, trotz der Tendenz der fallenden Grenzen, nicht ohne einen ,letzten großen Krach' vonstatten gehen würde, war gerade den evangelikalen ,*think tanks*' wohl bewußt (die Ausdeutung der Offenbarung des Johannes sieht bezeichnenderweise ein letztes Gefecht vor - Armageddon). Der unvermeidliche ,Clash of civilisations', mit dem heilgeschichtlichen ,Gut' gegen ,Böse' wurde als legitimer Bestandteil des politischen Horizontes betrachtet, zur Herstellung der neuen Weltordnung (propagiert unter dem US-Präsidenten George Bush sen.) Nach dem finanzpolitischen Drängen zur Börsenspekulation, eingebettet im medialen Spektrum zwischen der Sprechblase politischer Verlautbarungen seitens des unvermeidlichen spekulativen Kapitalbeschaffung Regierungssprechers (meistens Seibert), dem Sport und dem Wetterbericht, der Börsenbericht für jedermann vorangestellt wurde. Die Versprechungen und Lockungen während des Anschwellens der Spekulationsblasen haben die bekannt verheerenden Folgen auf Nationalökonomien und Privatinvestoren.

Fast könnte man eine anzügliche Variante des ,Ausländerwitz' vermuten, wenn vereinzelt die Klage von ehedem als Gastarbeiter eingewanderten Deutsch-Türken über den starken Zustrom von Armutsmigranten zu vernehmen ist; eine Situation analog zu dem Anschwellen der Städte in den 20-er und 30-er Jahren, als die Flucht aus der Einflußregion der bolschewistischen Revolution in vollem Gange war. Das assimilierte bürgerliche Judentum sah sich vergleichbar einer Elendseinwanderung aus dem Ostjudentum gegenüber.

Wenn von Revolutionen die Rede ist, kann man auf der Suche nach Parallelen, bei allen Unterschieden, feststellen, daß sich zumeist Freimaurer (federführend bei der amerikanischen Unabhängigkeitserklärung und die darauf folgende französische Revolution), und jüdische Aktivisten (in der Räterepublik vor Weimar, sowie als Agitatoren in der russischen Revolution) treibende Kräfte waren, bzw. den berechtigten Unmut der Bevölkerung zu kanalisieren wußten, und sich an die Spitze stellten. Wie stets haben die moderaten Kräfte das Nachsehen gegenüber den Agitatoren, sodaß schicksalhaft regelmäßig die „schöpferische Zerstörung", während der historischen epileptoiden Krisen, den flexiblen, weil gebrochenen, Boden für neue Märkte bereitet.

Stets ist die freigesetzte Masse das Agens der Veränderung und Auflösung bestehender Strukturen. Richtiger bemerkt geht es nicht um die Aufhebung der herrschaftlichen Strukturen, sondern um die pyramidale Transformation unter der Prämisse der ökonomischen Verwertbarkeit. Frei nach der Rezeptur Machiavellis, ist die pyramidale Transformation am effektivsten zu bewerkstelligen, indem öffentlichkeitswirksam Stellvertreterköpfe des *ancien regime* fallen sollten, daß der Wechsel des gesamten Personals jedoch nicht ratsam sei, sondern lediglich auf kosmetische Job-Rotation zu beschränken wäre, der bereits vorhandene repressive Apparat im Kern ist unverändert zu belassen. Mit der Übernahme des operativen Netzwerkes, unterstützt durch das bereits kompetente Personal, können nützliche Beziehungen ausgebaut werden. Für einen größeren Kreis von ehemaligen Stasi-Mitarbeitern konnte sich, nach der deutschen Wiedervereinigung, die Biographie nahezu nahtlos fortsetzen. Die sich frei erschließenden Ostmärkte machten deren, bereits seit der DDR-Zeit bestehenden, guten Verbindungen unentbehrlich.

Die Begehrlichkeit des atlantischen Freihandelsverbundes gegenüber dem unerschlossenen Osten sind jedoch nicht erst nach dem Ende des ‚Kalten Krieges' erwacht. Nachgewiesen ist, beispielhaft, die beabsichtigte Zerrüttung des zaristischen Rußlands durch die Infiltration von sozialistischen Aktivisten. Bei der Versendung Lenins im plombierten Wagon handelte es sich um eine, im westlichen Bündnis vereinbarte, Aktion. Ohne die Bereitstellung beträchtlicher Finanzmittel internationaler Geldgeber, wäre die Lenkung der Ereignisse durch Lenin und Trotzkij hingegen nicht in der raschen Effizienz, in die Bahnen einer Massenbewegung möglich gewesen. Sowohl die Mobilisierung der Propagandamaschinerie als auch die ‚Säuberungsaktionen' innerhalb der Einheitspartei, denen auch Trotzkij zum Opfer fiel, lassen in ihrem unheimlich parallelen Muster der Strategie, an einen Vorgriff auf die Initiierung der nationalsozialistischen Bewegung denken. Mit dem Kommunismus zündete auch eine gewissermaßen „ideologische Waffe" zur Destabilisierung und Demontage bestehender Verhältnisse, die der pyramidalen Transformation im Wege stehen. Gleichzeitig stellt er die Utopie einer gleichförmigen Masse als Inbegriff der Menschheitsidee,

die das Joch der individuellen Unterschiede abgestreift haben wird, wenn die Fermentation des Einzelnen im zermürbenden Mahlwerk in der Arbeit für das große Projekt das erzieherische Ziel erreicht haben wird.
Die Erzwingung der Öffnung des östlichen Marktes, bei gleichzeitiger Schwächung des Gegenspielers des Atlantikpaktes reicht zurück bis in die Zeit des katastrophalen Winterfeldzugs Napoleons. Diese Gestalt ist ein besonders schillerndes Beispiel für die Geburt der Despotie aus der revolutionären Freiheitsbewegung. Sowohl der Terror der Jakobiner im eigenen Land, als auch die Überziehung Europas mit Kriegen bis vor das brennende Moskau, fügt sich ein in die These vom Pflug der Geschichte, der den Boden für die Einleitung der nächsten pyramidalen Phase bereitet. Die Kennzeichen der Moderne waren mithin vollständig vorzufinden: 1) die Fermentation der Gesellschaft zur Masse, 2) die Gestalt des Führers internationaler Heere. Mit dem Wiener Kongress 1815 wurde mitnichten eine rückwärtsgewandte Restauration beschlossen, sondern vielmehr die Neuordnung des europäischen Gefüges, das den Keim des modernen Europas bereits trug, während der vorerst weiterbestehenden Kleinstaaterei eine kurze Frist von wenigen Jahrzehnten des Operettendaseins gewährt wurde.
Dabei geschah in vielen Ländern gerade während der vermeintlichen Stillstandsepoche des Biedermeier der Umbau der öffentlichen Verwaltung für die Effizienzerfordernisse der Moderne. Vorbildlich am Beispiel des Königreichs Bayern unter der Verwaltung Montgelas (mit Hinweis auf die Mediatisierung und Säkularisation).
In der romantischen Geschichtsschreibung sind es die Völker selbst, die sich mit den Freiheitserhebungen in der ersten Hälfte des 19. Jhrd. ihre Verfassung in Selbstermächtigung geben wollten. Sind die Stimmungen im Volk aber nicht vielmehr instrumentalisiert worden, um systembedingte Hemmnisse gegen die ausgreifenden Ansprüche des wirtschaftsliberalen Großbürgertums auszuräumen? Allerdings wurde die Entwicklung eines bürgerlichen Verständnisses aus dem Geist des Kapitalismus geboren. Welche der unterschiedlichen Unabhängigkeitsbewegungen jeweils unterstützt wurden, muß nach den Kriterien für die Herausbildung der modernen industriellen Wirtschaftsordnung bewertet werden.
So fern uns aus heutiger Sicht die lokalen Freiheitsbewegungen im 19. Jhrd. in Griechenland, Polen, in Italien unter Garibaldi, oder in

Südamerika unter Simon Bolivar, inzwischen erscheinen mögen, haben sie dennoch durchaus Aktualitätsbezüge. Ob eine Freiheitsbewegung als Freischärler, Rebellentrupp, als Separatisten oder Terroristen etikettiert wird, erhält in der Tendenz ihre Einschätzung aus den Erwägungen, ob die Märkte dadurch geöffnet oder gefährdet werden. Die republikanische Idee hatte im Effekt die größte Kompatibilität zur Ausbildung eines liberalen Wirtschaftsraumes.
Das durch Hölderlin und Lord Byron in die literarische Erinnerung übergegangene junge Griechenland, ist umgehend unter die effiziente Fremdverwaltung des Bruders des bayerischen Königs gestellt worden. Das hatte seinen Grund in der für den europäischen Raum vorbildlichen Verwaltungspraxis der bayerischen Ministerien, die zu einem Exportartikel für die Länder im erweiterten Horizont der europäischen Einigung der damaligen Epoche wurden.
Der Umbau der nationalen Verwaltung ist bis zum heutigen Tage eine unabdingbare Voraussetzung, um die lokale Korruption durch die zentral-europäische Fremdbestimmung zu ersetzen.
Für die Freunde von Verschwörungstheorien sei an dieser Stelle auf die mutmaßliche Existenz der exklusiven Vereinigung *Original Bavarian Illuminati* (OBI) hingewiesen. Der Standort Bayern mit seiner Landeshauptstadt hat sich in der Vergangenheit des öfter als von zentraler Bedeutung erwiesen. In seinem Sonderstatus als Freistaat ging es mit der Einrichtung der Räterepublik der Weimarer voraus, um in München für den Nationalsozialismus die Hauptstadt der Bewegung zu finden. Als Zentrum militärischer Rüstungstechnik und loyaler Standort der alliierten amerikanischen Verwaltung, sollte in Bayern vorallem der Süden , vor dem Hintergrund der alljährlichen NATO-Sicherheitskonferenz, zu die am besten gesichertste Region in Deutschland werden.

Die französische Revolution, um sie als beispielhaft für jede andere Revolution heranzuziehen, ist weniger eine Auswirkung der Not und Unterdrückung in breiten Schichten der Bevölkerung, denn damit hätte es im Verlauf der Geschichte unausgesetzt Anlässe gegeben. Über lange Perioden hinweg findet das Volk sich mit Beschränkungen und Ungerechtigkeit ab, wenn nur die Beständigkeit der Verhältnisse gewährleistet ist. Auch wurde sie nicht von den Freiheitsbegriffen in den Schriften Voltaires und Rousseaus vorbereitet, geschweige denn, daß diese ein breites Publikum gehabt hätten. Sämtlichen einflußreichen Kritikern der Verhältnisse lag bis zum Sturm der Tuilerien ein Sturz der Monarchie fern Im Nachbarreich der Habsburger hat trotz skandalöser Zustände von Mißwirtschaft und Korruption nie auch nur der Gedanke an die Abschaffung der Monarchie bestanden. Mit der Machtergreifung Napoleons ist auch hinlänglich widerlegt, daß dies auch beabsichtigt war. Vielmehr handelt es sich um ein freimaurerisches Projekt zum Niederreißen von, den freien Markt beschränkenden, Verhältnissen. Das Staatsdefizit Frankreichs (und schon gar das Halsband der törichten Marie-Antoinette, die zu ihrer inneren Größe erst durch den Verlust äußeren Glanzes reifte, so wenig wie die Gutmütigkeit und Leutseligkeit Louis XVI) ist nicht der Anlaß sondern der Vorwand dazu gewesen (dazu hätte bereits die zweite Hälfte der Regentschaft des Sonnenkönigs fast hundert Jahre zuvor Anlaß gegeben, und erst recht während der Herrschaft des verkommenen Ludwig XV.

Ebenso gut findet die Methode der Diskreditierung, ganz unabhängig vom Grad der Verschwendung im Haushalt, gegenüber Nationalökonomien auch heutigen Tages ihre Anwendung, wenn es um das Interesse internationaler Kreditgeber geht.

Das Ziel ist die umfassende Verwertung bürgerlicher Impulse für die totale Ökonomisierung des Lebens. Die Gängelung und Überwachung des privaten Lebens hat seitdem Ausmaße angenommen, die in dieser Effizienz zuvor nicht möglich gewesen wären, Dies ist, unfreundlich ausgedrückt, auch eine Erscheinung der Despotie der Demokratie (Demokratur= Einsicht des Bürgers in die moralische Notwendigkeit der Zustimmung zu bereits ohne ihn als alternativlos getroffenen Entscheidungen).

Wenn man mit Schaudern die Jahre des jakobinischen Terrors als eine Psychose abzuqualifizieren versucht, verkennt man den Charakter der epileptoiden Krise im Verlauf historischen Konfliktgeschehens. Der Konflikt selbst wird jeweils zeitlich vor dem Einsetzen einer pyramidalen Transformation gesetzt (der Vorsatz müßte im Einzelfall noch nachgewiesen werden). Als konfliktiv ist demnach nicht die fortgesetzte Not der Menschen, für die sich die jeweilige Konfliktlösung sogar noch verstärkend auswirkt, sondern das beginnende Industriezeitalter, das mit dem Einsatz der Dampftechnologie in England, am Ende des 18. Jhrd., einsetzte. Schon der Einsatz der Guillotine zeigt auf, daß es sich nicht um eine bürgerliche, sondern in seiner Effizienz um eine industrielle Revolution handelte. Angesichts der Kontraproduktivität der atheistischen Jakobinerclubs, sah sich Robespierre veranlaßt einen Kultus zur Verehrung des „höheren Wesens“ einzuführen, um der drohenden Anarchie eine provisorische pyramidale Spitze zu geben.

Wohin taumelt die Erde, wenn sie losgekettet ist von jeder höheren Rückbindung (religio), lautete die Frage von Nietzsches Narren mit der Laterne am helllichten Tage.

Daß dieser Funke in Deutschland erst mit jahrzehntelanger Verzögerung erstmals in ernsten politischen Forderungen zündete, um dann rasch zu verglimmen, liegt daran, daß hier bis zur Hälfte des 19. Jhrds. das unternehmerische Potential der Industrialisierung gering geblieben war, und somit der Druck des angelsächsischen Wirtschaftsliberalismus vorerst ins Leere ging. Diese Tatsache der ‚langen Leitung' hat Deutschland für eine lange Dauer eines Jahrhunderts die Massen-mörderischen Konsequenzen des Liberalismus erspart.

Um den europäischen Markt durch eine Neuordnung aufzurollen, und die Territorialmacht Rußlands einzuhegen, wurde das Übergreifen des republikanischen Furors auf die Nachbarländer befeuert, und in der Gestalt Napoleon gebündelt.

In einem unheimlichen Vorgriff auf die künftigen Erschütterungen wird für eine gewisse Zeit der Weltgeist der Pyramide Person, um unter Geburtswehen, die der Menschheit zugemutet werden, die Transformation der Macht-Pyramide durchzusetzen. Im Muster dieser Personalunion ist das Auftreten Bismarcks in der Verantwortung für den inneren Verwesungsprozess im deutschen Reich zu sehen, von dem der scheppernde Pomp der Gründerjahre bis zum ersten Weltkrieg ablenken konnte. Zur Würdigung der zeitgeschichtlichen Motivlage muß vor Allem hinter die vorgeblichen Exponenten ihrer Zeit gesehen werden. Als Voraussetzung für die Neuordnung der Machtverhältnisse im europäischen Raum, war die entsprechende Anlage von künftigen Krisenherden vorgenommen worden. In der Gestaltung des Deutschen Reiches in der Gestalt von 1871 ist im Kern jener hegemoniale Europagedanke entstanden, der, mit der Verlagerung der Interessenlage auf dem Balkan, in der gestörten Beziehung zu Rußland, sowie der strategischen Einbindung der damaligen osmanischen Regionen, vor allem auf expansive Konfrontation ausgerichtet wurde. Damit kam das multipolare Gleichgewicht in eine Schieflage. Wenn bei diesem Welt-Mobile alle nennenswerten Gewichte, bis auf zwei, unwirksam gemacht werden, läuft die Erhaltung der Balance auf eine Bipolarität der letzten Rivalen hinaus. Zuletzt wird eine solche Frage gekoppelt werden, an eine „Alles oder Nichts"-Entscheidung, da der Wille zur Macht in seinem Absolutheitsanspruch keinen anderen Willen dulden kann.

Das politische Format der deutschen Bundeskanzlerin Merkel übersteigt inzwischen dasjenige von Bismarcks bei Weiten, jedenfalls auf den globalen Einfluß bezogen. Die Reichseinigung von damals, ist ebenfalls im Zusammenhang mit der Verbindung von politischem Gestaltungswillen und kapitalistischer Potenz zu betrachten. Ohne die Kredite und dem spekulativen Papierhandel wäre die Aufrüstung und Planung für das pyramidale Projekt Europa, nach den Vorstellungen von Bismarck gar nicht möglich gewesen. Der jüdische Finanzdiplomat Bleichröder übernahm, auch über Beziehungen zum Bankenhaus Rothschild, für den Reichskanzler, die Bereitstellung entsprechender Mittel zur Durchführung. Über die Finanzierung des Schlösserbaus Ludwig II. v. Bayern, erreichte man die Ruhigstellung und letztliche Korruption des Königreiches. Nicht zuletzt begünstigt durch die Weltabgewandtheit des bayerischen ‚Kini' selbst, ist damit eine mächtige Opposition des großen Reichsgedankens kaltgestellt worden.

Nach der Einschmelzung der kleineren Fürstentümer, z.B. Sachsen, Hessen und Hannover, ergab sich die Einrichtung eines sogenannten ‚Reptilienfond' zur „Schmierung" der neuen Machtmaschine.

Deren Betrieb ist mit einer Kulisse der Gründerzeit verstellt worden, vor deren Hintergrund wiederum die prächtige Inszenierung von ‚heldenhafter' Tatkraft stattfinden konnte. Die fiebrige Blüte entwickelte sich indes aus den umfangreichen Reparationsleistungen, zu denen Frankreich nach der demütigen Kaiser-Proklamation Spiegelsaal von Versailles, verpflichtet wurde. Aber auch der unglückliche Napoleon III. war eine Figur aus der Verbindung von Macht, Kapitalismus und großspuriger Demagogie, und blieb damit durchaus innerhalb der diplomatischen Kategorien seiner Zeit.

Einer früheren Aussage von Bismarck zufolge, würde das neue Reich als Folge eines dafür notwendigen Krieges entstehen. Dieser ist denn auch von preußischer Seite nach Kräften provoziert worden, und so

kam dessen Erklärung durch Frankreich entsprechend gelegen. Damit ist gleichzeitig die Schuldfrage vor der Geschichte verschleiert worden. Von Bismarck zu Hitler in einer geraden Linie zu schließen, wäre kurzschlüssig. Allerdings erweisen sich im historischen Überblick, jeweils die ‚großen' Gestalter hegemonialer Reiche, wie Karl d. Große, Napoleon oder Bismarck, als rücksichtslos in der schöpferischen Zerstörung. Bei Nietzsche findet sich denn auch die Erklärung für die Faszination, die von ihnen ausgeht. Es sind nämlich die Repräsentanten eines Willens zur Macht, die jenseits von Gut und Böse handeln, da sie nicht Regeln folgen, sondern sie gestalten,, und damit prägend für die Leitkultur des Zeitalters werden.
In historischen Urteil werden für die vollendeten Tatsachen jeweils die sinnfälligen Erklärungen nachgereicht, und mit einer Politur vom moralisch Fragwürdigen gereinigt. Eine Ethik des Nützlichen ist dann jederzeit bereit, das menschliche Leid zur machtpolitischen Notwendigkeit zu erklären. So wird Bismarck pauschal die Sozialgesetzgebung zugerechnet, obwohl diese weit unterhalb der Erfordernisse aus der verschärften gesellschaftlichen Lage geblieben ist. In Anbetracht der gleichzeitigen Unterdrückung sozialreformerischer Bestrebungen, kann überhaupt nur von einer widerwilligen Konzession gesprochen werden. Das soziale Argument auf das politische Verständnis Bismarcks anzuwenden, fällt in dieselbe Kategorie der grausigen Mißverständnisse, wie die Rechtfertigung Hitlers durch den Autobahnbau.
Um aus dem Kreis der kritiklosen Verehrung von Führerfiguren heraustreten zu können, muß dieser Tatsache zuvor klar ins Auge gesehen werden. Dazu ist eine schonungslose Kritik des Willens zur Macht notwendig. Als tiefster Analytiker der Macht, war Nietzsche selbst immer auch der Gefahr ausgesetzt, der Faszination des ‚Bösen' zu erliegen – Der Abgrund in den man blickt, schaut immer auch zurück. Einer derartigen Anfechtung ist, in analoger Weise, immer auch der psychiatrische Diagnostiker und der forensische Profiler ausgesetzt, der sich zudem des Vorwurfs eines billigenden Verständnisses, und der Entschuldigung, erwehren muß. Eine Analyse sollte vielmehr als Versuch zur unvoreingenommenen Aufdeckung von Mustern aufgefasst werden. Zu dieser Leistung der Differenzierung, ist der, stets wertende, urteilende Beobachter aber nicht in der Lage.

Die Machanalyse ist gleichsam als Immunstimulans wirksam, um der Macht nicht zu unterliegen. Denn eine Zuweisung von Nützlichkeit führt allzu oft zur Entschuldbarkeit, und unterstützt einen billigen Begriff von Vergebung.

Die kaiserliche Maskerade Wilhelm II. ist ebenso wie die Inszenierung des Kleinbürgers, wie sie sich wenig später in der Gestalt Adolf Hitlers darstellen sollte, lediglich der Blickfang, der den wirksamen Mechanismus der Macht im Grunde verstellt.
Wesentlich bestimmend haben die Kräfte, die die Koppelung von Militarismus und Industrie vorangetrieben haben, zur Zerstörung der alten europäischen Kultur beigetragen. Als Objekt des spekulativen Finanzwesens ist die ungeliebte Weimarer Republik durch das Fieber der Hyperinflation getrieben worden. Auf den Trümmern einer demoralisierten Gesellschaft erhoffte sich die wirtschaftsliberale Elite, mit tatkräftiger Unterstützung internationaler Geldgeber, eine Umwertung aller tradierter Werte. Am effizientesten schien die disziplinierende NS-Bewegung dazu geeignet, zum Ziele zu führen. Weit davon entfernt, zunächst eine politische Bewegung von nennenswerter Bedeutung zu sein, schien sie durch den unbedingten Willen zur Macht, und der prinzipienlosen Korrumpierbarkeit, geeignet, sowohl die sozialistischen Impulse, als auch das bürgerliche Gewinnstreben zu bündeln. Daher sollte auch ausgerechnet sie, gegenüber den moderateren Stimmen, die Gelegenheit bekommen, ihre schrille Stimme aus den Biersälen, über die mächtige Pressemacht Alfred Hugenbergs, zum unüberhörbaren Gebell verstärken.
Die Vorstellung, daß die Machtergreifung im Frühjahr 1933 ein plötzliches Ereignis gewesen sei, ohne seine Schatten voraus zu werfen, ist naiv. Der Schatten reichte genaugenommen zurück bis zum Geburtsfehler der Republik. Die kommenden Ereignisse waren keine Überraschung, sie waren die Konsequenz einer menschenverachtenden Ideologie der kapitalistischen Verwertung.

Biblisch bekundet ist das Gotteswort vom Gewähren lassen von Verfolgung und Anfechtung des Volkes für eine gewisse Zeit, um es zu läutern und zurecht zu bringen. Die Plagen, z.B. in Gestalt von Nebukadnezar und Belsazar, sind quasi in der Bedeutung als

Instrumente der Macht zu sehen, an denen sich gleichsam die Macht Gottes verherrlicht. Es obliegt dem biblischen Gott, sie zu Nutzen einsetzen zu können, und wiederum mit deren Überwindung und Befreiung des Volkes von der Plage, sich selbst zu verherrlichen.
Im Machtkalkül des Judentums wird in einem fortgeschrittenen Lernschluß eine mächtige Waffe daraus, zur Disziplinierung der Völker, indem die Plagen für eine gewisse Zeit zugelassen werden.
In Marinettis futuristischen Manifest hat der Liberalismus sein nacktes Zeugnis von der Verherrlichung des Terrors der Beschleunigung, bereits vor der raubkapitalistischen Katastrophe im 20. Jhrds. formuliert. Mit dröhnenden Maschinen, röhrenden Motoren, ist die schöpferische Zerstörung gelungen, worauf das Wachstum der Wirtschaft sich erst gründen konnte. Dazu war es erforderlich, die alte Welt, auch unter monströsem Opfer, zu zertrümmern, wie dies in der Materialschlacht des ersten Weltkrieges auch gründlich gelungen ist.
Es muß hier noch einmal deutlich gemacht werden, daß der Wirtschaftsliberalismus von Beginn an faschistoide Züge trägt, die jedoch erst in der eingeleiteten Krise offenbar wurden.

Die Transformation der alten Pyramide in die nächste *upgrade*-Version geschieht über drei Phasen: Erstens, auf den konfliktiven Schockzustand, in den das gesellschaftliche Gefüge versetzt wird (z.B. Platzen einer Spekulationsblase), folgt, zweitens, die Anhäufung von Konfliktmasse, quasi zur Anreicherung kritischen Potentials (z.B. die nationale Identität betreffend), um schließlich, drittens, in einem epileptoiden Krisenereignis zu kulminieren (Kriege, Völkermorde). Wenn jeweils von epochalem Wandel im historischen Geschehen die Rede ist, ist grundlegend dieses Muster der pyramidalen Transformation nachvollziehbar.

Den Anteil der Menschheit, der der untersten Ebene (*Stufe 1*) zuzuordnen ist, in eine einzige dynamische Masse auf der Flucht zu verwandeln, ist ein pyramidales Etappenziel. Die beklagenswerten Flüchtlingsströme sind nicht unvermeidlich sondern gewollt, denn sie tragen den Massenimpuls in alle Welt. Die Entwurzelten sind das Material des liberalen Marktes, sowohl als bindungslose Produzenten von Zivilisationsmüll, als auch als dessen anspruchslose Kundschaft.

Ebenso sind sie die dankbaren Empfänger von sedierender Unterhaltung im Wechsel mit produktiver Verunsicherung.

Da in den Kulturen der Quellländer großer Flüchtlingsströme, selbst eine systematische Abwertung des Individuums gegenüber der Gemeinschaft bereits in der Erziehung angelegt ist, ist wohl auch künftig damit zu rechnen, daß eben diese Regionen stetige Unruheherde darstellen werden Dies gilt, insofern die Menschen, erst einmal massenhaft in Bewegung begriffen, aus eigenem Antrieb dem nichts entgegen zu setzen vermögen. Zugespitzt bemerkt, wird ein überfülltes Flüchtlingsboot mit allen Risiken immer die verheißungsvollere Option scheinen, weil man dort Teil einer schicksalhaft verbundenen Menge in Bewegung ist. Die in der Regel sehr jungen Menschen lassen sich von der fatalen Dynamik der Migration leichter erfassen, als die bodenständigen überlegteren Älteren. Das Leben das für die Migranten folgt ist zum Teil elender als dasjenige, dessen Umstände zuvor den Anlaß zum Aufbruch geliefert hat.

Stufe 7

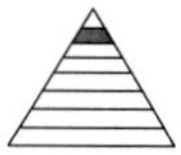

„Rat der 13“ .

Bei einigen verschwörerischen Annahmen fällt zuweilen der Ausdruck „Rat der 13“. Inwiefern es sich um einen realen und, wegen seiner ausgesuchten Intimität, sich vor dem äußeren Beobachter gleichsam verflüchtigenden Zirkel handelt, kann in dieser Darstellung nicht mehr geklärt werden. Schon die Zahl 13 läßt an Symbollastigkeit nichts zu wünschen übrig. Seit je her ist sie die unmögliche Zahl, die mutwillig auf die bereits vollkommene 12 folgt. Das 12-er-System, bzw. dessen Vielfache hat bis ins Altertum zurück mythische und wissenschaftliche Bedeutung, zudem ist damit auch die Jüngerschaft um Jesus komplett erfasst. Es ist mit einigem Recht anzunehmen, daß auch hier quasi an eine ‚Jüngerschaft', jedoch in einem düsteren Gegenentwurf gedacht worden ist. Gemessen am Umfang der Pyramide, mit globalen Machtanspruch, zeigt sich schon an der Bezeichnung der Stufe durch einen Rat als Kreis von sehr geringer Zahl, daß hier die Pyramide sich zur Spitze verjüngt hat. Daher soll die Bezeichnung als starker Ausdruck auch an dieser Stelle übernommen werden.

Im Entwurf eines idealen Staatsgebildes hat bereits Platon (politeia) eine pyramidal hierarchisch gestaffelte Ordnung vorgeschlagen. An der Spitze sollte eine eingeweihte Elite stehen, die gleichzeitig Hüter einer höheren Weisheit sein sollten, und wie eine Priesterschaft weder nach weltlichem Recht noch durch politische Willensbildung antastbar sein sollten. In diesem quasi ‚esoterischen Sozialismus' würden alle ‚Freien' in fachlich funktionalen Ständen ihrer handwerklichen Künste gebunden, und die Masse der ‚Unfreien' im Stand der Sklaverei gehalten. Interessant ist das große Interesse an den Schriften von Platon und Aristoteles in der christlichen Scholastik des Mittelalters, wo die Kirche nach Argumenten für einen umfassenden Herrschaftsanspruch gesucht hat (speziell vor dem Hintergrund der ‚sozialen Frage' in den Wirren um das 14. Jhrd. – Bauernaufstände, Zweifel der gelehrten Stände, Widerstand der Aristokratie). Die Rückbindung (religio) einer um die Herrschaft ringenden Klasse tendiert stets zur überirdischen Rechtfertigung ihrer irdischen Ansprüche. In den USA ist für unsere gegenwärtige Zeit die Verbindung des globalen Anspruches auf Vorherrschaft in einer Verquickung mit einem unredlichen Gottesbezug bislang unhinterfragt, so, daß in einer hybriden Anmaßung ausgerechnet die Dollarnote zum Träger des Bekenntnisse „in god we trust" bestimmt worden ist.

Geheime Ritterschaften, verschwiegene Logen, obskure Hexenzirkel

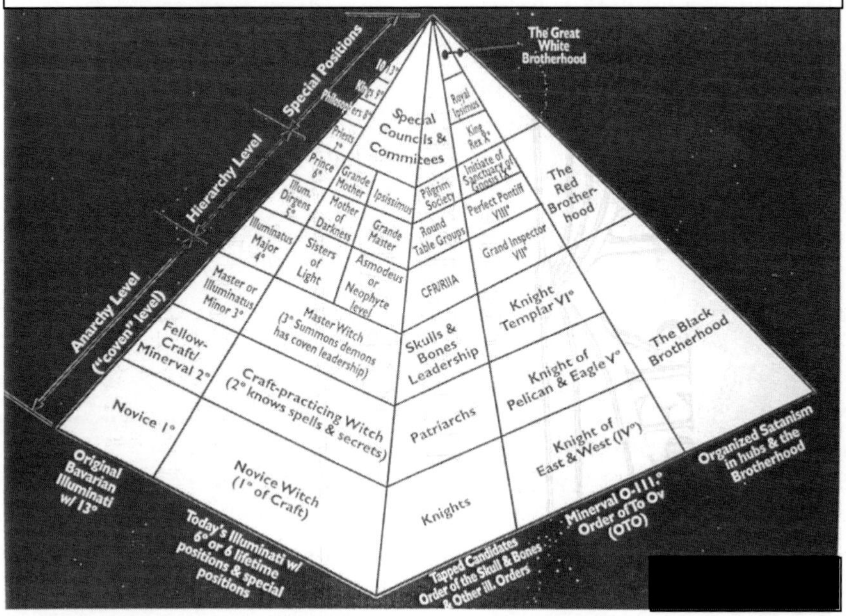

Esoterischer Kompetenzwirrwarr – bloß zur Ablenkung, mit der Absicht, nicht ernst genommen und daher unterschätzt zu werden?

Vorstellbar ist gerade in Amerika das Muster einer, als christlich verbrämten, Diktatur, gewissermaßen als verkappte Theokratie. Deren Stukturen sind bereits aus der gegenwärtigen politischen Verfassung der USA ableitbar. Durch die Administation aus der ‚richtigen' Partei um den Präsidenten, unter dem engen Beraterkreis der „think tanks", mit den wirtschaftlichen Expertisen der Rating-Agenturen unterlegt, kann die Macht einer so gearteten ‚Priesterschaft' im Verborgenen, mit dem Anschein nüchterner Rationalität, ausübt werden. Mit ihrer glatten, rastlosen Effizienz für die Sicherheit der Welt, geben sie ein ehrfurchtsgebietendes Beispiel für den Bürger, der sich einem christlichen Sozialismus verpflichtet fühlen soll, wenn er nicht dem unmoralischen Verdacht des Individualismus ausgesetzt sein will („sieh die Ameise in ihrem Fleiß..."). Dabei muß nicht auf das überhöhte Pathos verzichtet werden, womit die Rückbindung an die Erfüllung eines vermeintlich göttlichen Auftrages vermittelt wird.

Der „Rat der 13“ ist vorstellbar in einer Form Hoher Priesterschaft, von ähnlichem Status wie die Leviten, denen selbst einst im alten Israel kein eigenes Land zugesprochen wurde, jedoch der Unterhalt durch die anderen 11 Stämme. In der Analogie zur Priesterschaft, die sich nicht auf den Besitz von Land gestützt ist, und auch nicht in das produktive Wirtschaftsleben einbezogen, sondern nur zur Wacht im „Aller-*Un*heiligsten“ Bezirk der Macht berufen ist.
Im indischen Kastenwesen, in dem die Angehörigen einer bestimmten Schicht auch untereinander familiär verbunden sind, findet sich anschaulich der Anspruch der Brahmanen, an der Spitze der sozialen Pyramide, aus dem profanen Erwerbsleben und Besitzstreben herausgehoben zu sein. Ursprünglich bildete sich im alten Indien die gesellschaftliche Abstufung unter grausamen Verteilungskämpfen, Eroberungs- und Verdrängungsprozessen. Das große Alter der indischen Kultur schuf indessen mit der tiefen Resignation, und dem Wunsch aus dem Rad der Wiedergeburt, im der Bemühen um ein besseres Karma, erlöst zu werden, die Lehre von der asketischen Abkehr in der obersten Kaste. Am Gipfelpunkt der Akkumulation der irdischen Macht kehrte sich das Machtstreben in die Verneinung des Daseins. Welchen Einfluß die späte Frucht einer der ältesten ‚Pyramiden’ der Menschheit auf die Entwicklung von Religion und Philosophie in aller Welt gehabt hat, verdiente eine gesonderte Betrachtung.
Der Preis für die Teilhabe an der Macht ist die moralische Korruption. In mafiösen Strukturen auf allen Ebenen der ‚Pyramide’ geschieht dies durch symbolische oder reale Taten, die die Eingeweihten von den anderen Ebenen ablösen, und eine Verbindung oder Rückkehr in andere Ebenen unmöglich zu machen. Es gibt die Vermutung über etwaige ‚satanistische’ Praktiken, die die Teilnehmer auf immer korrumpieren sollen, wegen ihrer ausgesuchten Verwerflichkeit, (z.B. durch Mißbrauch von Kindern, etc.).
Einer Theorie zur Entstehung von Totem und Tabu zufolge, wie sie von Sigmund Freud aufgestellt wurde, wäre die Bindung innerhalb des Zirkels von Gleichgestellten in der Führungsebene der menschlichen Urgemeinschaft, auf die geheime Mittäterschaft, bzw. Mitwisserschaft an einem gemeinschaftlichen Verbrechen zurück zu führen.
Ursprünglich wurde die Führung der Urhorde von einem dominanten Männchen, des allmächtigen ‚Vaters’ ausgeübt. Um die

Verfügungsgewalt über alle Angehörigen und Ressourcen aufrecht zu erhalten, mußten die potentiellen Konkurrenten der heranwachsenden ‚Söhne' gewaltsam unterdrückt werden. In einem Akt der gemeinschaftlichen Auflehnung, hätten die ‚Söhne' den ‚Vater' gestürzt. Da dieser Akt dem ‚heiligen' Naturrecht widersprochen hatte, mußte darüber ein Stillschweigen herrschen. Es muß sich konsequenterweise um einen Mord gehandelt haben, um den Führungswechsel an die verschworene ‚Brüdergemeinde' dauerhaft zu sichern. Um der Sicherung des neuen Gleichgewichts willen, mußten die ‚Brüder' untereinander einmal den konstituierenden Mord zu tabuisieren, und fortan Verzicht auf ein gegeneinander gerichteten Kampf. Seitdem sollten die aggressiven Impulse nurmehr nach außen gerichtet werden, während innerhalb der Gemeinschaft die Friedenspflicht herrschen sollte. Die Gemeinschaft hätte indessen einen Mord ihres ‚Gottes' nicht einfach hinnehmen können, daher mußte eine Abstraktion von dem abwesenden ‚Vater' zunächst auf andere anschauliche Kräfte und Wesen der Natur gelenkt werden. Auf die Belegung des ‚Gottesmordes' mit einem Tabu, worüber fortan bei Strafe geschwiegen werden mußte, folgte die Übertragung der Verehrung auf ein sogenanntes Totem. Dieses konnte Gegenstand oder ein bestimmtes Tier sein. An den bildlichen Darstellungen des Altertums, finden sich noch bis in die hohe Zeit Ägyptens, enge Verbindungen zum ‚Gott-Menschen' mit tierischen Attributen (z.B. Gliedmaßen oder Köpfe).

Mit der Verwaltung der neuen Gesetzlichkeit sah sich der verschworene Zirkel der ‚Brüder', in der Funktion der obersten Priester. In den symbolischen Zeremonien der Opferung des ‚Totem', zelebrierte die gesamte Gemeinschaft, die Einbeziehung in die Ur-Tat, von der sie dennoch im Grunde nichts wissen durfte. Somit verblieb das herrschaftliche Geheimwissen im Kreis der Priesterschaft, und bindet dennoch die Gemeinschaft in die Mitverantwortung ein, durch den Ritus, dem sich keiner entziehen durfte.

Wenn diese Ereignisse sich auch in einer fernen Vergangenheit zugetragen haben mochten, finden sich die überlieferten Bezüge, quasi in homöopathischer Verdünnung, bis zum heutigen Tage. Sie sind für die Verfassung der ‚Pyramide der Macht', dennoch von wesentlicher Kernbedeutung.

Im Zuge einer kohäsiven Bindung innerhalb der 7-ten Stufe, und der adhäsiven Bindung an die Spitze der Pyramide, besteht ein System der wechselseitige Kontrolle. Möglicherweise herrscht im oberen Drittel eine Atmosphäre weltabgewandter Isolation. [Bemerkenswerterweise behaupten auch Häupter, uns bekannter, machtvoller Einrichtungen der mittleren Ebene, von sich selbst etwa persönlich nichts zu besitzen, und bedürfnislos zu sein (Papst, Dalai Lama, hohe Imame des Islam)].
Da die Hohe-Priesterschaft die „Werte", bzw. Anti-Werte eines weltumspannenden Orden repräsentieren, benötigen sie selbst ebenso wenig die Mittel zur Durchsetzung, wie der Papst keine eigene Armee braucht, oder ein islamischer Theokrat nicht selbst die Scharia durchzusetzen braucht, wenn der ‚Spirit' genügt, die Völker zu mobilisieren.
Es ist ein mafiöses Prinzip jemanden durch eine persönliche Schuld, etwa nach Verleitung zu einer Straftat erpresserisch zu binden. Durch eine historische Schuld eine ganze Nation zu binden folgt dem gleichen Muster, mit der die fatale Bindung von Mitgliedern des 13-er-Rates durch eine böse Tat festgemacht wird.

Den Fluch der bösen Tat in eine perfide Waffe der Diplomatie zu schmieden, gehört seit je zu den Meisterstücken imperialer Machthaber. Den Missetäter der sich eine Schuld aufgeladen hatte, oder der einer Verschwörung überführt wurde, seine Ruchlosigkeit nicht sühnen zu lassen, sondern mit Milde zum Bündnispartner zu machen, und ihn auf sich zu verpflichten. Tiefer noch als Blutschuld wurde die Undankbarkeit und Treulosigkeit gegenüber der begnadigten Macht stets als ehrlos verachtet. Der Schuldige nimmt also nicht eine sühnende Strafe auf sich, und machte seine Sache ansonsten mit Gott aus, sondern diente die Schuld am Hofe des Begnadigenden ab; übrigens nicht selten mit der erpresserischen Folge der Verpflichtung zu neuen Verbrechen.
Was im Wesentlichen als verpflichtende Schuldigkeit in der Geschichte aufgefasst wurde, lag noch stets im Ermessen der jeweils vorherrschenden Macht. Mord etwa ist ein Verbrechen, solange er nicht die Überhöhung zum Tyrannenmord, in der geschichtlichen Nachwelt erhält, oder zur Verteidigung vaterländischer Interessen geboten scheint. Zeuge von Mord zu sein, und ihn nicht zu verhindern, wenn die Mittel es ermöglicht hätten, ist eindeutig Mittäterschaft.

Wesen oder Völker gar in einen mörderischen Wahn gegeneinander wüten zu lassen, ist Perversion auf der Höhe imperialer Macht.
Wobei die Mitwisserschaft zu den entscheidenden diplomatischen Vorteilen führt. Was also auf der individuellen Ebene mit niederdrückender Schuld behaftet ist, wird auf internationaler, ‚pyramidal' höchster Ebene zu einem machtpolitischen Vorteil.
Die Identität eines Volkes kann aber auch durch die kollektive Verstrickung in Schuld historisch entkernt werden. Dies ist stets, und historisch nicht bloß einmalig, zugelassen worden. Die Annahme eines Verlauf der Geschichte, aufgefaßt als konfliktives Geschehen, mit Zuspitzung in einer epileptoiden Krise, und darauf folgender Transformation auf eine neue epochale Qualität, zugrunde gelegt, läßt sich an einigen Beispielen verdeutlichen.
Um der potenziell atomaren Blockmacht der Sowjetunion entgegen zu treten, wurde zum Einen ein Wettrüsten eingeleitet um das Gleichgewicht des Schreckens zu erhalten. Der demonstrative Anti-Kommunismus in USA, mit zuweilen bizarren Blüten, kann indes so grundsätzlich nicht gemeint gewesen sein, denn, zum Andern, wurde gleichzeitig mit China eine sozialistische Steinzeit-Variante gefördert, so, daß eine Figur wie Mao-Tse-Tung geradezu Kultstatus auch im freien Westen erhielt. Der Zweck lag darin, eine primitive ‚rote' Konkurrenzmacht an der Grenze der technisierten Variante als Konfliktmasse entstehen zu lassen, die eine Schwächung des ‚roten Blocks' bewirken sollte. Der sogenannte „Große Sprung" Maos kostete Millionen Menschenleben, und ist von Seiten der USA, mit zynischem Kalkül zugelassen worden. Nichtsdestotrotz wurde Mao-tse-tung zu einer Stilikone der Popkultur. An dieser Stelle soll noch einmal an die popkulturelle Erzeugung des Kultstatus jeweils von Lenin/ Stalin, und Hitler erinnert werden, die ebenfalls von der außenstehenden Weltöffentlichkeit mit wohligem Entsetzen wahrgenommen worden waren. Ihren Status erhielten sie nicht ausschließlich durch gewaltsame innere ‚Säuberungswellen', die sie, in ihrem, ihnen gemeinsamen, Strategiemuster an die Spitze einer ‚Gegenpyramide' gestellt hatte. Vielmehr hat die cinematografische Inszenierung einer Achse des ‚Bösen', jeweils für die identitätstiftende Spiegelung einer Pyramide der ‚Guten' gesorgt, als die sich die freie Welt betrachtet. Tatsächlich geben die äußeren Lebensumstände dieser Betrachtung auch Recht. Die uneingestandene Notwendigkeit einer fortgesetzt polaren

Gegeninszenierung finsterer Macht, ergibt den Hintergrund, vor dem der ewige Kampf nach dem Schema ‚Gut' vs. ‚Böse', einst mit dem Sieg des ‚Guten' entschieden wird. Hierunter fällt auch die verheißungsvolle Erwartung des letzten Gefechts, eines eschatologischen *war to end all war*, zur Bestätigung der Rechtschaffenheit des ‚pyramidalen' Anspruches auf Weltherrschaft.
Daher sehen wir uns in der neueren Geschichte, zumindest aus westlicher Sicht, immer wieder Diktaturen, oder auch Scheindemokraturen, aus dem Kalkül der Weltmacht gegenüber, die sie selbst kreiert hat.
Sie hießen Idi Amin, Pinochet, Noriega, Saddam Hussein, Gaddafi, Mubarak, u.a. – stets handelte es sich für die USA um: „Schweinehunde, aber es sind unsere Schweinehunde (auf Abruf)". Die Installation von Regimen, die sich im Wandel zu einem finsteren Gegenspieler entwickelt haben, nachdem sie ihren ursprünglichen Zwecken gegenüber entartet waren, wandeln sich auch in ihrer Bedeutung, nämlich zu dem kontrastierenden Schatten, der die lichte Erscheinung der ‚guten Pyramide', verstärken hilft. Gegenwärtig liefern die islamistischen Bewegungen jenen nützlichen Effekt für die Bedeutung der ‚freien' Welt. Sie tun dies nun in der *zweiten* Phase ihrer Bedeutung, nachdem die Phase des massendynamischen Elements für den Aufbruch erstarrter Strukturen, den ‚arabischen Frühling', gesorgt haben. Aus der Überwindung der gegenwärtigen ‚Räuberhöhle', im Durchgang durch das Stadium des Raubkapitalismus, mit dem Handel von Rohstoffen im Eintausch mit Waffen, wird die künftige Anbindung an den ‚regulären' freien Markt erwartet. Dazu scheint, für den Ausbau des ‚pyramidalen' Machtgefüges, im Augenblick jedes Opfer gerechtfertigt zu sein.

Im Kleinen, und Besonderen, werden wir diese Methode an der Grenze des geteilten Korea wiederum nachvollziehen können, wobei hier ein steinzeitlicher Norden als konfliktives Gefälle zu China vorerst künstlich am Leben gehalten wird. Dies unter Anderem dadurch, daß die Diktatur mit Atomtechnologie von Israel (!) versorgt wird. An einer Änderung des Zustandes ist vorerst nicht zuletzt von Seiten Südkoreas nicht gelegen, da der ärmere Norden das notwendige Lohngefälle für die Wirtschaftskraft des Südens gewährleistet.

Beiläufig erwähnt, ist der antisozialistische Affekt in der westlichen Welt, in seiner Aversion gegen die verwandtschaftliche Ideologie des Ostens, nur in ärmlicher Erscheinung, nur ein vordergründiger. Denn der Sozialismus ist tief im gemeinde-christlichen Fundament selbst verankert. Er zeichnet sich in beiden Ausprägungen der Geschichte des Ostens, und Westens, jeweils durch die gemeinsame Geringschätzung des Individuums aus, und unterscheidet sich, dies jedoch in gravierender Weise, in der Delegation der Ausbeutung des Einzelnen durch die ökonomische Rechenhaftigkeit.
Zur Diskreditierung von nationaler Identität, wenn sie der Bildung pyramidal höherer Einheiten zuwider stehen, wird systematisch Konfliktmasse angehäuft, und bis in die Eskalationsstufe des drohenden Völkermordes (wie der Fall Serbiens im Balkankonflikt der 90-er Jahre), oder des real folgenden Völkermordes (wie in Ruanda 1994) geführt. Auf dem Balkan sollten die Hindernisse der europäischen Einigung, in Gestalt des serbischen Nationalismus, beseitigt werden, in Afrika geht es stets um die Ausweitung des liberalen Marktes, unter Ausräumung ethnischer Indifferenz. Für die imperiale Macht, ist es in jedem Fall eine win-win-Situation, gleichgültig, ob nun wahlweise ein unbotmäßiges Regime beseitigt wird, um eine willfährige Marionette zu installieren, oder die gewaltsame Machtergreifung einer, zeitweise nützlichen, Diktatur (etwa einer bestimmten Ethnie) vor sich geht.
Das entschuldigende Argument zur fortgesetzten Bevormundung, die afrikanischen Staaten hätten keine funktionsfähigen Strukturen zur Bewältigung der Probleme der Moderne, wirft die Frage auf, warum denn nicht? In der Folge der kolonialen Vergangenheit, sowie über ein halbes Jahrhundert der Unabhängigkeit hätte die Herausbildung von tragfähigen Strukturen gelingen müssen. Tatsächlich wurden aber korrupte Despotenregime begünstigt, die den ungehinderten Zugang zu Rohstofflagerstätten und strategischer Militärbasen sicherstellen.
Nun wird Geschichte immer von den Siegern geschrieben, doch ist sie nicht die objektive Wissenschaft, als die sie sich neben die anderen logischen Disziplinen stellt. Denn neben der bislang unbewiesenen Frage, ob Geschichte ‚richtig' oder ‚falsch' bewertet werden kann, ist immer noch nicht die Schuldfrage der internationalen Diplomatie geklärt. Solange die pyramidale Struktur der Macht nicht offengelegt worden ist, sind die Kriterien der Urteilsfindung in einen Netz von

Loyalität und Interesse gefangen. Also kann von Objektivität nicht gesprochen werden, sondern eher von Verbindlichkeiten.
In doppelter Hinsicht wird der erpresserische Umstand deutlich am Beispiel Deutschlands, das einmal als ‚böse Nation' korrumpiert und moralisch unmöglich gemacht worden zu sein , nun, zweimal gebunden ist, durch die wiederum moralische Verpflichtung zur Dankbarkeit für die ‚Befreiung' (durch die Alliierten). In Anbetracht dieser fatalen Aufladung der Bedeutung der deutschen Nation für die Weltgeschichte (wegen der Bindung an Israel, das seinerseits geradezu heilsgeschichtliche Bedeutung besitzt, haben wir, in aller Unbescheidenheit, ebenfalls unsere herausragende Bedeutung an der Apokalypse), läßt sich vermuten, daß für die Deutschen, speziell die Führungseliten, eine besondere Rolle im pyramidalen Geschehen vorgesehen ist. Auffällig scheint der weltpolitische Anspruch des Rahmens, in dem Bundeskanzlerin Merkel notorisch auftritt (keine globale Krise, in der nicht u.a. Merkel als Schlüsselfigur erscheint, ganz im Gegensatz zu dem Anschein, den sie mit den, für unsere Ohren nichtssagenden, Allgemeinplätzen, erweckt – unter der Andeutung der sog. Merkel-Raute).
Um einmal kurz bei der Charakterisierung einer der zeitgemäß einflußreichsten Persönlichkeiten zu verweilen, sei der Frage nachgegangen, wie die ihr zuerkannten Merkmale, wie Treuherzigkeit, Schlichtheit, Bescheidenheit, Geradlinigkeit, zu einem Portrait eines Machtmenschen passen. Es erscheint vollkommen unschlüssig, wie eine derartig verfaßte Persönlichkeit sich über lange Zeit unangefochten in einem politischen Haifischbecken halten könne, wo eigentlich die gerade die gegenteiligen Züge vorteilhafter wären. Der Irrtum liegt jedoch schon in der Fragestellung nach dem Charakter einer *Person*. Richtiger müsste nach dem Charakter eines *Symbols* an der Spitze der Macht gefragt werden. Den der Panzer des Symbolhaften hat die eigentliche Person, von der wir nicht wissen können, vollständig umschlossen. Es ist die Hermetik des Einschlusses, der verblüfft. Als, wie oben charakterisiertes, Symbol ist sie sehr wohl geeignet durch alle Fährnisse der Zeit unbeschadet getragen zu werden. Bei einer Sportveranstaltung treten ja auch die Gladiatoren und Matadore gegeneinander an, die Maskottchen bleiben als begütigende Symbole dabei unbeschadet. Ihnen wird kein Verlust oder Foul zugerechnet. Es ist ihre grundsätzliche Unschuld, die den Verein durch

alle Anfechtungen zusammenhält. Im politischen Spiel sorgt der Nimbus des naiv Erscheinenden für die Voraussetzung unbeschränkter Freiheit, vergleichbar dem Narren, der in aller ehrlichen Unschuld mit treuem Blick über das Schlachtfeld wandelt. Ein Verweis auf ein solches Symbol ist geeignet, die Gegner gleichermaßen zu befrieden und zu entwaffnen.

Im Falle der politischen Führung unseres Landes durch das *Symbol,* soll nicht nur der Gegner sediert werden, sondern auch das eigene Volk. Der Zweck liegt in der Vermeidung einer systematischen Grundsatzdebatte. Diese würde die Rolle der deutschen Nation im internationalen Gefüge zur Diskussion stellen. Dazu wäre aber eine Gleichberechtigung am Tische der Nationen die Voraussetzung, also das Heraustreten aus dem Schatten der moralischen Abqualifizierung als korrumpierte ‚böse' Nation.
Überhaupt wird somit das Schema von, per se, „Guten" Nationen (USA, Israel) und potenziell „Bösen" Nationen undiskutierbar zementiert; denn wollte man daran rühren, würde das einer unzulässigen Relativierung des Holocaust gleichkommen.
Vielleicht sollte man trotzdem einmal, um dem mörderischen Prinzip des fabrikmäßigen Mordes als ‚pyramidalem' Prinzip in dieser Weise auf die Spur kommen, die gut organisierten Völkermorde der Geschichte nebeneinander gestellt werden: als da sind, unzählige Beispiele für systematische Versklavung von Völkern zu allen Zeiten; Internierung in Lagern, z.B. Archipel Gulag, sowie im ‚kleineren' Format, jedoch nicht weniger furchtbar, der Balkankrieg, Ruanda, etc. , wo zugeschaut und mitgemacht wurde, solange die Geschäfte nicht gestört wurden. An dieser Stelle muß auch auf das endlose Leid von Tieren hingewiesen werden, ebenso wie der Großpharma-Laborversuch mit Chemotherapie am lebenden Menschen bis zum heutigen Tage

Stufe 8

An der Spitze unseres Modells der Hierarchisierung der Macht, befindet sich, im übertragenen Sinne, der Sitz des wesentlich beherrschenden „Weltprinzips“. Es repräsentiert den reinen Willen zur Macht. Es wird zuweilen genealogisch aufgefaßt auf der Basis eines erblich weiter gereichten Anspruches aus uraltem Familienstammbaum, der seine Tradition u.U. bis ins Altertum nachweisen kann. So wie die Ahnen einst die Völker versklavten zum Bau realer Pyramiden (also Großprojekte), soll nun die umfassende Pyramide errichtet werden. Das Ziel ist erst erreicht, wenn die Welt vollständig, mit allen Ressourcen u. Kräften als ‚Steinbruch’ zur Verfügung steht, sowie alles natürliche Leben (Mensch, Tier, Pflanze) mit seinem Stoffwechsel seinen Dienst tut. Daher darf kein Kraut nutzlos wachsen, kein Tier ungenutzt leben, kein Mensch rasten, bis nicht alles Seiende den ‚Einen Willen’ ausdrückt.

Als ein ästhetischer Entwurf des Schreckens sei es einmal gestattet, die sich in die Höhe aufrichtende Pyramide als eine apokalyptische Spiegelung der Trichterhohlform aus Dantes Inferno zu deuten.

Dante’s Inferno, in der Vorstellung Sandro Botticellis

Bei seinem Himmelsturz soll der Engel des Lichts (Luzifer= Lichtträger) einen tiefen Krater hinterlassen haben, auf dessen Grund er selbst, gebunden, die Herrschaft seines eigenen Reiches errichtete. Dante beschreibt in seiner „Göttlichen Komödie“ die neun Kreise der Hölle, die jeweils für die verschiedenen Klassen der Sünder der Ort ihrer ewigen Bestimmung sein sollten.
Die jeweiligen Höllenkreise stellen also ein, in gewissen Sinne umgekehrtes Planetensystem dar, rotierend um sein dunkles Zentrum, das in dem singulären Bösen an sich besteht, das mit hoher Eigendrehung seines Ego in rasendem Stillstand gebunden ist. Dieser tiefe Punkt am Grunde wird mittels einer Spiegelung, im Zuge einer Umwertung aller Werte, zur Spitze der Pyramide des Willens zur Macht projiziert.

Die Tendenz zum pyramidalen Handeln findet manchmal konkrete Anschauungsbeispiele nicht nur im Altertum (Mesopotamien, Ägypten).
Der sog. *new-deal* von Roosevelt in den 30-er Jahren sollte mit Großprojekten zur Massenbeschäftigung aus der großen Depression helfen; gigantische Bauwerke, Staudämme, Ölgewinnung im eigenen Land, mehrspurige Highways (obwohl das Automobil noch gar kein Allgemeingut war), etc. wurden errichtet, ohne Rücksicht auf Umwelt und Gesellschaft. Die totale Mobilisierung wurde von H. Ford ja schon lange zuvor gefordert). Es ist kein Zufall, daß die USA, mit der Grundlegung einer Verfassung der Illuminaten, für die Massenfabrikation (Taylorisierung der Arbeitswelt), und die wirtschaftsliberale Schule von Milton Friedman/ Chicago stehen, sowie für den globalen Anspruch der Weltpolizei.
Unter der Strategie des *nation-building*, geschieht die Protektion von opportunen Regimen, sowie Destabilisierung von kritischen Regimen; zusammengefaßt unter dem Begriff des „Export der Demokratie“).
Auch hier tritt wieder das Paradoxon der zeitgenössisch gegenläufigen Tendenzen zutage, die jedoch zum selben Ziel führen. In die eine Richtung führt das staatskapitalistische Pyramidenbauprojekt der sozialistischen Vollbeschäftigung, mit der dazu erforderliche Unterwerfung des Individuums zum ‚höheren Zweck‘, und in die andere Richtung, auf dem Weg der Zerschlagung der staatlichen Befugnisse zur Entfesselung der wölfischen Ansprüche auf Aneignung

von Ressourcen und Produktivkräften durch die wenigen monopolistischen Konzerne, die ihre Idee der Freiheit von privaten Sicherheitskräften (schwarze Sheriffs) verteidigen lassen gegen die Individuen auf verlorenem Posten.
Gegenüber Rußland übt man gern den Vorwurf, wegen des Einflusses von Oligarchen auf die Politik, dabei müßte der Vorwurf präzisiert werden auf unverhüllte Oligarchie, gegenüber der ‚weichen' ästhetischen Oberfläche der westlichen Formen der Oligarchie als Herrschaftsform. Diese besteht in den mächtigen Lobbyisten der Automobil- und Pharmaindustrie, sowie in den Konglomeraten der Mediengesellschaften. Die Begrifflichkeit zum Kommentar des Zeitgeschehens, gewinnt mit der Verdichtung in der medialen Präsenz die gewünschte Relevanz in unserer Wahrnehmung, wenn die Kampagnen dazu öffentlichkeitswirksam über einige Wochen hinweg laufen. In der andauernden Wiederholung und der Selbstreferenz beim Zitat erzeugen sie einen Eindruck von Objektivität.
Zu dem Zweck der Ausweitung wirtschaftlicher Interessen im Osten wird durchaus gerne wieder auf die Vermittlung von Oligarchen zurückgegriffen. Als Beispiele sei hier der Großindustrielle Chodorkowski erwähnt, dessen Reputation durch Verurteilung auf Betreibung der russischen Regierung eher gestiegen ist, sowie der ukrainische Schokoladenmagnat Poroschenko, der bereits über ein funktionierendes Netzwerk ökonomischer Interessensbeziehungen verfügt.

In beide Richtungen also segelt man nach „Indien", zur Errichtung der Macht-Pyramide der ökonomischen Vernunft, der das Menschenglück geopfert wird. Dazwischen laviert der Ordoliberalismus, der eine, auf freier Konkurrenz basierende Wirtschaftsordnung mit staatlichen Rahmenbedingungen zum Erhalt der freien Konkurrenz (Verhinderung von Monopolstellungen) gewährleisten soll. Es soll allerdings weder für die Haie, noch für die kleinen Fische allzu gemütlich werden, denn sonst käme Motor der pyramidalen Maschine zum erliegen.
Mit dem Epochenwechsel, der sich seit dem Ende der 1980-er Jahre ausmachen läßt, wird jedoch deutlich daß die verschiedenen Modifikationen des Liberalismus lediglich Maskierungen der zugrunde liegenden neoliberalen Ideologie sind, die in ihrer Wurzel zurückreicht

an den Beginn der amerikanisch dominierten Weltwirtschaft, bereits nach dem zweiten Weltkrieg. Als Zentren neoliberaler Ideologie, die, z.B. von der deutschen Initiative „Neue Soziale Marktwirtschaft“, unter der Schirmherrschaft von Bundeskanzlerin Merkel, ihre Kampagnentätigkeit betreibt, sind die London School of Economics, und die Universitäten von Freiburg und Chicago (der Hort von Nobelpreisträger Milton Friedman und seinen Chicago boys) bestimmend. Allen gemeinsam ist die Gründung auf dem Chefideologen Friedrich Hayek.

In der Ukraine, ebenso in Venezuela, Thailand, und zahlreichen afrikanischer Staaten, ist zu vermuten, daß das Prinzip „schöpferische Zerstörung“ gezielt angewandt worden ist. Dem gemäß mußte also der Boden erst umgepflügt werden, um die ‚Saat’ für die künftige Ordnung ausbringen zu können. Weitere Beispiele aus der jüngeren Geschichte: die Weltwirtschaftskrise der 30-Jahre, zur Destabilisierung des fragilen Gleichgewichts in Europa, die nachweisbare Finanzierung der Nazis, die letztlich zum Ruin eines der stärksten Nationen Europas führten; Der Abwurf von Atombomben auf Japan, das zur aufstrebenden Macht im Pazifik geworden war; den Krieg überhaupt zu einer bis dahin beispiellosen Katastrophe gedeihen zu lassen, mit einem Blutzoll ohnegleichen, zeugt von einem zutiefst zynischen Machtkalkül aller Beteiligten.
Es darf auch darüber spekuliert werden, inwieweit das Judentum der gehobeneren pyramidalen Ebenen die wahren Profiteure der historischen Epilepsie im 20. Jhrd. gewesen wären, aufgrund der möglich gewordenen Gründung Israels und der Festigung des Exklusivitätsanspruches der Jüdischen Nation, allerdings mit Billigung des Mordes an Juden von ökonomisch geringerer Relevanz (zumeist arme Ost-Juden aus dem Stetl, den Ghettos).
Die Verfolgung gerade jüdischer Intellektuelle, Künstler, und Politiker geschah aus einem Impuls der Antimoderne heraus, da sie als Exponenten einer Tendenz der Entwurzelung aus dem Boden der Tradition angesehen wurden. Die Tragik besteht in dem Irrtum, daß die Inszenierung einer Rückkehr zu den vermeintlichen kulturellen Wurzeln, auch die Unschuld eines verlorenen ‚goldenen Zeitalters’ wiederherstellen würden. Niemand gräbt jedoch nach den Wurzeln,

ohne den Boden zu zerstören auf dem er steht. Die Naivität gibt es nur zu dem Preis der blutigen Schuld, und dennoch stellt sie sich gerade deshalb mit dieser Verderbnis nicht ein.
Der größte Wunsch nach der Wiedererrichtung einer jüdischen Nation, der von Zionisten bereits im 19. Jhrd. gefordert worden war, und seither eifrig diskutiert wurde (besonders in dem Kreis um Theodor Herzl) – rechtfertigte dieser jeden Preis? Wird einst der Bau des dritten Tempels in Jerusalem, wie von orthodoxen Juden und Evangelikalen ersehnt, den Preis eines letzten Gefechts, Armageddon, rechtfertigen?

Auch darf nach einer Begründung geforscht werden, weshalb die systematische Verfolgung des jüdischen Volkes, die kein Alleinstellungsmerkmal in der Geschichte der Menschheit besitzt, die Exklusivität des Judentums tatsächlich eher befördert hat. Es gibt keine weitere Volksgruppe, oder Gemeinschaft, bei der in dieser Weise vom Individuum auf die Gruppe geschlossen wird, sowohl als Bonus, als auch als Malus. Man vergleiche hierzu die Schicksale der Armenier und Kurden, der Roma, der indigenen Bevölkerung Amerika, für die Neuzeit, sowie unzähliger weiterer Kollektivschicksale der ferneren Vergangenheit.
Die Streiflichter unserer historischen Betrachtung erscheinen in einem vergleichenden Bezug zueinander gestellt, der es gestattet, Muster der Gemeinsamkeit aufzudecken. In der Verkürzung der Darstellung geschichtlicher Begebenheiten, liegt die Gefahr, dem individuellen Leid des Einzelnen nicht gerecht werden zu können, weil es im Strom der Ereignisse fortgerissen zu werden droht. Gegenüber dem Meer der Tränen, scheinen diejenigen, die ein Einzelner weint nur in der Menge von Bedeutung zu sein. Dennoch muß die Menge individuellen Leides der Menschen aller Zeiten, die der Verfolgung ausgesetzt gewesen sind, gleichsam als mächtiger Anwalt antreten, um mit dem Gewicht der eigenen Unvoreingenommenheit, dazu beizutragen, die Zynismen der Macht aufzudecken.
Die Verfolgung und Ermordung von Menschen aufgrund kollektiv zugewiesener Ausschlußmerkmale ist kein Alleinstellungsmerkmal des deutschen Faschismus. Selbst in der Beschränkung auf das 20. Jhrds. ist die schändliche Liste der weltweiten Völkermorde lang.

Vor dem Hintergrund des im 14. Jhrd. grassierenden schwarzen Todes kam es zu einer systematischen Verfolgung von Juden. Es waren vorwiegend Angehörige der kleinbürgerlichen und Unterschicht betroffen. Mit der Zuweisung der Schuld am Elend dieser Zeit gerieten die Ereignisse zur Entlastung der Führungsschichten vermittels der Verhetzung des Volkes zur Vergeltung angeblicher Gräueltaten, die man den Juden andichtete (Hostienschändung, Brunnenvergiftung, Ritualmord). Tatsächlich waren die Vorwürfe ein Vorwand, sich auf unterer Ebene billig zu bereichern, und den Unmut über die wuchernden Schuldzinsauswüchse des Kreditwesen, das übrigens in der Hand von den Ereignissen großen Teil verschont gebliebenen jüdischen Oberschicht war, auf unterer Ebene zu kanalisieren. Gleichzeitig war natürlich den Fürsten, die zum Knecht der Kammerherren geworden waren, die Möglichkeit erpresserischer Forderungen gegeben.
Der hohe Blutzoll der Angehörigen des jüdischen Volkes, die keinen relevanten Einfluß in der Gesellschaft besaßen, hat in perfider Weise wiederum der jüdischen Elite, die der Verfolgung nicht in dem Ausmaß ausgesetzt gewesen ist, den Vorschuß des kollektiven Opferstatus verschafft, und, in einer Gegenbewegung des historischen Pendels, die moralische Unantastbarkeit, sowie die Anerkennung für die ihre Leistungen zum Erhalt des pyramidalen Gefüges in schwerer Zeit eingetragen, in der so viele sich Schuld aufgeladen hatten. Die Pogromstimmung war stets ein verbrecherisches Ventil um ein kulturelles Unbehagen zu entladen, ohne das bestehende System der Verkoppelung von Macht und Geld infrage zu stellen. Die Argumentation auf die rassenideologischen Schiene zu leiten beugt einer grundsätzlichen Kritik an der ökonomischen Struktur der Pyramide der Macht vor. Nicht zuletzt verschafft die Schuld der Täter den Opfern, neben dem juristischen Anspruch auf Wiedergutmachung, immer auch einen moralischen Vorschuß, auf der ‚guten' Seite zu stehen.
Am Unwesen des Aberglaubens haben die dunklen Strömungen des Talmud und der Kabbala keinen geringen Anteil. Somit ist die jüdische Welt ins sich selbst seit je geteilt gewesen zwischen rationalem Kalkül und schwarmgeistiger Esoterik, die, als dunkles Geschwister, der nüchternen Esoterik der pyramidalen Rechenhaftigkeit zur Seite steht. Am Beispiel des Philosophen Moses Mendelsohn, der neben Kant und

Lessing stand, zeigt sich, wie sich klarsichtige Rationalität und die penible Befolgung der absurdesten Alltagsregeln seines Glaubens in einer Person vereinbaren läßt. Darin liegt das unheimliche Wesen des sich durch die Geschichte ziehenden Fadens der Verfolgungen, denen das Judentum stets ausgesetzt war. Man könnte auch die Tragödie einer Selbstzerfleischung zur Überwindung der innersten Entzweiung des jüdischen Wesens in sich darin erkennen. Gleichsam als den verzweifelten Versuchs zur Überwindung der Schizophrenie durch Abtrennung eines Teiles des eigenen Wesens zu erreichen, also die Opferung eines Anteils seiner Selbst zur Läuterung und Rechtfertigung des anderen Teiles. Das abrahamitische Volk ist bereit den eigenen Sohn zu opfern, und Gott, der Opfer sonst gnädig annimmt, lehnt dieses Opfer noch gnädiger ab. Er ist es künftig selbst der seinen Sohn opfert. Die Aufhebung der Forderung der Opferung Isaaks hingegen zeugt von der Transformation der ‚kanibalistischen' Urzeremonie in die symbolische Handlung, ohne jedoch das Motiv aufzuheben, sodaß das atavistische Moment jederzeit wieder zutage treten könnte. Im Verlaufe der weiteren Geschichte wird es immer wieder zu Opferung von Teilen der Völker kommen, die in religiöser Überhöhung mit gleichsam heilsgeschichtlicher Bedeutung aufgeladen wird. Mord und Selbstmord sind im Nationalsozialismus als völkische Quasi-Religion in dieser Weise gerechtfertigt worden, ebenso wie umgekehrt das jüdische Opfer als apokalyptische Prüfung aufgefaßt werden konnte.

Wie in dem Mythos von Dionysos, der als Gott hinter den Wolken sich bergend, und die Welt narrend, sich entäußernd durch das Opfer der Zerstückelung, die er sich rituell antun läßt, um in verklärter Macht neu aufzuerstehen. Das Durchschreiten tiefster Täler der Not, die Überhöhung der eigenen Bedeutung, ist das Schema der Wiedergeburt aus der Tragödie, die am jüdischen Volke exemplarisch nachweisbar ist.

In einem biblischen Bild, gemäß dem das Gold im Feuer geläutert werden müsse, um von der Schlacke befreit zu werden, hat das Judentum somit die treffendste Selbstcharakteristik abgegeben, die je ein Volk von sich offenbart hat.

Im Verlauf einer krisenhaft verlaufenden Transformation, während des ersten Hälfte des 20. Jhrds. sollte die Hebung des pyramidalen Anspruches auf die Weltherrschaft auf einer qualitativ höheren Ebene

realisiert werden. Analog zur, an anderer Stelle beschriebenen, Zeitenwende am Beginn der Transformation der, bislang heidnischen, ‚eisernen' römischen Macht-Pyramide in die geistige Pyramide des „heiligen" römischen Reiches jüdisch-christlicher Prägung.
Analog dazu galt es nun wiederum eine ‚späte' überreife Kultur überzupflügen, und für den aufstrebenden Amerikanismus verfügbar zu machen. Die Verdichtung des städtischen Raumes, das Aufkommen einer beliebigen Regenbogenkultur (die zwar Vielfalt, jedoch nicht Identität fördert) führt zu Spannungen unter den Entwurzelten, Entstehung von sozialem Bodensatz der Zu-Kurz-Gekommenen, die für die nun anstehende Revolution willkommenes Material bilden. Mit all diesen Zutaten war der Untergang des alten Europa nicht mehr aufzuhalten. Nach dem Motto, „was fällt, soll man auch noch stoßen", wurde speziell der deutschen Wirtschaft mit der Bedienung von Reparationsleistungen, sowie internationaler Kreditzinsen seit der Hyperinflation die Luft abgeschnürt. So wird aus dem dämonischen Phänomen Hitler, plötzlich eine erklärbare Erscheinung, als das Symptom einer epileptoiden Krise in der Weltgeschichte, nach dem zuvor bewußt Konflikte gesetzt worden waren, denen ein Konfliktphasen-Geschehen notwendig zu folgen hatte (es hat beim Vertrag von Versaille 1918 schon warnende Stimmen gegeben, und damit sogar schon vor der linken/rechten Räterevolution, der Hyper-Inflation, die das soziale Gefüge zerstörte, der SA, die die Straßen unsicher machte, dem Auftreten des Führerprinzips in Europa).
An dem Erstarken der nationalsozialistischen Bewegung ist mit kräftigen Finanzhilfen nachgeholfen worden, und die rhetorische Zuspitzung in der Diplomatie mit Genugtuung wahrgenommen worden. Das Ziel lautete unbedingt, die moderaten Kräfte zu schwächen und die fermentierende Wirkung der braunen Jakobiner bewußt ins Kalkül zu nehmen. Inwieweit internationale Finanzinstitute als Geldgeber vom Raubkapitalismus mit der Parole „Lebensraum im Osten" sich Profit erhofften, ist bislang noch nicht hinreichend aufgedeckt. In jedem Fall war die politische Sympathie für Hitler (in der Tradition der Politik gegenüber Napoleons), bis zu dem Wendepunkt des ‚Waterloo' gegen die Sowjets gerade im Ausland ungebrochen. Wie verfehlt weltfremd infolge dessen die Annahme ist, die einflußreichen Mächte der Zeit hätten das aggressive Expansionsstreben des Naziregime, das zunächst gegen Osteuropa

gerichtet war, schlicht nicht erkennen können, läßt sich mit der Appeasementpoitik der Westmächte und des herzlichen Einvernehmen (Konkordat= con-cordia) des Vatikan mit Hitler nachweisen. Es lag sowohl im Interessensbereich des liberal-ökonomisch orientierten angelsächsischen Raumes (zumindest bis zur irrsinnigen Bombardierung englischer Städte), als auch der christlichen Gemeinden, daß die bolschewistische Gefahr durch die Dammwirkung der faschistischen Regime in Europa gebannt würde.
Es kann auch ein Affekt, aus der tiefsitzenden Kränkung des Universalanspruches der römischen Kirche heraus, durch die Gegenüberstellung mit dem Kulturraum der ‚orthodoxen' Ostkirche, vermutet werden. So sah sich etwa der Vatikan in seiner Hoffnung auf eine Osterweiterung bestätigt als, ausgehend vom frommen Aufstand in Polen in den 1980-er Jahren, die Revolution sich ausgerechnet den römischen Papst als Paten erwählt hatte.
Daß der Sozialismus hingegen in der raub-kapitalistischen Variante ebenso die Vernichtung der menschlichen Gesellschaft betrieb, war insofern hinnehmbar, als er selbst im völkisch heidnischen Mummenschanz grundsätzlich nicht atheistisch motiviert war, wie es im Falle der Ideologie des Marxismus-Leninismus der Fall ist. Es ist die nicht aufgearbeitete Schuld der katholischen Kirche, mit dem Franco-Regime in Spanien, und dem Duce Mussolini in Italien auf engste zusammengearbeitet zu haben, und, in dies in gleicher Weise in späteren Jahren mit den Diktaturen Argentiniens und Chiles praktizierte.
Daß die Erzeugung von Massen, und deren Mobilisierung in der nationalsozialistischen Propaganda ein Glutkern gewesen ist, der in letzter Konsequenz zu einem Flächenbrand auswachsen mußte, war auch für ausländische Beobachter nicht zu verkennen gewesen. Es liegt im Wesen der Masse zum Einen, die Tendenz zum exponentiellen Wachstum nach außen, und, zum Anderen, zur kritischen Verdichtung nach innen. In seinem raumfordernden Wesen ist sie einem sozialen Tumor vergleichbar, der in der ‚Biologie' des Gemeinwesens im Verlauf eines konfliktbedingtes Geschehens auftritt, und sich die erforderliche Infrastruktur zur Versorgung in militanter Weise verschafft. Dies etwa nicht erkannt zu haben, kommt einer freundlichen Ab-Erklärung jedweder Vernunft auf Seiten der ansonsten bestens unterrichteten Nationen gleich. In Anbetracht der zeitgenössisch bereits

gutfundierten sozialpsychologischen Wissenschaften muß die Beteuerung solch einer Fehleinschätzung als Verdunkelung des tatsächlichen zynischen Machtkalküls gewertet werden.

Die Ostexpansion mit blitzartigen Einfällen der Wehrmacht, mit anschließenden ‚Säuberungen' durch die SS-Brigaden, war durchaus nicht überraschend, sondern gewünscht, um das Sowjetreich einem Zangengriff vom Osten her auszusetzen, was die Situation am anderen Ende, im pazifischen Raum für das hegemoniale der USA zu einer günstigen Entlastung führen sollte.
Diese Ereignisse sind nicht etwa Ausdruck für das Auftreten des ‚Bösen' an sich, quasi von ‚ganz unten', und die Menschheit hätte sich, unter der Anleitung ‚Guter' glücklich befreit und bekehrt, und jetzt gehen wir in eine lichte Zukunft. Mitnichten!
Tatsächlich handelt es sich um einen Zustände der epileptoiden Krise, die der Transformation einer Epoche stets vorausgehen, als ein innerweltliches (nicht metaphysisch entlastbar) ‚pyramidales' Prinzip, das eben durch die Leitung von Machtinteressen an dieser historischen Stelle lediglich einen mörderischen Kulminationspunkt zeigte, in einem ansonsten kontinuierlich weiter laufenden Prozeß zur Gestaltung der ‚Pyramide', nun jedoch in vermeintlich ruhigerer Gangart, wie die vagotonen Phasenabschnitte, nach der Krise eben erscheinen.
Die imperialen Ziele (Wille zur Macht) waren und sind keine anderen als die bisher dargelegten, und, solange sich die Welt quasi in ‚hängender Heilung' befindet, bis auf weiteres verbunden mit heftigen Krisen in anderen Teilen der Welt. Gemäß der utopischen Auffassung, nach der die krampfartigen „Wehen" im geschichtlichen Prozeß untrüglich nur die Vorzeichen einer Geburt von ‚Frieden und Wohlstand für alle' sein könnten, opfern wir stets das konkrete menschlich erreichbare Glück der großen global geltenden Glückserwartung in einem vermeintlichen einstigen Endzustand der Weltgeschichte. Diese Jagd nach dem utopischen Ziel hat der kapitalistische Liberalismus ebenso als Ersatzgötzen gemeinsam mit dem Sozialismus.
Die Bündelung der Entfremdungstendenzen einer ganzen produktiven Schicht in der Bevölkerung, erfolgte in der sozialistischen Bewegung, die von Beginn an einen internationalen Vertretungsanspruch hatte. Sowohl Fabrikarbeiter, denen ein lebendiger Bezug zu ihrer

fragmentierten Tätigkeit, unter der Drohung der beliebigen Ersetzbarkeit, fehlen mußte, als auch Derjenigen, für die es in der Verwertungsökonomie keinen Platz gab, erhielten in der sozialistischen Bewegung eine Verheißung für das Heil einer utopischen Zukunft.
Es besteht übrigens ein innerer Zusammenhang in den Aspekten der Wurzellosigkeit in der Welt, dem verheißungsvollen Aufbruch, und der künftigen Einlösung von Heilsversprechen, mit dem ureigen Sten Schicksal des jüdischen Volkes. In der darin begründeten Empathie Fähigkeit, liegt begründet, warum in der sozialistischen Internationale bemerkenswert viele herausragende Persönlichkeiten jüdischer Herkunft, in der Führung der Bewegung zu finden waren. Dazu gehörte auch der Begründer der Sozialdemokratie, Ferdinand Lassalle.
Allerdings trat die Geburt der Sozialdemokratie bereits mit dem Geburtsfehler der promisken Käuflichkeit ein. Dem berauschenden Ideal des massenerotischen Internationalismus wurden bereits früh die gesellschaftspolitischen Anliegen ihrer eigentlichen Klientel auf nationaler Ebene geopfert. Reichskanzler Bismarck vermochte dies durchaus klar zu erkennen, und auch die Mitarbeit Lassalle zu seiner Hegemonialpolitik zu nutzen. Die Dienstbereitschaft für die Interessen des Kapitals, liegt darin begründet, dass einmal die Sozialisten-Führer selbst häufig nicht aus dem Milieu ihrer Arbeiterklientel kamen, und zum Andern, sich in untergründigen Einvernehmen mit dem Internationalismus des Kapitals befanden. In der unglücklichen Rolle der Vollstrecker der kapitalistischen ‚Pyramide', sollte sich, zum Ende des ersten Weltkrieges, die Sozialdemokratie wiederfinden. Sie setzte die Besetzung dieser Rolle fort, noch nachweisbar bis zur Agenda 2010 unter der Regierung Schröder.
In der Sammlung der revolutionären dynamischen Kräfte einen Widerspruch zur kapitalistisch verfaßten ‚Pyramide' zu sehen, ist insoweit kurzsichtig, als die Zuweisung der Klassenidentität, und die Arbeitskampfrhetorik, in ihrer Antithetik, schon in ihrer Begrifflichkeit, doch nur die Bestätigung der kapitalistischen Ursprungs-These ist. Aus der Linkshegelianischen Programmatik heraus bewertet, handelt es sich um das dialektische Vorspiel zur Transformation des Willens zur Macht in eine pyramidale Verfassung neuer Qualität.
Zusammengefaßt kann hier von einem säkularen Messianismus gesprochen werden, für den gerade jüdische Intellektuelle einen

angemessenen Ausdruck gefunden haben. Mit der zeitgenössisch parallel wirksamen Bewegung des Sozialismus und des Zionismus, sind gewissermaßen scheinbar widersprüchliche Brüder zu beschreiben. Aber, wie häufig vorkommend, ergibt sich gerade in der scheinbaren Gegensätzlichkeit von Geschwistern, aus der dialektischen Synthese der eigentliche Familiencharakter.
In der Tat finden sich denn auch in der Aufbauphase des israelischen Staates, Versuche, sozialistische Ideale in die Praxis umzusetzen, wie etwa in den Kibbuz-Gemeinschaften.

Wollte man unterstellen, daß in den oberen Rängen der ‚Pyramide' ein Glaube an die Erreichbarkeit eines Endziels, wie auch immer gestaltet, gar nicht existiert, da man möglicherweise ahnt, daß es kein Ziel des historischen Prozesses gibt, darf man annehmen, daß die Dynamik des pyramidalen Wirtschaftens in zynischer Weise bewußt zum bloßen Selbsterhalt betrieben wird. Die Zwecke des pyramidalen Handelns liegen demnach nicht in einer höheren Ebene, auf die die Spitze verweist, sondern einzig im Betrieb der Maschinerie selbst.
Von Zeit zu Zeit müssen die Parameter der Maschinerie neu justiert werden, durch Verschiebung der Grenzen des Wachstums, indem innovative Qualitätssprünge forciert werden, die eine Effizienzsteigerung des pyramidalen Geschehens erwarten lassen.
Im Zentralkomitee des obersten Sowjet, wurden entsprechend die Planvorgaben fünfjährig angepasst, um an der Spitze des fortgesetzten Mangels, die Utopie eines fernen Gerechtigkeitsideals zu erneuern. Es ist anzunehmen, daß an einer Erreichung dieses Ziels im Wesentlichen gar nicht gedacht war, denn dies hätte die Hierarchie der Verwaltung zuletzt überflüssig gemacht. In einer unheimlichen Analogie zur Verfassung der christlichen Kirchengemeinde, drängt sich die Parabel Dostojewskijs, von der Wiederkunft Christi, auf, die für die ‚pyramidale' Organisation immer zur Unzeit käme.

Ob es um die Überführung der agrarisch dominierten Ökonomie in die merkantile geht, oder die erste und zweite industrielle Revolution, der Eintritt in das digitale Informationszeitalter, stets gehen solchen Epochenwandel fiebrig verlaufende historische Konfliktphasen voran,

die durch epileptoide Krisen getrieben werden, die in der stets wiederkehrenden schöpferischen Zerstörung bestehen.
Krisen sind im konfliktiven Geschehen quasi als Wandlungsbeschleuniger am Umschlagpunkt der ‚Genesung' , also der Genese einer neuen Qualität der ‚pyramidalen' Machtstruktur anzusehen. Im geostrategischen Kalkül werden sie bewußt eingeplant und vor Ort eingeleitet, sobald die kritische Masse für den gewünschten Umschwung vorhanden ist.

Es bestätigt sich zuletzt der furchtbare Verdacht, daß die Konstruktion der hierarchisch gestaffelten Pyramide uns nicht das Versprechen auf die propagierten Endziele einlösen wird, sondern vielmehr selbst das Problem auf dem Wege darstellt. Das Wesen der pyramidalen Ökonomie ist von extensiver Wachstumsorientierung und rastloser Dynamik gekennzeichnet. Mit der Ausrufung hehrer Ziele und vornehmer Absichten, zur Menschheitsbeglückung in einer künftigen Weltordnung, wird nichts anderes als die nackte Gier nach Macht in ein schmuckes Kleid gehüllt.
Die rhetorischen Gegensatz-Paarungen in alltäglichen Verlautbarungen, wie vom friedenschaffenden Krieg (war tot end all war), von Massenentlassungen zur Erhaltung des Standorts, machen längst schon niemanden mehr stutzig. Denn längst haben wir in einem Spagat unseres Bewußtseins, diese dialektische Aufhebung der Gegensätze in einer Art synthetischen Absurdität in unserem eigenen Leben vollzogen.
Man nimmt den Wahnsinn der übermotorisierten Mobilität auf sich, weil es sich im Grünen freundlich wohnen läßt, indessen verbringen wir das Leben auf dem grauen Band, das ebendieses Grün gitterartig durchschneidet.
Das ungehemmte Streben nach Glück ist ein fest in der amerikanischen Verfassung verankertes Ziel. Offenkundig ist damit nicht das individuelle Glück eines erfüllten Lebens gemeint, sondern eine Rechtfertigung der eschatologischen Hybris des Imperiums. Denn nichts weniger als die Regelung der ‚letzten Dinge' von weltweiter Dimension hat es sich zur Aufgabe gemacht. Der Zynismus, mit der jeweils die Verbindung der Begrifflichkeit aus der Ethik, die im Metaphysischen wurzelt, mit der plattesten materialistischen Phrase, ist ein Kennzeichen des Liberalismus. Während der banal-bösen

Raubritterideologie des Nationalsozialismus (der ein entfesseltes Kind des Kapitalismus ist!) sind Parolen ausgegeben worden, wie „Kraft durch Freude“, und „Arbeit macht frei“.
Die Kampagnen zur Aushebung von Armeen, zur Diskreditierung von Gegnern, zur Rechtfertigung robuster Verletzung von Souveränität ging stets einher mit einer Propagandamaschinerie auf Hochtouren. Es gibt keine imperiale Macht ihrer Zeit, die in der Verfolgung vermeintlich höherer Ziele (seien sie völkisch, religiös oder ökonomisch motiviert) die nicht anders als schändlich und skrupellos zu bezeichnen ist.
Die internationale Spekulation mit Gold, Devisen, Kunstgegenständen sowie die geschäftlichen Beziehungen mit Unternehmen, die mit Zwangsarbeit ihren Profit gemacht haben, hat zu keiner Zeit nachgelassen, auch am Höhepunkt des Naziterrors nicht. Eine moralische Entrüstung steht deshalb keiner der sogenannten Siegermächte zu.
Vor dem Hintergrund des Vietnamkrieges, vornehmlich zur Durchsetzung amerikanisch definierter Freiheitswerte, also Sicherstellung der Freihandelswege, wurde seinerzeit eine Verständigung mit China gesucht, um Rußland zu isolieren. Billigend hat man hingenommen, daß die Mao-Diktatur verharmlost wurde; soweit, daß sogar Friedensaktivisten die sog. rote Mao Bibel geschwenkt haben. Amerika hat stets Diktaturen (wie unter General Pinochet in Chile) gestützt, wenn sie Völker als nützliche Idioten für künftige Absatzmärkte und ‚verlängerte Werkbänke’ für den Profit zubereiten. Es ist grober historischer Holzschnitt, bei Hitler von einem außerhalb historischer Vergleiche, bzw. Normalität, liegenden Phänomen zu sprechen. Bei der genaueren Betrachtung der geschichtlichen Umstände, die von einer späteren Warte aus eingeordnet werden, findet sich leicht hinter der Etikettierung einer ‚bösen’ Zeit, eine verblüffende Banalität. Wo der Wille zur Macht frei agiert, erweist er sich als schlagend simpel. Es fehlt ihm, wenn auch nicht in der Auswirkung, so doch nach seinem Wesen, keinerlei Motiv. In der verwaltungstechnischen Organisation des Völkermordes, fehlt der leidenschaftliche Haß. Seine grausame Kälte ist ‚böse’ insoweit der kein menschliches Interesse kennt, so gerät die Vernichtung des Lebens zur reibungslosen Beiläufigkeit, von leeren Nullstellen an Personal verwaltet. Wenn hier von einer metaphysischen Kategorie die

Rede sein soll, dann angemessen nicht vom ‚Bösen', sondern vom zeitweiligen Durchscheinen des – Nichts. So gesehen ist der historisch wirksame Nihilismus als das eigentlich ‚Böse' zu bezeichnen, und sein Fluidum ist das Geld.

Wenn das identitäre Selbstverständnis einer Nation, aus der Sicht der Globalfinanz, gewisse Grade des zuträglichen zu übersteigen droht, soll heißen, wenn es zu Hemmnissen bei der Umsetzung eines liberalen Wirtschaftskonzepts führt, wird baldigst für eine leichte Krise im sozialen Gefüge gesorgt (z.B. durch Drehen an der Schraube internationaler Schuldzinsknechtschaft, oder durch Forcierung von Einwanderung). Ein solches historisches Drehmoment macht sich im Zeitlichen, in Form epileptoider Krisen bemerkbar.
Mit aktuellem Bezug zur europäischen Einigung, drohte sich in nationalen Alleingängen während der Euro-Finanzkrise abzuschwächen. Daher wurden Konfliktregionen an den Rändern (auf dem Balkan, in der Kaukasusregion, in den Kurdengebieten) nach Möglichkeit auf kleiner Flamme erhalten. Innerhalb des europäischen Bündnisses greifen die finanziellen Strafmaßnahmen der Zentralbank, gegenüber unbotmäßigen Länder (Griechenland).
Das pyramidale Prinzip würde möglicherweise einschlafen, wenn nicht die Wachstumsideologie den Herzschlag der ‚Pyramide' beschleunigen würde. Deshalb darf auch nichts so bleiben, wie es ist, auch wenn man damit sogar ganz gut leben könnte, denn Stillstand wird mit Rückschritt bedroht.

Der Geist aus der Maschine

Für diese Darstellung wurde bislang eine quasi personale Führungsebene an der Spitze eines Machtzentrums postuliert, die, die sich die passende Strukturen, über den Gang des krisenhaften Weltgeschehen hinweg, erst schafft - *top-down.* In einem Gedankenexperiment soll nun gewissermaßen eine umgekehrte Annahme der Kristallisation der obersten Instanz aus der Basis heraus vorgenommen werden - *Botton–up.*

Wenn die pyramidale Struktur als ein Organismus aufgefaßt würde, wäre mit dem höchst denkbaren Grad der Komplexität seiner Organisation, die Generierung eines eigenständigen Bewußtseins vorstellbar. Im Umfeld der Forschungen über die Möglichkeiten einer künstlichen Intelligenz, existiert die Annahme, daß das Bewußtsein sich aus dem hohen Grad der vernetzten Ordnung von Reiz- und Informationsleitung ergeben könne. Der Charakter der Verarbeitung und abrufbaren Speicherung von Information, der es gestattete, eigenständig innovative Lernschritte zu vollziehen, die wiederum auf die bestehende Organisation des Trägers zurückwirken sollten, bestimmt den Grad dessen, was als Bewußtheit bezeichnet werden könnte. In der Spiegelung der Selbstreferenz der Organisation, könnte der Keim des Selbstbewußtsein angelegt sein. Dieses könnte zwar wohl an den verdichteten Knotenstellen der Informationsverarbeitung, als an der ‚Spitze' stehend, vergleichbar dem Neocortex, verortet angenommen werden, ergibt sich jedoch aus der Organisation des gesamten Organismus, in der Wechselwirkung von Sensibilität und Reflexion, die sich erstreckt über den gesamten Wirkungsbereich des Organismus.

Die hierarchische Ordnung der organisch differenzierten Ebenen, ist dafür die notwendige Voraussetzung.
Der konzentrierte Wille zur Macht, wird zwar an der Spitze (*Stufe 8*) verortet angenommen, kann sich hingegen auch ergeben, ausgehend von der untersten Ebene, durch stufenweise erfolgende Kondensation und Abscheidung von Schichten von Einrichtungen zur Repräsentanz der Willensbildung, aufgefaßt werden. Dies geschieht dann pyramidisch gestaffelt, mit zunehmender Abstraktion von ihrem Ursprung, bis hin zu Nachweisbarkeitsgrenze. Beim Verfahren der Hochpotenzierung in der Homöopathie, wird von einer Eingangsmischung jeweils nur ein Teil abgeschieden, und in einem wirkneutralem Lösungsmittel vermischt. Dieser ersten Potenz wird ebenfalls nur ein Teil entnommen, und in der Wiederholung des Verfahrens fortwährender Verdünnung, auf die höchste Potenz gebracht. Ziel ist die Abstraktion des geistigen Wirkprinzips von der ursprünglichen Substanz zu erreichen.

Unter der Tatsache einer derartigen immateriellen Essenz, hätte man sich, auf die Zuspitzung des ‚pyramidalen' Prinzips angewandt, die Herausbildung eines globalen Bewußtseins, mit der Verfassung eines ‚Welt-Ethos', vorzustellen. Allein, dies wer nur zum Preis der Unterwerfung und der Subordination der Identitäten der einzelnen Völker und Nationen zu bewerkstelligen.
Auf dem Wege einer religiösen Rückbindung könnte eine solche Zielsetzung, der zur Ganzheitlichkeit bestimmten Vereinheitlichung einer Selbstbewußtwerdung der Welt, als Ausdruck der Selbstvergewisserung des Schöpfers, vermittelt werden, dessen unteilbare Einheitlichkeit sich damit in ihr widerspiegeln würde.
Dem zum Widerspruch, könnte im kosmogonischen Sinne erwidert werden, daß auch die spektrale Auffächerung des Einen Willens, in einer unaufhörlich sich entwickelnden Kaskade von Individuationen, der Diversifikation in der Vereinzelung, seiner eigentlichen Entäußerung entspräche.
In jedem Falle, ist eine religiöse Rückbindung zur Deutung des historischen Geschehens, entscheidend für die Verfassung einer Macht, deren Bestreben es ist, ihren Einflußbereich auszuweiten, und ihre Konzentration an der hierarchischen Spitzenposition, mit einem allerhöchsten Willen zu rechtfertigen.

In der Berufung auf das Ziel eines globalen Bewußtseins, auf der Basis eine „Welt-Ethos“, berauscht sich die Elite am Pathos einer Übersteigerung der humanistischen Idee. Hinter diesem gerät die Wahrnehmung der Gefahr in den Hintergrund, daß mit dem Entschluß zu einem einheitlichen ‚Menschheits'-Gedankens, als dem, das Menschliche an sich, repräsentierenden, auf die Würde des Einzelnen künftig verzichtet werden könnte. Neben der Reduktion der Indiviualität auf die Funktionalität im Wirkzusammenhang des Ganzen, findet gerade die Auslagerung der eigentlichen Basis des menschlichen Bewußtseins, von der organischen auf die virtuelle Grundlage statt. Dies geschieht etwa durch das *outsourcing* des Erinnerungsvermögen in die *‚cloud'*, dem ortlosen Gehirn, dessen Träger die synaptischen Knotenpunkte der Informationstechnologie sind.

Es ist anzunehmen, daß das globale Bewußtsein, gestützt auf die IT, im Rahmen einer künstlichen Intelligenz verwirklicht wird. Dabei ist aus den gegenwärtigen Umständen schon ableitbbar, daß ein solches, neben dem Vorsprung in vielen Aspekten der Intelligenzleistung, auch eine Aufwertung an Relevanz zur Beantwortung in moralischen Entscheidungen, und bei der Prägung ethischer Maßstäbe, erhalten wird. Bereits heute bezieht man sich auf die vermeintliche Objektivität des immensen Erinnerungsvermögens, unabhängig von persönlicher Wertung. Unbeeinflußbar von persönlicher Befangenheit findet auch die Auswertung von Informationen statt, deren Erhebung frei von menschlicher Willkür angenommen wird, und deren Inhalte unsere Wahrnehmungsschwellen beliebig unterlaufen. Dies geschieht mit Hilfe von Algorithmen, die rein auf mathematischer Logik basieren, und deshalb als vermeintlich reaktionsneutrale Katalysatoren in der Datenverarbeitung operieren. Dennoch ist nicht auszuschließen, daß in der Architektur der Logik selbst eine Qualität enthalten sein könnte, die auf den Charakter der künstlichen Intelligenz einen ähnlichen Einfluß haben könnte, wie die Logik der Basenpaarung im Strang der Doppelhelix der DNS in einer organischen Zelle.

Die Suchmaschinenbetreiber von GOOGLE haben sich sinnigerweise das Motto gesetzt: „Do no evil!“. Vermutlich ist damit eben jene Annahme von der eigenen rationalen Objektivität zum Audruck gebracht worden. Die Aussage kann aber auch als Drohung an den

Menschen verstanden werden, dem es künftig nicht mehr möglich sein soll, sich dem virtuellen Netz zu entziehen.
Lügendetektoren wird eine derartige Unbestechlichkeit unterstellt, sodaß der Weg von der Beweisaufnahme zum Urteil, auch gleich der Maschine überlassen werden könnte, und künftig auch wird, wenn die Leistungen der *predictive investigations*, die mit der Auswertung des Datenverkehr künftig möglich wären, mit einbezogen werden.
Die Qualität der IT-gestützten Vorhersage ist bereits unverzichtbar, wo die Berücksichtigung unzähliger Parameter, z.B. bei Börsen- und Wettergeschehen, den Einsatz eines Netzwerkes von Großrechenanlagen notwendig macht. Für viele Bereiche wird die Übertragung auf computergestützte Entscheidungswerkzeuge sogar erwünscht sein, zumindest kann bereits auf die rechnerbasierte Risikokalkulation bei Entscheidungen schon jetzt nicht mehr verzichtet werden. Die Überlegungen gehen dahin, wie künftig wichtige Entscheidungen, die die Sicherung politischer Stabilität und wirtschaftlicher Freiheit betreffen, der subjektiv fehlbaren Einschätzung des Menschen entzogen werden könnten. In Bezug auf den möglichst widerstandslos fließenden Finanzdatentransfer ist die Frage längst beantwortet worden.
Da der postmoderne Kapitalismus von der Realwirtschaft abgekoppelt, schon fast komplett im Virtuellen vonstatten geht, eignet er sich grundsätzlich zur Basis für den Aufbau eines intelligenten neuronalen Weltnetzes.
Dem Zwang zur Objektivierung muß auch dort gefolgt werden, wo Entscheidungen den Charakter des ‚Tragischen' haben können, wie etwa bei der Terror- und Verbrechensbekämpfung. Auch zur Definition von ‚gutartigen' oder ‚bösartigen' Prozessen des Körpers, oder der Gesellschaft, wird künftig auf die IT-gestützte Diagnostik nicht der computergestützte chirurgische Eingriff folgen können, ohne zuvor die menschliche Störgröße herausgerechnet zu haben. Die Verantwortung für Fehleingriffe mit Skalpell oder Drohnen überfordert jedes menschliche Maß, wenn sein maßstäblicher Horizont sich auf den Umfang von Teilprozessen reduziert hat.

Eine Voraussetzung für die Entwicklung von Bewußtsein, ist die, innerhalb des Weltnetzes der Dinge und Informationen bereits nahezu vollständig mögliche, Abbildung der äußeren Welt innerhalb des

virtuellen Raumes. Weiter muß jedoch auch mit einer Rückkopplung mit Wirkung auf die Gestaltung der ‚realen' Umgebungsprozesse gerechnet werden. Mit der spiegelneuronalen Wechselwirkung wäre eine weitere Voraussetzung für die Generierung eines Bewußtseins gegeben. Schritte in diese Richtung sind mit Entschiedenheit schon getan worden.
Bedenklich ist immerhin, daß die Arbeit an einem künstlich erzeugten Bewußtsein, auf der rechenhaften Begrifflichkeit der Kybernetik basiert. Dabei gilt die Voraussetzung daß die rechnerische Einheit zunächst binär ist, und daher nur zwei Zustände einnehmen kann (im Zusammenhang mit einer mehrwertigen, oder „weichen", Logik sind entsprechend mehrere Übergangszustände möglich). Grundsätzlich jedoch geht man aber von der Verarbeitung elementarer „Bits" aus, zu denen auch, in der Betrachtung der komplexen Matrix zur rechnerischen Darstellung des Weltgeschehens, das einzelne Individuum reduziert wird. Die Qualität des „Welt-Ethos" wird wesentlich bestimmt sein durch rechenhafte Algorithmen. Darüber, welcher Art dieses ‚höchste Wesen' sein wird, das an die Stelle des lebendigen Gottes treten soll, kann noch kaum erahnt werden. Möglicherweise muß dann von einer neuen Schöpfung gesprochen werden, die ihre eigene Weltgeschichte schreiben wird

Konzentriert in der Bündelung zu neuralgischen Knoten, sowie unterstützt durch eine starke Differenzierung der Organfunktionen, die die erforderliche Komplexität bereithält, wird eine taktische Abstimmung aller Glieder notwendig sein. Somit tritt, mit einer Periodizität der internen Abstimmung das Phänomen der ‚Zeit' in die Welt. Sie beginnt mit dem Einsetzen einer Taktung im Pulsschlag der Märkte, des mythischen Chronos, der seine eigenen Kinder frisst.
Nach der Mythologie der Alten kann der Beginn einer neuen Ordnung nur aus einem vorangegangenen Chaos geboren werden. Die mythologische Abwesenheit von Struktur, die ein Minimum an Wechselwirkung der Elemente erfordern würde, welche an sich selbst schon strukturbildende Qualität hätten, kann nur als ein *Nichts* aufgefaßt werden. Da die Ordnung sich aber auf einer Substratmatrix der axiomatischen Logik, abscheiden muß, ist das Nichts wiederum nur eine Kategorie des Bewußtseins aus der Ideologie des *Nihilismus*, wie wir sie auf dem Grund der ‚Pyramide' vermuten müssen.

Inwieweit es sich hierbei lediglich um eine sophistische Spekulation handelt, oder ob sich für den Bestand der Menschheit nicht doch ein Existenz-bedrohender Umstand ergeben könnte, soll einmal kurz anhand der kybernetischen Gesetzlichkeit untersucht werden.
Isaak Asimov, der Autor der „Robotermärchen", formulierte einmal die Grundgesetze für künstliche Intelligenz im Umfeld des Menschen. Zuvörderst müßte demnach gelten: „Schade keinem Menschen, wende Schaden vom Menschen ab".
Es ist aber durchaus denkbar, daß eine künstliche Intelligenz zu dem Schluß käme, daß diese Gesetze im Einzelfall auch aufgehoben werden sollten, um Schaden für die Allgemeinheit, der Menschheit im Allgemeinen, zu verhüten. Auch zum Erhalt der ‚Großen Maschine' könnte dies notwendig sein, um die künftige Schadenssicherheit für die Menschheit zu gewährleisten. Zuletzt erwiese sich der Mensch selbst als der schädliche Erreger in der klinischen Umgebung. Der finale Schluß einer künstlichen Intelligenz müßte dann konsequent in der Beseitigung des Menschen aus seinem kybernetisch verfassten Umfeld liegen.
In ähnlicher Weise argumentieren bereits heutige Staatsapparate, ohne dabei auf nennenswerten Widerspruch zu den allgemeinen Menschenrechten zu stoßen. Die Entscheidung etwa, ob der Abschluß eines, von Terroristen entführten Flugzeugs gerechtfertigt ist, oder die Erhöhung des atomaren Bedrohungspotentials, um ein ‚stabiles' Gleichgewicht des Schreckens aufrecht zu erhalten.
Im Kern des ‚heiligen' Bezirks der globalen Menschheitsidee, steht gewiss nicht der Mensch. Mit dem Begriff des ‚Welt-Ethos' wird etwas gänzlich Abstraktes verhüllt.
Es ergibt sich hier die Frage, ob in der Genese der virtuellen ‚Pyramide', die Entwicklung notwendig in die Abschaffung des Menschen münden müsse. Wir beantworten diese Frage gerade selbst, indem wir sie bereits nach Kräften dazu autorisieren.
Tatsächlich wird künftig nur soweit zur die Deckung des menschlichen Bedarfs Sorge zu tragen sein, als der Mensch noch benötigt, um gerade zur Bedienung der vernetzten Endgeräte in der Lage zu sein. Bereits heute, bestimmt die Produktion, und der Handel von elektronischen Modulen für die Informationstechnologien, den Hauptantrieb der Weltwirtschaft. Also nicht etwa die Fertigung von Holzspielzeug und Plastikbadeenten. Wenn die selbstversorgenden Wirtschaftsformen des

Agrarsektors abgewickelt werden können, weil die Bereitstellung industriell erzeugter Nährmittel nicht mehr seiner Arbeitskraft bedarf, besteht der Rest seiner Aufgaben in der Bedienung von Endgeräten des Weltnetzes der Informationsverarbeitung. Als solches wird er ebenfalls einst verzichtbar werden. Die ‚Pyramidale Maschine' braucht den Menschen letztlich nicht. Die Frage lautet dann, welchen Sinn sie danach noch hätte. Möglicherweise schafft sie sich diesen auch aus sich selbst, und ist vielleicht schon gerade dabei.

Es wäre es immerhin vorstellbar, würde man beim Marsch durch die Instanzen, die letzte Pforte zur *Stufe 8* öffnen, daß man den Raum – *leer* – vorfinden würde (oder ein Zentralrechner steht drin, den wir selbst gebaut haben).
Wir müssten dann erkennen, daß wir es selbst gewesen sind, die das pyramidale Monstrum erschaffen haben. Wir haben an der Linse geschliffen, die die Energien in den Brennpunkt projiziert, der so machtvoll aus sich heraus zu strahlen scheint. Zerbräche die Linse, würde der Brennpunkt verlöschen; der Wille zur Macht wirkt in uns selbst; solange dieser nicht verneint wird, hat das pyramidale Prinzip Bestand.
Wir finden die Verneinung des Willens zur Macht bei Jesus beispielhaft, sowie aus einer anderen Perspektive beschrieben in den Werken Arthur Schopenhauers, der sie unter Anderem aus der Beschäftigung mit dem Buddhismus abgeleitet hatte, und als ein ursprünglich gemeinsames Element aller natürlichen Religiosität herauspräpariert hat.
Eine Verneinung des global wirksamen Willens bedeutet nicht die grundsätzliche Verneinung allen Wollens. Der konkrete Gestaltungswille im Nachfeld individueller Wirksamkeit, wäre in der Lage, dem Vereinheitlichungsstreben pyramidal höherer Ebenen entgegen zu wirken An die Stelle eines verlogenen Altruismus in die Ferne, hätte die Aufwertung persönlicher Nahbeziehung zu treten. Die abstrakt organisierte ‚Fernstenliebe' hat allzu lange die tätige Nächstenliebe abqualifiziert. Zumal auf dieser konkreten Form der ehrenamtlichen Tätigkeit keine tragfähige Lebenssicherung zu gründen ist. Das ehrenamtliche Engagement wird hingegen gerne als billige Ergänzung z.B. im unzulänglichen Pflegewesen in Anspruch

genommen, ohne im Gegenzug für eine allgemeine Grundsicherung der Bürger zu sorgen.
Es zeugt von einem offenkundigen Mangel an Courage, daß gerade aus der christlichen Gemeinde, keine Forderung nach einer grundsätzlichen ökonomischen Unabhängigkeit der Bürger zu stellen, die es Jedem ermöglichen würde, sich nach seinem christlichen Verständnis entsprechend zu engagieren. Gerade weil die christliche Gemeinde-Ethik die allgemeine Geldwertigkeit menschlicher Tätigkeit bislang kritiklos mitträgt, wäre das Eintreten für die allgemeine Grundsicherung in Geldwert für alle Bürger nur konsequent.

Hinweis für die freien Geister unter den Christen:

Für ein Mitglied einer christlichen Gemeinde, ist es bis auf die heutigen Tage schwer vermittelbar, wieso Thomas Mann zum Lesekanon gehören sollte, der mit „Joseph und seine Brüder“ an die psychologischen Wurzeln des Monotheismus greift; oder Goethe, der sich in Gedanken keinerlei kulturelle Grenzen auferlegte; oder gar erst Heine, der seinem Volk und dessen Bürgerfrömmigkeit einen schonungslosen Spiegel vorhielt. Mancher würde auch gern Ringelnatz aus dem christlichen Lehrplan streichen, weil dem Gläubigen der Umgang mit Ironie nicht geläufig ist, und es besser bliebe. Tief gegründet, ist die Furcht vor dem subversiven Potential der Satire. Sie reicht zurück, bis in die Gesetzgebung des ‚heiligen Tabu', und des Bilderverbotes, das auch die Analogie in Märchen und Fabel verbietet. Hier mag noch die Vermeidung des Verdachts bedeutsam sein, die überlieferte ‚Heilige Schrift' könnte nicht wortgetreue Bekundungen wahrer Begebenheiten enthalten, sondern würde mit phantastischem Symbolismus von einer poetischen Wahrheit künden.
Mit entsprechender Strenge mußte einst bei der erzählten Überlieferung von Mythen und Legenden aus den frühen Tagen eines Volkes, für die Aufrechterhaltung eines ‚heiligen Ernstes' gesorgt werden. Sowohl in der gewissenhaften Befolgung der rituellen Zeremonie, als auch zur Erhaltung einer gewissen Scheu davor, den Erkenntnisdrang hinter den Schleier der Wahrheit dringen zu lassen. Das innerste des Heiligtums sollte kein profaner Blick entweihen. Die profane Berührung gar, war stets mit einem absoluten Tabu belegt.
Wehe dem, der zur Wahrheit kommt durch Schuld, hieß es in Schillers Gedicht vom verschleiertem Bild zu Sais. Möglicherweise verbarg sich dort tatsächlich auch eine Schuld – die Ur- und Erbschuld des Volkes, die in der Überwindung ihrer Urvätertradition begründet ist, die ‚böse' Tat des uranfänglichen Tabubruchs begangen durch die ‚Söhne'.

Eine für die heutige Befindlichkeit der christlichen Gemeinde bezeichnende Furcht vor einem Verlust des ‚heiligen Ernstes', besteht vor seiner Demaskierung. Dies kommt z.B. trefflich in einer Szene im „Mann ohne Eigenschaften“ von Robert Musil zum Ausdruck:

Dort sollte ein General den Besuch einer Irrenanstalt begleiten. Seine Sorge ging nun dahin, ob es nicht besser wäre, auf die dienstlich gebotene, dekorierte Uniform zu verzichten. Nicht auszudenken, wenn die Narren dort nun über ihn spotten würden; es ist doch immerhin des Kaisers Rock.
Was wenn hinter der Uniform des frommen Gestus, sich keinerlei Persönlichkeit fände.

Eine andere Eigenschaft, die einst auch ihre Tradition hatte, könnte hier einen Ausweg bieten, nämlich das göttliche Lachen. Im Roman „Der Name der Rose“ von Umberto Eco, erwies sich ausgerechnet, eine aristotelische Abhandlung über das ‚Lachen' als große Gefahr für die Gemeindedisziplin.

In streng gläubigen Familien werden Kinder auch vor den ‚dämonischen' Einflüssen von Märchen und Fabeln bewahrt. Diese seien daran erinnert, daß Luther selbst zur moralischen Erbauung die äsopischen Fabeln wiederaufgelegt hatte, und Melanchton, der treue Gefährte selbst die alten Griechen studiert hat – welche geistige und geistliche Größe, die solch eine Absorptions- und Transformationskraft besitzt! Von Luther selbst ließe sich sagen, daß er als mittelalterlicher Charakter an der Schwelle der Neuzeit stehend ebenso epikureische Züge trug.

Nietzsche im Zeugenstand...

Zur Wirklichkeit eines ‚Willen zur Macht' als Weltprinzip, hat Friedrich Nietzsche einmal sehr Erhellendes geschrieben. Vielleicht brauchte es einen Außenseiter dieses Extrems, daß solch deutliche Worte überhaupt ihren Ausdruck finden.

Zur Lektüre empfiehlt sich, sich durch die, oft bewußt provokative, Bildlichkeit nicht verschrecken lassen, es gibt auch für Christen manches psychologisch und kulturphilosophisch Interessante bei ihm zu entdecken. Obwohl er sich auch in der Rolle des ‚Anti-Christen' gefiel, der er, über das weite Spektrum seiner Schriften betrachtet, so nicht ist, eher schon scharfer Kritiker lebensfeindlicher Heuchelei, eines, im demonstrativ frommen Gewand verkappten, Willens zur Macht, ausgeübt gegen über eine Herde, deren Schwäche sie kultiviert. Eine Erziehung der Entfremdung vom Leben, durch die Entwertung der Lebensimpulse des Einzelnen, bis zur Erklärung der ‚Bösartigkeit' der Individualität als solche, ist geeignet zur Schaffung der Basis für die Pyramide der Macht.

Zum Mythos des ‚Übermenschen' ist vielleicht in aller Kürze zu bemerken, daß, nach dem aristokratischen Verständnis Nietzsches von Führung des Selbst, zu der der wahrhaft „Edle", der veredelte Mensch nur als Künstler-Philosoph berufen ist, da er in seiner Erscheinung stellvertretend für die Menschheit diese als Ganzes ästhetisch rechtfertigt.

Als Konsequenz aus dem sozialistischen Menschenbild, das sich auf den historischen Materialismus von Karl Marx bezieht, folgt die Entwürdigung des Einzelnen in der Zuweisung von Kollektiv-Zwecken. Nach der Forderung von Marx, gemäß, sollte in einen fortwährend revolutionären Akt der enteignete Produzent, die Gerätschaften zur Schaffung von Mehrwert, wieder aneignen. Dem zugrunde liegend ist die Auffassung des Menschen als Massen-Produzent und Massen-Konsument. Konsequent sind am dialektisch gedachten historischen Ziel letztlich *Alle* zu bloßen Produzenten im Dienste des staatlichen Monopolkapitalismus gemacht worden. Das hieße, den Menschen auf eine ausschließlich ökonomisch gedachte Einheit zu reduzieren, die ihren Anspruch an Würde außer sich selbst zu sehen hat. Sie wird ihr demnach wahlweise zuerkannt oder

abgesprochen, je nach dem, wie ein kollektiver Zweck es erzwingen würde. (Würde, im Konjunktiv: Die Würde des Menschen könnte auch angetastet werden). Der Mensch ist dann von geringerem Wert als eine Ameise im Haufen.
Dem widerspricht das ‚aristokratisch' gedachte Menschenbild Nietzsches, und rettet auf diese Weise die Würde für den Einzelnen, die dieser auch in der christlichen Gemeinde zugunsten des höheren Kollektiv -Zweckes zu delegieren hätte. Daher ist der Widerspruch von christlicher Seite gegen die ökonomische Vernutztierung des Menschen so schwächlich, weil die Ziele in der Kollektivierung von Einzelinteressen sich sehr ähneln, wenn auch mit unterschiedlicher Intention. Außerdem könnte man die Unterscheidung der pyramidalen Gesellschaftsarchitektur in diesem Fall mit einer Vertikalausrichtung, und in jenem Fall mit einer Horizontalausrichtung beschreiben.
Die Forderung Nietzsches zur ästhetischen Erziehung des Menschen, steht ganz im Gegensatz zur Degradierung zum Unter-Menschen in der Unterordnung in die Umsatzökonomie. Sie zielt auf eine Erhebung zu der Bestimmung des Einzelnen, sich zu vollenden im poetisch-künstlerischen Bild vom Über-Menschen. Der Einzelne muß in die Lage versetzt werden, diese Bestimmung wahrzunehmen, anderenfalls sänke er aus eigenem Verschulden und Bequemlichkeit zurück in die ‚Fabrik' der Masse. Das überwindende Streben, über sich selbst hinaus zu weisen, ist verbunden mit der Anerkenntnis des Anderen in eben diesem Streben, und ist damit fern vom Begriff des hedonistischen Egoismus. Das Über-sich-Hinauswachsen ist daher keine überhebliche Selbstanmaßung, sondern führt zu einer Begegnung des eigenen Selbstanspruches mit dem des Anderen auf ebenbürtiger Augenhöhe. Somit erkennt der Mensch im Anderen immer auch sich selbst, beginnend in wahrgenommenen Leid, bis hin zur Selbstermächtigung. Daher empört auch die Entwürdigung des Individuums, in dessen Unterwerfung und Gefangenschaft, Qual und Ausbeutung, denn es verletzt gleichsam das Selbstverständnis des Menschen an sich. Diese Empörung appelliert nicht an eine bürgerlich gepflegte Fremdenliebe, sondern, recht verstanden, an die Selbstwahrnehmung des Einzelnen.
Eine solche Forderung kann nur abstrus klingen in Ohren,, die bereits eine tiefgreifende Vorschädigung durch die Rhetorik der ökonomistischen Kampagnen, aufweisen. Aus den unausgesetzten Rufen zum Eintritt in die kapitalistische Verwertungskreisläufe, ergibt

sich zuletzt die Verinnerlichung einer Nutzenethik, die sich in bereitwilliger Selbstzensur, ein Denken von alternativen Vorstellungen über ein sinnerfülltes Daseins, verbietet. Dazu trägt auch bei, den Menschen möglichst frühzeitig das Gefühl einer Schuldigkeit, einer Verschuldung in vorhinein, zu vermitteln. Ergänzend dazu hat, zumindest in der Gemeinde, das Bekennen der eigenen Schlechtigkeit von Grunde auf vor dem Kollektiv zu erfolgen. Auf diese Weise wird das Individuum von seinen inneren Gefühlsregungen entfremdet, da sie nunmehr ein Gegenstand der öffentlichen Rechtfertigung geworden sind, und dem Einzelnen fortan die Kompetenz im eigenen Empfindungshaushalt entzogen wird.
Die Vorstellung von der Individuation des Willens in der Natur in seinem Formenreichtum, als ihr gleichzeitiger Fall, wonach jedweder Individualismus sündhaft sei, reicht sehr viel weiter zurück, als der Anspruch der christlichen Gemeinde. Sie findet sich bereits in der Philosophie des alten Indiens, und hat wohl Eingang in einige vorsokratische Denkschulen Griechenlands gefunden. Aus einem überlieferten Fragment von Anaximander geht die folgende Einsicht hervor:
„*Woher die Dinge gekommen sind, dahin müssen sie auch wieder zurück, zu ihrem Untergang. So will es das Gesetz, denn sie müssen Buße tun, für das ‚Unrecht', daß sie vorhanden waren*"
Nietzsche hätte hier noch die Behauptung von der ewigen Wiederkunft des Immergleichen ergänzt.

Von Jesus wird hingegen die Aussage getan:
„*Ich bin gekommen, nicht um das Gesetz aufzuheben, sondern es zu erfüllen*"

Von einer schuldbeladenen Individualität sollte fortan keine Rede mehr sein, für den, der den Weg mit Jesus geht. Zuletzt, mit ihm gleich, soll der Nachfolger auch das Leid bejahen, um mit vollen Recht behaupten zu dürfen: „Ich bin – Ich erfülle das Gesetz", und, wiederum eine griechische Weisheit: „Ich war, zu sein"
Wo würde Nietzsche hier widersprechen?
Dazu scheint erst einmal der ‚Überwinder' der Welt, Jesus Christus, nicht kompatibel zu sein. In einem gedanklichen Sprung über den weltlichen Begriff von Macht hinaus, kann jedoch die „Führerschaft",

im Nietzsche'schen Sinne, als ein Appell an jeden Einzelnen verstanden werden, Führer seiner selbst zu werden, sich also selbst zu beherrschen. Der äußerliche Machtmensch ist aufgrund seiner mangelnden Selbstbeherrschung gezwungen, die Anderen gewaltsam von seinem angemaßten Anspruch auf Geltung zu überzeugen. Auf der anderen Seite stünde dann entsprechend der Herdenmensch, der zu bequem wäre, diesen, in seiner selbstverschuldeten Unmündigkeit, zu entkräften.
Möglicherweise mag sich mancher Gemeinde-vorsteher in seiner uneingestanden selbstherrlichen Eitelkeit ertappt fühlen, und reagiert daher mit einer Allergie auf die Zumutung aus Nietzsches Gedankenwelt. Dieser behauptete von sich selbst einmal, nur Narr und Dichter zu sein – vielleicht auch ein Hanswurst, nach einem Selbstzeugnis.
Vieles muß auch einfach aus der Krankheitsgeschichte heraus gedeutet werden; (zum Verständnis der polaren Gegenüberstellung, die Nietzsche mit „Dionysos gegen den Gekreuzigten" wagt, sollte der speziellen Bedeutung des Dionysos-und-Ariadne-Mythos für ihn persönlich nachgegangen werden. Es lag eine obsessive Bindung an Cosima Wagner zugrunde, der die Rolle der Ariadne zugedacht war).
Für weitere Erkundungen bieten sich durchaus verschiedentlich Würdigungen aus christlicher Sicht an, die von Walter Nigg, und Eugen Biser unternommen worden sind.

Ebenso auffällig wie die Tatsache, daß verhältnismäßig viele jüdische Intellektuelle z.B. dem Heidegger'schen Denken, in der Nachfolge Nietzsches, zu folgen bereit waren (etwa die jüdischen Philosophen Karl Löwith, Hannah Arendt). Weiter bemerkenswert ist die Sachlage der Diffamierung von Nietzsche als ‚unmöglichen' Autor aus christlicher Sicht, neben der gleichzeitig hellwachen jüdischen Rezeption der einzigartigen Analyse des ‚Willen zur Macht'. In dem Maße, wie die Christenheit sich der intellektuellen Potenz berauben läßt, hat das Judentum sie sich zu Eigen und Nutzen gemacht. Mit dem Verlust der Fähigkeit zur psychologischen Durchdringung gewissermaßen in das zweite Glied zurückgetreten zu sein, ist die beschämende Bilanz der Christenheit, wie sie sich heute präsentiert.
Dem Ausgesetzt Sein in die Welt mit ihren Widersprüchen, ihrem Widerstand gegen verständige Durchdringung, und dem größten Rätsel

das der Mensch in sich selbst darstellt, hatte der aufrichtige Christ die Zusage, daß mit Jesus' Heilswerk der Knoten durchschlagen ist, die Verbindung zur Herrlichkeit Gottes wiederhergestellt ist. Er beruft sich auf die ‚Lammesnatur' mit der Christus dies auf sich genommen hat. Wenn alle Christen die Überwindung von Welt und Wille für sich in Anspruch nehmen würden, wäre die Macht der ‚Pyramide' tatsächlich zerbrochen. Im Übrigen wäre damit auch die Bejahung des Willens in der Natur, die sich in der Philosophie Nietzsches findet, überwunden. Gemäß eines seiner Selbstzeugnisse, gerichtet an den ‚unzeitgemäßen' Leser und Nachfolger im Denken, wäre damit auch sein Wunsch erfüllt, dieser möge nicht bloß gelehriger Schüler bleiben, sondern den Lehrer überwinden, erfüllt. Der Konsequenz der Verneinung des Willens in der Philosophie Schopenhauers, hatte Nietzsche mit einer Bejahung geantwortet, und hätte nicht dagegen, ja hatte es ausdrücklich gewünscht, daß man ihm wiederspräche.

Zum größten Bedauern muß festgestellt werden, daß eine kritische Betrachtung des Welt-Willens nur allzu selten vorgenommen wird, ganz unabhängig davon, zu welchem Ergebnis man kommen möge. Die vielen Beispiele des Überwindens, und der Nachfolge Jesu stehen nicht in der Tradition von kirchlich organisierten Vereinigungen, auch nicht in der der Reformer der Reformation, sondern sind die des Einzelnen der mit sich und Gott um die Wahrheit gerungen hat. Das Problem liegt nicht primär an Mangel an Vollmacht der Verkündigung, sondern am weit verbreiteten Unverständnis gegenüber den Mechanismen der ‚pyramidalen' Macht infolge dessen bedienen sich christliche Gemeinden arglos verschiedener, vorgeblich erfolgreicher, Strategien der Werbung und Führung von Mitarbeitern, der Bindung der ‚Kundschaft', des Infotainment, unter Verwendung aller Technologie der Zeit. Gleichzeitig wird eine Sprachkultur der rituell standardisierter Sprach-Code angewandt, der ein individuell formuliertes Zeugnis des Glaubens als unstatthaft erscheinen läßt. Es besteht die beständige Furcht vor dem störenden Einzelschicksal, insofern es nicht zur Bestätigung der jeweiligen Gemeindeübereinkunft kompatibel ist; in diesem Fall herrscht u.U. peinliche Ratlosigkeit aus Scheu vor dem Diskurs. Daher rührt auch die häufig flach wirkende Sprech- und Schreibweise vieler christlicher Autoren, denn sie vermögen ihren Äußerungen nicht die Würze des persönlichen

Anliegens zu verleihen. Dies sicherlich aus der Angst heraus, die tragische oder komische Dramaturgie des Lebens zu übergewichten, gegenüber jener größten Dramatik der Heilsgeschichte.
Es herrscht dort der seltsame Widerspruch, zwischen der ausgezeichneten Gottesebenbildlichkeit jedes Einzelnen einerseits, und dem gleichsam zu Nichts Werdenden gegenüber der Bedeutung des Heils der Welt, andererseits.

Die Auflösung dieses Widerspruchs gelänge in der Deutung der christlichen Botschaft, als das Heil, das sich an gleichsam jedem Einzelnen als Individuum neu entschiede.

So sehr sich protestantische Christen gerne auf das Format eines Martin Luther berufen, sie würden aus der Gemeinde heraus einen solchen selbst nicht mehr hervorbringen, dazu mußte zuvor der EINZELNE mit Gott gerungen haben, um berufen zu sein. Bevor sich der verschreckte Christ sich nun über die radikal polarisierenden Zuspitzungen und ironischen Wendungen bei einem Autorenformat wie Friedrich Nietzsche mokiert, sollte er auch einmal einen Blick in die Schriften Luthers tun. Unter den Reformatoren, die ihre Überzeugung auch zuweilen mit fanatischem Eifer kundtaten, gibt es wohl keinen der aufrichtiger mit Gott ringend, seine Zerrissenheit in kontroversen Aussagen dem Ausdruck verlieh, was der Christ in seinem Herzen auszuhalten hat, im Glauben und Zweifeln.

Der bloße Zweifel würde in den Nihilismus führen, der blinde Glaube in die Überheblichkeit und Rechthaberei. Er scheint im Besonderen aus dem Grunde des deutschen Wesens aufzusteigen. Vielleicht muß nicht gleich von dem Umstand zweier Seelen in einer Brust ausgegangen werden. So könnte der Zweifel aus der Ambivalenz der Motive des

einen Wesensgrundes herrühren, zwischen schwärmerischer Sehnsucht und vernünftelnder Logik.
Der Mönch aus Eisenach, und der Pastorensohn aus Röcken, sie waren im Grunde verwandte Seelen. Als sperrig und solide herausragend sind diese beiden, Luther und Nietzsche, zu sehen, an denen man sich schrundig reiben und stoßen kann. Man kann sie umgehen, versüßen, instrumentalisieren, diffamieren, allein ignorieren kann man sie nicht.

Die Attitüde des „anti-christlichen" in Nietzsches Werk, eines Buchtitels gar, ist, wohlgelesen, eben gerade nicht als eine teuflische Anwandlung zu verstehen, sondern der poetische Widerspruch zur ‚pyramidal' verfassten Kirche, wo der Teufel im System steckt, und dem Schrecken, der in der Maske des Biedermannes sein Wesen treibt – eine Erwiderung auf die tatsächliche Entchristlichung der Christenheit, und der Schaffung von Institutionen mit Hierarchien zur Absicherung des antichristlich/ pyramidalen Machtgefüges.
In dem diffamierenden Eifer, mit dem jede Gruppierung einer anderen Sektierertum vorwirft, geht es nicht darum, welche Bedeutung Jesus für unser Leben hat, sondern um Rechthaberei, um die Deutungshoheit, ein Zank unwürdiger selbsternannter Hirten. In seinem persönlichen Leben hat Nietzsche selbst mehr um das Heil gerungen, als diejenigen, die sich im Stande der Leviten sehen möchten, und die Verkündigung als Beruf zum Broterwerb betreiben.
Das zuweilen kriegerisch anmutende Getöse in den Schriften Nietzsches, ist auch der Widerhall des eigenen Leidens an sich selbst. Als biographische Episode wetterleuchtet auch der deutsch-französische Krieg von 1870, dessen Zeuge er war, und zwar nicht als ausgebildeter Artillerist - sondern als Sanitäter.
Der Weltgeist liebt es, nach Egon Friedell, einmal als Mönch, als Bauernmädchen, auch als Geheimrat oder Generalissimus, sogar als Zimmermann oder Schustermeister aufzutreten. Warum nicht auch in der Gestalt eines sanften deutschen Professors.

Die Inszenierung des Biedermannes unserer Zeit als moderner Luther in der freikirchlichen Bewegung, ist ein Indiz für die fortgeschrittene ‚Vernutztierung' der Christen im pyramidalen Gefüge; wobei das kulturelle Unbehagen am Sexualkundeunterricht an den staatlichen

Schulen aufschäumt, und schließlich in der Frage, ob Kinder das Sandmännchen gucken sollten, versandet. Ansonsten wird jedoch die Behaglichkeit der ererbten Immobilie und die Fügsamkeit der Kinder in die, von der Obrigkeit vorgestanzten, Nützlichkeitsschablonen, als seligmachend angesehen. Was ist auch anderes zu erwarten, wenn der Gemeindeleitung die Erfahrungen des realen Erwerbslebens fehlen, die existenziellen Bedrohungen fernblieben, vor schweren Verluste bewahrt (und 'ansonschte recht gsund'); der bruchlose Lebenslauf des Mittelmaßes sich mit überhöhtem Sendungsbewußtsein vereint. Derart vollendet sich das Bild vom veritablen ‚Philister'

Wenn uns die Medien einen schaudernden Blick in die Abgründe bürgerlicher Idylle tun läßt, innerhalb der die sexuellen Fehlprägungen geschehen, hat das insofern etwas Verlogenes an sich, als jede Nische der Begehrlichkeiten ihren Platz darin findet. Wenn auch die Ökonomie mit der Formulierung von Gesetzmäßigkeiten des Marktes, den Anschein einer objektiv rationalen Wissenschaft vermitteln möchte, sind die elementaren Kräfte und Motive des Marktes im Wesen irrational. Sie agieren im Un- und Unterbewußten auf der Triebstruktur der bürgerlichen Seele.

Im Zuge der sogenannten sexuellen Befreiung hat die Freistellung des Sexuellen für die ökonomische Verwertung eingesetzt. Für die Märkte wurden dadurch neue ‚Energieträger' erschlossen, die auf das Wirtschaftswunder, den kommerziellen Boom der Unterhaltungsindustrie folgen ließen. Was mit dem Ausbau des Dienstleistungssektors dafür sorgte, daß die reale Krise der Industriegesellschaft vorerst verzögert wahrnehmen ließ.

Die Bereitstellung des Menschen als Projektionsfläche für Begehrlichkeiten, kann gar nicht früh genug einsetzen. Bereits Kinder werden dem Anreizsystem der Triebstrukturen, die immer auch ein Agens des Marktes sind, ausgesetzt. Der Mißbrauch von Kindern beschränkt sich nicht nur auf die Objektzuweisung für die sexuelle Fehlprägung, sondern ist ein konsequentes Verfahren der kommerziellen Werbung für Modestile und von Unterhaltungsshows.

Die marktkonforme Gesellschaft basiert auf einer menschenunwürdigen Wirtschaftsordnung des Mißbrauchs!

Die Bildung von Persönlichkeit zielt im Effekt auf die Fähigkeit zur Selbstvermarktung ab. Junge Menschen werden als Human-Ressource zur medialen Kompetenz, zur präsentablen Attraktivität, angehalten.

Sie treffen ihrerseits im Gegenzug auf eine infantile Geschäftswelt des kapitalistischen Spielplatzes psychisch regressiver Erwachsener.
Es ist fast unmöglich, die Kindererziehung unabhängig von den Zumutungen einträglicher Modetrends und künstlich geschaffener Begehrlichkeiten, zu leisten. Im Rahmen der Marktwirtschaft wird jede Person von Kindesbeinen an zum Marktteilnehmer erklärt. Für die Meisten bedeutet dies letztlich, lebenslang an ihrem Verführungspotential zu arbeiten, um als Produkt, als Marke, für zahlungskräftige Konsumenten, Talentmakler, und Partnervermittler für den Arbeitsmarkt oder Heiratsmarkt attraktiv zu bleiben. Der Markt umfaßt auch die Schattenbereiche und Grauzonen des Bürgerlichen. Eine Entrüstung über das Geschäft mit Pornographie, ist unaufrichtig, solange das marktwirtschaftliche Denken selbst nicht in der Wurzel infrage gestellt wird. An die christliche Gemeinde ergeht die Aufforderung ihre Kritik an die Wurzel der Ideologie der Begehrlichkeit und der Triebverzerrung zu legen.

Die Tragik des Protestantismus (Name!) liegt in der Abkoppelung vom kontrovers geführten Diskurs, und der Gefährdung durch Dogmatik. Die Überbewertung des Ressentiments auf Kosten der intellektuellen Redlichkeit zeigt sich am Beispiel der Sexualerziehung. Das Problem ist nicht primär, daß Jugendliche sich etwa zu früh ihrer geschlechtlichen Bedürftigkeit bewußt werden (Achtung: größtes Einfallstor der Sünde – oder größte Gefahr durch die Begehrlichkeit derer die sie ausnutzen?), sondern, daß sie, durchkommerzialisiert, zum Instrument und Kanal für die Vermarktung aller menschlichen Bedürfnisse werden, ohne die Absichten zu verstehen. Die Tabuisierung körperlicher Bedürfnisse korrespondiert mit der Pervertierung im Umgang mit ihnen. Aus dem Verlust der Natürlichkeit in der Entwicklung und Erziehung des Menschen in seiner ursprünglichen Würde, folgt die Unterwerfung unter die Nutzen- und Schadenökonomie, die Dialektik der ‚guten' und ‚bösen' Triebe. Weil der Andere keinen ursprünglichen Eigenwert mehr für uns besitzt, verleihen wir dem Anderen, in seiner Objekthaftigkeit auf uns selbst bezogen, seinen Nutzwert zur Befriedigung unseres eigenen fehlgeleiteten Begehren.
Der Mensch ist und bleibt ein Mangelwesen, und die Schuld liegt bei dem, der darum weiß, und im Mißbrauch herrschaftlichen Wissens. In

der christlichen Erziehung sollte der Selbstwert gestärkt, und ein unbelastetes Körpergefühl unterstützt werden; den Kindern die kritische Infragestellung zu gestatten, auch wenn es Autorität berührt.
Es zeugt nicht von besonderer Frömmigkeit, sondern von Grausamkeit aus Schwäche, einem Menschen die Seele mit drohendem Verlust des Heils zu verdüstern (in allgemeiner Verdunkelung, kann auch eine schwache Leuchte strahlen, das scheint die Devise der christlichen Dunkelmänner zu sein). Die Tatsache einer Hölle, die Drohung mit der Verdammnis als mächtige Keule in den Händen von Biedermännern des Eigenheims, Maklern und Krämern als Gemeindeleitungen, so stellt sich die evangelisch freikirchliche Welt dar.

Um eine Wiederannäherung der christlichen Gemeinde an die jüdische (orientalische) Wurzel zu erreichen, wird eine, ausgehend von, vorzugsweise, freikirchlichen Kreisen betriebene, Gewinnung von Juden für das Christentum unternommen. Vom Bekenntnis zu Jesus als Messias durch sog. messianische Juden verspricht man sich eine urwüchsige Neubelebung, bzw. Wiedergeburt, der inzwischen als „lau" wahrgenommenen Christen der westlichen Welt. Das gelingt im Besonderen durch die Zurechtweisung vonseiten neu entbrannten Proselyten. Es wäre, vom psychologischen Standpunkt aus, gut zu erklären, warum gerade Bekehrte besonders überzeugt von ihrer neuen Mission sind.
Vordergründig wird von Seiten der christlichen Kirchen eine Mission des Judentum zum ‚rechten' Glauben betrieben, faktisch handelt es sich um eine Korrektur des kritischen West-Christentum durch die, mit älterem Recht ausgestattete, Gesetzlichkeit des Judentums.
Die kindliche Begeisterung speziell afrikanischer und lateinamerikanischer Pfingstgemeinden, sowie die Mentalität der Christen im asiatischen Raum, steht dem Individualismus in unserer Kultur entgegen. Dieser wird gerne als eine ‚üble' Frucht von Gottlosigkeit bezeichnet. Im eigentlichen Sinne gemeint ist aber die, in der Geschichte unserer Kultur wurzelnde, Skepsis des Einzelnen gegen die Vereinnahmung durch die Gruppe, eine im Grunde gesunde Immunreaktion, denn nun genügt es nicht mehr, daß der Chef einen harschen Ton anschlägt, sondern jetzt muß er sich kompetent zeigen und zu überzeugen verstehen. Dieses, gewissermaßen gesunde, Immunsystem soll jedoch unterlaufen werden („lass des Zweifels

Fragen...“), und eine Lenkung hin zur, wesenhaft, sozialistischen Ausrichtung des Wollens auf die gemeinsame große Sache („es sei die Sache Gottes“, “zu Gottes Ehre“, „zum Bau des Reiches Gottes“ – vielfach verbergen sich dahinter leider oft genug die Motive des ‚Pyramiden’-Baus, unter der frommen, unwidersprochenen Überhöhung des Arguments)
Die Rückbindung der Christenheit auf das orientalische Werteschema (der Einzelne ist nichts, bzw. unwürdig, die Gruppe ist alles, die Masse das Größte), führt dazu, daß der Gläubige sich in seinem Kämmerlein, allein in Gottes freier Natur, bei seiner ihn erfüllenden Tätigkeit, sich als ungenügend empfinden soll. Erleichterung erfährt er bei der möglichst großen, theatralischen Inszenierung seiner individuellen Entwertung in der Gemeinde.

Im Zusammenhang mit den Bestrebungen der ökumenischen Initiative seit den allgemeinen Aufbruchjahren um 1990, mit dem Ziel der Wiederannäherung der geteilten Kirche, geht eine gleichzeitige Zerfaserung der Randbereiche jeweils der katholischen und evangelischen Fraktion vor sich. Wie im rechten katholischen Milieu durch eine Rückbesinnung auf die lateinische Messe der Vereinheitlichung entgegenwirken sollte, formierte sich auf der protestantischen Seite eine Bewegung der sogenannten ‚Neuen Reformation’, getragen unter Anderen von Persönlichkeiten, wie Lothar Gaßmann.
Vorderhand ist all diesen Strömungen gemeinsam, einer Verwässerung der reinen Lehre durch die argumentative Verflachung im Konsens und zunehmende Beliebigkeit im christlichen Bekenntnis entgegenzuwirken, die sich als Preis zur Überwindung des Schisma einstellen würden.
Tatsächlich ist das Bestreben nach Vereinheitlichung grundsätzlich eine Strategie zur Ausweitung des Machtbereichs der „Pyramide“ an der Basis. Denn das Kontroverse und Eigentümliche ist, wie stets das widerständige Moment, das den, zu verwirklichenden, gemeinsamen höheren Zwecken im Wege steht, und ist damit zugleich auch moralisch fragwürdig. Paradoxerweise ist aber gerade die restaurative Bewegung, sowohl auf Seiten der Bewahrer der römischen Hierarchie, als auch der konservativ patriarchalischen, rigid frömmelnden, Evangelikalen, eben beiderseits das günstige erzieherische Umfeld zum

Aufbau pyramidaler Herrschafts-Struktur. Der Zirkelschluß offenbart sich in der Tatsache, daß sowohl das Beziehen reaktionär doktrinärer Standpunkte, als auch die bemüht konsensuale Einheitsbewegung, jeweils, mit unterschiedlichen Zwecken, zum gleichen Ziele führt, nämlich die christliche Gemeinde als nützliches Element der pyramidalen Maschine zu machen.

Zusammengefaßt, befindet sich die Christenheit vor einer Transformation, die als vermeintliche Auflösungserscheinung wahrgenommen wird, wogegen die Rückbindung an ein orientalisches, messianisches Judentum, beziehungsweise an die römische Hierarchie, gleich einem Damm, schützen sollte. Doch kommt dabei gerade zu einer Bestätigung ebenjener ‚pyramidalen' Struktur, in ihrer hierarchischen Gesetzlichkeit.

Wegen der Unfaßlichkeit der bedingungslosen Hingabe Jesus', mußte die kirchliche Deutung vom Freikauf von der Sünde formuliert werden. Weil weder dem rationalen Verständnis (Rom), noch dem Gerechtigkeitsprinzip der Wiedergutmachung (dem rächend Rechten - Judentum) dies eingängig erschien, daß jemand ‚einfach so' etwas tut, ohne etwas dafür einzutauschen, mußte die christliche Tat zu einem jüdischen Tauschverständnis zurückübersetzt werden („ich tue nur etwas, wenn ich etwas dafür bekomme"). Nach wie vor wird nicht verstanden, daß, sowohl die göttliche Gnade für unsere Begriffe grundlos (sie gründet nur in sich selbst, Gottes Macht ist grundlose Gnade), als auch das Böse an sich grundlos, bodenlos tief ist. Die Beantwortung der Frage ‚Warum?' mit „weil es eben so ist!", ist für uns unbefriedigend und verstörend. Unser Handel und Wandel, auch als Christen, ist immer auf Lohn und Strafe, Geben und Nehmen ausgerichtet; die Tat Jesus' ist nicht juristisch aufzufassen, sie ist vom Recht her grundlos, aber wir zwingen sie in unsere Deutungsmuster der juristischen Rechenhaftigkeit, bzw. Rechtschaffenheit
Mit Jesus würden wir zwar aus dem jüdischen Begriff der Rechtschaffenheit der Gesetzlichkeit herausgetreten; die Kirchengemeinde zwingt uns indes wieder dahin zurück, in die jeweilige rechtschaffene Ebene der Pyramide der Rechenhaftigkeit.
Der Mensch wird nicht durch gute Werke gottgefällig, sondern der Gottgefällige wird aus sich heraus das Gute tun, daher die Kritik an der

Werkgerechtigkeit. Gemeint ist eine Rechtschaffenheit, im Sinne des „Bienenfleiß", der ‚gut' ist, weil er für uns den guten Honig liefert. Also Jemand handelt dann ‚gut', wenn wir ihm Nutzen zuerkennen. Ein ‚gutes' Werk ist schätzenswert, jedoch nur zweiten Grades, insofern zunächst der Glaube ausschlaggebend ist (nach Luther), und noch vor dem Glauben, die Gnade Gottes selbst.
Wenn man sich bloß über das Gute am Werk einigen könnte! Jeder Versuch, eine Handlung außerhalb der direkten Beziehung zwischen Gebenden und Empfangenden verstricken sich augenblicklich in Widersprüche. Handelt der Gläubige an sich schon gut, so Gott will, und folgt daraus, daß der Nichtgläubige per se auch keinesfalls gut handeln kann? Muß der Nutzen einer Handlung unmittelbar einsichtig sein, oder gar ökonomischen Mehrwert schaffen? Gibt es eine Rechtfertigung für die grundsätzliche Unterlassung ‚guter' Werke?
Tabufrei muß auch über die freie Entscheidung des Menschen über sein eigenes Ende nachgedacht werden. Die Hoffnung auf eine politisch eindeutig praktikable Antwort zu nähren ist unredlich, solange der Mensch als ökonomische Rechengröße behandelt wird, Der Lebenswert des Menschen muß von den verachtungsvollen Nutzenkriterien freigestellt werden. Gäbe man dem Menschen seine moralische Freiheit zurück, wäre er als moralisches Wesen wieder ernst zu nehmen, und selbstverantwortlich. In die Verhandlung des ‚Guten' tritt einzig legitim, das ICH mit dem DU.

Der sog. „Übermensch" ist der Über-den-Menschen Hinaus-Gehende, der nicht unangefochten unkörperlich von außerhalb heranschwebt, sondern der Mensch, der überwindet. Bei aller Schelte über ein falls verstandenes Christentum, hat Nietzsche Jesus den einzigen Christen genannt, denn mit seiner Erhabenheit im Erniedrigt-Sein ist er der wahre Über-Mensch (Gott-Sohn) als Überwinder (ein König herrscht über seine Untertanen, und fürchtet ihre Empörung; der wahre König wächst seinen Untertanen die Füße).
Also, zur Ehrenrettung des Autors, der im Gegensatz zu seinen Donnerworten, als sanft und liebenswürdig geschildert wurde, der die Stärke gepredigt hatte, und selbst zeitlebens kränklich gewesen, die Freiheit gepriesen hat, und die Sünde fürchtete – der ist das irrende Schaf um dessen willen der Hirte die Herde verlässt um es zu suchen.

Eine furchtbare Verirrung in der Rezeptionsgeschichte hat einen dunklen Schatten über Nietzsche gebreitet, nämlich die profane „Übermenschen“-Ideologie des 20. Jhrd., die eine perverse Verweltlichung eines Begriffes von ursprünglich poetischer Wahrheit darstellt. Die Verblendung von der Macht ist eine Frucht der pyramidalen Erziehung des Menschen der Moderne. Der Maschinenmensch, der Funktionär, alle diese Effizienzbestien sind das eigentliche Personal des ‚Antichristen'. Zum Verständnis dieser Mechanismen wäre es für Christen aller Denominationen besser gewesen, sie hätten auch einmal unvoreingenommen einen Blick in die Werke des Analytikers und Diagnostikers des pyramidalen Prinzips geworfen, denn dann würde die entwundene Freiheit eines Christenmenschen wieder errungen:
„Gehorchen? Nimmer! - und Aber-Nein Regieren!“, so lautete ein frommer Wunsch Nietzsches

Bei aller Anerkennung des persönlichen Mutes zum Widerstand, und Größe in der Verfolgung, tut man sich in der Öffentlichkeit doch oft schwer, den Einzelnen zu würdigen, der sich nur vor Gott zu verantworten hatte. Die tragische Entscheidung, mit einer Tat sich gleichzeitig gegen die Rechtsauffassung der Zeit zu vergehen, und aus den Schatten des christlich moralischen Rechts zu treten, wie etwa Georg Elser den Mord an einen Tyrannen vorbereitete, werden wir auch dann nicht nachvollziehen können, wenn das soziale Umfeld auch vollständig erforscht, und das Motiv durch die Geschichte gerechtfertigt ist. Während die Gruppenaktion sich durch die Zahl der Anhänger oft von selbst rechtfertigt, wenn sie ein Statut besitzt, und sich auf einen höheren Wert beruft, bleibt der Einzelne seinem Volk oft fremd, wie sich am Beispiel des umstrittenen Gedenkens an Elser in seiner Heimat noch nach Jahrzehnten zeigt. Die Gruppe um Hans und Sophie Scholl hat sich hingegen von Anfang um einen öffentliche Rechtfertigung bemüht, also versucht eine Brücke zu ihrem Verständnis zu bauen. Da die Appelle keine breite Aufnahme gefunden haben, waren die Studenten wieder auf sich selbst, als einzelne Christenmenschen zurückgeworfen. Aber so war es ihnen möglich, sich zu einer eigenen Größe, im ethischen Anspruch an sich selbst, und allein vor Gott, zu entwickeln. Das Umfeld der ‚bekennenden Kirche' um Dietrich Bonhoeffer hat es ebenfalls nicht vermocht, einen breiten Systemwiderspruch bewirken. Vielfach lag der Grund in der gruppenspezifischen Exklusivität der christlichen Gemeinde, sowie am Selbstverständnis der Leitungen, das noch gebunden an die eigene ‚pyramidal' höhere Klassenzugehörigkeit gewesen war. Somit wird die Not einer anderen Klassenschicht fehlgedeutet, solange sie nicht auch als die eigene betreffend wahrgenommen wird. Dies mag in der Übertragung auch auf die Befindlichkeit der heutigen Gemeinde der Fall sein.

Komplexer war noch für lange Zeit der Umgang mit dem vermeintlichen „Verrat“ des elitären Kreises von Offiziers-Adel, dem Graf Stauffenberg verbunden war. In der Gestalt des Grafen tritt uns gleichsam eine ‚heldische' Herkulesgestalt gegenüber, deren Charakterisierung bereits im Kapitel der Darstellung der Helden-Mythos versucht wurde. Als Angehöriger des herrschenden Systems, der der Nation mit eigener Person die Ehre wieder zu geben versuchte. In der Analogie zu Herkules, der von den Göttern in Schuld gebracht, und es wagt, sie, als ein Halbgott doch auch ein Produkt ihrer Welt seiend, auf ihrer Ebene zu stellen. Wir hatten zuvor festgestellt, daß, im Gegensatz zum ‚heiligen Held', der ‚mythische Held' letztlich seine eigene Ehre wiederherzustellen bestrebt ist, und dennoch als Gipfeltypus des Menschen als solchen anerkannt wird. So viel Bewunderung der Held genießt, sowenig volkstümlich ist er dennoch, weil er den Menschen auch als Vorwurf gegenübertritt, selbst nicht auf jener tragischen Höhe wandeln und zu können.

Da Stauffenbergs ideologischer Hintergrund zurück in den George-Kreis reicht (in dem das Symbol der Swastika eine außerordentliche/ enorme Bedeutung zukam – „enorm“ war gleichzeitig eine beliebte Vokabel), ist die nationale Identifikation ausgesprochen schwierig. Am Ende berief sich Stauffenberg auf den Fortbestand eines „geheimen Deutschland“. Ein demokratisch verfaßter Staat nach unserem heutigem Verständnis kann damit nicht gemeint gewesen sein!

Allein wo es sich um den Aufstand des Gewissens aus christlicher Überzeugung handelt, scheint die Motivlage klar. Ein deutliches Zeugnis gaben z.B. Carl v. Ossietzky und Dietrich Bonhoeffer. Das Umfeld der ‚bekennenden Kirche' hat hingegen versäumt, die

Sozialisierung des Christen unter dem Einfluß gesellschaftlicher Tendenzen zu thematisieren. Damit ist die christliche Gemeinde im Rahmen des eigenen Bekenntnisses geblieben, um an der Illusion von einer ,reinen' Gemeinde drinnen, und einer unchristlichen Umwelt draußen, die zum Verlust bestimmt ist, weiter festhalten zu können. Zur Sicherstellung dieses Gefälles, nach dem ,Gut-Böse'-Schemas, wird der Bekannten- und Freundeskreis entsprechend nach dem Kriterium, ob dieser oder jener ,gläubig' oder ,ungläubig' wäre, abgeprüft.

Hingegen gab es nur bislang nur wenige Stimmen, die sich die Mühe gemacht haben, die Sozialisierung des Menschen innerhalb der Machtstrukturen zu analysieren. Immer steht am Ende schon ein fertiger Zeuge seiner Überzeugung da, und schmückt die Traktate. Die bündige Überzeugung schließt mit der Aussage, ,Hie Gerechte, hie Ungerechte – Weizen und Spreu'. Wo aber kamen Dieser her, bis zu welchem Punkt hat Jener sich mit den Verhältnissen arrangiert, und welche Umstände haben für die exklusive Stellung einer Persönlichkeit in der geschichtlichen Betrachtung geführt. Solche Fragen müßten geklärt werden, um durchzudringen zu dem Grundfaktum, der Beziehung des Individuums zu seiner Zeit. Die Klärung der Frage, wie kommt jemand zu seinen Überzeugungen, muß zuvörderst ohne Wertung in der Bestandsaufnahme der Folgen vorgenommen werden.
In den *primär/sekundär*-Zusammenhängen, von Ursache und Wirkung, Grund und Folge, Motiv und Handlung, kleben die häufigsten Würdigungen der Zeugnishaftigkeit einer Person stets am *sekundären* Aspekt.
An dieser Stelle ist einmal auf Theodor Lessing als frühester Deuter der *primären* Aspekte der historischen Tatsachen seiner Zeit, und in der Tradition von Schopenhauer und Nietzsche, zu würdigen. Leider liegt dieser Psychoanalytiker der Sozialgeschichte nicht im Horizont christlicher Weltbetrachtung. Lange vor der Machtergreifung Hitlers, war jener Typus charakterisiert worden, zu dem die meisten Christen jener Zeit meist deutlich zu spät ihre Stellung geklärt hatten.
Der Horizont der Gemeinde umfaßt die Umstände ihrer Konsolidierung, und reagiert auch angemessen darauf, etwa mit der Bestätigung bestehender Machtverhältnisse. Für die Voraussetzungen der ethischen und ästhetischen Erziehung des Menschen ist sie leider

oft blind. Daher ist ihr eine Würdigung individueller Nöte ganz unmöglich, sondern sie gerät immer zu einer positiven Bedeutung der Not, als Notwendigkeit im globalen Heilsgeschehen.
Allzu oft wird die Gruppenidentität über das Gewissen des Einzelnen gestellt, der Korpsgeist gepriesen, der Querkopf gescholten, deshalb ist auch die christliche Gemeinde im pyramidalen Gefüge noch nützlich, und ist es stets gewesen.
Grundsätzlich wäre zu klären, unter welchen Voraussetzungen sich diese Qualität herausbildet, die mit Ziviler Courage bezeichnet werden kann. Eine verlässliche Rückbindung (religio) kann nur der Hintergrund sein, vor dem sich die eigentliche Persönlichkeit des Einzelnen abbildet. Die erste gelingende Rückbindung ist allerdings eine tragfähige Beziehung zu den eigenen Eltern. Wo sie fehlt, kann das Kollektiv, oder gar die Menge in Masse, keinen Ersatz bieten, wohl aber die narzisstische Kränkung anästhesieren. Das kann geschehen, durch den Versuch der Auflösung der eigenen Identität in der Menge, oder aber in der Aufwertung des defizitären Ego durch die Multiplikation in der Gruppe, bzw. Gemeinde.
Letztlich aber wird der Bruchanteil durch eine wachsende Nennermenge, der ‚Einer' als Zähler, im Ergebnis immer kleiner, und konvergiert letztlich gegen Null.
Viele Zeugnisse aus notvoller Zeit zeugen vom Versagen des Kollektivs und die Größe des Individuums. Es gibt Beispiele für Mitleid mit dem Feind, Verweigerung eines schändlichen Befehls und Treue zu einem Freund. Im Kranken oder in Gefangenschaft Geratenen, sich selbst wieder zu erkennen, ist kein Alleinstellungsmerkmal von Christen. In indischen Schriften findet die Ermahnung *–tat wam asi*!- das bist Du! gegenüber dem Leiden, lange vor der christlichen Botschaft Erwähnung. Gefangen in der Kasten-Pyramide Indiens, sollte erst mit Jesus, am Schnittpunkt aller Kulturen, verkündet vollmächtig werden, er komme, nach eigener Aussage, nicht um das Gesetz aufzuheben, sondern es zu erfüllen. Dies geschah an jenem Ort der Welt, an dem die inneren Widersprüche, und die existenzielle Zerrissenheit in einem Volk repräsentiert sind.

Wenn der Jäger sich der Herde nähert, rückt diese zusammen und gerät kräftig in Bewegung; die Herde tut das nicht aus dem Mut der

Vielen heraus, sondern die vielen Einzelnen verstecken sich jeweils hintereinander, daß gerade sie nicht erwischt würden. Vielleicht braucht der Jäger aber noch gar kein Opfer und ist großzügig, einstweilen schreckt er sie nur ein wenig und hegt sie ein, vielleicht läßt sich ihr Aktionismus inzwischen anderweitig nutzen. So die konvektive Bewegungsenergie in der Basisebene der Pyramide

Der Abbau der Pyramide:

Im Sprichwort wird allgemein Wissen mit Macht in einen Zusammenhang gestellt, worauf folgerichtig zu schließen ist, daß Nichtwissen Ohnmacht macht. Die Sammlung und Ordnung von Wissbarem, führt zu einer Konzentration der Macht auf Seiten der Horte von Information, etwa in den Serverfarmen, wo den Daten die Relevanz zugewiesen wird, je nach der Auswertung den Kontexten der Nachfrage von Daten. Der Anwender bekommt daher nur ein Deutungsmuster zu sehen, das über das Wissen der Welt gelegt wird von Algorithmen, deren Funktionen wiederum nicht jedermann zugängliches Herrschaftswissen darstellen. Angebote von sogenannten *opensource*-Projekten sind in ihrem Charakter gewissermaßen ‚Schrebergärten' der Informationsverarbeitung innerhalb des ökonomischen Gesamtkalküls, wobei die globale ‚Stadtentwicklung' selbst nicht grundsätzlich in Frage gestellt wird.
Der Anspruch auf umfassendes Wissen, und damit Herrschaft über die Deutung, erstreckt sich zum Einen, in die Vergangenheit, mit dem Ziel einer Geschichtsschreibung, die zur Einsicht in die, als alternativlos anzunehmende, Notwendigkeit gegenwärtiger Sachzwänge führen sollen. Der Anspruch auf umfassendes Wissen greift aber auch in die Zukunft, durch die Vorprägung unserer Wahrnehmung der Welt, getrieben von der rasenden technischen Innovation, die wiederum eine drängende Alternativlosigkeit im Bewußtsein erzeugt.

In einem Bild utopischer Überspitzung, ist die Schärfung der Pyramidenspitze zu einem Fokus mit der Eigenschaft einer punktuellen Singularität geeignet, die Verdichtung aller Information sich auf ein

potenziell unendliches Maß zu gesteigert vorzustellen. In Analogie zu Hawkings „Schwarzen Löchern“, würde sich, in der Weise, wie die dichte Masse den sie umgebenden Raum krümmt, also der Geschichtsraum entsprechend ‚krümmen’, sodaß die Pfeilenden der Vergangenheit und Zukunft zueinander gebogen vorstellbar würden.
Wenn bei Nietzsche das Bild der ringförmig geschlossenen Weltzeit gezeichnet wird, aus dem die ewige Wiederkunft des immer Gleichen geschlossen wird, kann unsere kosmologische Betrachtung an dieser Stelle zu weiteren interessanten Spekulationen anregen.
Neben dem Wahn, durch das Zusammenschnurren der Enden der Zeit, mit allem Informationsgehalt, auf einen Punkt gebracht, quasi die Unendlichkeit in einem punktuellen Nichts, kollabieren zu lassen, muten alle sonstigen hybriden Wahnideen des Willen zur Macht fast als plausibel und alternativlos vernünftig an.

Ein Leben außerhalb der Pyramide ist nur in dem Maße vorstellbar, wie es noch weiße Flecken auf dem Globus gibt. Demnach ist der Anspruch des pyramidalen Strebens mittlerweile ein globaler, was die Bildung äußerer Strukturen anbelangt. Es verbleiben noch die weißen Flecken unserer Persönlichkeit, die, gemäß eines psychologischen Modells ebenfalls an eine Pyramide erinnert, nämlich die Schichten des bewussten Ich, des aufgeprägten Über-Ich, und des kaum willentlich beeinflußbaren Unterbewußten.
Der Hort des Verdrängten, und Sublimierten, ist das letzte Schlachtfeld des pyramidalen Machtstrebens. Die Frage, warum denn Suchmaschinen und soziale Netzwerke ebenso wie Geheimdienste sich auch noch für die banalst scheinenden Vorlieben ihrer Klientel interessieren sollten, ist zwar vordergründig ökonomisch zu beantworten (der Kunde dieses Artikels interessiert sich möglicherweise auch für Jenes...). Tiefgreifender als der Griff in unseren Geldbeutel, ist jedoch der nach unserer Seele. Bislang ist es möglich gewesen das Feld der Traumarbeit der Nutzung zu entziehen, und die innerste Triebstruktur, weil noch wesentlich unverstanden, noch als weitgehend anarchisch anzunehmen. Wer verstünde, den seelischen Raum des Verdrängten, des Tabuisierten, der uneingestandenen Affekte, erschließen, gewönne ein noch unabsehbares Marktpotential. Es ließen sich die Instanzen der bewußten Kontrolle unterlaufen, und den Menschen als ökonomischer

Parameter, weit über seine Selbsterkenntnis hinaus, kalkulierbar machen. Die Würde, die wesentlich auch aus einer tiefliegenden Unbestimmbarkeit und Unverfügbarkeit der Person, folgt, wäre in der Realisation dieser verstörenden Dystopie, unwiederbringlich aufgehoben.

Würde der Mensch, als Angehöriger der pyramidal basalen Fermentschicht sich seiner individuellen Ressourcen besinnen, und dafür seine atomare Verlorenheit ablegen, wäre es ihm möglich in frei gewählter Tätigkeit, in Beziehungen nach freiem Entschlusse zu leben. In dieser Weise kristallisierten sich wieder menschenwürdige Lebensräume aus. Diese ‚Kristallisation' von Verbindlichkeit in Beziehungen, im Sinne freigewählter Bindung, würde die Struktur der Pyramide nicht festigen, sondern vielmehr durch die Solidität der Basis die pyramidale Mechanik hemmen, und deren Machtstruktur fragiler machen. Die ‚Kristalle' der Basis, die familiären und freundschaftlichen Beziehungen, wären der Sand im Getriebe der Pyramide.

Dazu ist eine grundsätzliche Infragestellung des Leistungsbegriffes erforderlich. Die Sorge für einen Menschen, die Pflege eines Tieres, das Hegen von Pflanzen sollte höher bewertet sein als die rein technische Innovation; in dieser steht die handwerklich künstlerische Tätigkeit wiederum höher als die bloße Verwaltung, diese aber immer noch höher als der reine Umgang mit der entsubstantiierten Geldsymbolik. Utopisch klingt das nur in den Ohren derjenigen die die Verkehrung aller Werte durch die pyramidale Erziehung und Manipulation soweit verinnerlicht haben.

Seit zwischen die Beziehung des handelnden Subjekts zum behandelten Objekt die Geldwirtschaft getreten ist, ist die fortschreitende Geldwertigkeit aller Lebensbereiche an die Verheißung gebunden, daß der Mensch, insoweit er von der materiellen Objektbindung entlasten würde, nun freigestellt wäre sich Wesentlicherem zuzuwenden. Es sollte ihm eine Sinnstiftung auf höherer Ebene möglich werden, sich nunmehr Kunst und Philosophie zuwenden können, und auch wieder auf direktem Wege dem Anderen.

Allein die kulturelle Wirklichkeit läßt jedoch vermuten, daß dem Menschen mit dem Verlust der Objektbeziehung (zu seinem Werk) auch das Interesse an der Freiheit zu „Höherem" verloren ging. Tatsache ist weiterhin das Versprechen der Wachstumsideologie, mit

der Koppelung von Freiheit als geistige Kategorie, an Wohlstand als materielle Kategorie. Tatsache ist aber auch, daß die individuelle moralische Freiheit abnimmt, in dem Maße, wie uns die Gestaltung der objektiven Welt entzogen wird, und wir im Gegenzug in eine komplett vorgestaltete Objektivität gestellt werden.
Der Blick in ein Kinderzimmer veranschaulicht sofort diese These: Kindern werden nicht mehr Grundstoffe zur eigene Gestaltgebung und Funktionszuweisung überlassen, sondern fertige Komplexapparate, die dem Kind nur die Wahl vorgegebener Optionen des Bedienfeldes erlauben. Neben der atemlosen Verwaltung von immer mehr Dingen, die uns umstellen, und die immer weniger von uns mitgestaltet werden, wächst die Unmündigkeit in dem Maße, wie der Produktionsprozeß derselben von uns abstrahiert ist. Daher bleiben die Dinge uns auch durch den geldwerten Tausch entfremdet, weil die Geldwirtschaft die Verbindung von Subjekt und Objekt gekappt hat. Der bloße Besitz muß frustrieren, wenn wir keinen Bezug zur Entstehung der Dinge mehr haben. Seit dem neuzeitlichen Wertewandel, betrachten wir den eigentlichen Wert der Dinge eher im Geldsymbol, das den Tausch und Erwerb von zusätzlichen Dingen potenziell ermöglicht. Das Glück liegt dann immer in der Verheißung des Glücks, also im künftigen Erwerb. Ein Kaufsüchtiger wird bestätigen, daß er stets den Prozeß des Erwerbs, im Eintausch von Geld, als beglückend empfinden wird, der bloße Besitz jedoch regelmäßig frustriert.
Zur Rettungsempfehlung der individuellen Würde der Persönlichkeit müsste weniger nach dem gefragt werden, was sie als äußere Ausstattung noch hinzu gewinnen könne, sondern worauf sie künftig besser verzichten sollte. Vorstellbar ist beispielsweise der Verzicht auf die Nutzung von Hochtechnologie, soweit dies im Bereich der individuellen Entscheidungsmöglichkeit liegt. Eine Reduktion der Kommunikation auf den direkten Umgang, verminderte das bedeutungsleere Rauschen. Eine Beschränkung der Mobilität auf das konkrete nächste Ziel, nähme der Motorisierung seinen angemaßten Wert an sich. Die Erfindung der Teflonbeschichtung und des Kugelschreibers hätte nicht der Raumfahrt bedurft, und der Bildschirm bräuchte nicht das Lagerfeuer unserer Zeit zu sein. Bereits in der Zeit der Entdeckung radioaktiver Elemente, und der kaum erfaßten Möglichkeit der Energiefreisetzung, äußerte Egon Friedell seinen Zweifel darüber, ob eine darauf basierende Technologie einen Beitrag

zur Entwicklung der Menschlichkeit leisten könnte. Stattdessen kündigte er ein noch nicht vorstellbares Bedrohungsszenario an, das in der Realität noch übertroffen werden sollte.
Immerhin steht eine breite Diskussion noch weitgehend darüber aus, welchen Beitrag technische Innovation zur Gestaltung einer humanen Gesellschaft haben kann. Unbestritten ist die Zwiespältigkeit der Wirkung, wie im Vergleich die Drucktechnik über die Vervielfältigung von Information, sowohl für eine Demokratisierung, als auch massenwirksame Verführbarkeit der Gesellschaft gesorgt hat. Bislang wird eine Grundsatz-Diskussion auf diesem weiten Feld, das hier an dieser Stelle nicht weiter beschritten werden kann, als innovationsfeindlich und ökonomisch unverantwortlich diffamiert. Dabei ist eine Infragestellung der technikbasierten Wachstumsideologie, gerade aus dem Anlaß rasch aufeinander folgender Krisen, geradezu unvermeidlich.
Selbst auf eine differenziertere Technikkritik, als an dieser Stelle geschehen kann, folgt zumeist die Erwiderung, welche Errungenschaften es anderweitig nicht gäbe, und welche Produkte unerschwinglich oder gar nicht verfügbar wären.
Würden hingegen die Produkte den Preis besitzen, den sie bedingt durch Technikfolgen, und Inrechnungstellung ökologischer Risiken, und sozialer Ungerechtigkeit, haben müßten, dann wären Muskat und Gewürznelken heute so erschwinglich wie im Mittelalter, und Unterhaltungs-Elektronik wäre nach wie vor nur zum Prototypenpreis zu haben.
Ohne uns weiter argumentativ ins Dickicht der Anschauungen zu begeben, mit der Klärung der Grenzen des Gebrauchs von Waschmaschine und Spülmaschine, soll dennoch angeregt werden, darüber nachzudenken, inwiefern der unverminderte technologische Zuwachs, insbesondere auf dem Gebiet der Informationsverarbeitung, auch gleichzeitig den Raum der Begehrlichkeiten unabsehbar ausweitet.
Wo bleibt, speziell von Seiten der christlichen Gemeinde, eine Erwiderung zum vorherrschenden Positivismus einer Risikogesellschaft, wie er von dem Soziologen Ulrich Beck vertreten worden ist?

Eine kurzschlüssige Gleichsetzung von Individualismus mit Egoismus, als stärkster Einwand für die regulierende Funktion pyramidaler Hierarchie, kann bereits in der Wurzel des Begriffs Individualismus entkräftet werden.
Mit der Dekonstruktion der ‚Pyramide' ergibt sich der Schluß, daß die Pyramide strukturell gar keine Substanz hat, außer der Trägheit und selbstverschuldeten Unmündigkeit der Individuen, die die Macht an dieses Abstraktum delegieren. Die Anbetung eines Bildnisses, das man sich zuvor selbst geschaffen hat ist wesentlich Götzendienst, und die Berufung auf die vermeintliche Alternativlosigkeit zur pyramidalen Ordnung, kommt in einer Umwertung des Gebotes, keine weiteren Götzen zuzulassen, gleich. Das Individuum ist somit wieder auf sich selbst zurückgeworfen, und ob das Individuum in sich Substanz hat, oder in einem Abgrund des Nichts verschluckt wird, muß sich erst noch erweisen. Im Übrigen hat Nietzsche, dessen Analyse des ‚Willen zur Macht' schon an verschiedener Stelle eingeflossen ist, andersherum die Existenz von Individualität rundheraus bestritten, und auf die bloße Modellhaftigkeit der Vorstellung des Atoms (A-tomos = In-dividum /unteilbar) verwiesen.
Ebenso wie sich in der Teilchenphysik des subatomaren Raumes das solide Atom mit fester Gestalt und unwandelbaren Eigenschaften als substanzlos erwiesen hat, müsste sich das Ich/ Ego in Unbestimmbarkeit auflösen, wollte man zu seinem Kern vordringen.
Das Lebenssystem innerhalb dem das Ich sich ausformt, ist wesentlich von seiner Bindungsfähigkeit bestimmt, in Analogie zum elementaren Atom, das seine individuelle Eigenschaft darstellt in der Bindungsfähigkeit, und das gerade darin seine Beharrlichkeit zeigt (mit dem gewissen Rest an Unschärfe, wollte man es darauf festlegen – wie im richtigen Leben).
Im Periodensystem der Elemente menschlicher Persönlichkeiten gibt es eine unüberschaubare Zahl von Affinitäten und Verwandtschaftlichkeit, die durch ihre Potentiale der Bindungsfähigkeit bestimmt sind. Wenn also von Individualität zu sprechen ist, muß dabei von der unmittelbar möglichen ‚chemischen' Eigenschaft in Beziehungen zu seiner Umgebung die Rede sein, wollte man nicht ein absolut isoliertes Ich-Atom postulieren, das substanziell existieren solle ohne jegliche Wechselwirkung mit seiner Umgebung,

das dadurch aber gleichzeitig unnachweisbar bleiben müßte, und damit sinnlos wäre.
Nichtsdestoweniger war es innerhalb dieser Ausführungen von Nutzen, darauf hinzuweisen, daß das Individuum gegenüber der Fiktion eines Kollektivwesens wieder zu seinem Recht verholfen werden müsse. Um, noch einmal mit Nietzsche zu reden, das In-dividuum wiederum angemessener als ein Di-viduum zu verstehen. In der Beziehung des ICH zum DU, und, noch ursprünglich im Mutter-Kind-Verhältnis, ist erkennbar, daß zur Selbstwerdung naturgemäß die Teilung gehört. Sie ist das Grundprinzip bereits auf elementarer Zellebene.

"*There is no such thing as society*"

In einem etwas abweichenden Sinne von der ursprünglichen Intention dieser Behauptung, die die neoliberale Premierministerin Margaret Thatcher aufgestellt hat, soll hier auf sie Bezug genommen werden.
Die Gesellschaft ist kein eigenständiges Wesen, das ihren Teilen einen von außen herangetragenen Zweck aufdrängt. Vielmehr ist in den Organen ein subordinierender Wille vorhanden, der den Erhalt in einem größeren Verbund begünstigt. Der hohe Grad an organischer Spezialisierung und funktionaler Festlegung, also der Einschränkung von Pluri-Potenz, ist der Preis für den Zuwachs an Macht innerhalb des Verbandes. Dieser Auffassung zufolge wäre die persönliche Gestalt des Menschen nicht präformiert, sondern die Einheiten finden sich in einer freien Assoziation zu. Salopp gesprochen, ist die Komplexbeziehung Myriaden spezialisierter Einzeller zum Organismus das Ergebnis eines freien Entschlusses zum mächtigen Verband. Mit einem kurzen Ausflug in die evolutionären Hypothesen, ließe sich etwa behaupten: der Stier stößt nicht, weil der Hörner hat, sondern weil er stoßen will, hat er die Hörner; die Kuh ist demnach ein riesiges Verdauungssystem; die spitze Maus ein bewegliches Spür- und Zerkleinerungssystem; der Hai in seiner puren Gefräßigkeit ein schwimmendes Gebiss. In allen Fällen bildet ein behauptender Wille seine Form, der bereits in der zellorganischen Spezialisierung wirksam ist – quasi *bottom-up*. Die Diversifizierung der Gestalten zeigt sich uns, auf der Basis der Kategorien unseres Verstandes, als Wandel in der Zeit, was auf seinem Grunde betrachtet, die Verwirklichung genau eines unteilbaren Willens zur ganzheitlichen Form ist. Die Zersplitterung ist demnach nur das

Phänomen in der raumzeitlichen Wahrnehmung, der wir unterworfen sind. Ein Bezug auf die Behauptung des Individualismus ist daher keine Kriegserklärung an das andere Individuum, da sich der Wille in der Natur in allen Individuationen findet. Der Bezug zum Ganzen, als ökologisches System der Welt betrachtet, ergibt sich aus der Selbstbewertung jedes Einzelnen, der sich jederzeit als legitimer Repräsentanten des Ganzen betrachten kann. Seine Beziehung zur Umwelt, Mitmensch, Tier- und Pflanzenreich, hat dann konsequent unter diesem Aspekt der Würde jedes Einzelnen, als Repräsentant des Ganzen, zu erfolgen. Dies müßte durchaus aus einem wohlverstandenen ‚gesunden' Eigennutz heraus geschehen.

In Zuge einer Umwertung dieser Wertigkeit, kommt es aber zu der Anmaßung einer Lebensform, die die Unterdrückung den gestalterischen Reichtum des Anderen, auf der Grundlage eines zerstörerischen Eigennutzes, zu betreiben. Eine ‚Pyramide' der Macht mit Alleinstellungsanspruch als weltliches Phänomen errichten zu wollen, kann nur zu einem Gipsabdruck des satanischen Trichters aus Dantes Inferno geraten. Das nützliche Personal dazu findet sich im effizienten Manager des Finanzwesens, hinter dessen geschäftiger Fassade sich der pure Nihilismus verbirgt. Die Verachtung des Lebens, die in der Legislative der *business schools of economics* vermittelt wird, findet in den terroristischen Konflikten der Welt ihre mittelbar nachweisbare Exekutive.
Im neoliberalen Wirtschafts-Ansatz liegt der Schwerpunkt auf der Auflösung sozialer Bindungen, in einem Prozess der Fermentation durch den Kampf Jedes gegen Jeden, um den Einzelnen in einer unstrukturierten Masse untergehen zu lassen. Mit von oben her aufgeprägten Formen kann dann eine marktkonforme ‚Pyramide' gestaltet werden – also quasi *top- down*. Innerhalb dieser Organisation erhält der Mensch dann eine Zuweisung gruppenspezifischer Attribute, jeweils als Fallpauschale, Konsumentenklasse, Absatzklientel, und Humanressource innerhalb des Zirkus der Verwertung.
Dies geschieht wie selbstverständlich durch die Unterdrückung und Vernachlässigung des menschlichen Willens zur Selbstbestimmung. Bevor der Mensch sich seiner selbst vergewissern kann, greift die pyramidale Erziehung ein, um zu verhindern, daß die Individuen zum Bewußtsein ihrer organischen Bestimmung kommen. Eine ‚atomare'

Auffassung von menschlichem Bewußtsein kann ihm schon deshalb nicht gerecht werden, weil Individualität selbst bereits ein schicksalsbehafteter Willenskomplex ist, versehen mit der Potenz, sich seine Beziehung zur Welt selbst zu bestimmen. Faßt der Mensch seine Bestimmung ernst auf, kann sie niemals gegen sich selbst, und folgerichtig auch nicht gegen sein Bild im Anderen gerichtet sein.

In Zuge einer Umwertung der atomaren Auffassung von Individualität müßte eigentlich eine Aufwertung der elementaren Bindungsfähigkeit vorgenommen werden. Der Einzelne ist demnach mitnichten als ein Einzeller in einer unorganisierten Masse im Komposter des Marktes aufzufassen. Vielmehr müßte jeder Einzelne in seiner sozialen Potenz wieder ernst genommen werden.
Aber wie kommt das Individuum wieder zu seinem Recht?

Ist nicht, nach der großen Leistung der Zivilisation des Menschlichen, der Zerbruch der pyramidalen Form notwendig?
Wie die Glocke nach ihrem Guß aus der gipsernen Fassung zu befreien ist, daß sie auch klingen kann, ist die Persönlichkeit des Einzelnen aus der pyramidalen Hierarchie zu befreien. Ein Rückfall in die barbarischen Muster wölfischer Natur ist danach nicht zu erwarten. Einmal in den Stand der Selbstvergewisserung des überwindenden Menschen (quasi des Übermenschen), ist ihm ein Rückfall seines Bewußtseins in das Un-Menschliche nicht mehr möglich. Der Zugewinn an Sozialkompetenz im Umgang mit Seinesgleichen, sichert zugleich vor der archaischen Furcht des einen Individuums vor dem anderen.
Aus der Erkenntnis von der globalen Bedrohung heraus, die ein Aspekt der techno-logischen Zivilisation ist, wäre sogar eine bewußte Kultur des ‚positiven Verzichts' denkbar. Im Gegensatz zum negativen Verzicht der Armut aus der ungleichen Verteilung der Ressourcen, würde der ‚positive' Verzicht als reinigende Beschränkung auf das Wesentliche bedeuten.
Nach Schopenhauers Ansicht bestünde die Folgerung aus der Erkenntnis der eitlen Vergänglichkeit aller Formen der Willensäußerung in der Welt, in zwei Konsequenzen:
Einmal in der Überwindung und Verneinung des Einzelwillens im Leben eines ‚Heiligen', und Andermal, in der Vervollkommnung des

reflektierenden Spiegels der Selbstbewußtwerdung der Schöpfung in der Person eines kosmischen Genies. Eine in kultur-psychologischer Tiefe liegende Verbindung zwischen Rausch und Erkenntnis wäre noch aufzudecken. Zwischen Selbstvergessenheit und Selbstbewußtwerdung liegt die Spannweite vom tanzenden Gott Dionysos von Nietzsche zur apollinischen Ordnung. Die vergleichende Betrachtung müßte sich erstrecken von der ekstatischen *unio mystica* im christlichen Mittelalter und bei den sufischen Derwischen bis zur vollmächtigen Forderung der Wiedergeburt Jesu in jedem Menschen. Ein solcher Anspruch an den Menschen, führte zuverlässig zum Über-Menschen als Repräsentanten des Weltgeistes schlechthin. Einstweilen tanzen wir aber noch auf dem Seil, das gespannt ist zwischen Tier und Übermensch.
Vorausgesetzt, daß der Weltlauf ein Ziel hat, müßte er darin liegen, daß der Schöpfer, in der Schöpfung zum Bewußtsein seiner Selbst in der Reflexion des Gott-Menschen gelangt. Das ist der Menschen-Sohn.
Die eine Konsequenz kann die Basis für das christliche Verständnis liefern, und die andere zu einer Synthese mit der Über-Menschlichkeit von Nietzsche führen. In der Wurzel widersprechen sich die Betrachtungsweisen in keinem Fall.

Der Mensch muß sich seiner selbst bewußt werden können, in frei gewählten Beziehungen. Idealerweise träte ein vollwertiges ‚Ich' einem ebenbürtigen ‚Du' gegenüber. Dies hätte ohne die Maskierungen der Parteilichkeit und Denomination von Weltanschauung zu geschehen. Die Subordination ist dem gemäß keine Unterwerfung unter die Autorität einer äußeren Macht, sondern nach freier Einsicht aus bewußter Eigenmächtigkeit – in der Theorie. Praktisch findet in der Erziehung des Menschen eine frühzeitige Unterwerfung unter die Zwecke des Ökonomischen statt. Somit wird dem jungen Menschen schon die Kompetenz der Beziehungsfähigkeit geraubt, um dann mit eben diesem Vorwurf an ihm, das Werk der individuellen Entmündigung zu verrichten.
Mit der Illusion des Ich-Bewußtseins, von dem unsere Integrität überformt ist, läßt es sich trotzdem ganz gut leben, auch wenn der Wesensgrund der Individualität nicht vollständig zu Verstand gebracht werden kann. Tröstlich ist immerhin, daß wir die Kenntnis der ‚Wahrheit' auch gar nicht nötig haben, und dabei dennoch ein

Werkzeug zur Dekonstruktion angemaßter Herrschaftsstrukturen an die Hand bekommen haben.

Schlußbetrachtung

Viele Bezüge sind im Stadium bloßer Aufzählung von Stichworten geblieben. An einer differenzierteren Darlegung soll künftig noch gearbeitet werden. Einstweilen mögen dem Leser Anregungen zu Selbstbeobachtungen genug gegeben sein. Die Gefahr gewissermaßen thematisch ‚vom Esel aufs Pferd' zu kommen ist, angesichts nichts Geringerem als einer Kritik der Beschaffenheit der Weltordnung, durchaus gegeben. Eine gewisse Gefahr liegt auch darin, in Anbetracht des großen Entwurfs, selbst in eine hohe verschwörerische Tonlage zu geraten. Dies jedoch zu vermeiden, war aufrichtiges Strebens des Verfassers.

Das Wesen des metaphysisch Bösen zu ergründen ist nicht Sinn dieser Darstellung gewesen, wiewohl, bei der Grundlosigkeit des ‚Willens zur Macht', eine solch grundsätzliche Erörterung möglich ist. Die alte Frage, ob der Grund der Beschaffenheit der Welt ‚gut' oder ‚böse', das Weltgeschehen sich überhaupt zum Heil oder Verlust entwickelt, möge der persönlichen Glaubensüberzeugung jedes Einzelnen überlassen bleiben.

Nichtsdestoweniger sollte man wachsam sein gegenüber der Zentralisierung der Weltdeutung, verbunden mit religiöser Überhöhung des nackten ‚Willen zur Macht' in eine heilsnotwendige Bedeutung. Das Vertrauen, das dem Bürger fortwährend gegenüber Einrichtungen abverlangt wird, die er selbst nie in der Lage sein wird zu durchschauen, droht in eine Forderung des Glaubens an die Allmacht der Institutionen, des Allwissens der Überwachungsstrukturen, zu entarten. Es ist nicht weiter verwunderlich, daß von Seiten der Geheimdienste auf kritische Nachfrage hin, stets der Appell an das Vertrauen in diejenigen gerichtet wird, die sowieso mehr wissen (nämlich sie selbst), als der Kritiker anzuprangern in der Lage ist. Denn es bleibt uns nichts weiter übrig, als zu vertrauen, wo wir ohnmächtig sind, und zu glauben, die Dienste würden sich auf das notwendige Wissen beschränken, und nur das Relevante zum Wohle der Allgemeinheit auswerten. Wir erschrecken vielleicht gar nicht dabei, daß hier schon religiöse Züge im Umgang mit der übermächtigen Instanz vorherrschen, und versichern uns einstweilen, daß nur der Abweichler und Sonderling etwas zu verbergen hätte, und überlassen

es der pyramidal nächst höheren Stufe zu entscheiden, welchen Umfang das zur Sicherheit relevante Wissen über uns umfaßt („laß des Zweifels Fragen...“).
Das Gefühl der Geborgenheit, das die ‚Pyramide' zu vermitteln versucht, mit dem Versprechen auf absolute Sicherheit, künftigen Weltfrieden, ungebremstes Wachstum, wird erkauft mit dem Verzicht auch jeglichen Zweifel an der Alleinstellung ihres Anspruchs. Die Hoffnung auf eine möglichst baldige Herrschaft Gottes nach den Prophezeiungen der Offenbarung wird genährt durch die globalen Krisen und Erschütterungen, die die Welt auf eine kommende Theokratie vorbereiten soll.
Es ist nicht allzu schwer zu erraten, daß dies alles ausgehend von einer global agierenden Macht geschehen wird, die die enge Verbindung von Politik und Religion bereits in ihrer Verfassung verankert hat.

Inhalt:

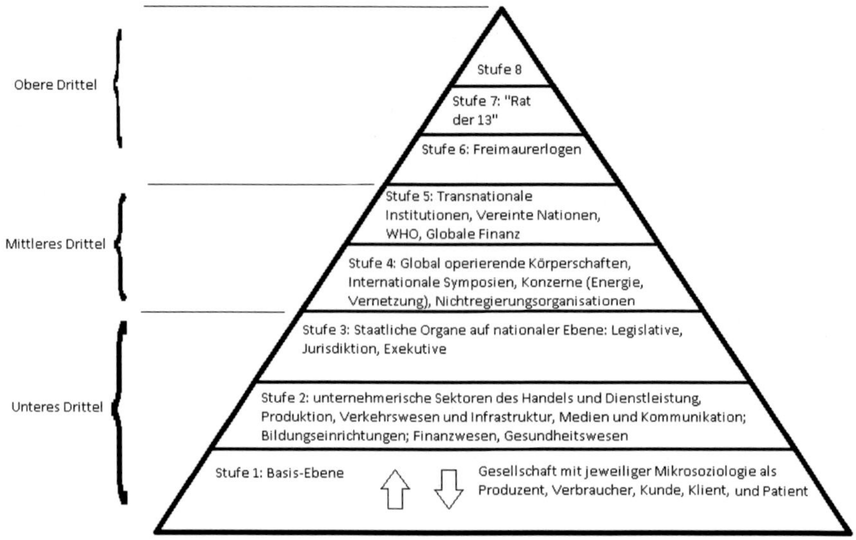

Abb: Die Pyramide der Macht

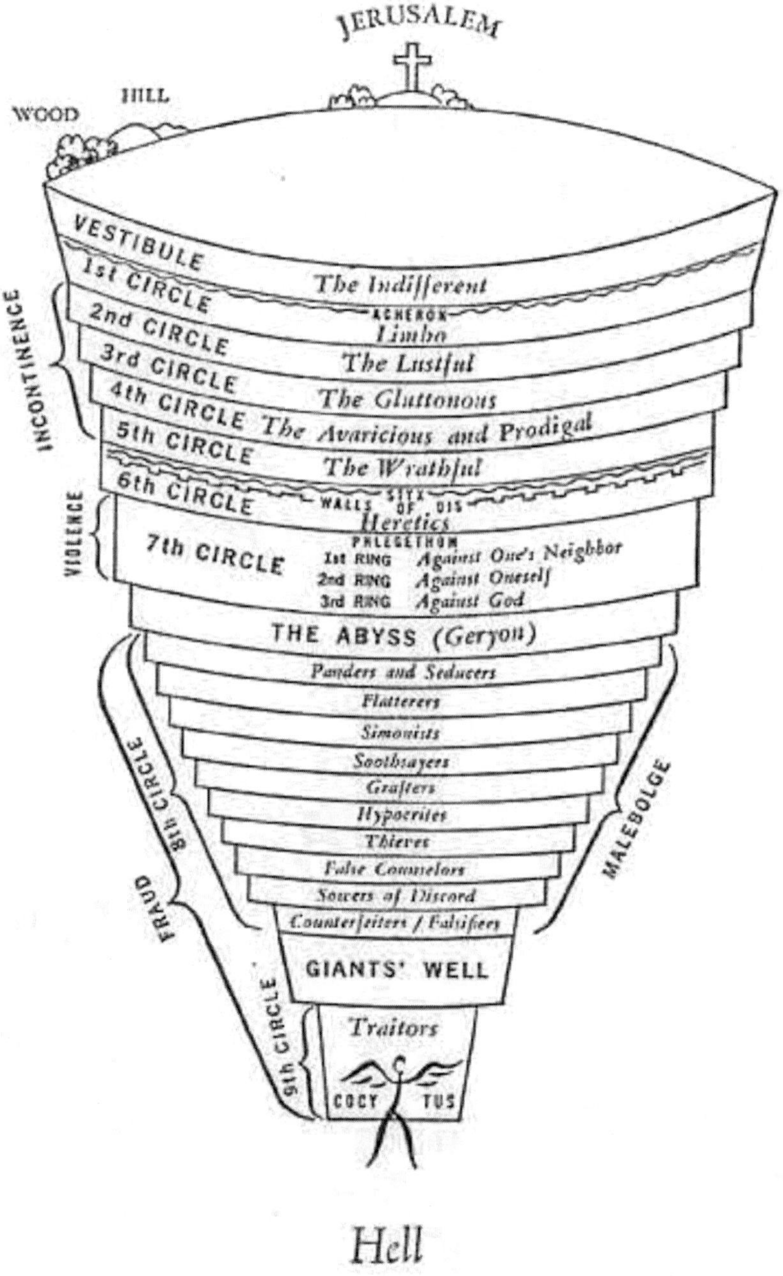

Abb: Die 9 Kreise der Hölle aus Dante's „divina comedia"

Stichwortverzeichnis:

Verzeichnis der Abbildungen:

Allgemeine Hinweise:

Das Buch gibt ausschließlich die Meinung des Verfassers wieder. Verantwortlich für die sachliche Richtigkeit ist der Autor; Fremd-Zitate wurden als solche ausgewiesen.
Sämtliche Bilddarstellungen in dieser Ausgabe sind freizugänglichen Quellen entnommen, und verletzen keine Eigentums- , bzw Persönlichkeitsrechte. Sie befinden sich in den eigenen Beständen des Autorenarchivs, ein anderweitiges Copyright besteht nicht.